商学院
文　库

现代西方经济学原理

（第六版）

刘厚俊　编著

南京大学出版社

图书在版编目(CIP)数据

现代西方经济学原理 / 刘厚俊编著. -- 6 版. -- 南京 : 南京大学出版社, 2016.5(2021.1 重印)
(商学院文库)
ISBN 978-7-305-16897-0

Ⅰ. ①现… Ⅱ. ①刘… Ⅲ. ①西方经济学 Ⅳ. ①F091.3

中国版本图书馆 CIP 数据核字(2016)第 098826 号

出版发行 南京大学出版社
社　　址 南京市汉口路 22 号　　邮　编 210093
出 版 人 金鑫荣

丛 书 名 商学院文库
书　　名 现代西方经济学原理(第六版)
编 著 者 刘厚俊
责任编辑 府剑萍　　编辑热线 025-83592315

照　　排 南京南琳图文制作有限公司
印　　刷 江苏凤凰扬州鑫华印刷有限公司
开　　本 787×960 1/16 印张 24.5 字数 466 千
版　　次 2016 年 5 月第 6 版 2021 年 1 月第 4 次印刷
ISBN 978-7-305-16897-0
定　　价 48.00 元

网址：http://www.njupco.com
官方微博：http://weibo.com/njupco
官方微信号：njupress
销售咨询热线：(025) 83594756

作者简介

刘厚俊，1949年7月生于安徽省蚌埠市，祖籍江苏洪泽。南京大学经济学院教授、博士生导师，南京大学一美国约翰斯·霍普金斯大学中美文化研究中心教授。江苏省人民政府参事。澳门科技大学特聘教授。英国利物浦大学高级访问学者。台湾东吴大学、东海大学客座教授。国家统计局“中国百名经济学家信心调查”特邀经济学家。兼任中国世界经济学会常务理事、中华外国经济学说研究会常务理事、江苏省外国经济学说研究会会长等职。教育部第二届高等学校经济学类学科专业教学指导委员会委员。1977年毕业于南京大学哲学系，1980—1982年赴美国纽约州立大学奥巴尼分校经济系学习经济学。长期从事国际经济理论和实际问题的研究，曾赴美、英、法、俄和港、澳、台等10余个国家和地区进行学术研究、交流、教学或考察。还担任英国《亚洲商业和管理》(Asian Business & Management)杂志的编辑。出版著作和教材14本，其中个人代表作有《国际贸易新发展》、《现代西方经济学原理》、《中西方贸易》等，发表学术论文百余篇。主编的《世贸组织与中国》一书被《中国图书报》评为2000年全国经济类10大优秀畅销书的第六位。主要获得的奖项和荣誉有：全国高等学校教学名师、全国优秀教师宝钢奖特等奖、全国优秀博士论文指导老师、国家优秀教学成果二等奖等。1993年起享受国务院颁发的政府特殊津贴。

内容简介

本书系统地介绍了微观经济学和宏观经济学的基本理论知识。在微观经济学部分，阐述了市场经济的基本原理和机制、作为微观经济主体的消费者和生产者活动的基本规律及其对有限资源进行最佳选择的标准和方法、市场的四种不同模式及均衡选择的条件和过程以及生产要素的价格理论。在宏观经济学部分，阐述了市场经济条件下政府的功能、宏观经济运行的基本规律、商品市场和货币市场均衡的条件、过程及相应的财政政策和货币政策的调节机制和工具、宏观经济总均衡的分析模型，还简要介绍了经济动态发展过程中的经济周期理论和经济增长理论。全书的特点是体系完整，结构合理，资料丰富，逻辑性强，文字通俗易懂，不仅可以作为西方经济学的教材或教学参考书，也可以作为对经济学感兴趣的广大自学读者的入门读物。

序

近几年来，随着改革开放的不断深入，人们越来越重视对现代西方经济学说的了解和研究。改革开放的实践证明，系统而全面地介绍现代西方经济学说，并批判地加以吸收，能够有助于拓宽人们的视野，深入地了解和认识世界，正确地制定和运用宏观控制、微观搞活的政策措施，这对我国加快建设具有中国特色的社会主义，确实具有十分重要的意义。

现代西方经济学说是对西方资本主义国家经济活动规律和特点的理论概括，特别是分析总结了市场机制条件下经济的运行状态以及政府、厂商和消费者的经济行为，并提出了一些宏观经济和微观经济的管理方法。我国现在处于社会主义初级阶段，实行有计划的商品经济。社会主义商品经济同资本主义商品经济两者之间既有在所有制基础上存在着本质区别的一面，又有在价值规律、价格机构和市场机制等调节契机方面发挥共同功能的另一面。在我国加速和深化经济体制改革，集中全力进行现代化建设的伟大事业中，怎样利用西方经济营运功能之所长而为我所用，既完善而充分地发挥市场机制的积极效应，又防止和避免其某些消极副作用，是当前我国经济建设的重大课题，也是各级经济部门领导者、实际工作者面临的新问题。在市场机制方面，发达资本主义国家有大量成功的经验和系统的理论总结。我们发现，往往在西方国家习以为常的一些经济观念和经济现象，我国许多人却感到十分新鲜。当然，我们对此决不能生搬套用，而应该在国家的宏观指导下，充分认识并发挥市场机制下商品经济运行的客观规律的作用，为发展社会主义经济服务。

目前世界市场主要是资本主义市场，资本主义经济活动是整个世界经济活动的主体，这是一个不可否认的事实。现代西方经济学说不仅可以帮助我们了解资本主义经济的基本内容和性质，而且还提供了西方经济学家分析问题的基本工具。这对于我们在开放的环境中迅速地、准确地把握国际经济形势以及与资本主义国家的经济交往，都是不可缺少的。同刚开放时相比，现在人们对西方资本主义国家的经济已有比较多的了解和认识，这和近几年来国内重视对现代西方经济学说的介绍和学习是分不开的。

现代西方经济学说是整个资产阶级经济学说史的一个重要组成部分。西方经济学说史作为一个整体应该包括从古到今的西方所有重要经济学说。在庸俗经济学说整个发展史中，现代经济学说有其独特的格调和内容。由于派系之间的激烈争论，其多样性、复杂性、变幻性均达到了空前的程度，出现了新的趋势。学习、研究现代西方经济学说，实际上就是学习、研究整个资产阶级庸俗经济学说发展史中最重要、最复杂的一个组成部分。我们对此不仅不应加以割裂，而且本着厚今薄古的原则，对现代部分应尤为重视，着重加以研究。

研究现代西方经济学说对发展马克思主义的经济理论，也有着重要意义。马克思主义的经济学说本身就是一个开放的体系，马克思主义政治经济学正是充分吸收了早期资产阶级经济思想的科学成分而产生的，同时也正是在资产阶级经济学说的挑战中不断发展、增强其力量的。被称为当代西方"经济学之父"的凯恩斯的经济思想产生于20世纪30年代，而当代西方继承凯恩斯思想的经济学家，没有一个拘泥于《就业、利息和货币通论》中所阐述的理论。无论是"后凯恩斯主义主流经济学派”，还是“新剑桥学派”，都把凯恩斯的思想大大向前推进。后来，凯恩斯主义理论又受到了现代货币主义与供应学派等新兴流派的有力挑战。这些动态表明，资产阶级经济学说也是不断发展的。这在客观上就要求马克思主义经济理论工作者对它们能够摆事实、讲道理，明辨是非，提高自己的马克思主义认识水平。近几年来，国内经济理论界的一些同志借助于现代西方经济学说的某些理论方法和工具，来研究中国的社会主义经济理论，丰富和发展了经济科学领域里的研究手段和内容，有的同志已经写成如《社会主义微观经济学》等著作，这是值得高兴、并应大力提倡的。

以上说明了重视、加强对现代西方经济学说研究的重要性和迫切性。过去，由于极“左”思想的影响，国内从事这方面工作的同志不能够很好地介绍现代西方经济学说，即使有一些，也不很系统、全面，特别是能适合较宽读者面的系统性读物，几乎没有。改革开放以后，国内从事外国经济学说研究的理论工作者解放思想，在这方面作出了很多努力，成果是显著的。为了适应加快改革步伐的要求，还需要进一步继续努力。要对目前高等院校中有关外国经济学说的课程内容进行改革。现在，国内综合性大学经济学系和管理学系已普遍设置了现代西方经济学说的课程，许多财经、政教，甚至理工、农林、外语等专业也正普及这方面的课程。此外，自学考试、函授教育等也急需这方面的教材，国内现有的书籍尚不能满足需要。

南京大学经济学系刘厚俊同志适应这种新形势的需要，经过几年的时间精力编著的《现代西方经济学原理》一书，系统、全面而扼要地讲述了现代西方经济学基本原理，这是一本质量颇高的教科书。我觉得，它具有以下几个特点：首先，基于尽可能让读者较全面地了解现代西方经济学基本内容的原貌这一总体指导思想，全书在体系和内容的安排上，基本保持了其自身的特点。在上篇微观经济学部分，先讲需求、供给、均衡和弹性这些基本分析方法，然后是消费行为和生产行为理论，再讲由这两种行为共同决定的市场均衡价格理论，最后是分配理论。在下篇宏观经济学部分，先介绍西方国家宏观经济的基本运行过程，然后是商品市场均衡和货币市场均衡的理论，再讲宏观财政政策和货币政策的作用，最后是经济周期和经济增长理论。这样编排，可以帮助读者进一步了解现代西方经济学原理的基本脉络及其一定的前后逻辑关系。其次，全书在取材和分析方法上，能够尽量反映较新的成果，在内容上比较充实。再次，全书在叙述上深入浅出，通俗易懂，对现代西方经济学的基本概念，解释得比较清楚，既适合于作为教材或教学参考书，也可以作为广大经济工作者和自学者了解、学习现代西方经济学说的参考书。

最后，还应当提一下对西方资产阶级经济学说的批判问题。对西方经济学说的态度，总的指导原则是批判地吸收。当然，批判应当是科学的、实事求是的，不能回到过去那种简单而片面地全盘否定的错误轨道上去。在这方面，恩格斯的《反杜林论》为我们树立了光辉的榜样。对自称为“无所不知”的杜林，恩格斯并没有简单地运用马克思主义科学观对其理论贴上标签，而是深入杜林所涉及的一个个自然科学领域。同样是讲科学，但两者加以比较，恩格斯书中充分体现了唯物辩证法，令人折服，而杜林讲的却是伪科学。还必须指出，科学的批判不是一蹴而就的过程，需要付出长期艰苦的努力，希望国内从事这方面研究的经济理论工作者共同努力，为提高我国在外国经济学说研究领域的马克思主义理论水平作出贡献。

刘　涤　源

1987年12月26日　武昌珞珈山

目　录

第一章　绪　论

第一节　经济学的定义

究竟什么是“经济学”？西方经济学家从各个不同的角度提出过许多种观点，但并没有一个普遍被接受的统一的定义。目前流行的、较为简明的、并为多数经济学家所接受的定义如下：经济学是研究个人和团体从事生产、交换以及对产品和服务消费的一种社会科学，它研究怎样最佳使用稀缺的资源以满足人们无限的需求。

在这个定义中最基本、最主要的概念有两个：一是“稀缺的资源”；二是“无限的需求”。

现代西方经济学家认为：世界上任何经济资源都是有限的，因而社会产出也总是有限的。“经济资源”的概念是指能够用于生产产品和服务的一切自然的、人类的以及已生产出来的资源，如土地、矿藏、资本设备、劳动力等。有些资源看起来似乎取之不尽、用之不竭，可以满足一切可能的需要，例如空气和水。可是一旦人们认识到有些经济活动会污染空气和水，从而给人类带来危害时，则会理解，即使是最丰富的人类资源，也总是有限的。这就是西方经济学所讲的“稀缺性”(scarcity)规律。

另一方面，人们的消费欲望又是无限的。这可以从两方面加以考虑：首先，从现在已存在的消费对象来看，可分为商品（如衣服、房屋、小汽车等）和服务（如理发、看病、旅游等）两大类。在这两类消费对象中，又各含有必需品和奢侈品两种。必需品和奢侈品并非一成不变，而是因人而异，因时而异的。有些商品

或服务对 A 者来说是必需品，而对 B 者来说则可能是奢侈品；有些现在看来是必需品，若干年以前可能还是奢侈品。这方面的物品不能满足人们的欲望是显而易见的。其次，人类的消费欲望也是随着产品和服务的不断发展而发展的。例如，当世界上没有彩电、冰箱、洗衣机这类产品时，人们并没有对这些产品的需求欲望。当这些产品诞生于世后，人们对它们的需求欲望也随之产生了。随着生产的不断发展，新产品和新服务也会不断出现，因此人类的消费欲望也无穷无尽。

"稀缺性"规律是一切经济问题产生的根源。由于这个规律，人们在经济活动中就要作出各种各样的"选择"，以追求尽可能大的满足。例如，某个学生如何安排其学习和活动时间，用多少时间去上所修的不同课程，用多少时间进行娱乐、体育活动等。某家庭怎样花费有限的收入，比如决定将每月的工资收入现在消费多少以及应当储蓄多少留作将来消费。某工厂如何使用有限的资金，多少用于购买原材料，从事什么样的生产才能获利最大等。某国政府怎样支配其财政收入，如年度开支多少，教育经费支出多少，社会福利开支多少等。这样，人类就产生了许许多多经济问题。现代西方经济学家认为：社会所面临的"如何选择"的问题大体上可归纳为以下三个基本问题：

（1）生产什么产品？（What）

（2）怎样生产？（How）

（3）为谁生产？（For whom）

有些西方经济学家还进一步提出"何时生产"，"如何分配生产出来的产品"以及"如何才能保持经济的稳定、增长和提高生产水平"等问题。

现代西方经济学家认为：上述三个问题是每个社会所必须抉择的最基本的问题，也是一切经济制度所共有的。但是，不同的经济制度却是以不同的方式来解决这些问题的。

经济学经常阐述一些原理、理论或者模型，而这些原理、理论或模型都是由经济活动中某些最重要的决定性因素或原因所形成的。正因为经济学上的各种原理、理论及模型是从浩繁复杂的日常经济活动过程中概括、简化、抽象出来的，因此它们只能表示经济活动中基本的、主要的、重要的性质特征及倾向，而不可能也没有必要描述经济活动中所有的细节现象。

第二节　西方经济学的研究对象

现代西方经济学按照其研究的对象、内容和研究的方法，大体上可分为两大类：一类是宏观经济学；一类是微观经济学。

宏观经济学(macroeconomics)是把整个经济总体(通常是一个国家)作为考察对象,研究其经济活动的现象和规律,从而产生出许多经济理论。首先,它研究诸如国民生产总值(GNP)、国民收入、一国的货币供给等这些具有总量性质的经济变量。另外,整个经济活动是由个体经济活动集合而成的。比如一个国家有许多私人和企业及政府单位从事投资活动,每个人都要消费,多数人都要进行不同程度的储蓄,等等。但宏观经济学并不研究上述个别经济行为,而是根据它们不同的属性从总体的角度进行研究,即总投资活动、总消费和总储蓄活动等。再次,宏观经济学还研究资本主义生产过程中所产生的一些重要经济现象,如通货膨胀、社会失业、经济危机和经济周期等。西方经济学家对宏观经济现象进行的总体分析,可以追溯到很远。如17世纪中叶,英国古典政治经济学的先驱者威廉·配第在《赋税论》一书中,根据劳动收入和财产、租金收入的总量,估算当时英国的国民收入,并对国民消费支出的各个基本项目进行了考察。17世纪后期,法国古典政治经济学的创始人布阿吉尔贝尔考察了国民经济中的消费、物价和税收等问题,认为货币是造成国民经济的主体——农业衰败的根本原因,并提出谷物自由输出,减少间接税,公平分配赋税负担等政策主张。18世纪50年代,重农学派奠基人魁奈以《经济表》的形式,对社会总资本的再生产和流通过程进行了分析。1776年出版的亚当·斯密的《国富论》研究了国民财富的形成和增长问题,也考察了政府收入和居民个人收入的关系问题。此外,货币理论和经济周期理论也具有悠久的历史。这些都被认为是早期宏观经济分析中的内容。虽然古典经济学家也曾对宏观经济作过一些总体分析,但是1936年凯恩斯(John Maynard Keynes)《就业、利息和货币通论》一书的出版,则是现代宏观经济学系统理论的开端。该书从内容和形式都显著不同于古典经济学。此后,凯恩斯的继承者们如汉森、萨缪尔森等人又对凯恩斯主义的宏观经济理论进行了补充、发展。由于整体的经济活动主要表现在国民收入水平或就业水平的变化上,所以宏观经济学又被称为"收入理论"。"宏观"一词源于希腊文,意思是"大","宏观经济学"意即"太经济学"或"总体经济学"。

微观经济学(microeconomics)是研究在市场经济制度下个体单位的经济行为从而产生的许多经济理论。个体单位的经济行为大体上可归为三类:一是个体消费者的经济行为,例如某个消费者用他的收入购买什么样的消费品;二是厂商的经济行为,例如在不同条件下究竟生产多少产品,对该产品定什么价;三是资源拥有者的经济行为,例如劳动的供给,从而产生出工资理论。微观经济学理论开端于19世纪70年代初奥地利学派的边际效用价值论。后来,美国的克拉克以"边际生产力论"分析了微观的分配问题。对无垄断的微观经济现象作出最系统、最完整分析的则是英国剑桥学派的代表人物马歇尔(A. Marshall)。1890年马歇尔《经济学原理》的出版是一个标志。马歇尔分别对个别市场或商品从需求和供给两方面进行了详细的研究，分析了需求和供给的特点和规律。他所提出的由需求和供给决定的均衡价格论，至今仍然是西方经济学中微观经济分析的理论基础和主要内容。马歇尔是在完全竞争条件下系统地提出其均衡价格论的。到20世纪30年代，英国的罗宾逊和美国的张伯伦则进一步研究了垄断和垄断竞争条件下的生产者行为，形成了“厂商理论”。但是，就整个微观经济分析而言，其基本结构仍然是马歇尔理论体系，即西方经济学家们所称的“新古典学派”理论体系。在1929～1933年经济大危机中，该理论体系终于不能适应资本主义发展的需要，而被30年代下半期兴起的凯恩斯主义的宏观分析所代替。此后，又被“后凯恩斯主义主流经济学派”的主要代表人萨缪尔森纳入其既有宏观分析，又有微观分析的理论体系中去。由于私人、厂商和产业如何使用稀缺资源以及对商品和服务的消费追求最大满足等，都需要通过市场的价格功能才能表现出来，因此微观经济学又被称为“价格理论”。“微观”一词也源于希腊文，意思是“小”，“微观经济学”意即“小经济学”或“个体经济学”。

在“后凯恩斯主义主流经济学派”的理论体系中，宏观经济学和微观经济学既有联系又有区别，两者相辅相成。它们之间的关系，就好像森林和树木之间的关系一样。宏观经济学的研究好比研究一座森林，研究其构成、性质及变化，而不去考虑一棵棵树木。而微观经济学的研究，则是考察森林中的个别树木的性质和特点，在考察时并不考虑整个森林的构成及变化，或者是以森林的状态不变为假定前提。如果要对整座森林有充分的认识，则这两方面的研究缺一不可。现代西方经济学家还认为：宏观经济学和微观经济学无先后之分，无轻重之别。在西方国家经济学教科书中，有的是先讲宏观经济分析，后讲微观分析；也有的是先进行微观分析，然后再进行宏观分析。同时，在进行两者比较时，不能认为宏观经济学比微观经济学重要，或者相反。

在宏观经济学和微观经济学的关系中，西方经济学还有一个十分重要的观点，即微观经济学之和并不等于宏观经济学。虽然宏观经济是由微观经济总和而成，但经济规律却不能作出这样简单的综合。许多结论在微观分析中看来是正确的，但是放到宏观分析中倒可能得出相反的结论。例如，如果个别厂商降低工人的工资，那么其生产成本会因此而下降，从而导致厂商利润的增加。可是从宏观分析角度看，假如一个经济社会中所有的厂商都降低工人的工资，那么整个社会购买力会因工人收入的减少而下降，造成社会产品过剩，于是企业不得不减产甚至关闭，其结果是厂商利润下降。再如，从个人的角度看，节俭是一种美德。但是从宏观经济效果看，如果整个经济处于萧条时期，主张节俭只能加速萧条，使失业率继续上升。这就是所谓“节俭的是非论”。萨缪尔森称之为“合成谬误”。

第三节　实证经济学和规范经济学

现代西方经济学家根据研究方法性质的不同，又把经济学分为“实证经济学”和“规范经济学”两类。

实证经济学（positive economics）是用理论对社会各种经济活动或经济现象进行解释、分析、证实或预测。它要说明的是“是什么”的问题，并不涉及到对具体问题的价值判断。

规范经济学（normative economics）则是以一定的价值判断作为出发点，提出行为的标准，并研究如何才能符合这些标准。它要说明的是“应该是什么”的问题。

例如，“政府什么样的政策将会降低失业率”，“什么样的政策将会防止发生通货膨胀”之类的问题，是属于实证经济学的范畴。而“我们究竟是否要比关切通货膨胀更注重降低失业率”这样的问题，则属规范经济学的范畴。再如，“政府的财政赤字会降低失业率，但会促使价格上涨”这句话则是实证经济学的一个十分简单的论断。但如果说“因为失业问题远比通货膨胀问题重要，所以政府的赤字财政政策是一个好政策”，则是一个规范经济学的论断。因为单靠对经济活动现象的观察、归纳是得不出这种结论的，只有在进行价值判断时才会有这种结论。

从上面的例子中可以很清楚地对实证经济学和规范经济学加以区别。实证经济学是一种对经济运行过程的判断，它是在某些既定的假定前提条件下来进行判断的。它可以通过各种方式检验由此得出的结论是否正确。规范经济学则是伦理的判断，它并不是先去检验经济运行过程，而是先检验假定本身，并通过对假定的检验，再对经济运行过程作出判断。

实证经济学和规范经济学并不是矛盾的。它们各自在不同的领域内，用不同的方法进行研究，其结果应当是互相补充的。有些表面上是属于实证经济学范畴的命题实际上已经包含了某种规范经济学的概念。例如，在经济学家中，研究就业的学者及成果远多于研究大米的学者及成果。这句话显然是一个实证经济学的命题，但实际上其中已经包含了属于规范经济学的价值判断，即研究劳动力市场的重要性远大于研究大米市场的重要性。

宏观经济学和微观经济学基本上都是实证经济学，但其中又都有规范经济学的因素。例如，在微观经济学中，在涉及消费者偏好的问题和收入再分配问题的研究中，都具有规范经济学的成分。又如在宏观经济学中，关于充分就业的含义、经济增长的后果等，也都具有规范经济学的含义。西方经济学说中只有少数，例如制度经济学，则基本上属于规范经济学。

第四节 西方经济学的研究方法和分析工具

宏观经济学和微观经济学根据它们各自研究对象的性质的不同，所采用的研究方法也不同。

宏观经济学采用的是总量分析法。它分析经济的总体运行过程中经济变量、经济运动和经济现象，即经济总体运动规律。比如考察国民生产总值、国民收入、总投资、总消费支出、总就业量、货币发行量、一般物价水平等。

微观经济学采用的是个量分析法。它分析单个经济单位的经济活动、单个市场的价格和供求变动等。比如考察消费者、生产厂商、劳动者、资源拥有者等。

无论是宏观经济分析，还是微观经济分析，西方经济学家一般都采用"模型分析"或"统计方法"两种不同的研究方法。对同一个社会经济问题采用这两种方法进行研究的过程可以用图 1-1 来表示。

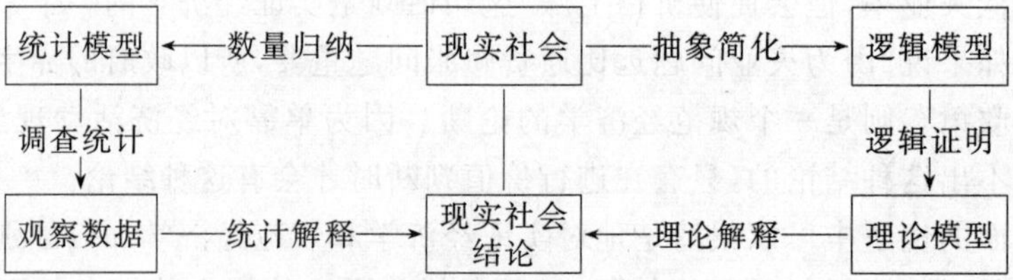

图 1-1 经济学研究的两种方法

在图 1-1 中，"现实社会"一般是出发点，左右两边分别表示两种不同研究方法的过程。

图 1-1 的右半边是"模型分析法"，其过程可分为三步：如果要对某一个现实社会问题进行研究，那么，第一步是通过抽象的方法，把复杂的现实社会现象概括简化到易于解决的程度，即可反映所研究问题基本性质的逻辑模型。第二步是采用逻辑证明（即演绎法）得出抽象的理论模型。第三步是经过理论解释，再把抽象的理论模型应用于社会现实，从而得出现实社会中一个个具体的结论。

图 1-1 的左半边是"统计方法"的过程，它完全可以得出采用"模型分析法"所获得的同样结果。具体过程也可分为三步：第一步仍从现实社会出发，对所要研究的问题经过数量归纳，采用科学的简化方法设计出一种对分析现实社会有用的统计模型。第二步是调查统计，获得现实社会资料的种种观察数据。第三步再经过适当的统计解释，得出适用于现实社会的结论。

上述两种研究方法是相互补充的，但不可以互相替代。不过，在方法论方面，西方经济学家并无一致意见，仍存在许多分歧。

西方经济学家在阐述经济学时，根据不同的对象及其程度，借助于不同的分析工具。经济学的分析工具也随着经济学本身的发展以及其他学科的发展而不断发展、完善。从西方资产阶级经济学发展的过程看，所采用的分析工具大体上有以下三种：

第一种是"文字经济学"(literary economics)。这是西方经济学最初普遍采用的基本形式，即主要用文字进行分析、推理，虽然偶然也用点简单的数字来说明。但是随着经济研究的不断深入，对各种纷繁复杂的经济现象难以仅靠文字说明或推理来表达清楚。特别是经济学中所要总结的经济理论或经济预测，往往要求得出现实经济运行过程或经济现象中各种变量的因果关系，因而这种分析工具便显得不足。

第二种是"数理经济学"(mathematical economics)。自从 19 世纪以后，这种分析工具已普遍出现。特别是数学的发展，为西方经济学家提供了方便。大量的数学符号和算式推导，使经济过程和现象的表述较为简洁、清晰。不可否认，数理分析的方法要比单纯文字说明、推理更方便、更精确，有时也更能说服人。

第三种是图形(graph)的使用。这种工具实际上是数学工具的简单、形象的形式。西方资产阶级经济学家在经济学的宣传、普及过程中、阐述一些经济学的基本原理时，多采用图形工具作为辅助手段，以便使深奥难懂的经济学原理形象化、通俗化、为更多的人所接受。

在现代西方经济学的各种著作中，往往是上述三种分析工具并用。究竟侧重于哪种工具的使用，则随人而便，没有统一的标准，一般都是互用的。随着数学对经济学的渗透，西方有些经济学家在经济分析中采用高深繁杂的数学方法，引起了其他一些经济学家的非议，认为这是一种经济学研究的过度数学化倾向。

思考题

1. 简述经济学的定义及其要点。
2. 什么是宏观经济学？什么是微观经济学？两者之间的关系如何？
3. 什么是实证经济学？什么是规范经济学？两者之间有何区别？
4. 简述经济学的分析方法和分析工具。

上篇　微观经济学

第二章　需求、供给与均衡价格理论

根据马歇尔的均衡价格理论，均衡价格是供给和需求相互作用的结果。本章先分别介绍需求和供给，然后讨论均衡价格。

第一节　需求与供给

一、需求

(一) 需求表

需求表定义：根据购买者在一定时期内和一定市场中按某种商品不同价格所愿意并能够购买的量所列成的表。例如表 2-1。

表 2-1　需求表

P_X（X 商品价格，单位：$）	1	2	3	4	5	6	7
Q_X（X 商品需求量，单位：千克）	70	60	50	40	30	20	10

需求表用图形表示，则成为需求曲线。以横坐标代表商品数量，纵坐标代表商品价格，根据表 2-1 作出的需求曲线如图 2-1 所示。

从图 2-1 中应当注意到：把需求表作成需求曲线时，人们假定商品的价格和数量都是无限可分的。虽然这种假定并不符合实际，但为了便于分析问题，这样做还是必要的。

图 2-1 也可以用公式表示：$Q_d = 80 - 10P$。

实际上，需求曲线不一定是一条直线，往往是一条弯曲线。其原理和直线型需求曲线一样。也可以作出图形并能用公式表示。

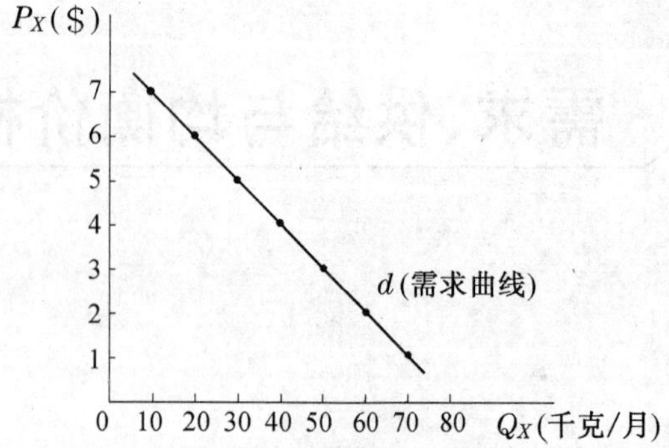

图 2-1 个别需求曲线

图 2-1 只是一条表示某个购买者的需求曲线。在某个商品市场中，每个消费者的需求曲线是不一样的，如果要求得某个市场的需求曲线，则应把该市场中所有消费者的不同需求曲线相加起来。假设某商品市场只有两个消费者，那么该市场需求曲线的求法如图 2-2 所示。

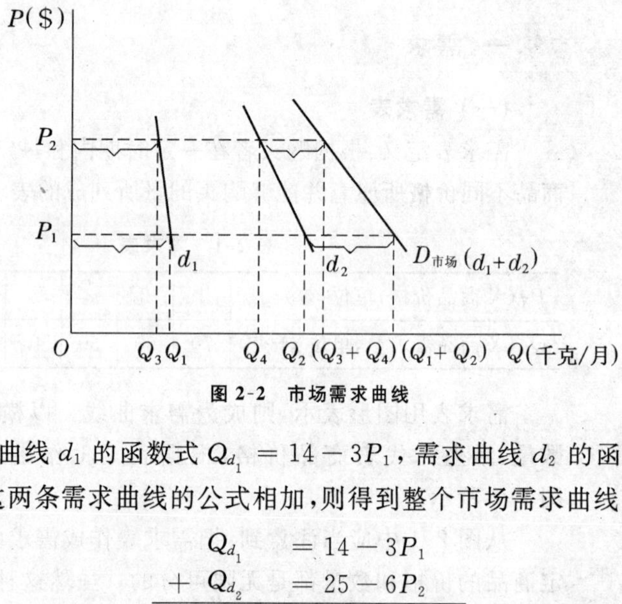

图 2-2 市场需求曲线

假设需求曲线 d_1 的函数式 $Q_{d_1}=14-3P_1$，需求曲线 d_2 的函数式为 $Q_{d_2}=25-6P_2$，把这两条需求曲线的公式相加，则得到整个市场需求曲线的公式。

$$
\begin{array}{rl}
Q_{d_1} & = 14-3P_1 \\
+\ Q_{d_2} & = 25-6P_2 \\
\hline
Q_{D(市场)} & = 39-9P_{市场}
\end{array}
$$

（二）需求曲线的基本特征

需求曲线在一般情况下是一条负斜率的曲线，即从左上向右下倾斜，这是需求曲线的基本特征。其原因似乎很简单，商品价格越高，对它的需求量则越少，反之亦然。但是进一步分析，又可以发现有两个原因：①低价会吸引更多的购买者，从而使需求量增加；②低价会使同一个购买者对该商品的购买量增加，而减少对其他类似（可替代）商品的购买。例如，咖啡和茶叶是两种可替代的饮料，假如咖啡价格下降，那么消费者可以多购买咖啡而少购买茶叶。同样，当猪肉价格下降时，人们会减少对牛肉的消费而增加对猪肉的消费。

在后一个原因中，又包括两种因素的影响：第一种是"收入效应"的影响，即价格降低等于收入增加；第二种是"替代效应"的影响，即可替代性商品的替代作用。关于收入效应和替代效应，在第四章第二节中还将进一步说明。

如果再从理论上更深一步考察需求曲线的负斜率原因，则涉及到西方经济学说的"边际效用价值论"。西方经济学家认为，效用是价格的源泉。一种商品越稀缺，其边际效用越大，价格也就越大。当人们消费某种商品时，随着商品数量的不断增加，商品对人们的效用不断递减，其价值也因此不断下降，这样就形成了需求曲线负斜率的原因。关于效用理论，在第四章第一节中还要详细介绍。

（三）需求的变化与需求量的变化

上述需求曲线的基本形态有一个前提条件，就是在其他条件不变情况下，商品的需求量与价格之间存在着反向关系。如果其他条件发生变化，上述关系也将发生变化，整条需求曲线将会发生移动。因此，必须注意这种区别。在其他条件不变时，当购买商品的数量因价格的变动而朝相反方向变动时，叫作"需求量的变化"，这种变化是沿着同一条需求曲线上下变动；在商品价格不变时，当其他条件发生变化而使消费者对商品的购买数量发生变化时，叫作"需求的变化"，这时整条曲线将发生平行移动，如图 2-3 所示。

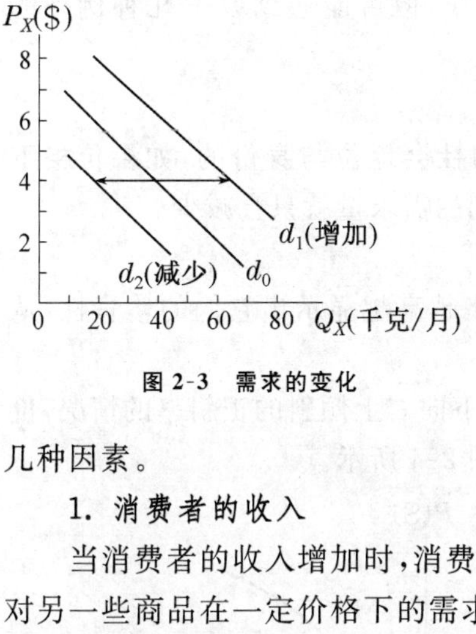

图 2-3　需求的变化

影响需求变化的"其他条件"主要有以下几种因素。

1. 消费者的收入

当消费者的收入增加时，消费者对某些商品在一定价格下的需求量也会增加，对另一些商品在一定价格下的需求量则可能减少。这取决于消费者收入增加以后是更想要还是更不想要这种商品。

2. 消费者的偏好

如果消费者对某种商品的兴趣比过去增加，即使该商品价格不变，需求数量也会增加。反之亦然。

3. 其他商品的价格

这里有两种情况：①两种商品为替代品，如黄油和人造奶油，咖啡和茶叶等。

假如茶叶价格上涨,咖啡价格不变,在同一价格上人们将会增加对咖啡的需求数量,因为人们会因减少对茶叶的需求数量而增加对茶叶替代品咖啡的需求数量。②两种商品为互补品,如小汽车和轮胎、录音机和录音磁带。假如小汽车的价格上涨,人们将会减少对轮胎的需求数量。因为小汽车涨价后,人们对小汽车的需求数量减少,因而也会减少对轮胎的需求数量。

4. 消费者对商品价格和收入前景的预期

如果某种商品的行情看涨,需求数量将会增加;如果某种商品的行情看跌,需求数量将会减少。如果消费者预期其收入即将增加,某商品价格即使不变,消费者也会增加需求数量。如果消费者预期某种商品很快会降价,则会在既定情况下减少对这种商品的需求数量。

尽管商品数量存在着"需求量的变化"和"需求变化"两种不同情况,但西方经济学家认为商品价格是影响需求数量的非常重要的因素。因此,经济学中所要研究的,主要是一般的需求量与价格变化的关系,即在其他条件不变情况下,价格上升时,需求量下降;价格下降时,需求量上升。

(四) 需求曲线的特殊形状

需求曲线在通常情况下是一条负斜率的曲线,但可能遇到以下几种例外的情况。

1. 某些炫耀性产品

例如,珠宝、项链之类装饰品,是代表一定的社会地位与身份的,如果价格下降,它们不再能代表这种社会地位与身份,对它们的需求量就只会减少。

2. 某些珍贵、稀罕性商品

例如,古董、古画、珍邮之类珍品,往往是价格越高越显示出它们的珍贵性,从而对它们的需求量就越大。

在以上两种情况下,需求曲线可能呈现从左下向右上倾斜的正斜率的情况,价格越高,需求量越大;价格越低,需求量越小,如图 2-4 所示。

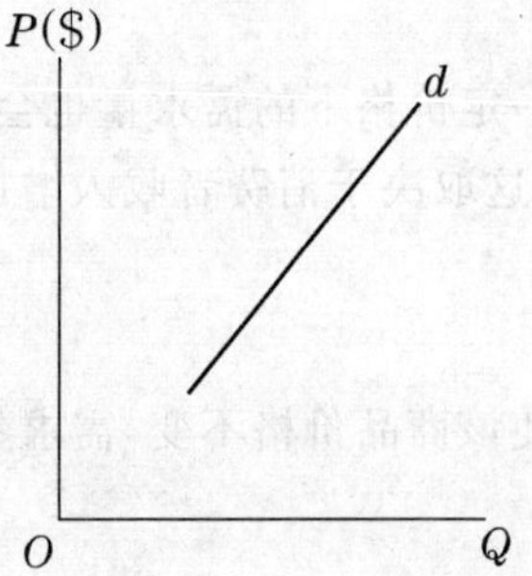

图 2-4 珍贵商品的需求曲线

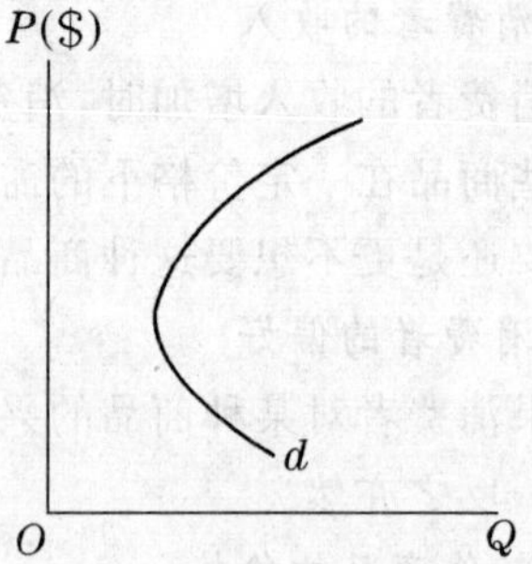

图 2-5 不规则变化的需求曲线

3. 某些商品小幅度升降价，需求按正常情况变动；大幅度升降价，人们就会采取观望的态度，需求将出现不规则的变化

例如，证券、黄金市场上就常有这种情况。这种情况下的需求曲线可能呈现如图 2-5 状态或其他不规则状态。

二、供给

（一）供给表

供给表定义：根据生产者在一定时期内和一定市场中按某种商品不同价格所愿意并能够供给的量所列成的表。例如表 2-2。

表 2-2　供给表

P_X（X 商品价格，单位：$）	1	2	3	4	5	6	7
Q_X（X 商品供给量，单位：千克）	0	10	20	30	40	50	60

供给表用图形表示，则成为供给曲线。以横坐标代表商品数量，纵坐标代表商品价格，根据表 2-2 作出的供给曲线如图 2-6 所示。

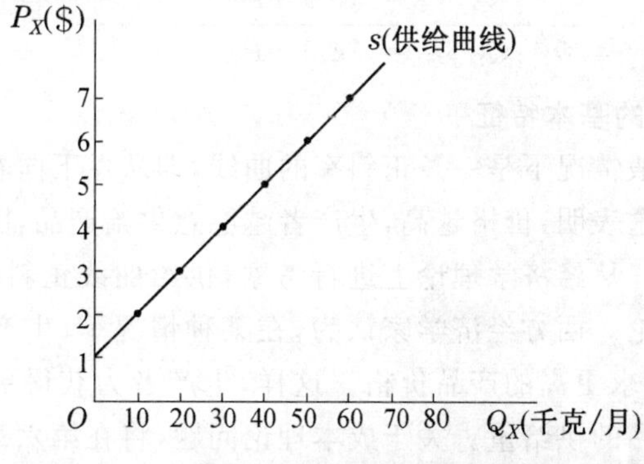

图 2-6　个别供给曲线

和需求曲线图 2-1 一样，把供给表作成供给曲线时，仍然需假定商品的价格和数量都是无限可分的。

图 2-6 也可以用公式表示：$Q_s = -10 + 10P$。

实际上，供给曲线也不一定是一条直线，往往是一条弯曲线。其原理和直线型供给曲线一样，也可以作出图形并能用公式表示。

图 2-6 只是一条表示某个生产者的供给曲线。在某个商品市场中，每个生产者的供给曲线是不一样的，如果要求得某个市场的供给曲线，则应把该市场中所有生产者的不同供给曲线相加起来。具体做法和图 2-2 求得市场需求曲线的方法相

同。假设某商品市场只有两个生产厂家,该市场供给曲线的求法如图 2-7 所示。

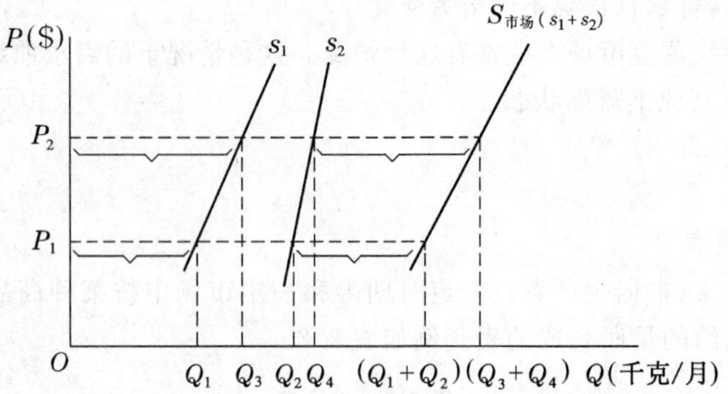

图 2-7 市场供给曲线

假设厂商 1 的供给函数为 $Q_{s_1}=6+4P_1$,厂商 2 的供给函数为 $Q_{s_2}=18+2P_2$,把这两条供给曲线的公式相加,则得到市场供给曲线的公式。

$$
\begin{array}{rl}
Q_{s_1} & =6+4P_1 \\
+\ Q_{s_2} & =18+2P_2 \\
\hline
Q_{S(市场)} & =24+6P_{市场}
\end{array}
$$

(二) 供给曲线的基本特征

供给曲线在一般情况下是一条正斜率的曲线,即从左下向右上倾斜,这是供给曲线的基本特征。这表明:价格越高,生产者越愿意供给产品,因此,供给数量一般随价格升降而增减。从经济学理论上进行考察,供给曲线正斜率的原因产生于西方经济学的成本理论。西方经济学家认为,在某种情况下,生产量增加后,生产成本也会增加,因此要求更高的产品价格。这样,生产者为获得更多的利润,才愿意增加成本以增加商品的供给量。关于成本理论问题,将在第六章作详细讨论。

(三) 供给的变化与供给量的变化

上述供给曲线的基本形态有一个前提条件,就是在其他条件不变情况下,商品的供给量与价格之间存在着正向关系。如果其他条件发生变化,上述关系也将发生变化,整条供给曲线将会发生移动。因此,同需求曲线的变化一样,也要注意“供给量的变化”和“供给的变化”两者之间的区别。“供给量的变化”是指沿着同一条供给曲线

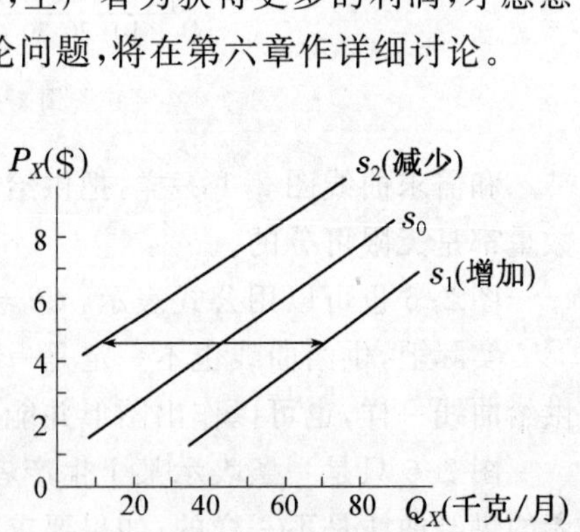

图 2-8 供给的变化

上下变化;"供给的变化"是指整条供给曲线发生平行移动变化,如图 2-8 所示。

影响供给变化的"其他条件"主要有以下几种因素。

1. 生产要素的价格

生产要素价格变化,导致生产成本发生变化。生产要素价格上涨表明生产成本增加,在同一价格水平上,供给数量减少;反之,生产要素价格下降,使生产成本减少,在同一价格水平上,供给数量增加。

2. 生产技术

生产技术变化也影响生产成本。在一般情况下,生产技术随着经济活动的发展不断提高。因此生产技术的变化一般是单方向的,当生产技术提高时,在同一价格水平上使供给数量增加。

3. 商品市场生产厂商的数量

商品市场中生产厂商增多,该商品供给曲线右移;生产厂商减少,供给曲线左移。

4. 其他商品的价格

如果咖啡的价格上涨了,可可的价格不变,一些可可生产者会转向生产咖啡,可可的供给必然减少。

5. 政府的税收和扶持政策

这实际上也影响到生产成本的变化。政府如果增加税收,生产者的负担则加重,供给便会减少,反之则会增加。

6. 生产者对商品未来行情的预期

如果行情看涨,厂商就会减少现在的供给;反之亦然。

尽管"供给量的变化"和"供给的变化"之间存在着重要区别,但西方经济学家认为商品价格是影响供给数量的非常重要的因素。因此,经济学中所要研究的,主要是一般的供给量与价格变化的关系,即在其他条件不变情况下,价格上升时,供给量增加;价格下降时,供给量减少。

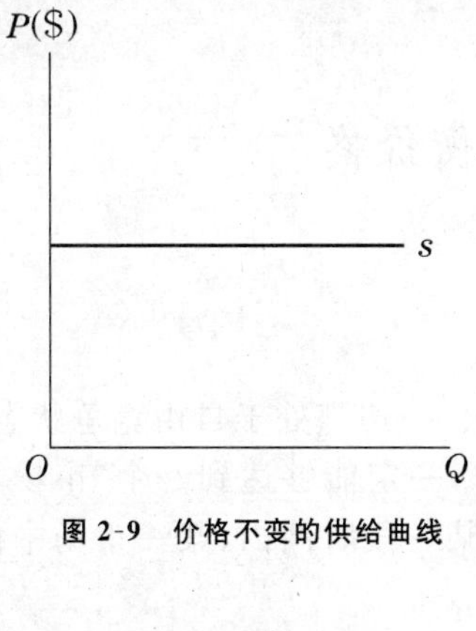

图 2-9　价格不变的供给曲线

(四) 供给曲线的特殊形状

供给曲线在通常情况下是一条正斜率的曲线,但可能有以下几种特殊情况:

(1) 某种商品的价格维持在某一水平上不变,个别厂商便愿意并能够充分供给市场的需要。在这种情况下,供给曲线的斜率为零。例如销售啤酒、汽水等。如图 2-9 所示。

(2) 某种无法多生产的商品或孤品,即使出价再高也无法增加供给数量。例如名画、古玩的拍卖。这种情况下，供给曲线的斜率为无穷大。如图 2-10 所示。

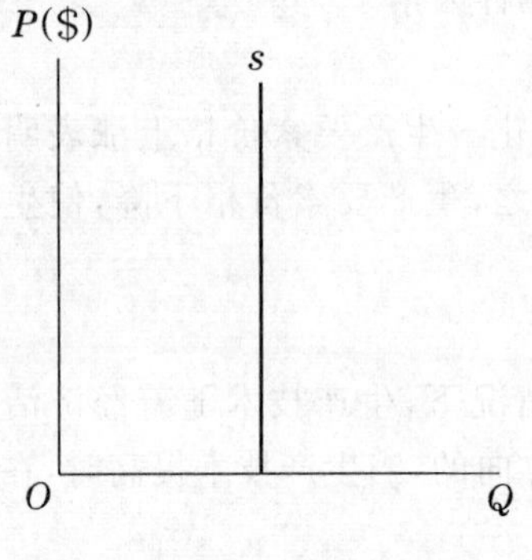

图 2-10　数量不变的供给曲线

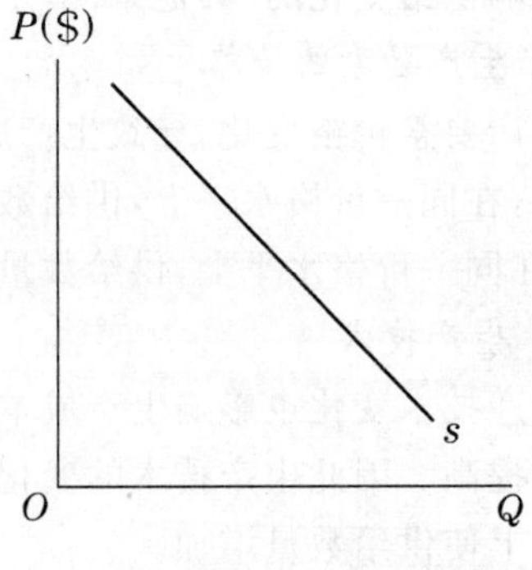

图 2-11　平均成本下降的供给曲线

(3) 某些厂商在大规模生产时平均成本锐减，这时商品价格虽下降，生产者仍愿意供给更多的商品。如小汽车生产。这种情况下，供给曲线的斜率为负值，同需求曲线形状相同。如图 2-11 所示。

(4) 某些商品价格开始提高时，供给量按正常规律变化，即增加，但价格上升到一定限度后，或因人们意识到这是值钱的商品，或因人们对货币并不感到迫切需要而停止供给，甚至反而减少供给。例如数量很少的古董、古画、名贵邮票之类珍品的供给。再如，劳动的供给，工资水平开始提高时，劳动的供给增加。但工资水平上升到一定程度后，劳动者感到对货币的需要并不迫切了，工资再上升，劳动的供给也不会增加，甚至还可能减少，因为劳动者可能认为休息或从事其他文化、教育、娱乐等活动更为迫切、更为重要。上述情况的供给曲线先是正态递增，继而垂直，最后向后弯曲或呈其他不规则状态，如图 2-12 所示。

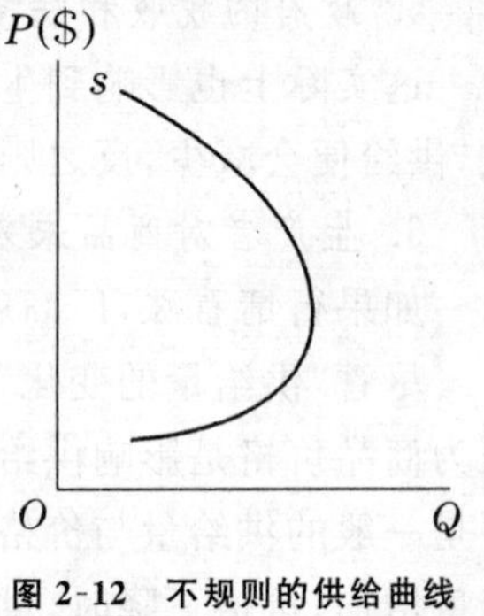

图 2-12　不规则的供给曲线

第二节　市场均衡与均衡价格

一、市场均衡的决定过程

在一个市场里，如果没有政府等外来因素的干预，一切都处于自由竞争状态，则由于消费者的需求和生产者供给相互作用的结果，一定能够达到一个“市场均衡”(market equilibrium)。所谓“市场均衡”是指在某一段时间内，某一市场中商品需求量正好和相同时间内商品供给量相等。这时的商品数量被称为“均衡量”，这时供求双方都能接受的市场价格被称为“均衡价格”，即市场的需求价格和供给价格相等时的价格。需求曲线和供给曲线相交的点被称为“均衡点”，如表 2-3 和图 2-13 所示。

表 2-3　供求均衡表

P_X（\$）	Q_{D_X}（吨）	Q_{S_X}（吨）	对价格的压力
7	0	120	↓
6	20	100	↓
5	40	80	↓
4	60	60	均　衡
3	80	40	↑
2	100	20	↑
1	120	0	↑

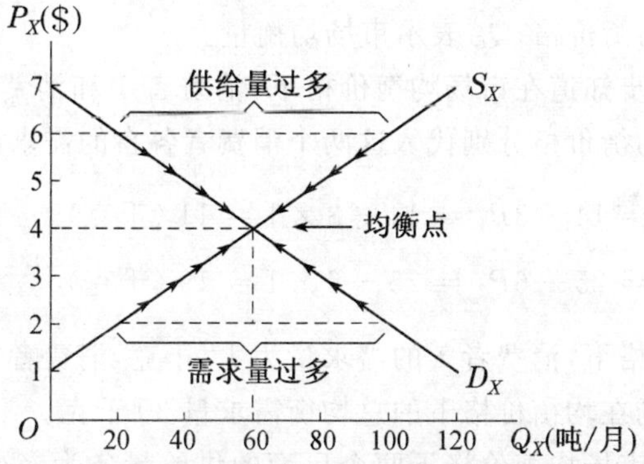

图 2-13　供求均衡图

从表 2-3 中可看出，当价格为 \$7 时，消费者认为价格太高不愿购买，所以需求量为零，生产者则因这个价格较高，愿意供给 120 吨。当价格为 \$1 时，生产者认为价格过低，不愿供给，所以供给量为零，消费者则因这个价格较低，愿意购买 120 吨。由于供求不一致，所以价格连续波动不已。只有当价格为 \$4 时，需求量才和供给量一致。这时市场上均衡价格是 \$4，均衡量是 60 吨。

从图 2-13 中可以看出上述同样的过程。当商品的市场价格为 \$4 时，需求量和供给量都是 60 吨，刚好相等。这时处于市场均衡状态。市场均衡模型的含义是：如果市场价格背离均衡价格，就有自动恢复到均衡点并继续保持均衡的趋势。

如果需求曲线和供给曲线都以函数式表示，用数学方法进行计算就显得简便得多。现在用前面介绍需求曲线和供给曲线举过的例子综合加以说明。假设某市场需求曲线的函数式如图 2-2 中所示，为 $Q_D = 39 - 9P$，它是由该市场中两个消费者个别需求曲线总和而成（消费者 1 的需求曲线公式是 $Q_{d_1} = 14 - 3P_1$，消费者 2 的需求曲线公式是 $Q_{d_2} = 25 - 6P_2$）。同时，假设该市场供给曲线的函数式如图 2-7 中所示，为 $Q_S = 24 + 6P$，它是由该市场中两个生产厂商个别供给曲线总和而成（两个供给者的供给曲线公式分别是 $Q_{s_1} = 6 + 4P_1$，$Q_{s_2} = 18 + 2P_2$）。这时如果要求出市场均衡价格和均衡量是多少，则可计算如下：

$$Q_D = 39 - 9P$$

$$Q_S = 24 + 6P$$

因为　　市场均衡条件为 $Q_D = Q_S$

所以　　$39 - 9P = 24 + 6P$

$$15P = 15$$

$$P_E = \$1;Q_E = 30(\text{千克})$$

P_E 表示市场均衡价格；Q_E 表示市场均衡量。

如果要想进一步知道在市场均衡价格下，消费者 1 和消费者 2 的需求量各是多少，则可将市场均衡价格分别代入这两个消费者各自的需求函数式进行计算：

$$Q_{d_1} = 14 - 3P_1 = 14 - 3 \times 1 = 11(\text{千克})$$

$$Q_{d_2} = 25 - 6P_2 = 25 - 6 \times 1 = 19(\text{千克})$$

在市场均衡价格下，消费者 1 的需求量为 11 千克，消费者 2 的需求量为 19 千克，两者之和为市场在均衡价格下的总均衡需求量 30 千克。

如果想求得在市场均衡价格下两个厂商的供给量各为多少，则可按同样的方法进行计算：

$$Q_{s_1} = 6 + 4P_1 = 6 + 4 \times 1 = 10(\text{千克})$$

$$Q_{s_2} = 18 + 2P_2 = 18 + 2 \times 1 = 20(\text{千克})$$

在市场均衡价格下，厂商 1 的供给量为 10 千克，厂商 2 的供给量为 20 千克，两者之和为市场在均衡价格下的总均衡供给量 30 千克。

现在再进一步考察政府介入，对价格加以干涉时的情况。假如政府认为上述市场均衡价格水平过高，规定市场的“上限价格”为 \$0.5，问市场供求之间的差额为多少？可把政府规定的价格代入市场需求曲线和供给曲线函数式即可算出：

$$Q_D = 39 - 9P = 39 - 9 \times 0.5 = 34.5\text{（千克）}$$

$$Q_S = 24 + 6P = 24 + 6 \times 0.5 = 27\text{（千克）}$$

$34.5 - 27 = 7.5$（千克），这时需求量大于供给量，市场缺少7.5千克商品。

反之，假如政府认为上述市场均衡价格水平过低，规定市场的“下限价格”为＄1.5，则市场供求之间的差额可按同样的方法求出：

$$Q_D = 39 - 9P = 39 - 9 \times 1.5 = 25.5\text{（千克）}$$

$$Q_S = 24 + 6P = 24 + 6 \times 1.5 = 33\text{（千克）}$$

$33 - 25.5 = 7.5$（千克），这时供给量大于需求量，市场有7.5千克商品卖不出去。

总而言之，市场供求有其自身的规律。当价格高于市场均衡点时，供给量大于需求量，这种现象可称为“供给量过多”或叫作“过剩”(surplus)。这种现象在市场上可能是暂时现象。供给量多，需求量少，在市场机制作用下，必然会由于供给者之间的竞争而导致价格下降，一直降到均衡价格为止。这时市场又重新恢复到均衡状态。

反之，当价格低于市场均衡点时，需求量大于供给量，这种现象被称为“需求量过多”，或叫作“短缺”(shortage)。这种现象在市场上也可能是暂时的现象。需求量多，供给量少，会造成消费者之间的抢购，必然使价格抬高。只要需求量大于供给量，价格就会继续上升，一直升到市场的均衡价格为止。这时市场又再度达到均衡。

以上就是西方经济学关于均衡价格理论的“供求规律”(Law of supply and demand)。它说明，市场均衡是一种趋势，如果市场价格脱离均衡价格，必然形成供过于求或求过于供的失衡状态。由于市场中供求双方以及各方内部的竞争，产生了自我调节作用，失衡将趋向于均衡。这种自我调节机制被亚当·斯密称作“看不见的手”(invisible hand)。

二、不稳定均衡

以上所讲的均衡，由于一旦价格偏离均衡点，不管是哪个方面，最终都会回到原来的均衡点上，这种均衡被称为“稳定均衡”。除了“稳定均衡”以外，还有一种特殊状态的均衡，被称为“不稳定均衡”。

所谓不稳定均衡，是指一旦价格偏离原来的均衡点，则越偏越远。这种情形见表2-4和图2-14。

表 2-4 不稳定均衡表

P_y($)	Q_{Dy}(单位:吨)	Q_{Sy}(单位:吨)	对价格的压力
5	50	10	↑
4	60	40	
3	70	70	均　衡
2	80	100	
1	90	130	↓

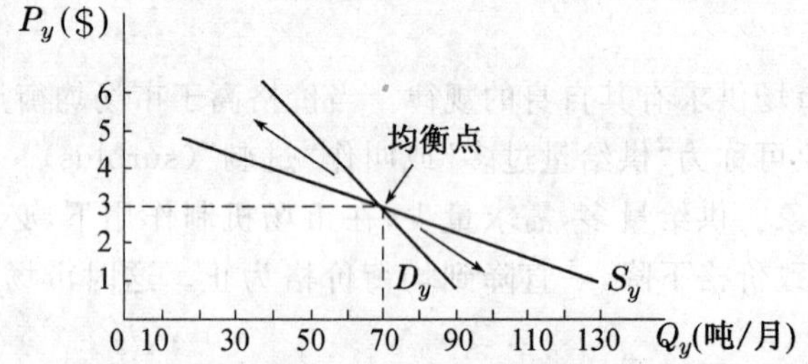

图 2-14 不稳定均衡图

从表 2-4 中可看出,市场均衡价格为＄3,均衡量为 70 吨。当价格上升为＄4 时,需求量为 60 吨,供给量为 40 吨,需求量大于供给量,形成短缺,驱使价格上升。当价格上升到＄5 时,需求量为 50 吨,而供给量却只有 10 吨,需求量不仅大于供给量,且差额越来越大。这时会驱使价格继续上升。

反之,当价格为＄2 时,需求量为 80 吨,供给量为 100 吨,供大于求,形成过剩,迫使价格下跌。当价格跌到＄1 时,需求量为 90 吨,供给量为 130 吨,过剩更严重,迫使价格继续下跌。

从图 2-14 中可看出,之所以造成上述情况,是因为供给曲线和需求曲线同为负斜率曲线,且供给曲线斜率的绝对值比需求曲线斜率的绝对值小,即供给曲线较需求曲线平坦。这时,一旦价格离开均衡点,则按最初偏离的方向越偏越远。这种现象,就是"不稳定均衡"。当然,这只是其中一种不稳定均衡的情况。

上述"不稳定均衡"表示的经济含义是,如果价格低于均衡价格,供给者欲将其过剩产品竞相抛售。价格越低,相对过剩越多,竞相抛售的恐慌心理越严重。反之,如果价格高于均衡价格,这时反而供不应求,供给者出现惜售心理,待价而沽,价格越高,惜售心理越严重。

第三节　需求和供给变化对均衡的影响

以上在介绍需求量变化和需求变化、供给量变化和供给变化时，指出了它们之间的区别。在其他条件不变时，需求量变化是按一系列价格同其相对应的需求量之间的关系来考察的；供给量变化是按一系列价格同其相对应的供给量之间的关系来考察的。沿着需求、供给曲线上下移动来考察均衡，只能得出市场过剩或短缺的数量多少，市场本身的均衡并没有发生变化。

但是当其他条件发生变化，使需求曲线移动，或供给曲线移动，或需求曲线和供给曲线同时移动，市场原来的均衡点就要发生变化，市场均衡价格也要发生变化。就是说，市场由旧的均衡价格和均衡量变动到一个新的均衡价格和均衡量。这种情况如图2-15所示。

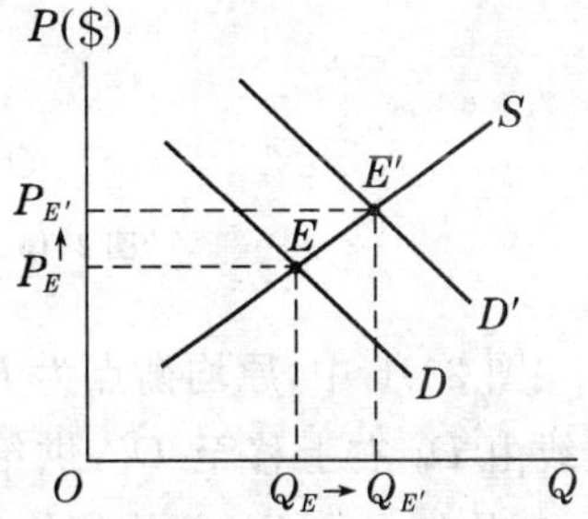

图 2-15　需求增加对均衡的影响

图中，E 表示原均衡点，P_E 表示原均衡价格，Q_E 表示原均衡量。假如由于人们的收入或人口增加，对某种商品的需求增加，这会使原需求曲线 D 发生右移，移至 D' 位置。从图中可以看出，新均衡点从 E 点移至 E' 点，新均衡价格由 P_E 上升到 $P_{E'}$，新均衡量则由 Q_E 增加到 $Q_{E'}$。

图 2-15 表示的是当供给曲线不动时，仅仅因为需求曲线的右移而产生的结果。实际上，需求曲线可能左移；也可能需求曲线不变，仅供给曲线左移或右移；还可能需求曲线和供给曲线同时发生同方向或反方向的移动变化。这样，变化了的需求曲线和供给曲线就有多种交叉组合的可能。现将所有组合的可能综合如下（↑表示增加；↓表示减少；—表示不变；？表示不能确定）：

(1) 当 $D\uparrow \overline{S}$时，$P\uparrow$，$Q\uparrow$；

(2) 当 $D\downarrow \overline{S}$时，$P\downarrow$，$Q\downarrow$；

(3) 当 $S\uparrow \overline{D}$时，$P\downarrow$，$Q\uparrow$；

(4) 当 $S\downarrow \overline{D}$时，$P\uparrow$，$Q\downarrow$；

(5) 当 $D\uparrow S\uparrow$ 时，P?，$Q\uparrow$；

(6) 当 $D\downarrow S\downarrow$ 时，P?，$Q\downarrow$；

(7) 当 $D\uparrow S\downarrow$ 时，$P\uparrow$，Q?；

(8) 当 $D\downarrow S\uparrow$ 时，$P\downarrow$，Q?。

在以上八种变化可能中，第(5)、第(6)种的价格不能确定；第(7)、第(8)种的数量不能确定。因为在这几种变动中，不仅要考虑需求曲线或供给曲线变化的方向，而且还要考虑到需求曲线或供给曲线变化的程度。试以第(5)种情况为例说明，见图 2-16。

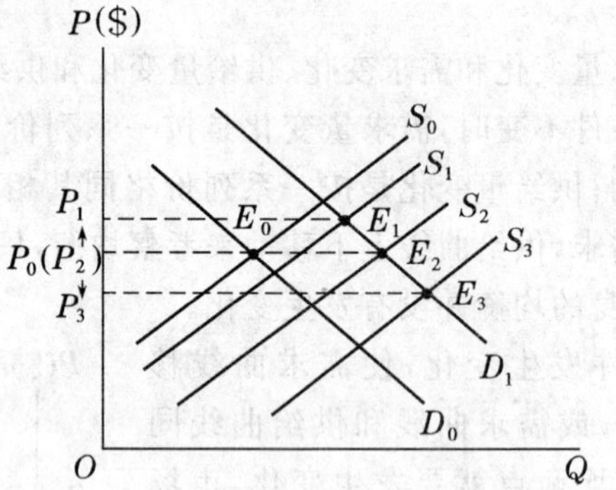

图 2-16　需求与供给的不同程度对均衡的影响

图 2-16 中，原均衡点为 E_0，均衡价格为 P_0。如果需求和供给同时增加，需求曲线由 D_0 右上移至 D_1，供给曲线由 S_0 向右下移动。这时有三种可能：①移至 S_1，新均衡点为 E_1，新均衡价格为 P_1，和原均衡价格相比，新均衡价格上升；②移至 S_2，新均衡点为 E_2，新均衡价格为 P_2，和原均衡价格相比，新均衡价格不变；③移至 S_3，新均衡点为 E_3，新均衡价格为 P_3，和原均衡价格相比，新均衡价格下降。而上述几种情况，无论哪一种，新均衡量都增加，因为所有的新均衡点都位于原均衡点的右侧。根据同样道理，可以判断第(6)、(7)、(8)情况中的不确定结果。

把上述八种全部的变化可能综合反映在同一张图上，即成为图 2-17。图 2-17 中，有四个不能确定的新均衡点，即 D_1 和 S_2 交点以及 D_2 和 S_1 交点的新均衡量不能确定；D_2 和 S_2 交点以及 D_1 和 S_1 交点的新均衡价格不能确定。

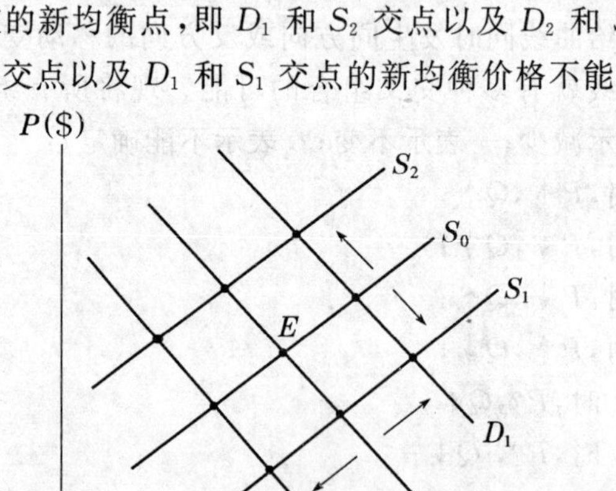

图 2-17　需求与供给对均衡影响的全部可能性

思考题

1. 什么是需求表(供给表)?需求量(供给量)与需求(供给)之间有何区别?
2. 简述负斜率的需求曲线的理论基础。
3. 使需求曲线移动的主要因素有哪些?
4. 使供给曲线移动的主要因素有哪些?
5. 什么是均衡价格?市场均衡价格是怎样形成的?
6. 设某商品的市场需求函数和市场供给函数分别为 $Q_D = 57 - 6P$ 和 $Q_S = 35 + 5P$,求均衡价格和均衡量分别是多少?
7. 什么是不稳定均衡?其经济含义是什么?
8. 当需求、需求量、供给、供给量发生变化时,市场的新均衡有哪几种可能性?

第三章 弹性理论

在第二章里所介绍的需求曲线、供给曲线以及两者之间的关系，均属于一种对其基本性质的研究。本章则在此基础上，进一步研究两种经济变量之间的反应性质以及所涉及的相关问题。

第一节 弹性的概念和意义

按前所述，在其他条件不变情况下，需求量和价格之间的关系是：价格上升，需求量必下降；价格下降，需求量必上升。供给量和价格之间的关系是：价格上升，供给量必上升；价格下降，供给量必下降。但是，上述仅仅指出变化的一般方向，并没有表明变化的程度。比如说，当价格下降，需求量会上升，但究竟上升多少？对变化程度的研究具有很重要的现实经济意义，特别是对供给者来说更为重要。例如供给者可以通过需求量变化的不同程度测算出商品销售量变动的程度，从而可以测算出总收入变动的方向和大小。

变化的程度能否使用考察曲线斜率的方法？答案是否定的。这是因为，斜率是表示绝对数值的变化，而绝对数值对不同基数的意义极不相同。例如 1 元钱的价格变化对一部彩电和一支牙刷的意义差别极大。另外，斜率虽然能表示两个变量之间互相变动的比例关系，但不能避免因单位使用的不同而带来的差异。比如，$\Delta Q/\Delta P = 1$ 千克 /5 美元，斜率为 1/5；同一比例关系又可写成1 000克/5 美元，斜率则为 200/1。同一内容却出现两种不同的斜率，原因在于单位改变了。另外，即使斜率相同,其实际含义可能并不相同,试比较图 3-1 和图 3-2。

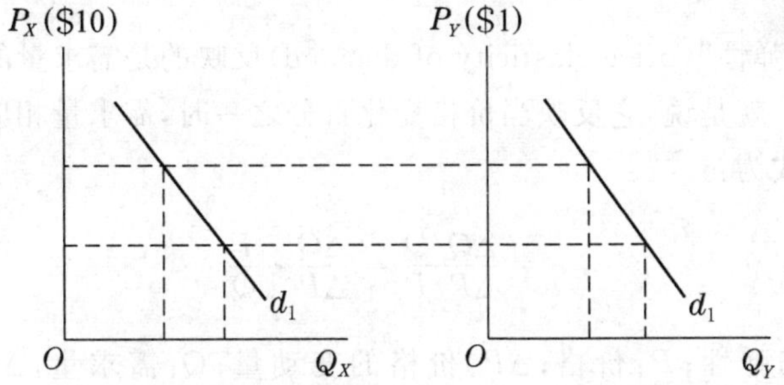

图 3-1　X 商品需求曲线的斜率　　**图 3-2　Y 商品需求曲线的斜率**

从图中看，两条曲线的斜率相等。但由于 P_X 的单位是＄10，而 P_Y 的单位是＄1，因此它们之间在实际变动关系上并不相同，价格下降同一个单位，Y 为 X 变化的 10 倍。这仍然说明，考察斜率要看到单位不同的影响。但是，在经济学著作中，一般还是用斜率不同的曲线来表示弹性的大小，但这只是一种近似的表达方法。

为了避免由于被考察对象单位的不同而造成的不一致,就需要引入“弹性”(elasticity)概念。

弹性理论最早是由数理经济学派的奠基者——法国数学家、经济学家古尔诺(A. Cournot,1801～1877)提出来的,后来由马歇尔完善了弹性公式,并将其发展成为完整的理论。所谓“弹性”是指因变量变化的百分比同自变量变化的百分比之间的比例关系。求出的比值被称为“弹性系数”,其公式表示如下：

$$e=\frac{\Delta Y/Y}{\Delta X/X}=\frac{\Delta Y}{\Delta X}\cdot\frac{X}{Y}$$

e:弹性系数;X:自变量;Y:因变量。

在经济学中,根据两个不同经济变量之间相应的变化关系,可求出反映不同关系的弹性数值。

第二节　需 求 弹 性

西方经济学关于需求弹性包括以下三种:需求价格弹性、需求收入弹性和需求交叉弹性。现在分别介绍。

一、需求价格弹性

“需求价格弹性”(price elasticity of demand)反映的是需求量的变动对价格变动的敏感程度。就是说,它反映当价格变化百分之一时,需求量相应地变动百分之几。其定义公式为:

$$e = \frac{\Delta Q/Q}{\Delta P/P} = \frac{\Delta Q}{\Delta P} \cdot \frac{P}{Q}$$

e:需求价格弹性;P:价格;ΔP:价格的变动量;Q:需求量;ΔQ:需求量的变动量。

需求量对价格的反应一般是反方向的,所以需求价格弹性系数值当为负值。对这一点应加以注意。有些西方经济学家如马歇尔等采用在弹性系数前加一负号,以求正值。或者对计算出的需求弹性系数值取绝对值。无论采用哪一种方法,最重要的是数值,并非其符号。但必须知道,当需求价格弹性为1时,意即-1。

(一)需求价格弹性的计算方法

需求价格弹性有两种计算方法,它们分别适用于不同的已知条件。

1. 弧弹性(arc elasticity)计算方法

下面根据表3-1和图3-3,介绍弧弹性的计算方法。

表3-1　需求曲线表

	P($/千克)	Q_D(吨/月)
A	4	2.0
B	3	3.0
C	2	4.5
E	1	6.5

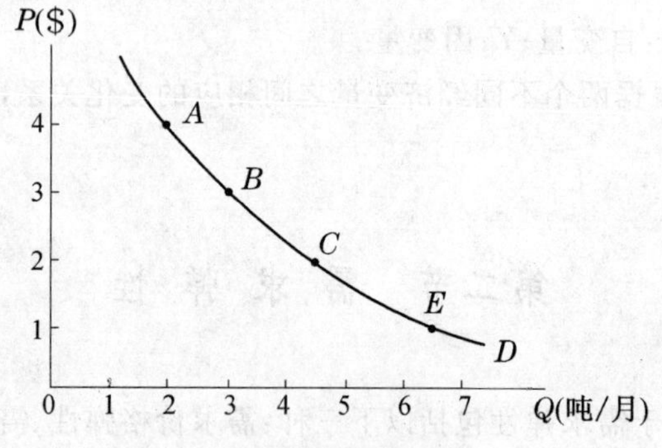

图3-3　需求曲线图

若求图 3-3 中 A 点到 B 点的需求价格弹性，则计算如下：

$$e=\frac{\Delta Q/Q}{\Delta P/P}=\frac{\Delta Q}{\Delta P}\times\frac{P}{Q}=\frac{3-2}{3-4}\times\frac{4}{2}$$

$$=\frac{1}{-1}\times\frac{4}{2}=-2$$

再反过来求 B 点到 A 点的需求价格弹性：

$$e=\frac{\Delta Q/Q}{\Delta P/P}=\frac{\Delta Q}{\Delta P}\times\frac{P}{Q}=\frac{2-3}{4-3}\times\frac{3}{3}$$

$$=\frac{-1}{1}\times\frac{3}{3}=-1$$

这里就出现一个问题，同一区间的需求价格弹性值为什么不一样？其原因在于两种计算的起始点不一致。为避免由于起始点基数值的不同而造成计算结果上的差异，经济学上常采取按两点的平均数值计算的办法。例如仍计算从 A 点到 B 点的需求价格弹性。

$$e=\frac{3-2}{(2+3)/2}\div\frac{3-4}{(4+3)/2}=\frac{1}{2.5}\div\frac{-1}{3.5}$$

$$=\frac{1}{2.5}\times\frac{3.5}{-1}=\frac{3.5}{-2.5}=-1.4$$

计算从 B 点到 A 点的需求价格弹性：

$$e=\frac{2-3}{(3+2)/2}\div\frac{4-3}{(3+4)/2}=\frac{-1}{2.5}\div\frac{1}{3.5}$$

$$=\frac{-1}{2.5}\times\frac{3.5}{1}=\frac{-3.5}{2.5}=-1.4$$

按这种方法所求出的弹性被称为“弧弹性”，公式为：

$$e=\frac{\Delta Q\Big/\frac{(Q_1+Q_2)}{2}}{\Delta P\Big/\frac{(P_1+P_2)}{2}}=\frac{\Delta Q}{\Delta P}\times\frac{P_1+P_2}{Q_1+Q_2}$$

2. 点弹性(point elasticity)计算方法

弧弹性所求出的值是一段弧线上两点之间的平均值。当两点无限靠近时，弧弹性就接近于“点弹性”。

所谓“需求价格点弹性”，是指在某一价格水平点上，当价格波动很微小的一点,所引起的需求量变化的敏感程度。点弹性可以用简单的几何图形法求出,见图 3-4。

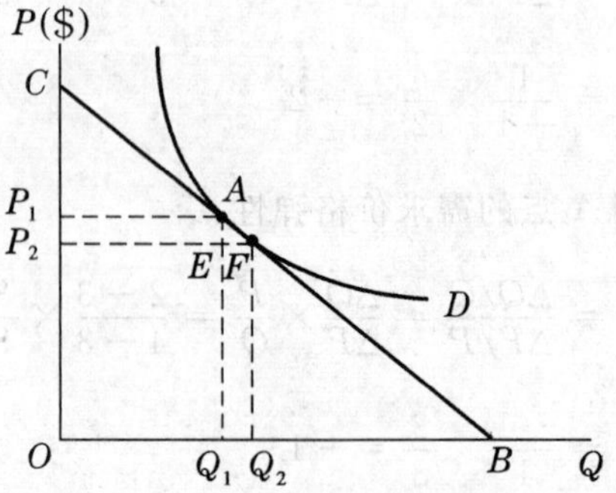

图 3-4 计算点弹性的几何图形

图中 D 为需求曲线,现在要求出需求曲线上 A 点的点弹性。先过 A 点作一条切线,分别交于横坐标的 B 点和纵坐标的 C 点。在靠近 A 点处再作一点 F,因 AF 弧段极小,可近似看成直线。再通过 A 点和 F 点作辅助线 P_1A、P_2F、AQ_1 和 FQ_2。证明如下:

$$e=\frac{\Delta Q/Q}{\Delta P/P}=\frac{Q_1Q_2}{OQ_1}\div\frac{P_1P_2}{OP_1}=\frac{Q_1Q_2}{P_1P_2}\times\frac{OP_1}{OQ_1}$$

因为
$$\frac{Q_1Q_2}{P_1P_2}=\frac{EF}{EA}=\frac{Q_1B}{Q_1A}=\frac{Q_1B}{OP_1}$$

所以
$$e=\frac{Q_1Q_2}{P_1P_2}\times\frac{OP_1}{OQ_1}=\frac{Q_1B}{OP_1}\times\frac{OP_1}{OQ_1}$$

$$=\frac{Q_1B}{OQ_1}=\frac{OP_1}{CP_1}=\frac{AB}{CA}$$

这说明,需求曲线上某一点的点弹性,可以用该点至切线与横坐标的交点的距离,与该点至切线与纵坐标的交点的距离之比来表示。这种表示形式被称为斜线公式(把切线视作斜线)。这种表示方法有着直观和易识别需求价格弹性大小的好处。用斜线公式的表示方法,我们可以直接根据切点在切线(分别交于纵、横坐标)中位置的高低来判断需求价格弹性是大于 1,还是小于 1。如果该点位于切线中点处,需求价格弹性必定等于 1;如果该点位于切线中点以上,需求价格弹性必定大于 1;如果该点位于切线中点以下,需求价格弹性必定小于 1。

点弹性概念通常是以微分方法来表示,且更简洁、方便。即:

$$e = \lim_{\Delta P \to 0} \frac{\Delta Q/Q}{\Delta P/P} = \lim_{\Delta P \to 0} \frac{\Delta Q}{\Delta P} \times \frac{P}{Q}$$

$$= \frac{\mathrm{d}Q}{\mathrm{d}P} \times \frac{P}{Q}$$

用求导数的方法计算点弹性，其优点在于只要知道一条需求曲线的函数形态，就可以求得弹性系数。例如，需求曲线函数式为 $Q_D = 32 - 4P$，则

$$\frac{\mathrm{d}Q}{\mathrm{d}P} = -4$$

$$e = \frac{\mathrm{d}Q}{\mathrm{d}P} \times \frac{P}{Q} = (-4) \times \frac{P}{32 - 4P} = \frac{P}{P - 8}$$

这时可求出任何价格水平的弹性系数值，例：

当 $P = 2$ 时，$e = \frac{2}{2-8} = \frac{2}{-6} = -\frac{1}{3}$

$P = 4$ 时，$e = \frac{4}{4-8} = \frac{4}{-4} = -1$

$P = 6$ 时，$e = \frac{6}{6-8} = \frac{6}{-2} = -3$

（二）需求价格弹性的几种特殊形态

以上介绍了需求价格弹性的一般形态。除此以外，大体上还有以下三种特殊形态。如图 3-5、图 3-6 和图 3-7 所示。

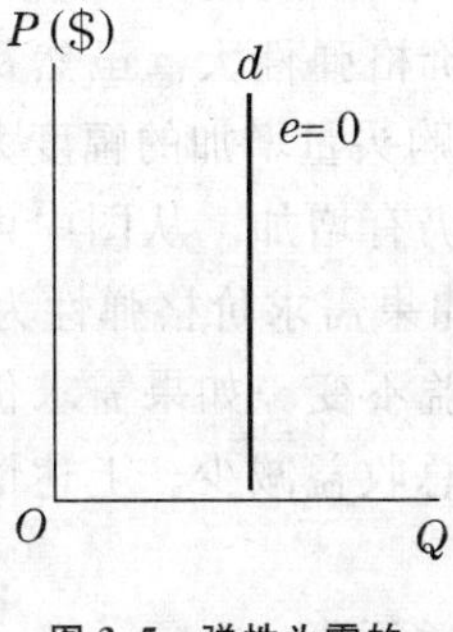

图 3-5　弹性为零的需求曲线

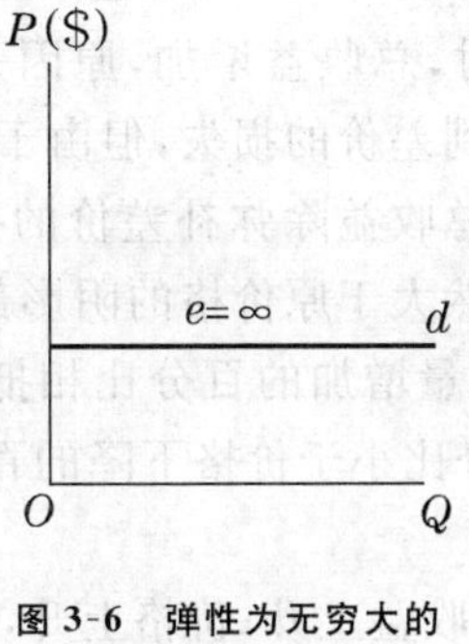

图 3-6　弹性为无穷大的需求曲线

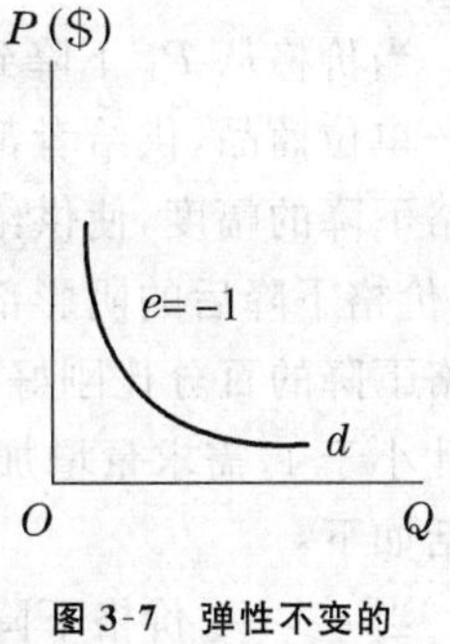

图 3-7　弹性不变的需求曲线

图 3-5 中，需求曲线是一条与横坐标垂直的线，价格的任何变动均对需求量无影响。其需求价格弹性为零。

图 3-6 中，需求曲线是一条与横坐标平行的线，价格稍微波动一点，需求量的反应就无限变化。其需求价格弹性为无穷大。

图 3-7 中，需求曲线是一条双曲线，无论在曲线上哪一点，价格变动时，需求量都向相反方向等幅度变动，即需求价格弹性为－1。双曲线的公式为 $Q=\dfrac{a}{P}$，其中，a 为一常数。双曲线需求价格弹性等于－1 的证明如下：

$$Q=\frac{a}{P}，其导数为\frac{dQ}{dP}=a\times(-P^{-2})=-\frac{a}{P^2},$$

$$e=\frac{dQ}{dP}\times\frac{P}{Q}=-\frac{a}{P^2}\times\frac{P}{Q}=-\frac{a}{PQ}=-1$$

（三）需求价格弹性和总收益的关系

弹性大小和总收益有着密切的关系，因此弹性大小意义重大。判断需求价格弹性大小的标准是以它与 1 相比，如果需求价格弹性系数的绝对值 $|e|>1$，为弹性大；$|e|<1$，为弹性小；$|e|=1$，为单一弹性。为方便起见，我们以后再讲需求价格弹性大小时，都是指其绝对值，不再另加说明。

某一商品的价格水平乘以在该价格上消费者购买的量，就是消费支出总量。从供给者角度看，就是总收益。当商品价格下降时，供给者总收益是减少了还是增加了，取决于需求价格弹性的大小。下面用图 3-8 加以说明。

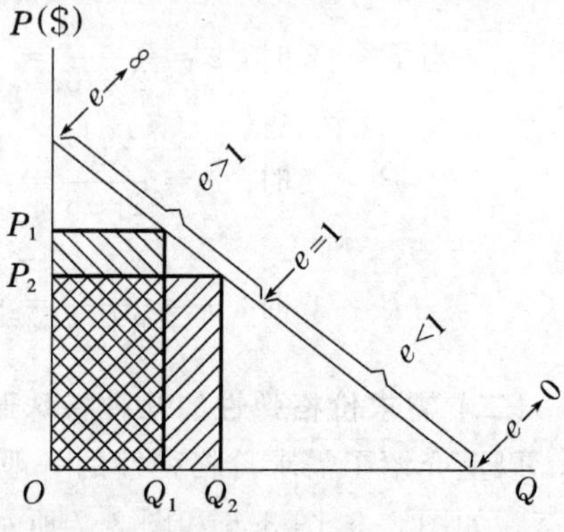

图 3-8　弹性变化与总收益变化关系的图解

当价格从 P_1 下降到 P_2 时，总收益增加，原因是需求价格弹性大。虽然每售出一单位商品，供给者都要受到差价的损失，但由于消费者购买量增加的幅度大于价格下降的幅度，使供给者的总收益除弥补差价的损失外仍有增加。从图中可看出，价格下降后的阴影部分显然大于原价格的阴影部分。如果需求价格弹性为 1，价格下降的百分比刚好和需求量增加的百分比相抵，总收益不变。如果需求价格弹性小于 1，需求量增加的百分比小于价格下降的百分比，总收益减少。上述情况概括如下：

当 $e>1$，价格下降，则总收益上升；价格上升，则总收益下降。

当 $e<1$，价格下降，则总收益下降；价格上升，则总收益上升。

当 $e=1$，无论价格下降还是上升，总收益都不变。

假如已知价格变化的百分比和销售量变化的百分比，供给者想求得总收益变化的百分比，一个简便近似的方法是直接把这两个百分比相加。其中的关系证明如下：

原总收益：$R_1 = P_X \times X$（X：销量；P_X：价格；R：总收益）

变化后的总收益：$R_2 = (P_X + \Delta P_X) \times (X + \Delta X)$

总收益的变化：

$$\begin{aligned}\Delta R &= R_2 - R_1 \\ &= (P_X + \Delta P_X)(X + \Delta X) - P_X \times X \\ &= (P_X + \Delta P_X)X + (P_X + \Delta P_X)\Delta X - P_X \times X \\ &= P_X \times X + \Delta P_X \times X + P_X \times \Delta X + \Delta P_X \times \Delta X - P_X \times X \\ &= \Delta P_X \times X + P_X \times \Delta X + \Delta P_X \times \Delta X\end{aligned}$$

由于　$R_1 = P_X \times X$，则：

$$\begin{aligned}\frac{\Delta R}{R_1} &= \frac{\Delta P_X \times X + P_X \times \Delta X + \Delta P_X \times \Delta X}{P_X \times X} \\ &= \frac{\Delta P_X \times X + P_X \times \Delta X}{P_X \times X} + \frac{\Delta P_X \times \Delta X}{P_X \times X} \\ &= \frac{\Delta P_X}{P_X} + \frac{\Delta X}{X} + \left(\frac{\Delta P_X}{P_X}\right)\left(\frac{\Delta X}{X}\right)\end{aligned}$$

因为 $\left(\frac{\Delta P_X}{P_X}\right)\left(\frac{\Delta X}{X}\right)$ 一项是两个百分比的乘积，当百分比很小时可忽略不计，所以：$\frac{\Delta R}{R} \approx \frac{\Delta P_X}{P_X} + \frac{\Delta X}{X}$。

举例，假如油价上涨 2%，人们对油的需求量下降 1%，则即可得出近似值，油商总收益增加 1%，因为 2% − 1% = 1%。如果价格和需求量变动的百分比较大，则需再加上这两个百分比的乘积。

（四）需求价格弹性—短期与长期的区别

对同一种商品，其需求价格弹性短期和长期是不同的。对许多商品来说，长期价格弹性相对于短期价格弹性要大。其原因有两个：第一，人们需要较长的时间来改变消费习惯，或者寻找替代品；第二，人们对某种商品的消费与其互补品的更换周期有关。例如对汽油的消费，短期油价上涨不会造成汽油消费的大幅度下降；但从较长时间看，人们会购买小的、省油的汽车，从而使汽油的需求量有较大减少。

而对于有些商品来说，情况刚好相反，短期价格弹性相对于长期价格弹性要大。例如消费者持有量很多的耐用品，如汽车、电冰箱、彩电和资本设备等。

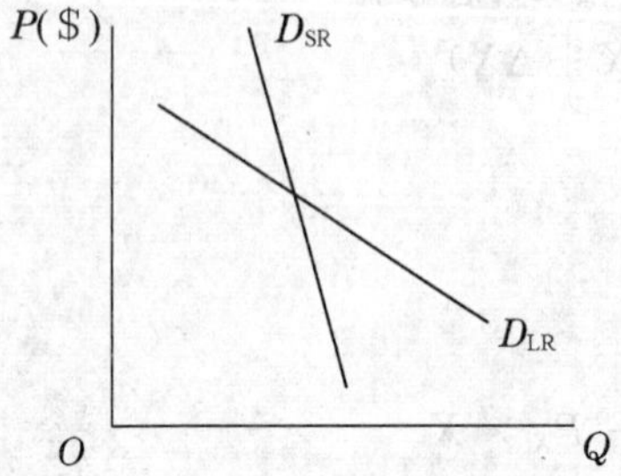

图 3-9　汽油:价格弹性长期大于短期

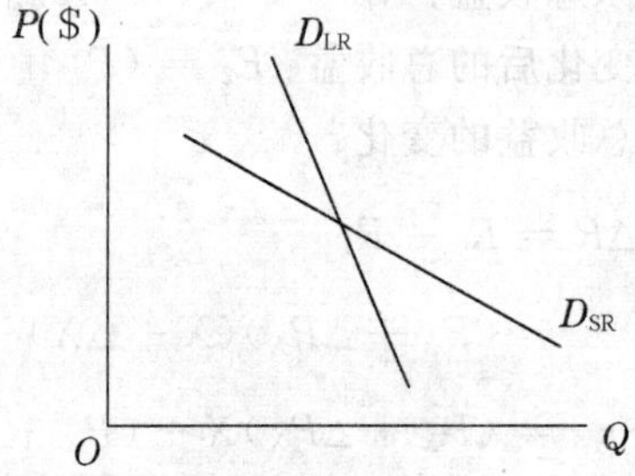

图 3-10　汽车:价格弹性短期大于长期

图 3-9 和图 3-10 分别表示以上两种情况。图中 D_{SR} 和 D_{LR} 分别代表短期需求曲线和长期需求曲线。图 3-9 的含义是表示短期油价上涨只会使人们减少开车,但对汽油消费量的减少有限。但是从长期看,人们会改用更小的、省油的汽车,从而使价格对需求量的影响增大。这说明汽油的需求价格弹性长期是大于短期的。而图 3-10 的含义则是表示短期价格上涨使消费者不去购买新车。但是从长期看,旧车总要报废,所以人们对汽车的需求量会逐步上升。这说明汽车的需求价格弹性短期是大于长期期的。

(五) 影响需求价格弹性大小的经济因素

正因为需求价格弹性对总收益有很大影响,西方经济学家们十分注意对市场商品价格弹性的调查研究。这种考察研究注意到影响需求价格弹性的经济因素。那么影响需求价格弹性大小的经济因素究竟有哪些?大体上可以概括为以下四点。

1. 可替代商品的多少和替代程度的高低

可替代商品越多,替代程度越高,需求价格弹性则越大;反之,则越小。其原因在于,只要价格稍微提高一点,消费者很容易找到其他价格没有变动的替代品,因而对价格反应的灵敏度较大。例如,牛肉价格上涨,许多人会多买猪肉、鸡肉等。结果,牛肉的需求量就会减少很多。假如没有什么东西可以替代,消费者没有什么其他选择余地,则需求价格弹性必小。

2. 商品消费支出占消费者收入比重的大小

如果所占比重大,则需求价格弹性必大,反之必小。例如火柴、毛巾、铅笔之类商品的支出,在一般消费者收入中所占比重极小,人们对其价格变动并不太重视,所以需求价格弹性较小。而珠宝、房屋之类商品,需求价格弹性较大。

3. 选择商品时间的长短

价格提高后,如果消费者有充足的时间在市场中选择,则找到替代品的机会和可能性较大,同时,消费者偏好也可能发生变化,这样,需求价格弹性就越大;反之则小。

4. 商品用途的多少

商品用途越广泛，价格变动后涉及的面则越广，反应必大；反之，用途越小，对价格反应的范围越小，需求价格弹性则越小。

二、需求收入弹性

前面所讲的需求价格弹性，是研究市场中商品需求量对价格的反应程度。但是，价格并非是影响需求量的唯一因素。影响需求量变化的另一个重要因素是消费者的收入水平。“需求收入弹性”(income elasticity of demand)就是反映需求量的变动对收入变动的敏感程度。就是说，当人们的收入变动百分之一时，需求量相应地变动百分之几。公式为：

$$e_I = \frac{\Delta Q/Q}{\Delta I/I} = \frac{\Delta Q}{\Delta I} \times \frac{I}{Q}$$

e_I：需求收入弹性；I：收入水平；ΔI：收入的变动量；Q：需求量；ΔQ 需求量的变动量。

有些商品的需求收入弹性是正值，它表示当消费者的收入提高时，会增加对这些商品的消费数量。例如，猪肉、牛肉等商品的需求收入弹性一般属于这种情况。另外有些商品的需求收入弹性是负值，它表示当消费者的收入提高时，对这些商品的消费反而减少了。例如，质量较差的蔬菜和食品一般属于这种情况。但是需求收入弹性主要取决于消费者在购买这种商品时的收入水平。同一种商品对不同的消费者来说，其需求收入弹性可能差别很大，因为消费者的收入水平各不相同。比如收入水平低的消费者，当收入提高时，对某种商品的需求量增加，这时的需求收入弹性为正值；而对另一个收入水平较高的消费者来说，当收入提高时，则可能减少对这种商品的消费量，这时的需求收入弹性则为负值。即使对同一个消费者，在他不同的收入水平阶段，同一种商品的需求收入弹性也不相同。现在需求收入弹性为正值的商品，若干年后可能成为需求收入弹性为负值的商品。因此，收入水平的高低是决定需求收入弹性的主要因素。

需求收入弹性的概念，不仅适用于个别消费者，也适用于整个市场。两者不同之处在于：考察某商品市场的需求收入弹性时，需求量的变化是整个市场商品总量变化的情况，收入的变化是全体消费者总收入的变化情况。两者相同之处在于，都是假定市场中所有商品的价格不变。

需求收入弹性有以下几个基本类别：当需求收入弹性为负值时，即 $e_I < 0$，该商品为低劣品；当需求收入弹性为正值时，即 $e_I > 0$，该商品为正常品。需求收入弹性为正值时，又可分为两种情况：一种是当需求收入弹性大于1时，即 $e_I > 1$，该商品为奢侈品，这时需求量增加的幅度大于收入增长的幅度；另一种是当需求收入弹性大于零而小于1时，即 $0 < e_I < 1$，该商品为必需品，在现实生活中，多数商品属于这种情况。

上述几种情况可用图3-11表示。

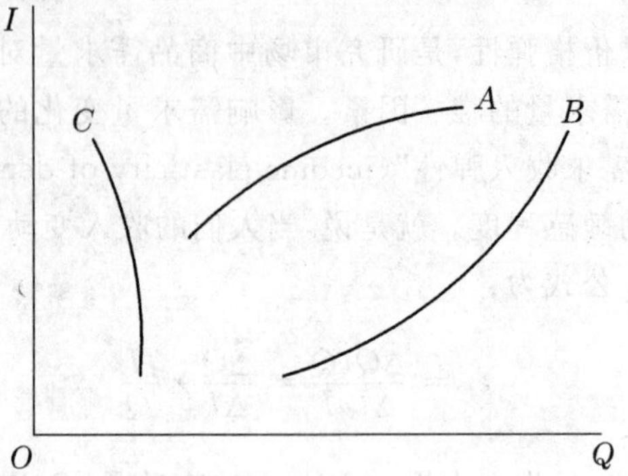

图3-11　需求收入弹性的三种情况

图中，I 表示收入；Q 表示需求量。

曲线 A 表示商品的需求收入弹性大于1，即需求量增加的幅度大于收入增长的幅度，这种商品属奢侈品类；曲线 B 表示商品的需求收入弹性小于1而大于零，即需求量增加的幅度小于收入增长的幅度，这种商品属于必需品类；曲线 C 表示商品的需求收入弹性为负值，即当收入增加时，需求量反而减少，这种商品属低劣品类。

关于商品需求量和收入之间的关系，在下一章消费者行为理论研究中还要进一步讨论。

三、需求交叉弹性

除了商品的价格和消费者的收入这两个影响需求量变化的重要因素以外，还有一个很重要的因素，就是其他商品价格的变化对某种商品需求量所产生的影响。"需求交叉弹性"(cross elasticity of demand)就是表示在两种不同的商品之间，当其中一种商品的价格发生变化时，另外一种商品的需求量因此而发生变化的敏感程度。就是说，当某种商品的价格变动百分之一时，另一种商品的需求量相应地变动百分之几。公式为：

$$e_{XY} = \frac{\Delta Q_X / Q_X}{\Delta P_Y / P_Y} = \frac{\Delta Q_X}{\Delta P_Y} \times \frac{P_Y}{Q_X}$$

e_{XY}：需求交叉弹性；P_Y：Y 商品的价格；ΔP_Y：Y 商品价格的变动量；Q_X：X 商品的需求量；ΔQ_X：X 商品需求量的变动量。

要研究商品之间互相反应的敏感程度，必需考察它们之间的相互关系。不同商品之间的相互关系有三种情况：第一种是替代性商品，如猪肉和牛肉，咖啡和茶叶等。第二种是互补性商品，如小汽车和轮胎，钢笔和墨水等。这两种在第二章第一节中已作过说明。第三种是非关联性商品，称为"独立品"，即两商品之间对于满足某种欲望来说毫无关系，风马牛不相及。例如电灯和衣服，火柴和食盐等。它们中间任何一种商品的价格发生变化，均对另外一种商品不产生任何影响。当然，严格地说，任何商品之间，多少总有一点互相替代关系，因为消费者的收入是有限的，某种商品价格变动，通过消费者收入因素的作用，多少总要影响到对其他商品的需求量。比如某种商品涨价，消费者对这种商品的需求量减少或增加，可能会影响到和这种商品没有关系的另一种商品的消费支出。不过，在研究需求交叉弹性时，一般并不考虑这种情况。

根据上述商品间三种不同的关系，对需求交叉弹性也有以下三种判断：第一种情况，假如两商品为互补性商品，则需求交叉弹性为负值。即 $e_{XY}<0$。以小汽车和汽油为例，如果小汽车的价格上涨，人们对小汽车的需求量则下降，对汽油的需求量亦必减少。第二种情况，假如两商品为替代性商品，则需求交叉弹性为正值。即 $e_{XY}>0$。以咖啡和茶叶为例，如果咖啡价格上涨，人们对咖啡的需求量则下降，对可以替代咖啡的茶叶的需求量必然增加。第三种情况，假如两商品之间没有任何联系，则需求交叉弹性等于零。

上述三种情况可用图 3-12 表示。

P_Y：Y 商品的价格；Q_{dX}：对 X 商品的需求量。

图 3-12 中，曲线 A 的斜率值是负值，它表示 X、Y 为互补性商品；曲线 C 的斜率是正值，它表示 X、Y 为替代性商品；曲线 B 的斜率值是零，它表示 X、Y 为非关联性商品。

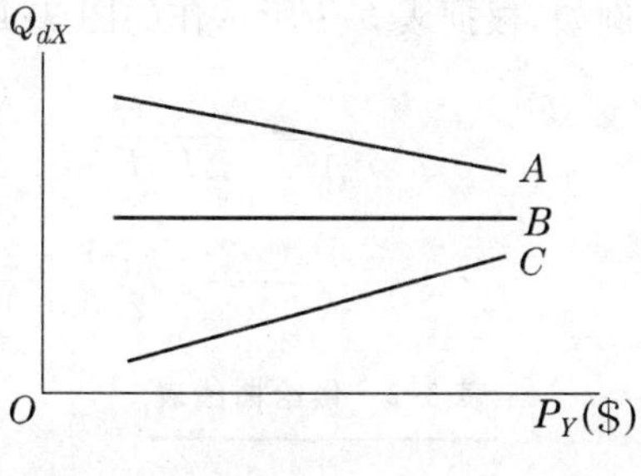

图 3-12　需求交叉弹性的三种情况

分析需求交叉弹性还要注意两点：第一，西方经济学在考察需求交叉弹性时，主要是以整个市场中不同商品间的相互关系为出发点，而并非着眼于个别消费者。第二，不论 X 和 Y 是替代性商品还是互补性商品，都可以双向分析，即分析当 Y 商品价格变动时，对 X 商品的需求量有何影响；或反过来，分析当 X 商品价格变动时，对 Y 商品的需求量有何影响。但是，双向分析的需求交叉弹性数值并不一定相同，因为消费者对 X、Y 两种商品价格变化的反应敏感性很可能极不一样。例如，Y 商品价格上涨 1%时，市场对 X 商品的需求量下降 2%；当 X 商品价格上涨 1%时，市场对 Y 商品的需求量下降 4%。这说明，消费者对 X 商品价格的敏感性比对 Y 商品价格的敏感性大。

第三节 供 给 弹 性

一、供给价格弹性

供给弹性就是指“供给价格弹性”(price elasticity of supply)，它是反映供给量的变动对价格变动的敏感程度。就是说，当价格变动百分之一时，供给量相应地变动百分之几。公式为：

$$e_S = \frac{\Delta Q_S / Q_S}{\Delta P / P} = \frac{\Delta Q_S}{\Delta P} \times \frac{P}{Q_S}$$

e_S：供给价格弹性；P：价格；ΔP：价格的变动量；Q_S：供给量；ΔQ_S：供给量的变动量。

供给价格弹性的计算方法和需求价格弹性的计算方法相同，不同之处在于它求出的弹性系数值是正值。

同需求价格弹性的计算一样，在计算供给价格弹性时，起始点不同，同一区间计算出来的弹性系数值也不同。为避免这种差异，也采用取两点平均值的方法。例如，根据表 3-2 所示作的图 3-13 中 D 点到 C 点的供给价格弹性计算如下：

$$e_S = \frac{\Delta Q_S / Q_S}{\Delta P / P} = \frac{\Delta Q_S}{\Delta P} \times \frac{P_1 + P_2}{Q_{S1} + Q_{S2}}$$

$$= \frac{2}{1} \times \frac{1+2}{2.5+4.5} = \frac{2}{1} \times \frac{3}{7} = \frac{6}{7} = 0.86$$

表 3-2 供给曲线表

P (\$/千克)	Q_S (吨/月)
4	7.0
3	6.0
2	4.5
1	2.5

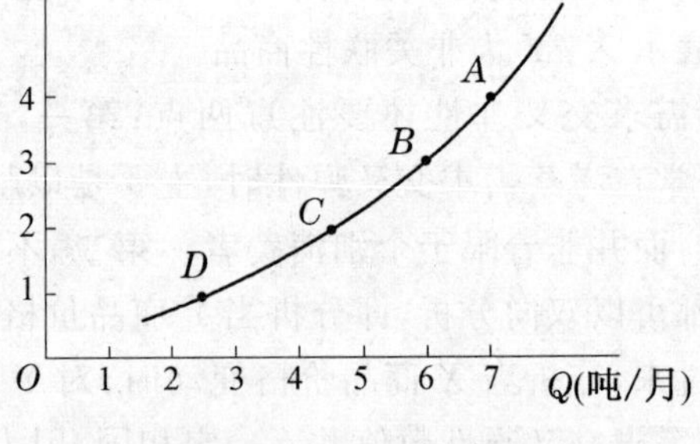

图 3-13 供给曲线图

供给价格弹性同样也有“弧弹性”和“点弹性”之分。上面计算的是弧弹性，两点之间的距离越靠近，越接近点弹性。这些都和需求价格弹性的性质相同。

二、供给价格弹性的六种情况

供给价格弹性有六种不同类型，如图 3-14 所示。

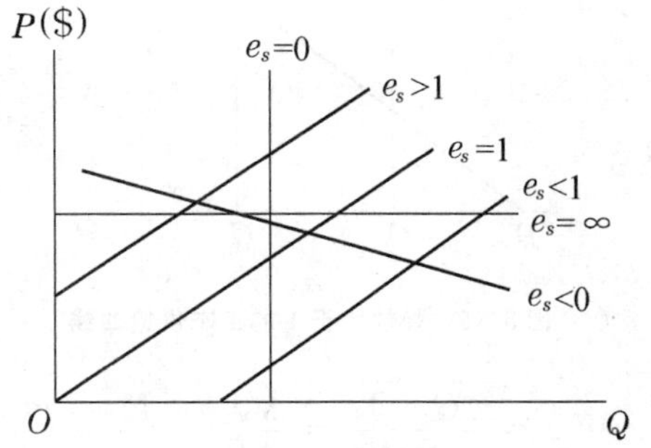

图 3-14　供给价格弹性的六种类型

第一种情况，供给价格弹性等于零。在这种情况下，供给曲线与坐标横轴垂直，其斜率为无穷大。这时，无论价格如何变动，供给量均不会变动。这是罕见的例子，通常认为只有极其稀缺、珍贵和无法复制的物品才会出现这种情形。

第二种情况，供给价格弹性无穷大。在这种情况下，供给曲线与坐标横轴平行，其斜率为零。这时，只要价格既定，供给者可以无限地提供产品。这也是罕见的例子，通常认为在劳动力过剩非常严重的地区，在一定的工资率条件下，就可能源源不断地得到劳动力的供给。

第三种情况，供给价格弹性为负值。在这种情况下，供给曲线和正常状态需求曲线相同。一般在规模收益递增时才有可能出现这种情况。

第四种情况，供给价格弹性等于 1。在这种情况下，价格与供给量成等比例变动，这同样是罕见的例子。

第五种情况，供给价格弹性小于 1。在这种情况下，供给量变动的幅度小于价格变动的幅度。

第六种情况，供给价格弹性大于 1。在这种情况下，供给量变动的幅度大于价格变动的幅度。

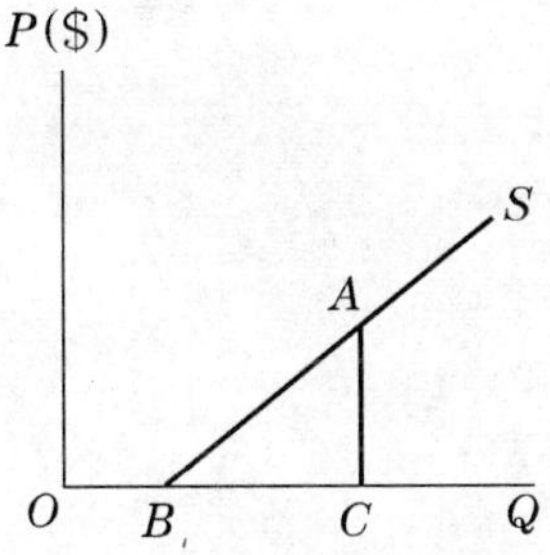

图 3-15　弹性小于 1 的正态供给曲线

在上述六种情况中，后三种的供给曲线都是正斜率，是供给曲线的正常形态。但是其中又分为三种不同的情况。从图 3-14 中看出：当供给曲线相交于横坐标轴时，供给价格弹性小于 1；当供给曲线相交于纵坐标轴时，供给价格弹性大于 1；当供给曲线相交于原点时，供给价格弹性等于 1。这三种情况的几何证明分别见图 3-15、图 3-16 和图 3-17。

$$e = \frac{\Delta Q_S / Q_S}{\Delta P / P} = \frac{\Delta Q_S}{\Delta P} \times \frac{P}{Q_S} = \frac{BC}{AC} \times \frac{AC}{OC}$$

$$= \frac{BC}{OC} < 1 \quad (\text{因为 } BC < OC)$$

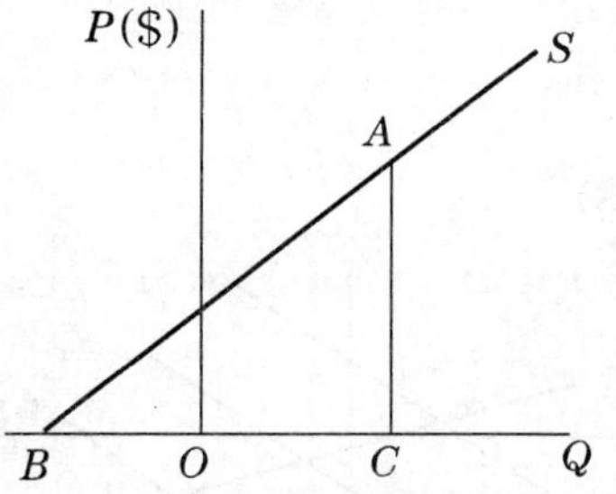

图 3-16　弹性大于 1 的正态供给曲线

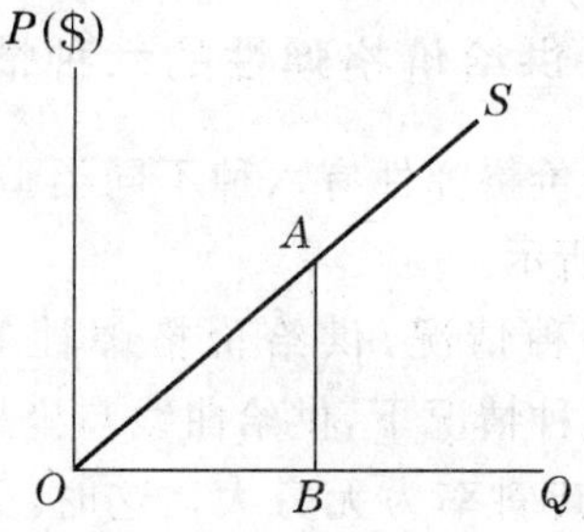

图 3-17　弹性为 1 的正态供给曲线

$$e=\frac{\Delta Q_S/Q_S}{\Delta P/P}=\frac{\Delta Q_S}{\Delta P}\times\frac{P}{Q_S}=\frac{BC}{AC}\times\frac{AC}{OC}=\frac{BC}{OC}>1（因为 BC>OC）$$

$$e=\frac{\Delta Q_S/Q_S}{\Delta P/P}=\frac{\Delta Q_S}{\Delta P}\times\frac{P}{Q_S}=\frac{OB}{AB}\times\frac{AB}{OB}=1$$

对非直线型，而是弯曲的供给曲线，在判断曲线上某价格水平点的供给价格弹性时，也按上述原理考虑。方法是过供给曲线上某价格水平点，作该曲线的切线，再看切线交于坐标轴的位置即可作出断定。见图 3-18。

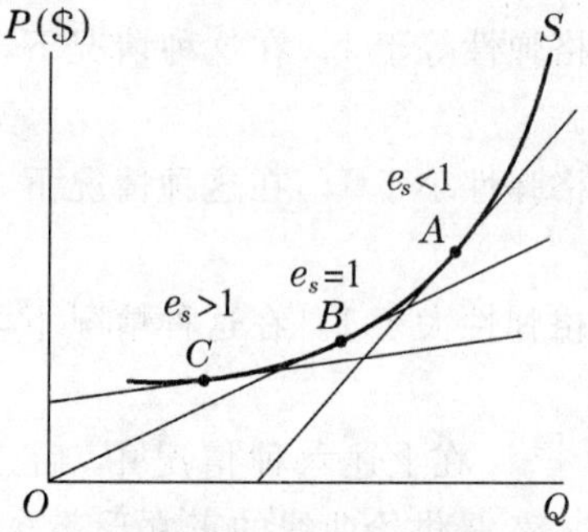

图 3-18　利用斜率值判断供给价格弹性

三、影响供给价格弹性的经济因素

影响供给价格弹性的经济因素可概括为以下三点。

1. 生产要素在商品生产中变动生产方式的难易

如果某些商品所使用的生产要素很容易变动其生产方式，即很容易用于各种不同商品的生产，这些商品的供给价格弹性则大。因为，当这种商品价格下降时，用于这种商品的生产要素很快会转用于其他商品的生产，因而这种商品的供给量就会减少；当这种商品的价格上涨时，则这些生产要素很快能从其他生产中转入这种商品的生产，因而这种商品的供给量就会增加。反之，如果这些生产要素很难变动其生产方式，即使这种商品的价格变化，其生产量也不会有多大变化，其供给弹性自然就小。

2. 商品增加生产后成本增量的大小

如果成本增量大，则供给价格弹性小；反之则大。原因在于如果成本增量大，这意味着增加生产的负担大，即使价格上涨，其增加生产的可能性仍然较小。反之，如果成本增量小，则有利于增加生产，生产量对价格的反应则大。

3. 变动生产量的时间的长短

调整产量需要时间。例如增加产量，需要增加原材料、劳动力和机器，甚至厂房等。各种生产要素数量的增加都需要时间，有些生产要素在较短时间就可以增加，有些生产要素需要较长时间才能增加。因此一般来说，时间越短，产量调整的幅度越小，供给价格弹性也就越小；时间越长，产量调整的幅度可能越大，供给价格弹性也就越大。

思考题

1. 什么是弹性？研究弹性有何意义？
2. 什么是需求价格弹性？什么是供给弹性？
3. 点弹性和弧弹性有什么不同？
4. 已知某商品的需求函数为 $P=25-0.25Q$，求 $P=\$10$ 时的需求价格点弹性。
5. 需求价格弹性和总收益之间有什么关系？
6. 影响需求价格弹性和供给价格弹性的经济因素分别有哪些？
7. 解释需求收入弹性和需求交叉弹性的概念。
8. 什么是低劣品、正常品、奢侈品、必需品？
9. 如何判断弧状供给曲线上点弹性的大小？

第四章　消费者行为理论

在第二章第一节里，已经介绍了西方经济学关于需求曲线的基本形态和性质。需求曲线是一条负斜率的曲线。在其他条件不变情况下，当价格上涨时，需求量减少；当价格下降时，需求量增多。对其中的原因也作了初步的分析。本章则进一步详细研究需求曲线为负斜率的原因，需求曲线的背后究竟包含哪些关于消费者行为的理论，在作进一步研究之前，西方经济学有两点假定：① 消费者的行为是有序的，连贯一致的，对商品和服务的偏好是可以转递的。例如某消费者对甲、乙两商品偏好甲，对乙、丙两商品偏好乙，由此而断定该消费者对甲、丙两消费品一定偏好甲。虽然在现实中，存在着诸如冲动性购买等消费行为。如果消费者行为反复无常，则无从研究消费者行为理论。② 消费者以追求最大可能的满足为其行为标准，并且能够按照目标进行有效的选择。虽然在现实中，存在着因信息不准确而造成的错误选择。

第一节　消费者偏好——效用理论

一、欲望

西方经济学研究消费者行为通常从欲望(wants)的研究开始。欲望是指人们的需要，也是人们的一种心理感觉。

关于欲望或需要的学说，目前最流行的是亚伯拉罕·马斯洛(Abraham Masrow)关于欲望或需要层次的解释。根据这种解释，人的欲望或人的需要可以分为以下五个层次：

(1) 生理需要，即人们衣、食、住、行等基本生存的需要。

(2) 安全需要，即生活能够得到保障，如保证人身安全和健康，保证就业等需要。

(3) 社交需要，即社会交往中感情上的需要，如希望得到别人的重视，获得与他人之间的友谊等。

(4) 尊重需要，即需要受到他人的尊重，个人的能力被别人承认。

(5) 自我实现需要，即获得成就的欲望，希望自己的才智潜力能得到最充分的发挥，实现自己的目标与理想。这是最高层次的需要。

马斯洛认为，人们的欲望或需要是按以上五个层次由低级向高级逐层发展的。当低层次的需要获得满足以后，人们就开始追求更高一层次的需要。驱使人们不断追求更高层次需要的动力就是人们的无限的欲望。

可是，人们的欲望或需要不可能得到无限的满足。因为：① 任何社会的资源都有限，因而能够提供的产品也有限；② 一个人的生命有限，不可能满足所有的欲望，只能满足部分欲望；③ 欲望或需要的满足必须依靠他人的劳动来提供，而任何人所能提供的劳动都有限，因而也不能满足无限的欲望或需要。

正因为满足人们的欲望或需要有限，人们必须在资源、产品和时间中加以最优选择，才产生了消费者的消费行为理论。

二、效用

(一) 效用的定义

什么叫“效用”(utility)？“效用”就是人们通过消费某种商品或服务所产生的满足程度。商品或服务效用的大小，取决于它能够在多大程度上满足人们的欲望或需要。例如面包可以满足人们充饥的需要，衣服可以满足人们御寒和装饰的需要，电影可以满足人们娱乐的需要等。

西方经济学家认为，效用是消费者对商品和服务的主观评价，是一种主观的心理感觉。效用本身并不包括有关是非的价值判断。这就是说，一种商品和服务效用的大小，仅仅看它能满足人们多少的欲望或需要，而不考虑这一欲望或需要的好坏。例如，吸毒，从伦理学看是坏欲望，但毒品(如鸦片、吗啡)能满足这种欲望，因此它就具有效用。

另外，效用因人、因时、因地而不同。例如，冰块在夏天是有效用的，在冬天，对于正常的人没有什么效用，但对于发高烧的病人却可能有效用。又如，在江河边上，一杯水对于人没有什么效用，而对于沙漠中的旅行者来说，一杯水的效用就很大。

同一物品对偏好不同的两个人而言，效用大小是不相同的。例如，一人爱喝酒，一人根本不喝酒，于是一瓶酒对于这两个人的效用大小就不一样。

同一物品对同一人而言，效用大小也不一定一直一样。仍以饮酒为例，如果某人想喝酒，而手头一瓶酒也没有，这时一瓶酒对他的效用很大，如果他因病不想喝酒，这时一瓶酒对他的效用就很小。

既然效用有大有小，那么比较效用大小的标准是什么？19 世纪西方经济学家认为，效用的大小是可以测度的，其标准就是效用的统一计数单位(util)。人们就是根据这个效用计数单位来衡量不同商品效用的大小。例如吃一块面包可以产生 20 个效用单位，看一场电影可以产生 100 个效用单位，买一辆小汽车可以产生 8 万个效用单位。

主张物品的效用可以用效用单位来计量的效用理论，被称作基数效用论。本节就是讨论这种效用理论，并在此基础上认识消费者行为规律。

(二) 效用函数、总效用和边际效用

总效用就是通过消费一定量商品或服务所产生的总满足程度。基数效用论认为，总效用与商品消费量之间的关系可以用效用函数来表示。以 TU 表示总效用，以 Q 表示消费量，效用函数就是：

$$TU = f(Q)$$

上式表示，总效用 TU 是消费量(Q)的函数，它随消费量的变化而变化。

边际效用就是通过消费一定增量的商品和服务所产生的增加的满足程度，或者说是最后增加的一单位物品和服务给人带来的满足程度的增量，边际效用以 MU 表示，则有：

$$MU = \frac{\Delta TU}{\Delta Q}$$

即边际效用 MU，可表示为总效用增量与消费量增量之比。如果消费量的增量 ΔQ 非常小，趋近零，边际效用就是总效用对消费量的一阶导数，即：

$$MU = \lim_{\Delta Q \to 0} \frac{\Delta TU}{\Delta Q} = \frac{dTU}{dQ}$$

现举例说明总效用和边际效用以及两者之间的关系。假如某人在一定时期内(如一天)喝咖啡。喝咖啡的杯数以及对该人所产生的效用和边际效用如表 4-1。

表 4-1　效用表

咖啡量（杯/天）	总　效　用	边际效用
0	0	
1	7	7
2	13	6
3	18	5
4	22	4
5	25	3
6	27	2
7	28	1
8	28	0
9	27	−1

从表 4-1 中可以看出，该消费者一天喝 9 杯咖啡，这 9 杯咖啡对他产生的总满足程度就是对他的总效用，即 27 个效用单位。开始，随着喝咖啡杯数的增加，对他产生的总满足程度也增加。但喝完第 7 杯，再喝第 8 杯时，总效用却并没有增加，仍然是 28 个效用单位，这时的效用达到饱和点。当继续喝第 9 杯咖啡时，总效用不仅没有增加，反而减少了，这说明最后一杯咖啡产生了负效用。不过一般来说，人们并不强迫自己进行负效用的消费。

随着喝咖啡杯数的增加，总效用是递增的，但是总效用增加的幅度却随着杯数的增加而不断减少，这是因为每杯咖啡产生的效用不同的缘故，即边际效用是递减的。这种现象在西方经济学中被称为“边际效用递减规律”。它是指：在其他条件不变情况下，在一定时间内消费者消费某特定商品或服务，随着商品或服务数量不断增加，对消费者产生的满足程度的增量不断减少。

造成边际效用递减现象的原因有两种。一种原因来自人们的欲望本身。人们的欲望是多种多样的，当消费某种商品时，其欲望获得部分满足，因而对这种商品的欲望降低。同时，对其他商品的需求欲望则感到强烈。第二种原因来自商品本身的用途。每种商品都有多种多样的用途。当某种商品数量很少时，人们会根据自己的判断把它用到最需要的地方，如果数量增加，人们就会用于其他用途。这可以解释为什么在沙漠中行走的人决不会用水洗澡，而在水源充足的地方，不仅可以用水洗澡，还可以用于洗衣、冲刷地板等。这样就形成了边际效用递减的现象。

根据表 4-1，可以作出总效用和边际效用图，如图 4-1 所示。这里假设咖啡的杯数可以进一步细分，并且连续变化。

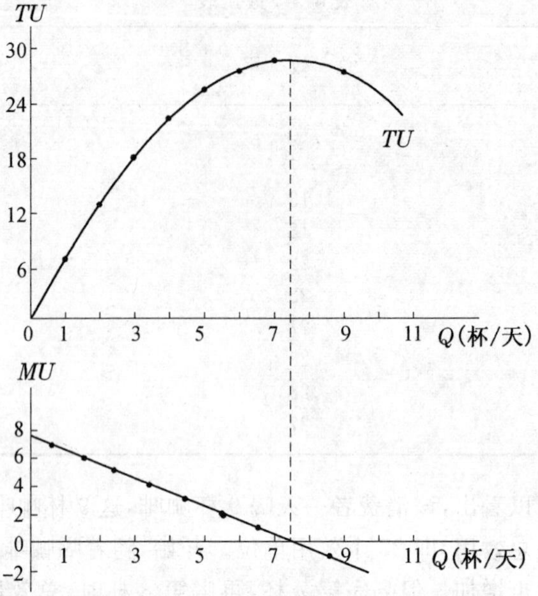

Q—咖啡的数量　TU—总效用　MU—边际效用

图 4-1　总效用与边际效用的关系

从图中可看出总效用曲线和边际效用曲线有以下几点关系：

(1) 只要边际效用大于零，总效用必定不断增加。

(2) 边际效用递减。从总效用曲线图上看，曲线上每一点的斜率就是边际效用，它随着总效用的不断增加而不断减少。

(3) 当边际效用为零时，总效用达到最高点，即饱和点。

(4) 当边际效用为负值时，总效用曲线开始下降。

西方经济学家根据边际效用递减规律，提出了"边际效用价值论"。他们认为，物品越少，边际效用必越大，其价值也越大；反之，物品越多，边际效用必越小，其价值也越小。按前所述，商品的效用取决于消费者的自身感觉。同时，西方经济学家也往往把价格与价值混为一谈。显然，主观心理判断便成为边际效用价值论的基础。

三、消费者均衡

在本章开始时已提到，西方经济学关于消费者行为理论有个假定，即消费者在对商品进行选择过程中，力求使其有限的收入换取尽可能多的满足。所谓"消费者均衡"，就是指消费者将其收入换得了商品或服务最大总效用的状态。

在消费者追求“消费者均衡”的过程中，必须考虑到各种商品的不同价格水平。在什么情况下才会达到最大满足？假定消费者对各种不同商品的偏好不变，各种商品的市场价格也不变，那么，只有当最后一元钱购买任何一种商品所产生的边际效用都相等时，才能达到消费者均衡。用 MU 代表商品的边际效用，P 代表价格，消费者均衡可用以下公式表示：

$$\frac{MU_1}{P_1}=\frac{MU_2}{P_2}=\frac{MU_3}{P_3}=\cdots=\frac{MU_n}{P_n}$$

用 M 代表消费者的收入，上述公式的约束条件为：

$$P_1 \cdot Q_1 + P_2 \cdot Q_2 + P_3 \cdot Q_3 + \cdots + P_n \cdot Q_n = M$$

举例说明如下：假设某消费者只消费 X 和 Y 两种商品，X 商品的市场价为每单位 \$2，即 $P_X = \$2$；$Y$ 商品的市场价为每单位 \$1，即 $P_Y = \$1$；该消费者的收入为 \$12 并全部用完。X 和 Y 商品的边际效用如表 4-2 所示。

表 4-2　X、Y 两种商品的边际效用表

Q　（数量）	1	2	3	4	5	6	7	8
MU_X（X 商品的边际效用）	16	14	12	10	8	6	4	2
MU_Y（Y 商品的边际效用）	11	10	9	8	7	6	5	4

消费者追求最大满足程度的过程是按每元钱所能获得最大边际效用为顺序的，Y 商品的单位是 \$1，消费者一定会用第 1 元钱和第 2 元钱去购买第一和第二个 Y 商品，从而获得 21 个单位的效用。如果不买 Y 商品而转买 X 商品，只能买一个 X 商品。因为 X 商品的单价是 \$2，这样从 X 商品中只能获得 16 个单位的效用。第 3 元钱和第 4 元钱仍然购买 Y 商品，即购买第三和第四个 Y 商品，因为第三和第四个商品的边际效用之和为 17 个单位，仍然多于购买第一个 X 商品所能获得的 16 个单位的效用。消费者可以用第 5 和第 6 元钱购买第一个 X 商品，这时第一个 X 商品的边际效用大于第五、第六个 Y 商品的边际效用之和。以此类推，第 7 和第 8 元钱购买第二个 X 商品，第 9 和第 10 元钱购买第五和第六个 Y 商品，第 11 和第 12 元钱购买第三个 X 商品。这时，消费者的收入全部用完，所获得的商品总效用为：$(16+14+12)+(11+10+9+8+7+6)=93$。表明消费者最大满足程度为 93 个效用单位。这时一定符合上述总效用最大化的公式：

$$\frac{MU_X}{P_X}=\frac{MU_Y}{P_Y} \text{ 或 } \frac{12}{\$2}=\frac{6}{\$1}$$

即 $P_X \cdot Q_X + P_Y \cdot Q_Y = M$ 或 $\$2\times 3+\$1\times 6=\$12$。

符合上述条件,就是达到了消费者均衡。消费者如果购买两种以上的商品,其原理和上面所述过程一样。

为什么达到上述条件,就能保证达到消费者均衡?如果 $\frac{MU_X}{P_X} > \frac{MU_Y}{P_Y}$,那么,这意味着用于 X 商品的最后 1 元所购买到的 X 商品的边际效用大于用于 Y 商品的最后 1 元所购买到的 Y 商品的边际效用。这时如果减少购买 1 元钱的 Y 商品,而把这 1 元用于购买 X 商品,那么,由于 X 商品购买量的增量而增加的效用,将大于由于 Y 商品购买量的减少而减少的效用,总效用在不多花钱的情况下增加了,这种调整过程一直到 $\frac{MU_X}{P_X} = \frac{MU_Y}{P_Y}$ 时为止。这时总效用最大。

反之,如果 $\frac{MU_X}{P_X} < \frac{MU_Y}{P_Y}$,情况与上述相反。那么,消费者必将少买 X 商品而多买 Y 商品,一直到 $\frac{MU_X}{P_X} = \frac{MU_Y}{P_Y}$,即最后一元钱购买 X 商品所得的边际效用与最后一元钱购买 Y 商品所得的边际效用相等。这就是消费者均衡的必要条件。

四、消费者剩余

西方经济学家根据边际效用价值论认为,消费者对不同数量的商品,愿意支付不同的价格。对边际效用高的商品,愿意支付的价格则高,反之则低。可是商品的市场价格大都定在某一个价格水平上,并不会根据消费者的边际效用定价。这样,消费者根据其边际效用大小而愿意付出的价格总和同实际付出的价格总和之间便出现差额,这种差额被称为“消费者剩余”(consumer surplus)。举例说明如下。

表 4-3 消费者剩余表

消费者购买量	消费者愿付价 (边际效用)	消费者实际付价 (实际价格)	消费者剩余 (边际效用与实际价格的差额)
1	\$7	\$2	\$5
2	\$6	\$2	\$4
3	\$5	\$2	\$3
4	\$4	\$2	\$2
5	\$3	\$2	\$1
6	\$2	\$2	\$0
总计	\$27	\$12	\$15

从表4-3中可看出，消费者在购买6个商品时，根据每个商品的不同边际效用愿意支付＄27，可是市场上每个商品的价格均为＄2，该消费者剩余为＄15。这种情况如图4-2所示。

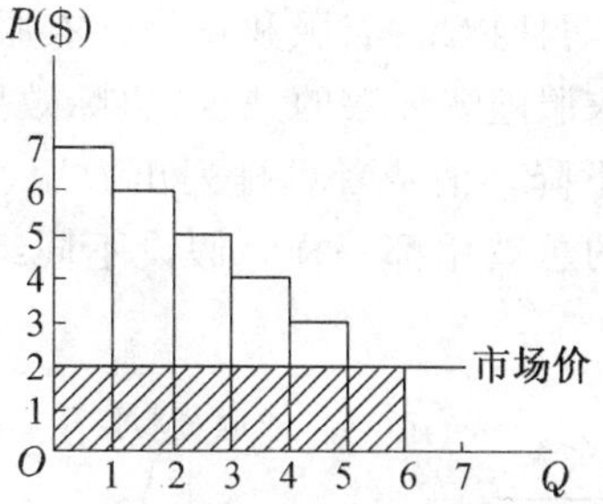

P—价格　Q—商品数量

图4-2　消费者剩余图

图中阴影部分为消费者实际支付的价格，空白部分为消费者愿意支付的价格和实际支付的价格之间的差额，即消费者剩余。

第二节　无差异曲线分析法

一、基数效用和序数效用

上一节介绍的消费者需求理论所采用的效用分析法，是把各种不同的商品以效用为统一计数单位，来衡量不同商品效用的大小。比如吃一只苹果会产生20个效用单位。这是19世纪许多西方经济学家持有的观点。这种效用被称为“基数效用”(cardinal utility)。但是，后来连西方经济学家们本身也认为这种分析方法未免牵强附会，因为谁也无法确定效用计数单位的标准，谁也说不出效用的记数单位(util)究竟是什么。于是，后来西方经济学家又提出了“序数效用”(ordinal utility)的概念，来代替基数效用的分析方法。

所谓“序数效用”，是指按消费者个人偏好程度排列出大小或先后顺序，并不涉及满足程度的单位有多少。实际上，表示了基数效用，同时也就表示了序数效用，而表示了序数效用却不能表示基数效用。但使用序数效用避免了使用基数效用的荒谬计算。

二、无差异曲线和无差异曲线图

无差异曲线(indifference curve)表示消费者在一定的偏好、一定的技术条件和一定的资源条件下，选择商品时对不同组合的商品的满足程度是没有差别的。无差异曲线是现代西方经济学家进行微观分析时经常使用的一种重要的分析工具。

假设某个家庭只消费两种物品：衣服和食物。衣服和食物分别按其数量的多少，边际效用是不同的。衣服随着件数的减少，边际效用不断增加，食物随着数量的增加，其边际效用不断下降。消费者可排列出衣服、食物的许多不同的数量组合，而每一种组合所产生的总效用都一样。假设不同组合形式如表 4-4 和图 4-3 所示。

表 4-4　等效用的组合表

组合	衣服	食物
A	30	5
B	18	10
C	13	15
D	10	20
E	8	25
F	7	30

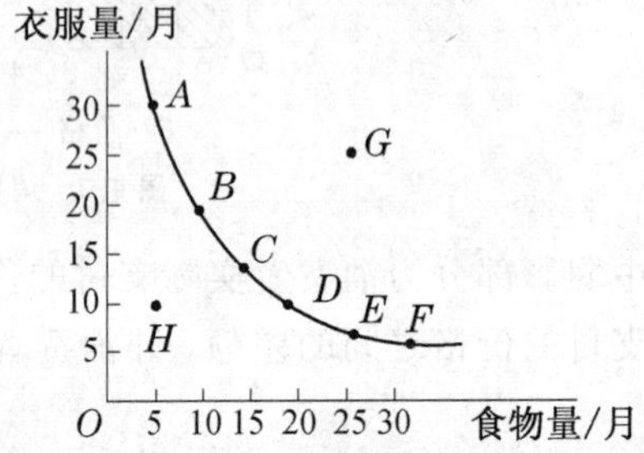

图 4-3　等效用的组合图

图 4-3 上的曲线就是无差异曲线，它表明，曲线上任何一点组合，对消费者产生的总效用即总满足程度都一样。例如消费者对 18 件衣服和 10 千克食品即 B 点的组合感到的总满足感与对 D 点的组合，即 10 件衣服和 20 千克食品所感到的总满足感都一样，无差别。

图中的 G 点高于无差异曲线，说明 G 点的组合所产生的效用大于曲线上任何一点组合所产生的效用。H 点则低于无差异曲线，它表示 H 点的组合所产生的效用小于曲线上任何一点组合所产生的效用。

以上仅仅是较简单地说明无差异曲线的性质和特点。现在进一步分析无差异曲线的形成过程。

假设有两种商品 X 和 Y 组合，按照边际效用递减规律，每一种商品随着数量的增加，其总效用增加，但边际效用递减。以横坐标代表 X 商品的数量，纵坐标代表 Y 商品的数量，在同一个坐标上同时表示这种情况，就形成了一个立体球面体。如图 4-4 所示。

图中，效用球面为 $OXZY$。球面的高低代表效用的大小，球面高的地方效用高，球面低的地方效用低。例如，某消费者每单位时期消费 OX_1 单位的 X 商品以及 OY_2 单位的 Y 商品，则消费者所获得的总效用为 BB'。同样，如果该消费者每单位时期消费 OX_2 单位的 X 商品以及 OY_1 单位的 Y 商品，则所获得的总效用为

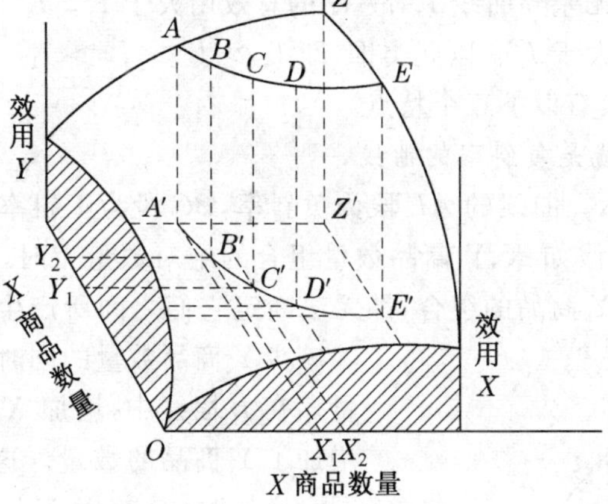

图 4-4　等效用的三维图

CC'。BB'和CC'两条曲线均为球面至球底平面平行横剖的等高线。AA'、DD'和EE'曲线都是同样的平行横剖等高线。而这些等高线的效用都是一样的。从球面上看，A、B、C、D、E点的效用都相等。而底平面上的A'、B'、C'、D'、E'各点则是A、B、C、D、E点的垂直投影。$A'E'$曲线就是上面所讲的无差异曲线。

实际上，球面上经平行横剖而形成的与底平面不同距离的等高线有无数条，类似$A'E'$曲线的不同距离的垂直投影线也有无数条。

无差异曲线可以有许多条，每一条曲线上各点的总效用都一样，但各条曲线之间总效用则不一样。位置高的总效用大，位置低的总效用小。许多不同的无差异曲线组合在一起，就形成了“无差异曲线图”(indifference map)。如图 4-5 所示。图 4-5 中有四条无差异曲线，每一条无差异曲线上所有的点都代表不同数量衣服

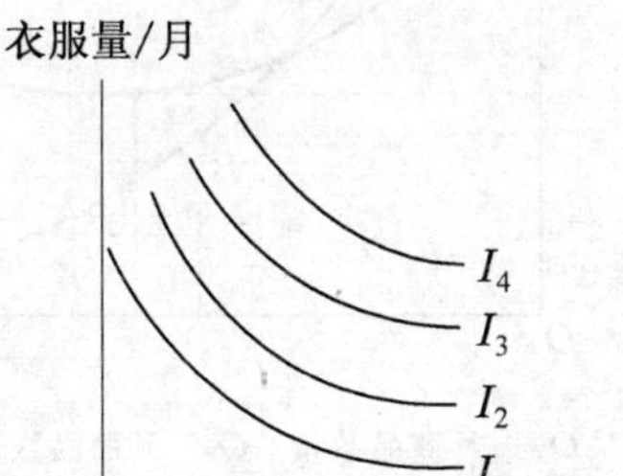

I—无差异曲线

图 4-5　无差异四线图

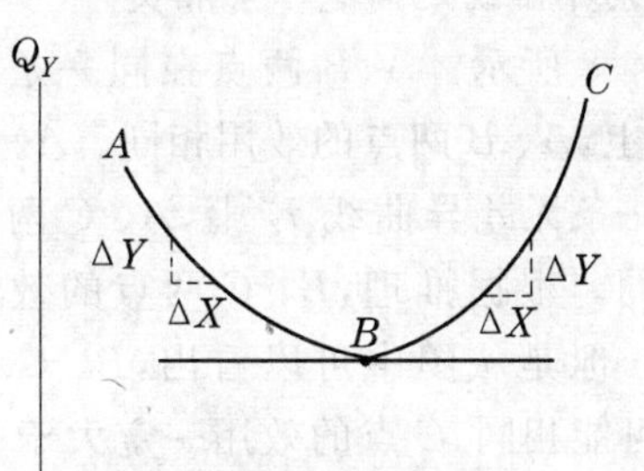

Q_X—X商品数量　Q_Y—Y商品数量

图 4-6　正斜率状无差异曲线的图解

和食物的组合，所产生的总效用一样，而各条曲线之间在总效用上有差别，无差异曲线 I_4 位置高于无差异曲线 I_3，故 I_4 的总效用大于 I_3。I_3 和 I_2 相比，位置又高，故 I_3 的总效用又大于 I_2。以此类推，即 $I_4 > I_3 > I_2 > I_1$。

无差异曲线具有以下三个特点。

1. 无差异曲线是负斜率的曲线

如图 4-6 所示。曲线的 AB 段为负斜率，BC 段为正斜率。AB 段符合无差异曲线的定义，因为假如 X、Y 商品数量组合的绝对数量大时，其效用必大。而 AB 线中不同点 X 和 Y 商品的组合，都无法断定它们之间所产生的效用谁高谁低，因为减少 Y 商品数量的同时，增加了 X 商品的数量。在 B 段线中，增加 X 商品数量的同时，也增加了 Y 商品的数量。这样，当 X、Y 两商品同时增加时，其效用必大，故不符合无差异曲线的定义。

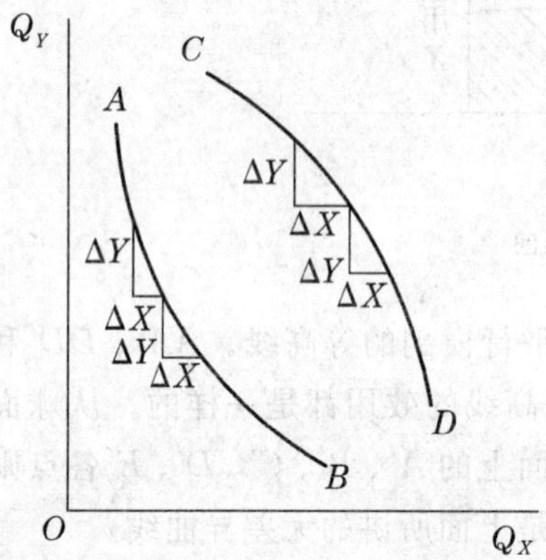

Q_X—X 商品数量　Q_Y—Y 商品数量

图 4-7　凸形无差异曲线的图解

2. 无差异曲线是凸向原点的曲线

如图 4-7 所示。无差异曲线是为了维持同等效用，不断改变 X、Y 两商品的组合。随着 Y 商品的不断减少，则替代 Y 商品的 X 商品不断增多，X 商品的边际效用随着数量的增加越来越低。与此同时，Y 商品的边际效用则随着数量的减少而不断增加。这时，需要用越来越多的 X 商品才能获得 Y 商品减少的同等效用。因此，无差异曲线的形状只能如同 AB 线，而不能如同 CD 线。

3. 无差异曲线之间绝不会相交

如图 4-8 所示。A、B 两点在同一条无差异曲线 I_1 上，A、B 两点的效用相同。A、C 两点也在同一条无差异曲线 I_2 上，A、C 两点的效用也相同。根据推理，B、C 两点的效用也应当相同。但是从图中可以看出，B、C 两点的效用不可能相同，C 点的效用一定大于 B 点的效用。因此，在同一幅无差异图上任何两条无差异曲线都不能相交。

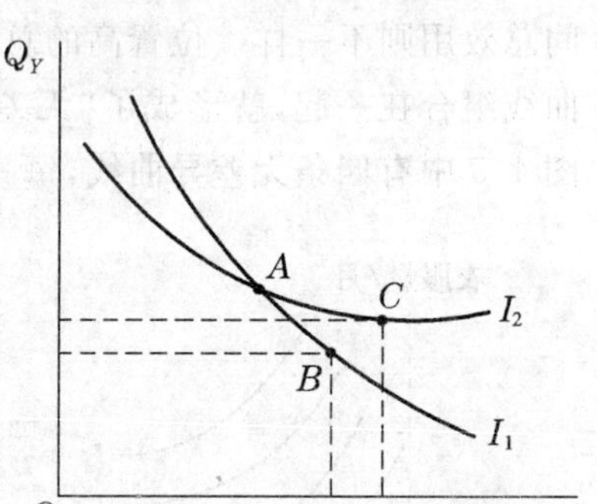

Q_X—X 商品数量　Q_Y—Y 商品数量

图 4-8　非相交性无差异曲线的图解

三、边际替代率

在维持总效用不变的情况下，增加某一种商品的数量就要减少另一种商品的数量，减少的商品的减少量与增加的商品的增加量之比就是边际替代率（the marginal rate of substitution）。假如用 X 商品取代 Y 商品，则 X 商品对 Y 商品的边际替代率可用下述公式表示：

$$MRS_{XY}=-\frac{\Delta Y}{\Delta X}$$

MRS_{XY}：X 商品代替 Y 商品的边际替代率；ΔX：X 商品的变化量；ΔY：Y 商品的变化量。

现用表 4-5 和图 4-9 举例说明。

表 4-5　用表显示边际替代率递减

Q_X	Q_Y	MRS_{XY}
3	10	—
4	7	3
5	5	2
6	4.2	0.8
7	3.5	0.7

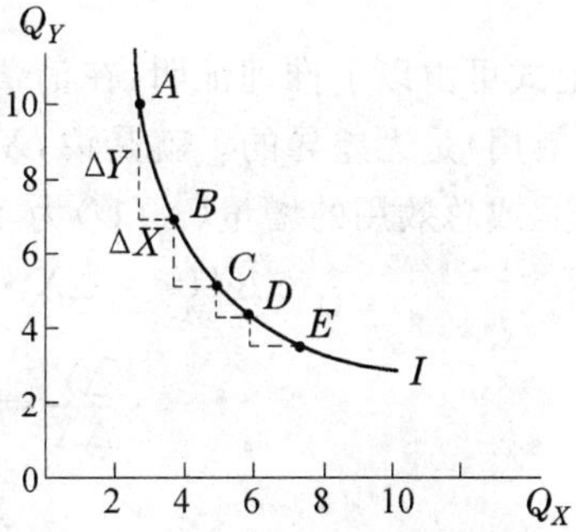

Q_X—X 商品量　Q_Y—Y 商品量

I—无差异曲线

图 4-9　用图显示边际替代率递减

A 点的商品组合为 3 单位 X 商品和 10 单位 Y 商品，B 点的商品组合为 4 单位 X 商品和 7 单位 Y 商品。现在消费者要从 A 点组合转到 B 点组合而保持总效用不变，当增加 1 单位的 X 商品时，必须放弃 3 单位的 Y 商品。这时的边际替代率为 3，即 $MRS_{XY}=-\frac{\Delta Y}{\Delta X}=-\frac{-3}{1}=3$。同理，假如消费者要从 B 点组合转到 C 点组合而保持总效用不变，则边际替代率为 2。即 $MRS_{XY}=2$，以此类推，见表 4-5。实际上，当两点越靠近，越能精确地求出边际替代率的数值，如求 B 点的边际替代率，可过 B 点做一条切线，该切线的斜率即为 B 点的边际替代率。用微分公式表示为：

$$MRS_{XY}=-\frac{dY}{dX}$$

现代西方经济学家认为，边际替代率是递减的，即人们为不断获得一单位的某种商品而愿意牺牲的另一种商品的数量是递减的。这被称为“边际替代率递减规律”。这种现象从表 4-5 中可看出，X 商品每增加一个单位，牺牲的 Y 商品的单位分别是 3、2、0.8、0.7，不断减少。反映在图 4-9 中，从 A 点到 B 点，B 点到 C 点，C 点到 D 点，D 点到 E 点，各点的斜率不断下降。边际替代率递减的原因是，当一种商品增多时，对消费者产生的满足程度的增量，即边际效用就降低，而被替代的另一种商品所产生的边际效用就升高。因此，为保持总效用不变，消费者必须不断更多地增加某一种商品的数量，才能弥补因另一种商品减少而放弃的效用。这说明，边际替代率概念和边际替代率递减规律是以边际效用概念和边际效用递减规律为出发点的，用公式表示则为：

$$MRS_{XY} = -\frac{\Delta Y}{\Delta X} = \frac{MU_X}{MU_Y}$$

上式可由以下推理证明：在消费者看来，改变前后的两个商品组合的效用水平（即总效用）是无差异的。就是说，X 商品的增加和 Y 商品的减少对效用水平的影响是零，或总效用的增量（ΔTU）为零。即：

$$\Delta TU = \Delta X \cdot MU_X + \Delta Y \cdot MU_Y = 0$$

$$-\frac{\Delta Y}{\Delta X} = \frac{MU_X}{MU_Y}$$

$$MRS_{XY} = -\frac{\Delta Y}{\Delta X} = \frac{MU_X}{MU_Y}$$

四、预算线

“预算线”（budget line）是指在商品价格不变情况下，消费者一定的收入所能够购买的两种商品的各种可能性组合所形成的一条曲线。“预算线”又称“消费可能线”。

例如某消费者面临衣服和食物两种商品的选择。该消费者每周收入 \$120，衣服的价格为每件 \$2，食品的价格为每千克 \$4，在购买过程中衣服和食品的价格均不变，同时消费者不储蓄，将其收入全部用完。这时消费者唯一的决定便是用 \$120 购买多少衣服和食品。如果全部购买衣服，可购买 60 件；如果全部购买食品，可购买 30 千克。消费者最有可能是购买部分衣服和部分食品，比如 58 件衣服和 1 千克食品。消费者的所有可能选择可用图 4-10 表示。

图中 AB 线就是该消费者的预算线。当然为说明上的方便，假定衣服和食品都可以细分。曲线高于 AB 线，如 EF，说明收入不够支付。曲线低于 AB 线，如

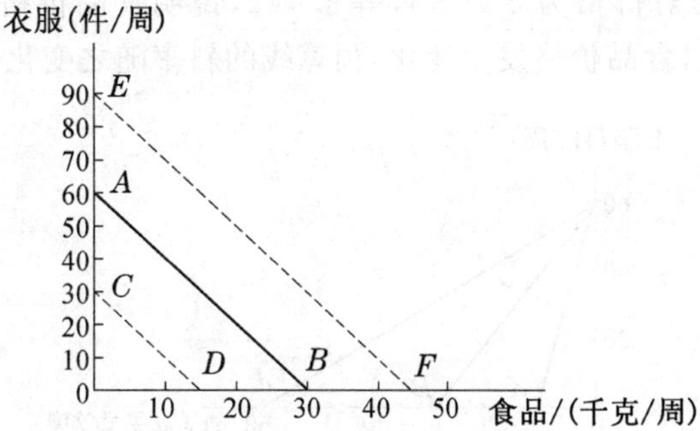

图 4-10　消费者预算线

CD,说明消费者的收入没有用完。这些均不在预算线定义内。

预算线可以用直线型方程式表示。用 Q_X 和 Q_Y 分别代表 X 商品和 Y 商品的数量,P_X 和 P_Y 分别代表 X 商品和 Y 商品的价格,I 代表消费者收入,则

$$Q_X \cdot P_X + Q_Y \cdot P_Y = I$$

$$Q_Y = \frac{I}{P_Y} - \frac{P_X}{P_Y} Q_X$$

上式表明,预算线的斜率是横坐标代表的商品的价格同纵坐标代表的商品的价格之比,负号表示斜率为负值,即 $-\frac{P_X}{P_Y}$。预算线的截距是消费者总收入同纵坐标代表的商品的价格之比,即 $\frac{I}{P_Y}$。

预算线的变化有两种可能,一种是因消费者收入发生变化而产生的变化;一种是因商品的价格发生变化而产生的变化。现分别予以说明。

仍以图 4-10 为例。例如衣服和食品的价格不变,消费者收入由原来的每周＄120 增长到每周＄180,预算线也会由原来的 AB 线向右上方移至 EF 线;反之,消费者收入由每周＄120 减少到每周＄60,预算线则由 AB 线向左下方移至 CD 线。

在消费者收入不变情况下,因价格变化使预算线变动的情况分为两种:

(1) 两种商品同时同方向成比例变化。整条预算线平移,同收入变化的结果一样。例如,衣服价格由每件＄2 上涨到每件＄4,同时食品价格由每千克＄4 上涨到每千克＄8,则预算线由 AB 线至 CD。反之,如果衣服和食品的价格同比例下降,则预算线平行向右上方移动。

(2) 两种商品的相对价格变化。绝对价格是花费在每一个商品上的单位价格,相对价格是两种商品绝对价格的比例。例如上述衣服每件价格为＄2,食品每

千克价格为＄4，相对价格为＄2/＄4，等于1/2，说明食品价格两倍于衣服价格。假设衣服价格不变，食品价格发生变化，预算线的斜率随之变化，如图4-11所示。

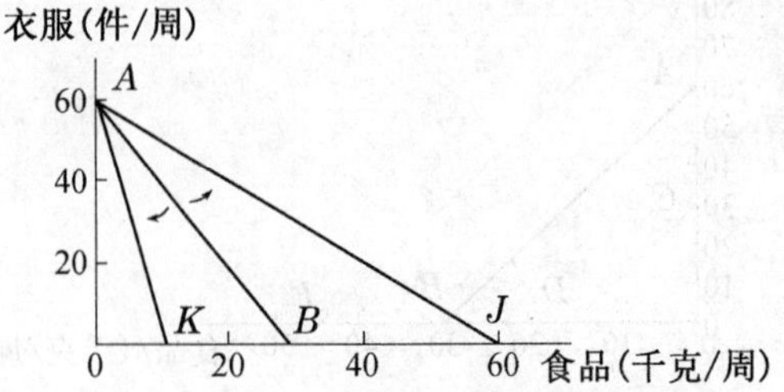

图4-11　预算线的变化

图中，AB线为原预算线。假如食品价格由每千克＄4上涨到＄8，预算线由AB线变为AK线；假如食品价格由每千克＄4下降到每千克＄2，预算线由AB线变为AJ线。

如果食品价格不变，衣服价格发生变化，预算线AB的斜率朝另一侧变动，即B点不动，预算线与纵坐标纵轴的交点上下移动。如果食品和衣服同时反方向变动，根据上述原理可推移出不同情况的新预算线。

五、消费者均衡

在本章第一节第三点中已用基数效用分析法介绍过消费者均衡的情况。现在用序数效用分析消费者均衡。采用序数效用分析法，是把无差异曲线和消费者预算线放在一起加以考察，来描述消费者均衡是什么含义。如图4-12所示。

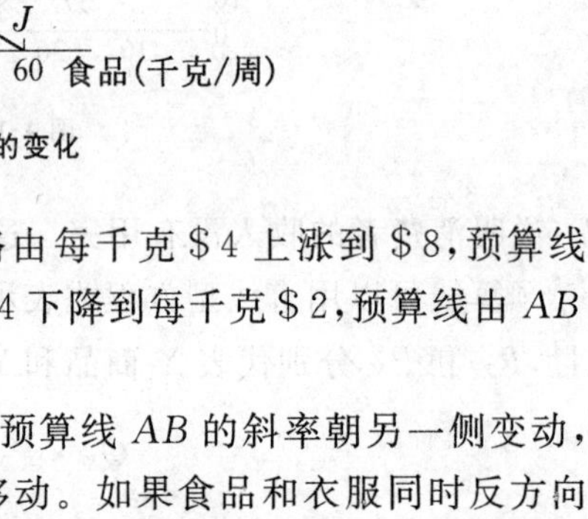

图4-12　消费者均衡

图中有一条预算线和四条反映不同效用程度的无差异曲线。消费者追求最大满足。四条无差异曲线中，I_4效用最大，但消费者却无法在既定收入水平上达到。I_1和I_2虽然可以达到，却没有在花费同样收入的情况下获得最大效用。例如，消费者可以选择A点的组合，获得一定的效用。也可以在同样收入水平下选择B点组合，从而获得更多的效用。根据无差异曲线图，I_2的效用比I_1大。因此越向B点靠近效用越大。可是B点同样并非是最大效用组合点，假如消费者可选择C点组合和D点组合，那么经比较后一定会放弃D点而选择C点。因为同样收入水平，越向

C 点靠近效用越大。可是 C 点也并非是最大效用组合点。从图中可看出，只有 E 点才是效用最大化组合点。因此可以得出结论如下：消费者均衡就是无差异曲线同预算线相切的那一点的商品消费组合。

上述情况只是就一般规律而言。实际上，无差异曲线的形状取决于消费者所购买的两种商品之间的关系和性质。从替代性商品看，如前所述，由于无差异曲线上各点的斜率值，就是 X 商品取代 Y 商品的边际替代率，因此 X 和 Y 商品之间的替代关系就决定了无差异曲线的形状。替代程度越高的商品，无差异曲线越直；替代程度越低的商品，无差异曲线越弯曲。图 4-13 表示两种可以完全替代的特殊

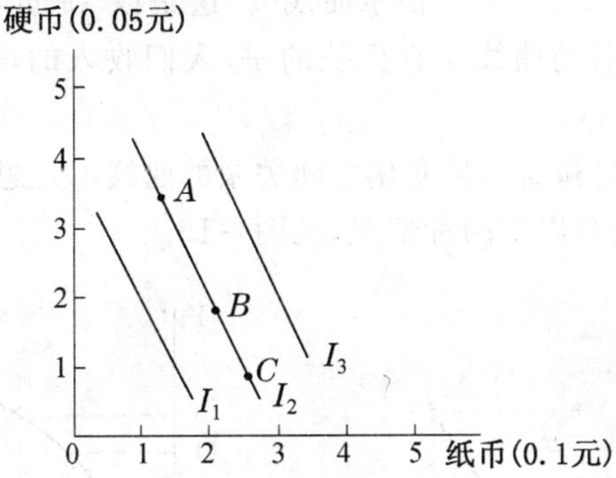

图 4-13　完全替代性的无差异曲线

商品，如纸币和硬币。这两种特殊商品对某消费者完全一样，因此，不论在 A 点、B 点或 C 点组合上，其替代性质不变，即边际替代率不变。这时消费者均衡就不会出现无差异曲线和预算线相切于某一点的情况。

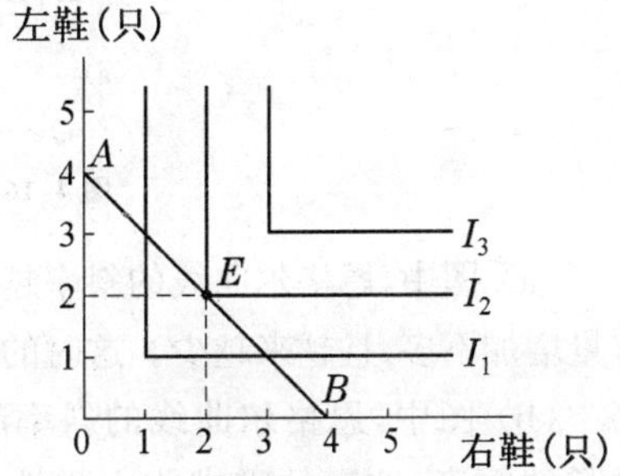

I—无差异曲线　AB—预算线

图 4-14　完全互补性的无差异曲线

假如两商品属完全互补性商品，比如左鞋与右鞋。只有同比例增加两个商品，其效用才会增加。否则单独增加其中任何一个商品，其效用都不会增加。其无差异曲线的形状如图 4-14 所示。图中有三条无差异曲线 I_1、I_2 和 I_3。这时，消费者预算线 AB 和无差异曲线 I_2 相切于 E 点。则 E 点是现行收入和商品价格条件下该消费者最佳购买行为的组合点。

六、收入消费曲线和恩格尔曲线

假设消费者对两种商品的偏好不变，同时假定这两种商品的价格不变，当消费

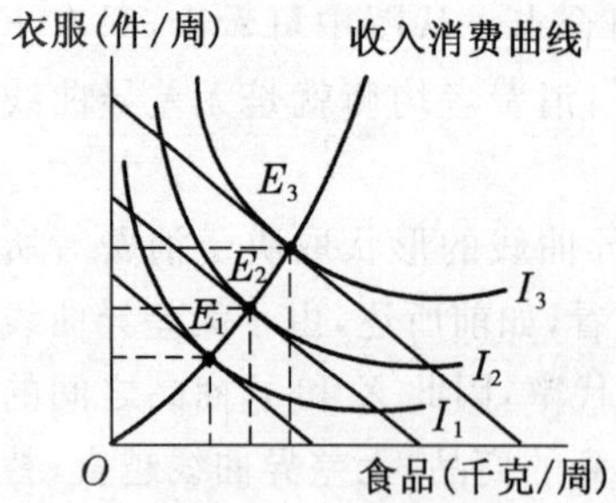

图 4-15　收入消费曲线

者收入变化时,会产生许多平移的预算线。消费者在每个收入水平上都可按消费者均衡的原理找出均衡组合点,连结所有的均衡点所形成的曲线,就是“收入消费曲线”。换句话说,收入消费曲线就是在消费者偏好和商品价格不变情况下,收入的变化所引起的消费者均衡点变化的轨迹。见图 4-15。

从收入消费曲线可以引申出每个商品的“恩格尔曲线”。这是以 19 世纪德国著名的统计学家 E. Engel 的名字命名的曲线。它反映的是,人们收入的增加,对某种商品消费量变化的影响状况。

凡是反映收入变化和商品量变化之间关系的曲线都是恩格尔曲线。根据此定义,恩格尔曲线的形状有以下两种情况,见图4-16。

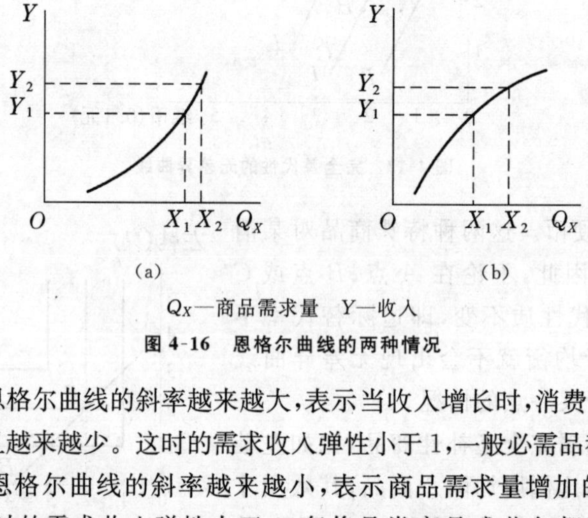

Q_X—商品需求量　Y—收入

图 4-16　恩格尔曲线的两种情况

(a) 图中,恩格尔曲线的斜率越来越大,表示当收入增长时,消费者对这种商品需求量增加不多,且越来越少。这时的需求收入弹性小于 1,一般必需品都属于此类。

(b) 图中,恩格尔曲线的斜率越来越小,表示商品需求量增加的幅度大于收入增长的幅度,这时的需求收入弹性大于 1,奢侈品类商品或劳务都属此类。如食品中的牛排,还有教育、娱乐等。

恩格尔根据经验统计资料,对消费结构的变化提出这样一个看法:一个家庭收入越少,家庭收入中或家庭总支出中用来购买食物支出所占的比例就越大;一个国家越穷,国民平均收入中或平均支出中用来购买食物的费用所占比例就越大;随着家庭收入的增加,家庭收入中或家庭总支出中用来购买食物的支出所占比例将会下降。一个国家越富,购买食物的支出所占比例就越小。这就是“恩格尔定律”(Engel’s law)。

恩格尔系数(Engel's Coefficient)是根据恩格尔定律而得出的比例数。

$$恩格尔系数 = \frac{用于食物的支出}{总支出}$$

根据恩格尔定律,人们可以用恩格尔系数来表示一个家庭,乃至一个国家的富裕程度,也可以用恩格尔系数来比较不同国家的富裕程度。这就是恩格尔系数的作用或意义。

此后,一些西方经济学家根据经验统计资料提出,不仅食物支出方面存在着上述随收入增加而递减的情况,衣服、住房等方面的生活必需支出也存在着类似的情况,即在不断增长的家庭收入或家庭总支出中,用于衣服和住房的支出所占比重也会递减。

七、价格消费曲线和需求曲线

假设消费者对两种商品的偏好不变,同时假定该消费者收入不变,当商品价格发生变化时,消费者预算线在斜率上发生变化。消费者在每个价格水平的预算线上,都可以找到消费者均衡点,连结所有消费者均衡点所形成的曲线,就叫作"价格消费曲线"。换句话说,价格消费曲线就是在消费者偏好和收入不变情况下,某种商品价格变化时,消费者均衡点因此而移动的轨迹。图 4-17 上半图表示当坐标横轴所代表的食品价格变化时所形成的价格消费曲线。下半图再以坐标纵轴表示食品价格,横轴代表食品数量,就可引申出相应的食品需求曲线。两者之间的关系如图 4-17。

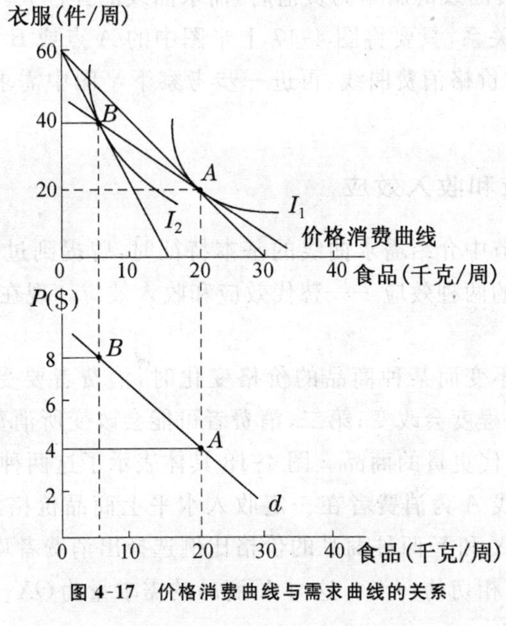

图 4-17　价格消费曲线与需求曲线的关系

该图仍以图 4-10 为例，消费者收入为＄120/周，衣服的价格为每件＄2，食品的价格为每千克＄4。当消费者的收入和衣服的价格不变，食品价格由每千克＄4上涨到每千克＄8，则可以作出一条比原来预算线斜率大的新预算线，如图 4-17 上半图所示。消费者在这两条预算线上都能找到消费者均衡点。假设食品价格不变时的原消费者均衡点为 A 点，这是原预算线和无差异曲线 I_1 的切点。这时消费者的组合为 20 件衣服和 20 千克食品，无差异曲线 I_1 在 A 点上的边际替代率为 2，即 $\frac{60}{30}=2$。当食品的价格由每千克＄4 上涨到每千克＄8 时，消费者又可找出新的均衡点，比如 B 点，这是新预算线和无差异曲线 I_2 的切点。这时消费者的组合为 40 件衣服和 5 千克食品。无差异曲线 I_2 在 B 点上的边际替代率为 4，即 $\frac{60}{15}=4$。若联系图 4-17 上半图，单纯考察食品，以纵坐标代表食品的价格，横坐标代表食品数量，作出每个价格水平上食品的消费者均衡点，再把这些消费者均衡点连起来，就引申出食品的需求曲线，如图 4-17 下半图所示。B'点为食品价格为＄8 时的消费者均衡点，这时食品量为 5 千克；A'点为食品价格为＄4 时的消费者均衡点，这时食品量为 20 千克，连接 $B'A'$形成的曲线 d，就是消费者对食品的需求曲线。

价格消费曲线与需求曲线之间有以下三种关系：

(1) 当价格消费曲线的斜率为正值时，需求曲线的弹性小。

(2) 当价格消费曲线的斜率为零时，需求曲线的弹性等于 1。

(3) 当价格消费曲线的斜率为负值时，需求曲线的弹性大。

为理解其中的关系，只要将图 4-17 上半图中的 A 点或 B 点沿预算线上下移动，获得不同斜率的价格消费曲线，再进一步考察下半图中需求曲线的相应变化，即可得出结论。

八、替代效应和收入效应

在第二章第一节中介绍需求曲线的基本特征时，曾提到过当商品价格变化时影响消费者需求量的两种效应——替代效应和收入效应。现在进一步用无差异曲线法详细进行分析。

当消费者收入不变而某种商品的价格变化时，消费者要受到两方面的影响。第一，消费者的满足程度会改变；第二，消费者可能会改变所消费的商品组合，购买更便宜的商品，以替代更贵的商品。图 4-18 具体表示了这两种影响。

图 4-18 中，曲线 A 为消费者在一定收入水平上商品价格没有改变时的原预算线。消费者根据 X 和 Y 两种商品的价格比例选择出消费者均衡点 M，即无差异曲线 I_1 与预算线 A 相切的一点。这时 X 商品的需求量为 OX_1。假如 Y 商品的价

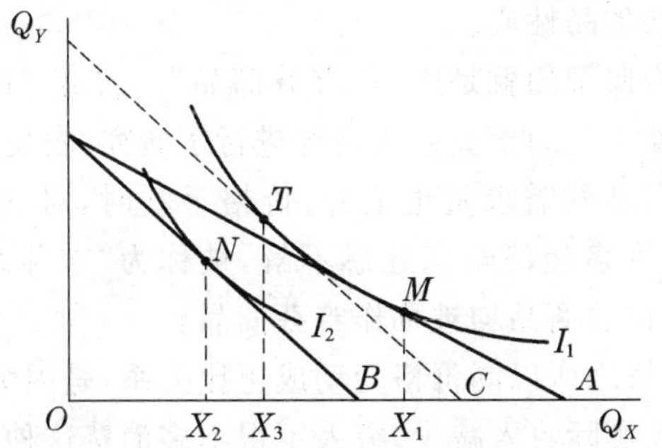

图 4-18　替代效应与收入效应的图解

格不变，X 商品的价格上涨，则预算线由曲线 A 移至曲线 B，消费者按新的价格比选择出新的消费者均衡点 N，即无差异曲线 I_2 与预算线 B 相切的一点。这时 X 商品的需求量为 OX_2。X 商品价格的上涨使消费者减少对 X 商品的需求量为 OX_1-OX_2，即 X_2X_1。在消费者减少的这些 X 商品量中，包括两种因素的影响。为说明这一点，先作一条辅助线 C，就是按曲线 B 作一平行线向右上方平移与无差异曲线 I_1 相切于 T 点。辅助线 C 的斜率与预算线 B 相同，表示辅助线 C 可代表价格调整以后的价格比（即相对价格）。辅助线 C 与 I_1 相切，表示考虑实际收入不变。实际收入可以用消费者在购买和消费中实际得到的满足感或效用来表示。假定实际收入不变，就是等于假定消费者得到的总效用与 X 商品价格变动以前一样，这就要考虑无差异曲线 I_1。这样从 M 点到 N 点就被分为两部分。第一部分是从 M 点到 T 点，消费者总效用没有改变，只改变 X 商品和 Y 商品的组合。这种由于相对价格变化而使商品组合发生的变化，被称为"替代效应"，意思是以价格相对变低的商品去替代价格相对变高的商品。第二部分是从 T 点到 N 点，消费者的收入发生了变化。因为显然，当 X 商品价格上涨时，消费者不能享受到原来的效用，等于收入减少，必须按新的价格比例在预算线 B 上寻求消费者均衡点，即 N 点。这样，从 T 点到 N 点由于收入的变化而受到的影响，被称为"收入效应"。从图中可以看出：X_3X_1 的商品减少量是替代效应的结果，X_2X_3 的商品减少量是收入效应的结果，从 M 到 N，商品需求量从一个均衡状态到另一个均衡状态的总变化，被称为"总效应"。

九、正常品、低劣品和吉芬之谜

在第三章第二节中分析需求收入弹性时已介绍过，根据需求收入弹性的性质，可把商品分为两类：正常品和低劣品。收入增加，商品需求量也增加，或者收入减少，商品需求量也减少，这种商品为正常品。收入增加，商品需求量减少，或者收入减少，商品需求量增加，这种商品为低劣品。正常品状态是消费者行为的一般常态，现在进一步考察低劣品性质。

在低劣品中，最为典型的就是所谓“吉芬商品”。吉芬（R. Giffen）是19世纪英国经济学家，他对爱尔兰的土豆销售情况进行了研究，发现像土豆等某些商品的价格上升时，对这些商品的需求量也上升；价格下跌时，对它们的需求量也减少。这种反常的情况曾使许多经济学家迷惑不解，被称为“吉芬之谜”或“吉芬效应”。凡是呈现这种反常变化的商品均被称作吉芬商品。

吉芬商品的需求量之所以同价格变动成正比关系，是因为：这种商品（如土豆）价格上升，意味着穷人实际收入减少，穷人不得不多消费这种商品，如人越穷，吃土豆越多，而少消费其他商品，即人越穷，吃肉越少，所以尽管这种商品价格上升，对它的需求量反而上升；反之，这种商品价格降低意味着穷人实际收入增加，穷人少消费这种商品，如穷人收入多了，就少吃土豆，而多消费其他商品，即穷人收入多了，就多吃一些肉。所以尽管这种商品的价格下降，对它的需求量反而下降。

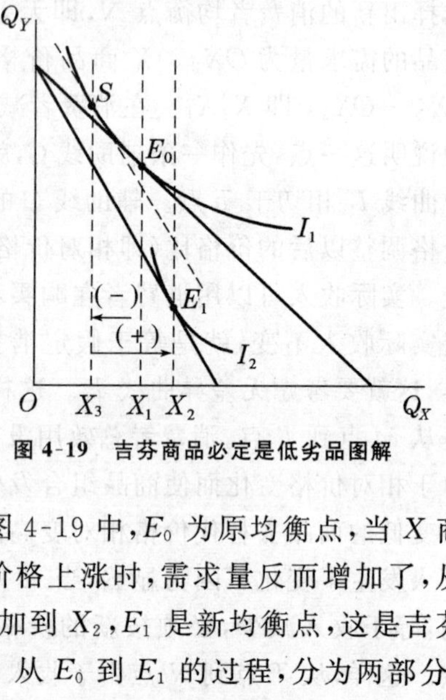

图 4-19　吉芬商品必定是低劣品图解

吉芬商品同低劣品之间有这样一个重要判断：吉芬商品必定是低劣品，而低劣品并不都是吉芬商品。为说明这一结论，用上面介绍过的替代效应和收入效应进行分析。分别作出两张图。图4-19说明吉芬商品必定是低劣品，图4-20说明低劣品并非都是吉芬商品。

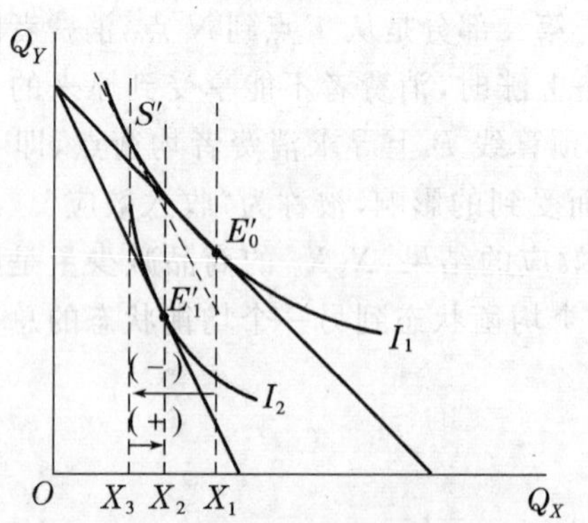

图 4-20　低劣品并非都是吉芬商品图解

图4-19中，E_0为原均衡点，当X商品的价格上涨时，需求量反而增加了，从X_1增加到X_2，E_1是新均衡点，这是吉芬商品。从E_0到E_1的过程，分为两部分：第一，从E_0到S，这是替代效应，X商品需求量从X_1减少至X_3；第二，从S到E_1，这是收入效应。由此可看出，当收入下降时，均衡点从S移到E_1，商品需求量从X_3增加到X_2，这显然是低劣品。由此得出结论，吉芬商品一定是低劣品。

图4-20中，E'_0为原均衡点，当X商品的价格上涨时，需求量减少，从X_1减少到X_2，E'_1是新均衡点。这不是吉芬商品。从E'_0到E'_1的过程中，分为两部分：第一，从E'_0到S'，这是替代效应，X商品需

求量从 X_1 减少到 X_3;第二,从 S'到E'_1,这是收入效应。由此可看出,当收入下降时,均衡点从 S'移到E'_1,商品需求量从 X_3 增加到 X_2,这显然是低劣品。由此得出结论,低劣品不一定都是吉芬商品。

实际上,从两图对比中可以看出,凡是商品从 S(或 S')代表的商品量往右移动时,都是低劣品,因为收入下降,商品需求量反而上升,但是只有右移超过 E_0 或(E'_0)代表的商品量时,才是吉芬商品。

第三节　风险决策理论

一、风险选择及其标准

前面关于消费者理论的分析都是建立在一个假定前提基础上的,即假定消费者在配置自己的稀缺资源时对所有相关的经济信息都是已知的,因此对其行为的结果都能准确地加以判断或预期。但实际上,消费者在决定其消费行为时不可能掌握全部的信息,他们在决策时往往面临着各种不确定的选择。比如,消费者不可能预先知道各种商品的价格及其变化的趋势。再如,消费者未来的收入也是不确定的。因为未来的收入水平不仅取决于工作及工资水平的稳定性,还取决于外部环境以及消费者个人情况的变化等诸多复杂的因素。因此,消费者经常遇到的是风险状态下的选择问题,在面临风险决策时需要确定愿意承担风险的程度。

例如,消费者如何使自己的资产保值和升值?是存入银行还是购买股票?是购买黄金还是购买像房屋等不动产?既便是将钱存入银行,还要决定是定期储蓄还是活期储蓄?再如,当学生在完成学业后择业时,是应该选择知名的大公司还是应该选择知名度不高的小公司?因为两者各有利弊。选择大公司名声虽好,待遇可能也不错,但工作压力大。同时人才多竞争激烈,晋升机会相对小。相反,在小公司工作容易被委以重任,从而个人发展较快。当然,小公司也有缺陷,即可能不稳定,容易倒闭。

也就是说,消费者在决策时是要权衡利弊的,无论作出何种选择都需要冒一定的风险。在现实社会中,不同的人对于风险的态度是不同的。一般的人不愿冒风险,特别是不愿意冒大的风险。但是也有一些人却愿意冒风险。因此,西方经济学家在研究消费者行为时,越来越重视对风险决策的研究。

无论是否愿意冒风险,都应该有一个判断的标准。风险的可能是用概率来表示的。概率是表示产生某种结果的可能性。

例如某人反复投掷六面的骰子,每面分别用 1～6 表示,则每次获得的结果介于1和6之间。经验表明,骰子每一面出现的机会是相等的。也就是说,在六个面中任何一面出现的概率都是六分之一。

概率是如何获得的?一般通过两种途径:一是通过对已发生的同类事件的频率进行统计而获得;二是人们根据其知识、经验以及相关信息的掌握程度等加以直觉的主观判断。在有的情况下,例如上述投掷骰子,给予每一种结果的概率是十分明确而简单的。但在有的情况下,给予每一种结果的概率则并不明确。例如,要判断两周内下雨的概率,即使对有经验的气象专家来说,也是一件很困难的事。尽管有此困难,但仍可综合经验、客观事实及主观感觉,而假定决策者能够在任何一种风险状态下,判断出各种结果的概率。

概率的重要用途是告诉人们期望值。期望值是对不确定事件的所有可能性进行加权平均的结果。期望值反映了结果的总体趋势,即平均结果。

期望值的公式表示如下:

$$E(X)= PR_1 \times X_1 + PR_2 \times X_2 + PR_3 \times X_3 + \cdots + PR_n \times X_n$$

(PR_1 等分别代表概率;X_1 等分别代表该概率下的结果。)

例如,某石油公司勘探石油,该公司的股票价格为每股30美元。如果成功其股价可涨至40美元;如果失败股价则跌至20美元。成功的概率为25%,失败的概率是75%。则该公司股票的期望值为:

$$PR_1(\text{成功})\times 40 + PR_2(\text{失败})\times 20 = 1/4 \times 40 + 3/4 \times 20 = 25\ (\text{美元/股})$$

上述这种用概率来分析人们决策行为的方法最早是由出生于匈牙利的数学家约翰·冯·诺伊曼(John von Neumann,1903~1957)创立的。在他和O.摩根斯顿(Oskar Morgenstern)合著的名著《博弈论和经济行为》中,用概率的方法系统地探讨了个人偏好理论,以说明一个人如何在各种风险状态下进行选择。例如,有两种彩票,其中一种彩票,奖额\$5的概率为1/2,奖额为1美分的概率也是1/2;而另一种彩票,奖额为\$10的概率为1/8,奖额为\$1的概率为7/8。试问一个人如何在这两种彩票中加以选择?为回答这样的问题,诺伊曼和摩根斯顿提出了一些选择的原则。此种原则隐含表示效用函数的存在,而此种效用函数代表个人对各种风险状态的偏好。在对各种可能的预期中选择时,每个人都会选择可使他获得最大效用的期望值。

消费者风险大小可以用离差来加以确定。离差是实际值与期望值之间的差,以绝对值来表示,不论正负。

二、风险状态下选择的实例

现在举一个例子来具体说明消费者的风险选择。假如某求职者有两家公司可以选择,对这两家公司的期望值相同,都是每月\$1 500。第一家公司的收入取决于业绩，业绩好月收入为＄2 000，业绩一般时月收入为＄1 000。第二家公司是固定工资制，月收入一般都是＄1 510，只有在公司处于很困难时，工资才为＄510。

上述两种情况及其概率如表4-6所示：

表4-6　求职者的选择状况

	结果　1		结果　2	
	可能性	收入	可能性	收入
工作1:业绩制	0.5	2 000	0.5	1 000
工作2:固定制	0.99	1 510	0.01	510

可以看出，该求职者对这两份工作的期望值是相等的：

工作1：0.5×2 000＋0.5×1 000＝1 500（美元）

工作2：0.99×1 510＋0.01×510＝1 500（美元）

但是，这两种工作的风险程度大小是不一样的。它们的平均离差反映了两份收入波动的不同幅度。

工作1(业绩制)的平均离差为500美元，即：0.5×500＋0.5×500＝500(美元)；而工作2(固定制)的平均离差为19.80美元，即：0.99×10＋0.01×990＝19.80(美元)。

由于工作1的平均离差要远远高于工作2的平均离差，所以工作1的风险要远高于工作2的风险。

该求职者如何选择？如果不喜欢风险、趋于保守的人会选择工作2；而喜欢风险或更具有进取心的人，则会选择工作1。

消费者还可以通过图解法来进行风险选择。

图4-21是消费者的收入效用图，它表示消费者对风险的偏好程度。*OE*是消费者的效用函数曲线，表示消费者在不同的收入水平下所能够获得的效用单位。其中三张图表示消费者对风险的偏好程度不同。在a图中，消费者的边际效用随收入的增加而递减，说明该消费者是风险规避型的。因为该消费者宁可选择一份确定收入为2万美元(效用为16)的工作，而不愿意选择另一份有各占1/2概率的1万美元和3万美元的工作(预期效用为14，即1万美元1/2概率的效用是5，3万美元1/2概率的效用是9，两者之和是14)。而b图刚好相反，其效用曲线是呈递增状，它表示不确定的工作所获得的预期效用为10.5，而固定收入的效用是8，该消费者一定会选择不确定报酬的工作，因此是风险爱好型的。c图则该消费者是风险中性的，因为直线型的风险偏好线表示选择不确定收入的预期效用与固定收入的效用相同，都是12。

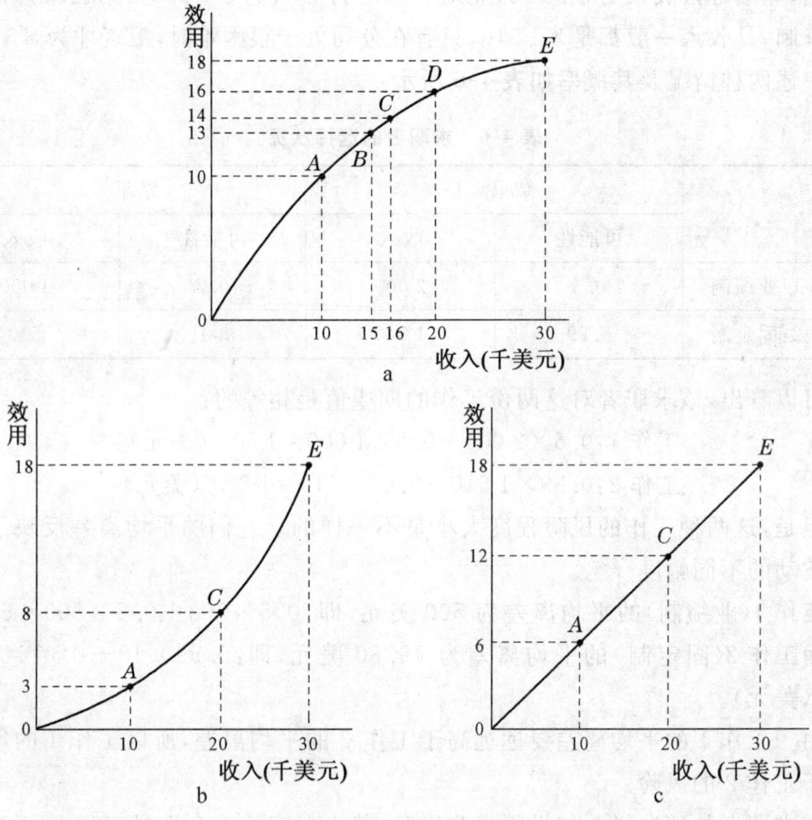

图 4-21　收入效用图

现在假如某消费者是属于图 4-21 中的 a 图状况，其收入为＄15 000，正准备选择一份新的工作。新工作给他提供收入的可能性有两种：＄30 000 和＄10 000，这两种可能性的概率都是 50%。这时该消费者应作如何选择？

根据该消费者的收入效用图可知：

$$E(u)=1/2u(10\ 000)+1/2u(30\ 000)$$
$$=0.5\times10+0.5\times18=14$$

结论：该消费者应该选择新工作，因为其预期效用 14 比目前的效用 13 大。新工作虽具有风险性，但是也会带来更高的预期收入。这也表明，即便是风险规避型的消费者，也会根据平均收益的大小加以比较来进行选择。

经济学家们还对企业家的风险选择进行了实证研究。例如，美国某研究机构调查了 464 名商业经理的风险选择意愿。该项研究设定了按风险大小排序的四种风险：1. 诉讼、存在潜在的暴力；2. 客户抗议；3. 劳资纠纷；4. 与竞争者合资。调查结果如下：选择风险的占40%；规避风险的占20%；风险中性的占20%；没有反应的占20%。研究结果发现，不同的经理对风险的态度不同，但是既便是许多偏爱风险的人，也往往采取推迟决策、收集更多的信息的方式。该研究还表明：经理们对于风险的不同偏好，取决于风险的结果是收益还是损失。当出现损失风险时，风险偏好型的经理们往往愿意采取较大的风险行为，即博一把。但是当风险的结果是收益时，同样的经理却倾向于保守，选择较少的风险。一个有趣的结果是：许多人在收入微小增加的风险和收入微小减少的风险两者之间的态度上差别很大。

思考题

1. 什么是效用？说明总效用和边际效用的概念及其相互关系。
2. 简评边际效用价值论。
3. 什么是消费者均衡？用基数效用说明消费者均衡的条件。
4. 什么是消费者剩余？如果已知某商品的需求曲线为 $P=10-2Q$，请计算出当价格为＄2时的消费者剩余是多少？
5. 解释无差异曲线概念，并说明无差异曲线的特点。
6. 解释边际替代率概念，并说明边际替代率递减规律。
7. 用序数效用说明消费者均衡的过程。
8. 什么是收入消费曲线？
9. 解释恩格尔曲线的定义及其经济含义。
10. 什么是价格消费曲线？它和需求曲线是什么关系？
11. 用替代效应和收入效应说明当某种商品价格变化时消费者均衡变动的过程。
12. 什么是吉芬之谜？为什么说吉芬商品必定是低劣品，而低劣品却不一定都是吉芬商品？
13. 用概率选择的方法简述风险决策行为。

第五章 厂商理论(一)——生产理论

厂商理论可以从两个方面分别加以考察:一是生产过程中的理论,即研究厂商在不同要素组合状态下对生产方式的合理选择;二是生产成本的理论,即从经济学的角度研究各种成本的概念及其相互关系。本章先讲第一个方面,下一章再分析第二个方面。

第一节 生产函数

一、什么是生产

所谓生产,从经济学的角度看,就是一切能够创造或增加效用的人类活动。在第四章中已经介绍过,效用就是消费者通过消费某种商品或服务所产生的满足程度。因此,所有能够给人们创造或增加某种满足的活动都是生产活动。

人们的需要和追求满足是多方面的,因而生产也按满足需要的性质进行相应的分类。总的来看,生产可以分为两大类,第一类是创造能够满足人们物质需要的生产活动,即商品的生产。比如生产粮食可供人充饥,生产衣服可供人御寒。同时,如面粉加工成各式各样的食品,可以提供给消费者更大的满足。总之,凡从原始产品到最终产品之间的所有物质创造都是生产活动。第二类是能够满足人们非物质性需要的生产活动,即服务的生产。服务的生产是无形的。无形的效用包括三种:第一种是地点效用(place utility),例如车船运输,能创造把货物或人从一个地方运往另一个地方位置变化的效用;第二种是时间效用

(time utility),例如把贵重物品交给银行保管,或把易腐变质的食品、药品等存于冷库,待以后需要时取出应用,还有像零售商将商品转售给消费者等等,能创造时间推移的效用;第三种是享有效用(ownership utility),例如公园、影剧院和文化娱乐场所的提供使用,能创造享受的效用。所有诸如此类的活动,如理发、看病、教育、音乐演奏、街道清扫、警察提供安全,等等,都是生产活动。

判断生产活动的标准,要从支付体力或脑力活动的目的出发,而不能从支付体力或脑力活动本身的形式出发。同一形式的活动,由于目的不同,可能是生产活动,也可能不是生产活动。例如人们休息时打球锻炼身体,并不是一种生产活动;而美国的职业球星为出售门票而举行的球赛,则为生产活动。某人拉小提琴消遣,不能算生产活动,如果他在街头演奏,以此谋生,则为生产活动。

由于服务的计算很抽象,很不容易,因而西方经济学在其各种理论讨论中,一般是以商品生产的计算为例,但是其原理同样适用于服务。

西方经济学中把生产活动的主体称作厂商。而厂商被认为具有经济理性,他们具备有用的信息,精于计算,孜孜不倦地追求利润最大化的目标。

二、生产的三要素

任何生产均需要投入各种不同的生产要素。西方经济学家把生产要素分为三类。

1. 劳动

劳动包括体力劳动和脑力劳动。劳动不是指劳动者本身,而是指劳动者提供的服务。劳动的价格是工资。

2. 土地

西方经济学所讲的土地是一个广义的概念,不仅包括土地,还包括河山、森林、能源、矿藏、原料等一切自然资源。土地的价格是地租。

3. 资本

资本指生产过程中使用的各种生产设备,如机器、厂房、工具、仓库等,并不是专指货币。货币本身并不能用于生产活动。但是有了货币后就能购买到机器、设备,所以经济学上不对它们加以区别。资本的价格是利息。

以上是西方经济学传统的“生产的三要素”说。后来,马歇尔在其《经济学原理》一书中,又增加了一种生产要素——企业家的才能,其价格就是利润。因此,“生产的三要素”说便发展为“生产的四要素”说。

有关生产要素的价格理论,在第十一章里还要专门介绍。

三、生产函数

任何生产过程都需要投入各种不同的生产要素,在一定的技术水平下,生产出来的产品数量取决于所使用的生产要素数量的多少以及它们之间的相互配合状况。生产函数就是表示生产要素的某种组合同它可能生产的最大产量之间的关系。生产函数一般采用表列、图形或数学方程式表示。例如，用 Q 代表某种产品的产量，x、y、z 等代表各种生产要素的投入量，则生产函数的方程式可写成：

$$Q = f(x, y, z, \cdots)$$

式中，x，y，z 等为自变量，Q 为因变量。方程式的含义是：在一定的技术水平条件下，假如 x，y，z 等各种生产要素的投入量已知，那么就可以知道某种产品的最大产出量 Q。反之，假如 Q 为已知，那么也就可以知道 x，y，z 等各种投入要素的最低限度量。

生产函数的概念有两点基本性质：

(1) 在既定的技术水平下，如果各种生产要素的数量增加，产出量也随之增加。因此产出量是各生产要素的增函数。如果发生了技术进步，生产函数本身就会改变，假如技术进步提高了劳动生产率，那么要得到与原先一样多的产量所必须投入的劳动量将会减少。

(2) 生产函数表示的产出量是最大的。生产函数，依据一定的划分标准，可以形成一定的分类。根据各种生产要素投入比例是否可以变动，生产函数可分为可变比例生产函数与固定比例生产函数。在有些生产过程中，生产要素投入比例，例如劳动与资本投入数量的比例，是可以变的。可以多用一些劳动，少用一些资本，也可以少用一些劳动，多用一些资本。反映这种生产过程中生产要素投入量与产出数量之间关系的生产函数就被称为可变比例生产函数。如果生产中各种生产要素数量比例是固定不变的，劳动增加了，资本也一定要按同比例增加，这种生产函数就是固定比例生产函数。

第二节　生产可能性与边际收益递减规律

一、生产可能性边界

在第一章第一节中已介绍过，西方经济学产生的前提是“稀缺性”原则。世界上任何资源都是有限的，生产活动首先面临的就是在稀缺性规律下的选择问题。生产要素的使用不可能应有尽有，这意味着增加某种商品生产时，就必须放弃另外一种商品的生产的可能性。也就是说，要增加某种商品生产，就必须以放弃或减少别种商品生产为代价。由此便得出了生产可能性的概念，用图形表示这一概念就是“生产可能性边界”或“生产可能性曲线”。例如,假设一个社会只生产军用品和民用品两种物品,其组合表以及生产可能性边界的图形如表 5-1 和图 5-1 所示。

表 5-1　生产可能性边界表

组合	军用品(亿件)	民用品(亿件)	组合	军用品(亿件)	民用品(亿件)
A	30	0	D	18	6
B	28	2	E	10	8
C	24	4	F	0	10

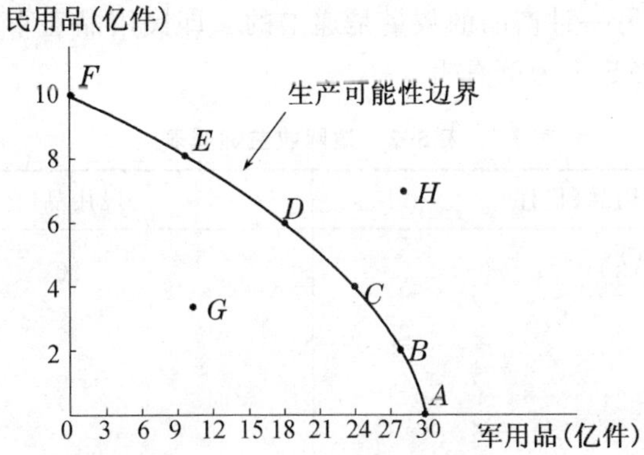

图 5-1　生产可能性边界图

表 5-1 说明该社会可供生产的各种可能性,当全部资源用于军用品生产时,可以生产 30 亿件军用产品,没有资源用于民用品生产,故产出为零。当开始生产民用品时,比如生产 2 亿件民用品,这时必须放弃一部分原从事军用品生产的资源,因而军用品的产出量减少,比如由 30 亿件减少到 28 亿件。如果继续增加民用品的生产,则必须继续减少军用品的投入资源,如当民用品的产出为 4 亿件时,军用品的产出为 24 亿件。以此类推,生产 6 亿件民用品,军用品的产出量为 18 亿件。生产 8 亿件民用品,军用品的产出量为 10 亿件。假如该社会把全部资源都投入民用品的生产,民用品的产出量为 10 亿件,而军用品的产出量则为零。

把上述这些不同组合分别在图 5-1 中作出 A、B、C、D、E、F 点,再把这些点连接起来,所形成的曲线就是“生产可能性曲线”。因为它是表示该社会全部资源的各种产出可能,又被称为“生产可能性边界”。这里假设生产资源无限可分,产出的军用品和民用品的数量也可以无限细分,这样就形成了平滑状的曲线。曲线上的所有点,都表示当该社会全部资源用完时可以达到的产出组合的各种可能。如果一个点位于生产可能性边界之内,如图 5-1 中 G 点,表示这个社会的资源并没有充分使用或有效使用，存在着闲置资源，它完全可以在现有条件下生产更多的军用品和更多的民用品，图上从 G 点移动到 D 点。反之，假如一个点位于生产可能性边界以外，如图中的 H 点，则表示该社会在既定条件下使用全部资源而不可能达到的产品产出量的组合。

二、边际收益递减规律

现在进一步考察生产可能性边界的特点。生产可能性边界不仅表示一种产品组合的负向关系，即一种产品增加，另一种必减少，或一种产品减少，另一种必增加。另外它还是一条向外凸出或凹向原点的曲线。它表示当一种产品的数量增加时，而必须放弃的另一种产品的数量是递增的。即民用品对军用品在生产上的替代率递减。仍以表 5-1 为例看表 5-2。

表 5-2　边际收益递减表

军用品(亿件)	民用品(亿件)
30	0
> −2	> +2
28	2
> −4	> +2
24	4
> −6	> +2
18	6
> −8	> +2
10	8
> −10	> +2
0	10

表 5-2 中，当民用品的产量增加 2 亿件时，军用品的产量减少 2 亿件，但当民用品的产量又增加相同的 2 亿件时，这时军用品的产量减少了 4 亿件，民用品的产量又增加 2 亿件时，军用品的产量减少了 6 亿件，民用品的产量再增加 2 亿件时，军用品的产量减少了 8 亿件，民用品的产量继续增加 2 亿件，而军用品的产量却减少了 10 亿件。由此看出，民用品增加的数量并没有变，而必须放弃的军用品的数量却不断增加。

形成上述特点的原因是由于边际成本递增规律的作用。在表 5-2 中，从上向下看，每增加一个单位的民用品的产品，所必须牺牲的军用品的代价是递增的，如果从表 5-2 的数字倒过来看，当民用品从 10 亿件减少到 8 亿件，军用品则从零增加到 10 亿件，即 2 亿件民用品的资源可以生产 10 亿件军用品。可是当民用品从 8 亿件减少到 6 亿件时，军用品却从 10 亿件增长到 18 亿件，2 亿件民用品的资源只增加了 8 亿件军用品。当民用品再减少 2 亿件时，军用品的增加量只有 6 亿件。

以此类推,军用品增加 4 亿件、2 亿件。由此可见,随着每一个单位资源的投入,军用品的产出量不断减少。这就是西方经济学所讲的“边际收益递减规律”。

“边际收益递减规律”是西方经济学中的一个重要规律,它是指:在其他条件不变时,连续地把某一生产要素的投入量增加到一定数量之后,所得到的产量的增量是递减的。例如,在一块田里耕种,起初增加一个劳动力,产量可能增加许多,如果再增加一个劳动力,产量虽能继续增加,但增加的幅度下降了,随着劳动力的不断增加,产量的增加量也越来越小,最后甚至为零。“边际收益递减规律”也就是“边际成本递增规律”,只不过观察的角度不同而已。

三、生产可能性边界的变化和特殊形态

上面所讲的生产可能性边界,是假定在一定的生产技术、一定的资源以及其他条件不变情况下的形态。假如生产技术条件或资源情况等条件发生变化,则生产可能性边界的图形也会随之而变。看图 5-2 中的几种情况。

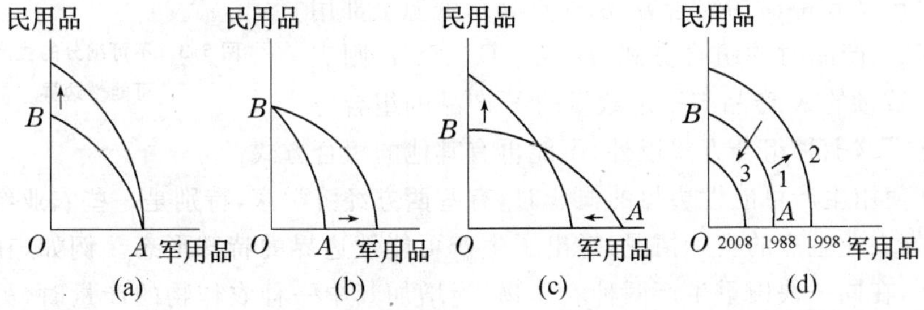

图 5-2　生产可能性边界变化的各种可能性

图中,AB 为原生产可能性边界。(a)图中,假如生产民用品的技术改进,而军用品的生产状况不变,则生产可能性边界在纵坐标上的交点,即 B 点向上延伸。表示在同样资源条件下,由于民用品的生产技术得到提高,从而使民用品的产出量增加。(b)图中,情况刚好和(a)图相反。假如生产军用品的技术获得突破性进展,而民用品的生产状况不变,则生产可能性边界的横坐标上的交点,即 A 点向右延伸。表示由于军用品的生产技术得到发展,从而使军用品的产出量在同样资源条件下增加。(c)图中,假如在技术不变情况下,由于某种原因使生产军用品所使用的某种资源减少,而与此同时,生产民用品的技术得到提高,则生产可能性边界在代表军用品的横坐标上向原点收缩,而在代表民用品的纵坐标上向上延伸。这是两种生产品朝相反方向变化的情况。(d)图中,假如生产可能性边界 1 代表 1988 年某个国家的情况,到 1998 年,由于生产力的发展,使军用品和民用品的技术都得到提高,整个生产可能性边界向外移动到曲线 2 的位置。假设到 2008 年,

由于战争和其他原因,使这个国家遭到毁灭性破坏,整个生产可能性边界将会收缩到曲线 3 的位置。

上述生产可能性边界及其变化,均以产品可以无限地细分这一假定作为前提的。根据这一假定前提,才能形成一条平滑的生产可能性曲线。但在实际生活中,由于生产技术方面的原因,某些产品不可能细分。例如,面粉、棉纱、石油、煤炭等产品通常被认为属于可以无限细分的产品之列;而轮船、汽车、机床、服装之类的产品则必须以艘、辆、台、件等单位来计量,它们不可能无限地细分。因此,一定的资源用来生产不可能无限细分的产品时,只能生产出一定数量的产品组合。这样,生产可能性曲线就不是连续的曲线,而是一定数量的产品组合点之间的连续线。见图 5-3。

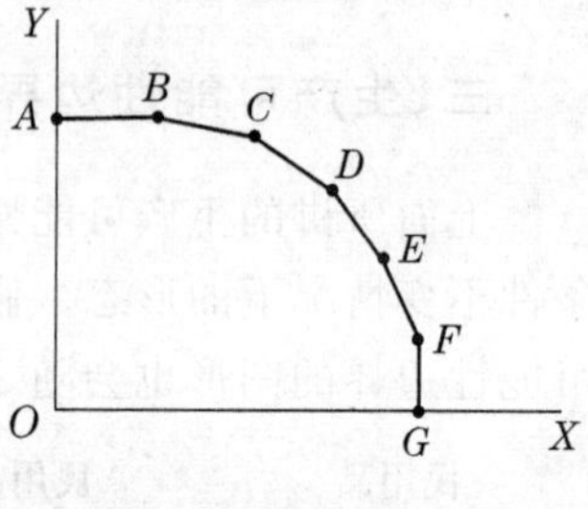

图 5-3 不可细分的生产可能性边界

图 5-3 中,A、B、C、D、E、F、G 七个点表示 X 和 Y 两产品仅有七种组合方式。A 点表示资源全部用来生产 Y 产品时的组合方式;G 点表示资源全部用来生产 X 产品时的组合方式;B、C、D、E、F 则表示一定数量的 X 产品与一定数量的 Y 产品的组合方式。除了这七种组合方式以外,不能再有其他的组合方式。

在使用生产可能性边界的概念时,有些西方经济学家,特别是一些农业经济学家,根据农业生产的实际情况,提出了生产可能性边界的特殊形态。例如,在一般情况下,在同一块田里生产两种农作物,当增加其中一种农作物的产量时,另一种农作物的产量要下降,反之亦然。但是在种植玉米和苜蓿时,却出现了异常现象。当增加苜蓿的产量时,苜蓿中产生的氮素也增加了,从而促使玉米的产量也增加了。随着苜蓿产量的继续增加,玉米所需要的氮素逐渐趋向饱和,因此玉米的产量维持在某一水平上,不增也不减。再继续增加苜蓿的产量,则玉米的产量也随之下降。上述情况见图 5-4。生产可能性边界分为三个部分。第一部分从 a 点到 b 点,苜蓿产量增加,玉米产量也增加,这一范围被称为“互补范围”;第二部分从 b 点到 c 点,苜蓿产量增加,玉米产量变化很小,这一范围被称为“补充范围”;第三部分从 c 点到 d 点,苜蓿产量增加,玉米产量减少,这一范围被称为“竞争范围”。不过,这种情况实属罕见,一般在理论上并不作为生产可能性边界的研究对象。

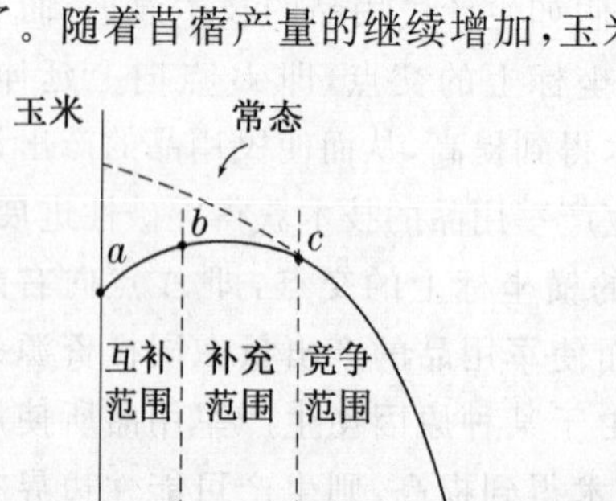

图 5-4 特殊情况的生产可能性边界

第三节　使用一种可变投入要素的生产及生产的三阶段

一、总产量曲线、平均产量曲线和边际产量曲线

在生产活动中,可以使用的生产要素资源是很多的。即使生产某一种产品,也要投入各种要素。西方经济学在生产理论上,通常把投入要素分为两种:一种是可变投入,例如劳动可随时增减;另一种是固定投入,如耕地不能轻易变动。从事生产活动,存在着两种不同情况,一种是"可变比例"下的生产,即变动生产中的可变投入,因而在生产方式上,投入的比例关系实际上变了;另一种是"固定比例"下的生产,即在生产中各投入要素之间需保持一定的比例。但是,无论是可变比例生产,还是固定比例生产,都不是绝对的。在短期中,经常是可变比例的生产,但从长期看,生产者一定会寻求更好的组合比例关系进行生产。大多数西方经济学家们认为,可变比例条件下的生产,是短期和长期生产的典型形态。关于经济学上短期和长期的概念,在第七章介绍完全竞争的市场理论时将会进一步谈到。

为了简便起见,西方经济学先从只有一个可变投入要素的生产函数来加以说明,就是说,产出量是随着这一个可变投入要素的增减而增减。试以表 5-3 举例说明。

表 5-3　单要素的投入产出表

土　地 (英亩)	劳　动 (人)	总产量 (吨)	平均产量 (吨)	边际产量 (吨)
1	0	0	0	
				> 3
1	1	3	3	
				> 5
1	2	8	4	
				> 4
1	3	12	4	
				> 3
1	4	15	$3\frac{3}{4}$	
				> 2
1	5	17	$3\frac{2}{5}$	
				> 0
1	6	17	$2\frac{5}{6}$	
				> −1
1	7	16	$2\frac{2}{7}$	
				> −3
1	8	13	$1\frac{5}{8}$	

该表中是假定在一块1英亩的土地里,随着劳动这一个可变投入要素的变化,而对总产量、平均产量和边际产量发生的影响。

总产量是指生产要素投入后的总产量。

平均产量就是总产量被生产要素的投入量除所得到的数值。

$$平均产量 = \frac{总产量}{生产要素的投入量}$$

边际产量是指增加一个单位生产要素的投入所引起的产量的增量。

$$边际产量 = \frac{总产量的增量}{生产要素投入量的增量}$$

从表5-3中可看出,随着生产要素投入量的增加,总产量开始是增加的,但增加到一定程度以后则下降。其原因在于边际产量开始是递增的,但递增到一定限度后,就转而减少了,甚至变成负值。

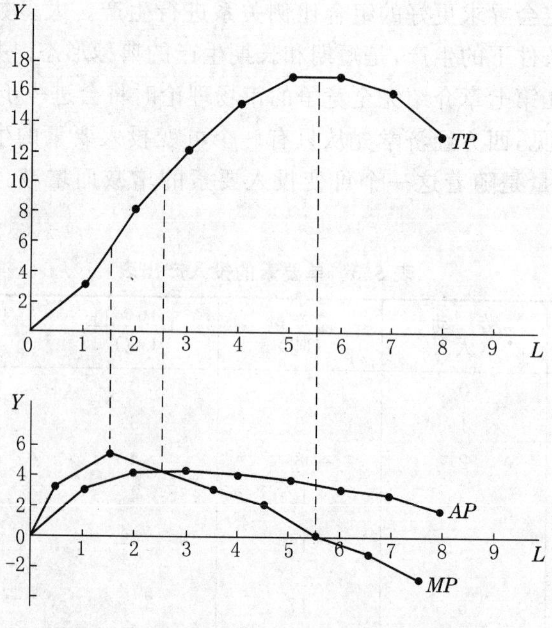

图5-5 平均产量、边际产量与总产量之间的关系

根据表5-3,可以绘出总产量、平均产量和边际产量曲线。见图5-5。图中,横坐标*OL*代表在一英亩土地上劳动的投入量,纵坐标*OY*表示产量,*TP*表示总产量曲线,*AP*表示每人平均产量曲线,*MP*表示每人的边际产量曲线。

图5-5中总产量曲线*TP*显示出:在一英亩土地上,当劳动的数量逐渐增加,

一直到第 5 人时,总产量也不断增加,从第 5 人增至第 6 人时,总产量停止增加。这样,总产量的最高点位于第 5 人和第 6 人中间,为 17 吨。在此以前的总产量递增阶段,又有不同的情况。前 2 个劳动力的总产量是以递增的比率增加,即增加的幅度也是增加的。从图中可以看出,第一个劳动力增加的产量为 3 吨,而第二个劳动力的投入使总产量达到 8 吨,增加了 5 吨,但从第 3 个人开始,虽然总产量仍然递增,可是递增的比率却不断减少,即增加的幅度越来越小。当劳动力从第 5 人增至第 6 人时,总产量增加的幅度为零。从第 6 人以后,总产量呈下降趋势。

由总产量曲线可以推导出平均产量曲线 AP 和边际产量曲线 MP。平均产量曲线开始随着总产量以递增的比率增加时上升,当总产量由以递增比率增加变为以递减比率增加时总产量曲线上的点切线穿过原点时,平均产量曲线开始下降。从图中可以看出,劳动力从第 2 人增至第 3 人时,平均产量没有增加,达到最高点。边际产量曲线 MP 则反映每增加一个劳动力时总产量的增加情况。当总产量以递增比率增加时,表示边际产量是增加的,如前 2 人的边际产量曲线为上升状。当总产量以递减比率增加时,表示边际产量减少,第 3 人以后的边际产量曲线呈下降趋势。当总产量达到最高点时,边际产量为零,即图中第 5 人增至第 6 人时的情况。当总产量下降时,边际产量为负值,从图中可看出,劳动力增加到第 6 人以后,边际产量曲线位于横坐标以下。

如果单从曲线的形状看,总产量曲线与平均产量曲线和边际产量曲线之间有以下几种关系。为更清楚起见,作平滑的曲线关系图,见图 5-6。

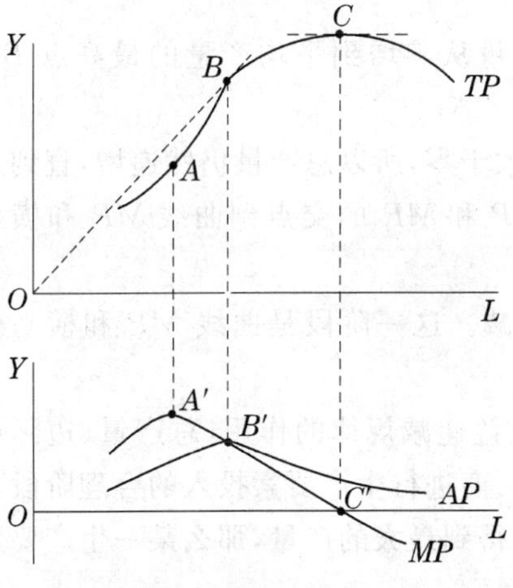

图 5-6　用平滑曲线显示的 *AP*、*MP* 与 *TP* 曲线的关系

(1) 平均产量曲线是总产量曲线上各点与原点连线的斜率值曲线。因此,其斜率值最高的一点,即通过原点所作直线与总产量曲线的切点(图中 B 点),是平均产量曲线的最高点。见图中 B' 点。

(2) 边际产量曲线是总产量曲线上各点切线的斜率值曲线。因此,其斜率值最高的一点,即拐点(图中 A 点),便是边际产量曲线的最高点。见图中 A' 点。

(3) 总产量曲线的最高点(图中 C 点),就是边际产量曲线与横坐标的交点,因为这时的边际产量为零。见图中 C' 点。

(4) 平均产量曲线的最高点,一定是平均产量曲线与边际产量曲线的交点(即图中 B' 点)。因为当边际产量等于平均产量后,再往下递减时,平均产量也下降。

(5) 平均产量曲线上升的部分,边际产量曲线一定高于平均产量曲线;两条曲线相交后下降的部分,边际产量曲线一定低于平均产量曲线。

二、生产的三阶段

根据总产量曲线、平均产量曲线和边际产量曲线的形状,可以进一步分析生产的三阶段。将上述三条曲线合并在一张图上,见图 5-7。

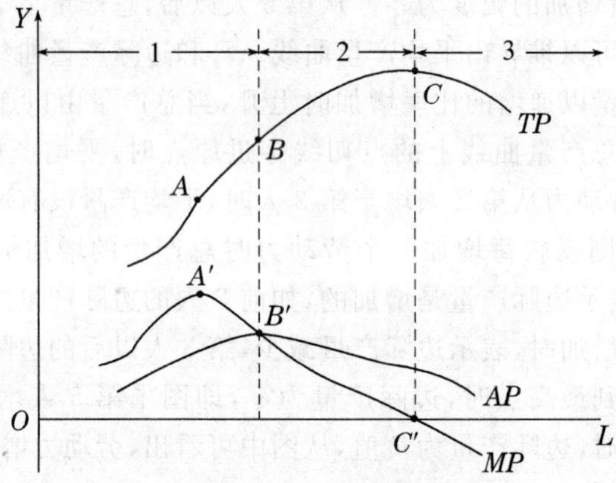

图 5-7　生产的三阶段

从图 5-7 中可以看出:

第一阶段:平均产量递增阶段,即平均产量从零增到平均产量的最高点 B'。这一阶段是从原点到曲线 AP 和 MP 的交点。

第二阶段:平均产量递减,但边际产量仍大于零,所以总产量仍然递增,直到总产量达到最高点 C 点。这一阶段是从曲线 AP 和 MP 的交点到曲线 MP 和横坐标的交点 C' 点。

第三阶段:边际产量为负值,总产量也递减。这一阶段是曲线 MP 和横坐标的交点 C' 以后的阶段。

上述三阶段的划分,不仅说明由于边际收益递减规律的作用,总产量、边际产量、平均产量都是先增后减的,而且还说明了厂商进行生产要素投入的合理阶段。

假如厂商不考虑单位产品的成本,而希望得到最大的产量,那么某一生产要素的投入量以 C' 为最合适,因为这时总产量最大。

假如厂商考虑单位产品的成本,不要求得到最大产量,那么某一生产要素的投入量以 B' 为最合适,因为这时平均产量最大。

但无论如何,厂商肯定不会在第三阶段生产,因为这个阶段的边际产量为负值,生产不会带来任何好处。厂商也不会在第一阶段生产,因为平均产量仍可以增加，投入的这种生产要素还未发挥到最大作用，厂商没有获得可以获得的更多的好处。因此，厂商只会在第二阶段生产，因为虽然在这一阶段平均产量和边际产量都下降，但总产量还在不断增加，收入也增加，只是增加的速度逐渐缓慢，直到停止增加为止。

第四节　使用两种可变投入要素的生产及生产者均衡

一、等产量曲线及其特点

上一节讨论了只有一种可变投入要素时的一些基本情况，现在进一步讨论使用两种可变投入要素并且这两种要素存在替代关系时的情况。为了图形分析上的方便，只假设有两种生产要素的投入，但分析的结果对两个以上的可变投入也是适用的，因为既可以假定这两个投入是可变的，也可以假定这两个投入中的一个代表所有其他可变投入的组合。

假定生产函数中只有两种投入要素，其他生产要素的数量均保持不变，总产量也保持不变。以 Q 代表总产量，L 和 K 分别代表两种投入要素，这两种生产要素数量与产量之间的关系可用下述函数形式表示：

$$Q = f(L, K)$$

该生产函数中，K 和 L 两种生产要素具有一定程度的互相替代关系，即增加对 K 的使用量，同时减少 L 的使用量，可以使总产量不变。在总产量不变的情况下，劳动和资本的各种可能的数量组合如表 5-4。以 L 代表劳动，K 代表资本，I 代表等产量曲线，作出相应的图形，如图 5-8。

表 5-4　等产量表

组合	劳动	资本
A	2	11
B	1	8
C	2	5
D	3	3
E	4	2.3
F	5	1.8
G	6	1.6
H	7	1.8

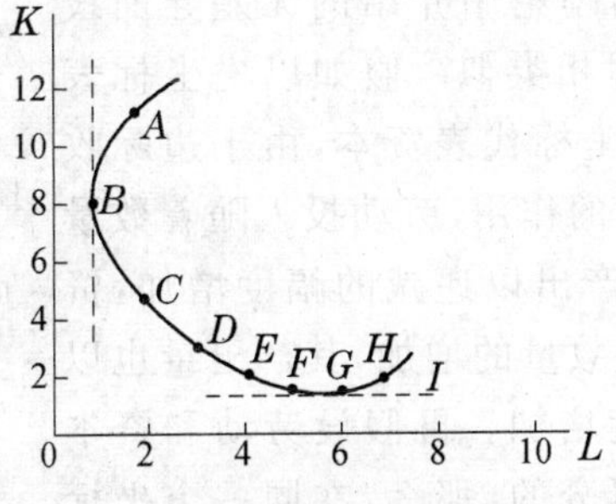

图 5-8　等产量曲线

图 5-8 中的等产量曲线(isoquant)表示资本和劳动的不同数量组合能够生产出同等数量的产品,也就是等产量曲线上各点的产量都相同。图 5-8 从 B 点到 G 点,依次表示劳动投入量不断增加,而资本投入量不断减少,两种生产要素的投入量之间存在此长彼消的替代关系。厂商可以在这个区间选择合适的组合。如果希望多用资本少用劳动,就可选择 C 点的组合;如果希望多用劳动少用资本,就可选择 E 点或 F 点的组合。图中 A 点至 B 点和 G 点至 H 点的两段线段都是正斜率的。它们表示,由于过度使用一种要素以后,为了减少过度使用带来的危害,必须相应追加另一种要素,以便使产量保持不变。虽然 B 点和 G 点右边的两段线段,也表示两种要素的不同数量组合与相同产量之间的关系,但是,这种关系不是生产的技术要求决定的,也是不经济的,厂商也不会自愿地选择处于这个区域。所以有实际意义的等产量曲线是从图 5-8 中 B 点到 G 点的曲线。

等产量曲线和无差异曲线很相似,其基本性质也相同。经过以上介绍,很容易概括出等产量曲线的特点:

(1) 由于边际收益递减规律的作用,等产量曲线是凸向原点的曲线。

(2) 不同的等产量曲线之间不能相交。

(3) 等产量曲线不能像无差异曲线那样,如将两端无限延长则与两坐标轴无限接近,而到一定限度则向两坐标轴上方翘起。这表明,任何两种生产要素都不能完全替代,只能在一定的范围内互相替代,超出这个范围则无法替代。例如不能完全用劳动取代资本,也不能用资本完全代替劳动。在两种要素互相替代,到达其中一种要素必不可少的最低使用量时,就不能再继续替代了。否则,就会因替代的要素过度产生负值,而不得不增加被替代要素,才能保持总产量不变。

以上仅简单地说明等产量曲线的概念。现在进一步考察等产量曲线的形成过程。

等产量曲线的形成过程同第四章消费者行为理论中介绍的无差异曲线的形成过程相类似。假如以横坐标表示劳动,纵坐标代表资本,由于边际收益递减规律的作用,劳动投入随着数量的增加,其产出以递减的幅度增加,资本投入随着数量的增加,其产出量也以递减的幅度增加。再假设劳动和资本都是无限可分的,那么,在同一个坐标上同时表示两者的组合,就形成了一个立体球面。如图 5-9 所示。

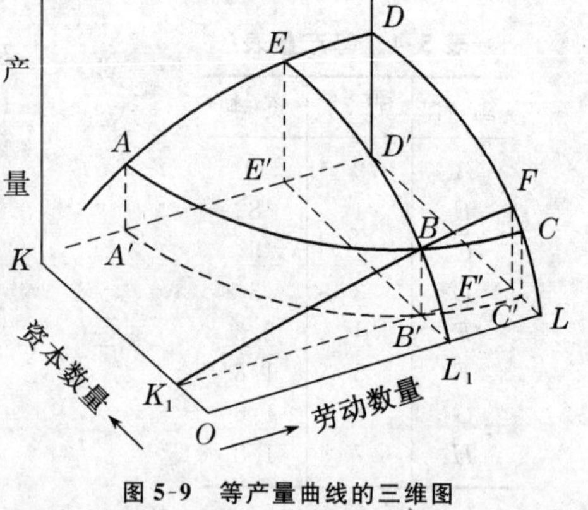

图 5-9　等产量曲线的三维图

从图 5-9 中可看出,表示产量的生产球面为 $KOLD$。在这个球面上,假如资本固定在 K_1,只有劳动一个可变投入,那么表示劳动的总产出曲线,便是垂直剖开线 K_1F。假如劳动固定在 L_1,只有资本一个可变投入,那么表示资本的总产出曲线,就是垂直剖开线 L_1E。如果在球面体上与底平面 $KOLD'$按 AA'的高度平行剖开,即可获得 ABC 等高线。这个等高线的垂直投影 $A'B'C'$,就是劳动和资本各种不同数量的可能组合线,即和图 5-8 形状相同的等产量曲线。唯一不同的是图 5-8 中等产量曲线的两端面对两坐标轴向上弯曲,这是因为图 5-9 中没有将劳动和资本的总产量下降情况反映出来。这一点下面还要作进一步解释。

等产量曲线的求法和原理与无差异曲线的求法和原理相类似。无差异曲线反映的是消费者的同等效用,而等产量曲线则是反映生产者的同等产量。

二、等产量曲线的"脊线"和生产区域

等产量曲线的斜率可以为负值,也可以为正值。当等产量曲线斜率为负值时,表明两种生产要素可以互相替代,一种要素减少,另一种要素增加。图 5-8 中 B 点到 G 点线段都属于这种情况。

当等产量曲线斜率为正值时,表明两种要素必须同时增加才能维持总产量不变。这就是说,其中一种生产要素的投入量已达饱和状态,再继续使用这种要素时,其边际产量反而为负值,这时不得不靠增加另一种要素的投入量加以弥补,才能保持总产量不变。例如化肥的过多使用造成农产品产量减少,增加劳动可以弥补所造成的损失。图 5-8 中 B 点至 A 点曲线段以及 G 点到 H 点曲线段,均属于这种情况。

等产量曲线的斜率还可能为零或无穷大。如图 5-8 中,经 B 点与纵坐标平行的切线,其斜率为无穷大;经 G 点和横坐标平行的切线,其斜率为零。这两种情况表明两种要素之间完全不能替代。

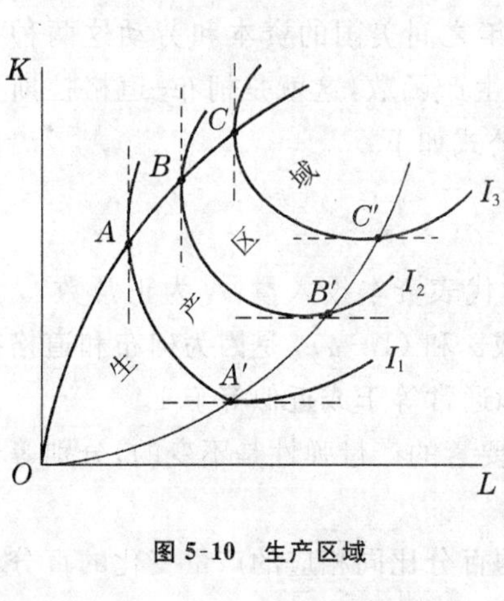

图 5-10　生产区域

以上仅介绍一条等产量曲线,实际上,等产量曲线可以作出无数条。每一条曲线上所表示的总产量相等,不同曲线之间在总量上不等。位置越偏离原点的等产量曲线表示的总产出量越大。图5-10中有三条等产量曲线。I_3 的产量大于 I_2 的产量,I_2 的产量大于 I_1 的产量。

图 5-10 中 A、B、C 各点和 A'、B'、C' 各点可看成是一个界限,超过这个界限,则必须同时增加两种投入要素的数量,才能使

总产量不变。把 A、B、C 各点和 A'、B'、C' 各点连接起来所形成的两条线，被称为“脊线”(ridge line)。“脊线”表明生产要素替代的有效范围。实际上，厂商是不会在“脊线”以外的范围从事生产的。厂商可以在两条“脊线”所形成的区域以内从事生产，任意变动其投入要素的组合。因此，这一区域被称为“生产区域”。

假如生产的形态为“固定比例生产函数”，用等产量曲线表示，其形状与上述不同。假设资本和劳动的投入必须按 2∶3 的固定比例加以使用。即生产 100 单位的产量，必须使用 2 单位的资本与 3 单位的劳动。因此，必须有 4 单位的资本与 6 单位的劳动，才能生产 200 单位的产量；6 单位的资本与 9 单位的劳动，才能生产 300 单位的产量，如此类推。这时，作出的图形如图 5-11 所示。

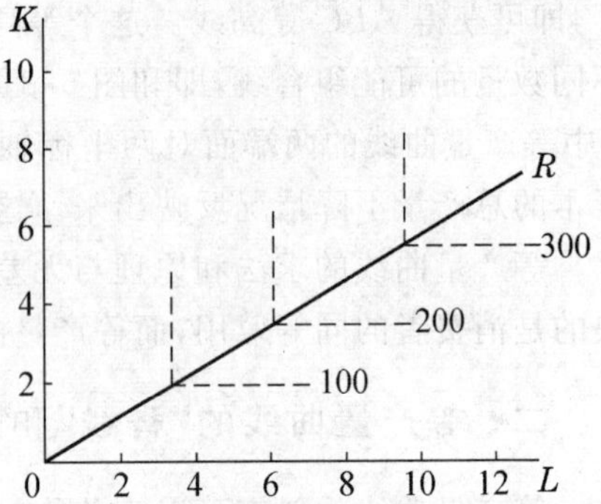

图 5-11　固定投入比例的生产要素

图中，通过原点的射线 R 的斜率，表示必须使用的资本和劳动的比例。所构成的 100 单位、200 单位和 300 单位的等产量线为一直角形曲线，如图中虚线所示。它说明资本和劳动两要素不能替代，假如增加资本投入，劳动投入不变，也不能增加产量，反之亦然。这就是说，假如只有劳动投入或只有资本投入增加，而另一种投入维持不变，则劳动或资本的边际产量为零。只有两种投入要素同时同比例增加，产量才会同比例地增加。

三、柯布-道格拉斯生产函数

1928 年，美国经济学家柯布(Charles W. Cobb)和道格拉斯(Paul H. Douglas)根据历史资料统计，研究 1899 年到 1922 年之间美国的资本和劳动这两种生产要素对产量的影响，提出了这一时期间美国生产函数，这就是柯布-道格拉斯生产函数(Cobb-Douglas production function)，公式如下：

$$Q = AL^{\alpha}K^{1-\alpha}$$

式中，Q 代表产量，L 代表劳动投入量，K 代表资本投入量，A 为正常数，α 为小于 1 的正数。L 和 K 的指数之所以分别写成 α 和 $(1-\alpha)$，是因为柯布和道格拉斯发现，劳动(L)和资本(K)的这两个指数之和通常等于或近似等于 1。

上述生产函数还说明 L 和 K 这两种投入要素的产量弹性是不变的，分别等于 α 和 $1-\alpha$。

生产要素的产量弹性是指生产要素变化的百分比同相应的产量变化的百分比

之间的比率。劳动(L)和资本(K)的产量弹性系数公式分别为

$$e_L=\lim_{\Delta L\to 0}\frac{\Delta Q/Q}{\Delta L/L}=\frac{\partial Q}{\partial L}\cdot\frac{L}{Q}$$

$$e_K=\lim_{\Delta K\to 0}\frac{\Delta Q/Q}{\Delta K/K}=\frac{\partial Q}{\partial K}\cdot\frac{K}{Q}$$

由柯布-道格拉斯生产函数可分别计算出劳动和资本的产量弹性系数如下：

$$e_L=\frac{\partial Q}{\partial L}\cdot\frac{L}{Q}=A\alpha L^{\alpha-1}K^{1-\alpha}\cdot\frac{L}{Q}$$

$$=A\alpha L^{\alpha-1}K^{1-\alpha}\cdot\frac{L}{AL^{\alpha}K^{1-\alpha}}=\alpha$$

$$e_K=\frac{\partial Q}{\partial K}\cdot\frac{K}{Q}=A(1-\alpha)L^{\alpha}K^{-\alpha}\cdot\frac{K}{Q}$$

$$=A(1-\alpha)L^{\alpha}K^{-\alpha}\cdot\frac{K}{AL^{\alpha}K^{1-\alpha}}=1-\alpha$$

这就是说，如果劳动要素的投入增加了某个百分比，那么产量将按同指数百分比增加。对资本要素也是有同样的性质。

如果劳动和资本这两种生产要素的使用量为原来的 λ 倍，那么：

$$A(\lambda L)^{\alpha}(\lambda K)^{1-\alpha}=\lambda AL^{\alpha}K^{1-\alpha}=\lambda Q$$

这说明：生产要素使用量增加的倍数与产量增加的倍数是相等的。

除此以外，根据柯布-道格拉斯生产函数的基本性质，再根据投入要素的指数数值，可以测定某种生产是属于规模收益递增，还是固定或者递减。所谓规模收益递增，意思是如果所有投入要素按相同比例增加，产量增加的比例大于投入要素增加的比例。规模收益固定即产量增加的比例等于投入要素增加的比例。规模收益递减即产量增加的比例小于投入要素增加的比例。现作进一步说明。

柯布-道格拉斯生产函数的基本形态为

$$Q=Ax_1^{\alpha}x_2^{\beta}$$

Q 为产量，A，α，β 均为固定常数，x_1 和 x_2 为两种投入要素。这一函数虽然是一个指数函数的形态，但取对数后即可变为线性函数

$$\log Q=\log A+\alpha\log x_1+\beta\log x_2$$

从实际的统计资料中，可以获得 Q、x_1 和 x_2 的数值，因此也可计算出 A、α 和 β 的数值。

由柯布-道格拉斯生产函数可以得知，如果 $\alpha+\beta>1$，则为规模收益递增的生产；如果 $\alpha+\beta=1$，则为规模收益固定的生产；如果 $\alpha+\beta<1$，则为规模收益递减的生产。具体证明如下。

假如原投入要素 x_1 和 x_2 增加了一定的百分比，以 λ 代表增加一定百分比之后的倍数，则原生产函数变为：

$$A(\lambda x_1)^{\alpha}(\lambda x_2)^{\beta}=\lambda^{\alpha+\beta}Ax_1^{\alpha}x_2^{\beta}=\lambda^{\alpha+\beta}\cdot Q$$

显然，如果 $\alpha+\beta>1$，则 $\lambda^{\alpha+\beta}\cdot Q>\lambda\cdot Q$，这时为为规模收益递增的生产；

如果 $\alpha+\beta=1$，$\lambda^{\alpha+\beta}\cdot Q=\lambda\cdot Q$，这时为规模收益固定的生产；

如果 $\alpha+\beta<1$，则 $\lambda^{\alpha+\beta}\cdot Q<\lambda\cdot Q$，这时为规模收益递减的生产。

正因为柯布-道格拉斯生产函数有上述性质，西方经济学家常用这一工具进行产业生产的分析。例如把生产投入要素分为三大类——劳动、资本和原料，柯布-道格拉斯生产函数为：

$$Q=AL^{\alpha_1}K^{\alpha_2}M^{\alpha_3}$$

Q 代表产量；L 代表劳动；K 代表资本；M 代表原料；A、α_1、α_2 和 α_3 代表不同生产情况下的参数。α 值通常都假定小于 1，因为它符合每一投入要素边际产量递减规律。如果 $\alpha_1+\alpha_2+\alpha_3>1$，该产业一定为规模收益递增的产业；如果 $\alpha_1+\alpha_2+\alpha_3=1$，该产业一定为规模收益固定的产业；如果 $\alpha_1+\alpha_2+\alpha_3<1$，该产业一定为规模收益递减的产业。$\alpha_1$ 为增加 1%的劳动所引起的产量增加的百分比；α_2 为增加 1%的资本所引起的产量增加的百分比；α_3 为增加 1%的原料所引起的产量增加的百分比。

表 5-5 是根据实际统计资料计算出来的部分国家、部分产业柯布-道格拉斯生产函数的参数值。

表 5-5　部分国家、部分产业柯布-道格拉斯生产函数数值

产　业	国　家	α_1	α_2	α_3	$\alpha_1+\alpha_2+\alpha_3$
煤　气	法　国	0.83	0.10	—	0.93
铁　路	美　国	0.89	0.12	0.28	1.29
煤　炭	英　国	0.79	0.29	—	1.08
食　品	英　国	0.72	0.35	—	1.07
金属和机械	美　国	0.71	0.26	—	0.97
通　讯	苏　联	0.80	0.38	—	1.18
棉　花	印　度	0.92	0.12	—	1.04

(续表)

黄　麻	印　度	0.84	0.14	—	0.98
糖	印　度	0.59	0.33	—	0.92
煤　炭	印　度	0.71	0.44	—	1.15
造　纸	印　度	0.64	0.45	—	1.09
化　工	印　度	0.80	0.37	—	1.17
电　力	印　度	0.20	0.67	—	0.87
食　品	美　国	0.63	0.44	—	1.07
造　纸	美　国	0.62	0.37	—	0.99
电　话	加拿大	0.70	0.41		1.11
化　工	美　国	0.54	0.38	0.11	1.03
航　空	美　国	0.79	0.18	0.04	1.01

在上述 18 个不同国家不同的产业中,有 6 个属于规模收益递减的产业;有 12 个属于规模收益递增的产业。

四、生产要素的边际替代率

在等产量曲线的斜率为负值的前提下,在两个变动投入的生产要素中,以一种生产要素替代另一个生产要素而保持产量不变的替代比率,就是“生产要素的边际替代率”。

假如有 x 和 y 两种生产要素,并且用 x 代替 y,则 x 对 y 的边际替代率可以用下式表示:

$$MRS_{xy} = -\frac{\Delta y}{\Delta x}$$

MRS_{xy}:x 要素对 y 要素的边际替代率;Δx: x 要素的变化量;Δy: y 要素的变化量。

现在仍以表 5-4 举过的例子计算劳动对资本的边际替代率。

从表 5-6 中可以看出,劳动和资本在处于负向变化关系时(即劳动减少,资本增加,或资本减少,劳动增加),两者有替代关系。当劳动的使用从 1 单位增加到 2 单位时,资本的使用从原来的 8 单位减少到 5 单位,即减少了 3 单位。这时 $MRS_{LK} = 3$。

表 5-6　用表显示边际替代率递减

组合	劳动	资本	边际替代率
A	2	11	
B	1	8	
C	2	5	3.0
D	3	3	2.0
E	4	2.3	0.7
F	5	1.8	0.5
G	6	1.6	0.2
H	7	1.8	

生产要素的边际替代率就是等产量曲线上的斜率。如果要计算等产量曲线上某一点的替代率，就是过该点做一条切线的斜率值。以横坐标代表劳动 L，以纵坐标代表资本 K，则劳动对资本的边际替代率等于$-\frac{\mathrm{d}K}{\mathrm{d}L}$。

从表 5-6 中还可以看出，如果不断地用劳动代替资本，则劳动对资本的边际替代率越来越小。例如，劳动的使用从 1 单位增加到 2 单位时，资本的使用从 8 单位减少到 5 单位，边际替代率为 3。当劳动的使用从 2 单位增加到 3 单位，资本的使用从 5 单位减少到 3 单位，边际替代率为 2。当劳动由 3 单位增至 4 单位，资本由 3 单位下降到 2.3，边际替代率为 0.7。以此类推，劳动对资本的边际替代率进一步下降为 0.5、0.2。如果从等产量曲线上看，则反映为曲线的斜率越来越小。

造成边际替代率下降的原因是，随着劳动越来越多地被使用，其边际产量则越来越少，而随着资本的越来越少，其边际产量越来越多。如果反过来用资本代替劳动，情况也同样。因此可以得出结论如下：在一条等产量曲线上，当一种生产要素不断地代替另一种生产要素时，其边际替代率是递减的。

因为等产量曲线的边际替代率递减，所以等产量曲线都是凸向原点的曲线。这一特点同无差异曲线一样。

仍以劳动和资本为例，边际替代率与两个生产要素的边际产量有这样的关系：以劳动替代资本的边际替代率，等于劳动的边际产量与资本的边际产量的比。公式为：

$$MRS_{LK}=\frac{MP_L}{MP_K}=-\frac{\mathrm{d}K}{\mathrm{d}L}$$

MRS_{LK}：用劳动替代资本的边际替代率；MP_L：劳动的边际产量；MP_K：资本的

边际产量；dL：劳动的变化量；dK：资本的变化量。

上述关系的说明如下：要维持产量不变，增加劳动所造成的生产量的增加，必须等于减少资本所造成的生产量的减少。

上述关系的数学证明如下：以 TP 代表某一条等产量曲线的固定产量，其生产函数为 $TP = f(K, L)$。全微分结果为：

$$\frac{dTP}{dK} \cdot dK + \frac{dTP}{dL} \cdot dL = 0,$$

即，$MP_K \cdot dK + MP_L \cdot dL = 0$，所以，

$$-\frac{dK}{dL} = \frac{MP_L}{MP_K} = MRS_{LK}$$

从公式中也可明显看出，当不断用劳动(L)代替资本(K)时，由于劳动的边际产量(MP_L)的值不断减少，而资本的边际产量(MP_K)的值不断增加，因此劳动对资本的边际替代率(MRS_{LK})不断下降。

五、等成本线

假如已知两种生产要素的价格和生产者用来购买这两种生产要素的支出，那么，就可以求出购买这两种生产要素的“等成本线”(isocost curve)。等成本线就是表示相等的成本可购买的各种投入要素的不同组合。

仍以劳动和资本为例，假设资本的价格为＄4，劳动的价格为＄1，生产者用于购买这两种生产要素的金额为＄20，则很容易作出一条等成本线，如图 5-12 所示。

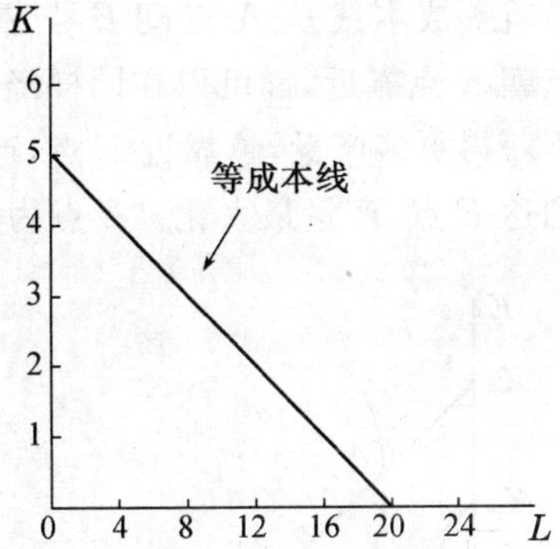

L—劳动　K—资本

图 5-12　等成本线

等成本线的做法和消费者预算线的做法完全相同，只不过在内容上稍有差别。等成本线的斜率也和预算线一样，为横坐标所代表的投入要素的价格同纵坐标所代表的投入要素的价格之比。按照西方经济学家的观点，劳动的价格是工资，资本的价格是利息，以 w 代表工资，r 代表利息，则上述等成本线的斜率为 $-\frac{w}{r}$，以 M 代表生产者用于购买生产要素的支出，上述等成本线可用公式表示如下：

$$K = \frac{M}{r} - \frac{w}{r}L$$

其中，$\frac{M}{r}$为纵坐标上的截距；$-\frac{w}{r}$为等成本线的斜率。其求法完全同于预算线的求法。其规律也完全同于预算线的规律。假如两投入要素的相对价格发生变化，则等成本线的斜率也发生变化。等成本线也可以有许多条，这取决于生产者用于购买生产要素的金额数量多少以及两个投入要素的价格水平状况。

关于成本理论，在第六章还要专门详细说明。

六、生产者均衡

把上面介绍的等产量曲线和等成本曲线放在一起考察，可以分析出“生产者均衡”。所谓“生产者均衡”，是指生产者使用一定的经费而获得最大的产量。生产者均衡和消费者均衡类似，只不过消费者均衡是指用有限的收入获得最大的效用。

将等产量曲线和等成本曲线放在一起的图形如图 5-13 所示。

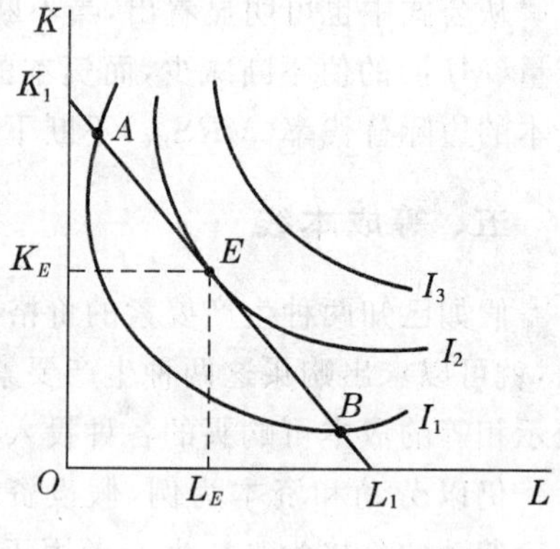

图 5-13　产量最大的生产者均衡

图 5-13 中，I_1、I_2 和 I_3 分别代表三条不同的等产量曲线，K_1L_1 代表生产者在一定经费下的等成本线。显然，生产者不可能达到 I_3 的产量水平。生产者可以达到 I_1 的产量水平，例如在 A 点或 B 点组合进行生产。但是，这种组合并没有使产量最大化，沿着等成本线从 A 点朝 E 点靠近，或从 B 点朝 E 点靠近，都可以在同样经费支出情况下获得更多产量，越靠近 E 点，产出量越大，到达 E 点，产量最大化。E 点为等产量曲线和等成本线相切的一点。这一点就是生产者均衡点。从图中可看出，生产者最佳的投入组合为 OL_E 单位的劳动和 OK_E 单位的资本。

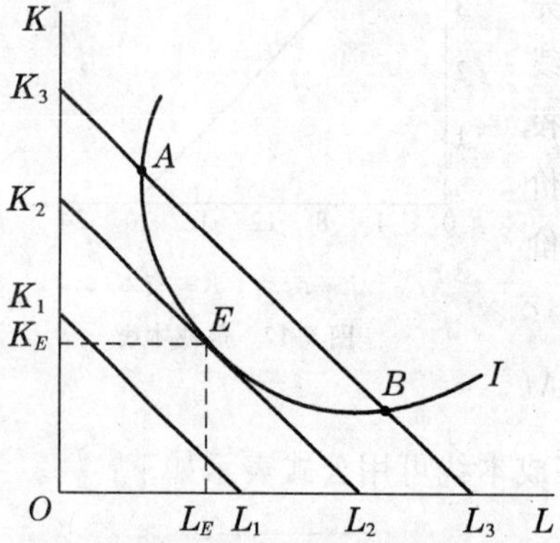

图 5-14　成本最小的生产者均衡

上面讲的是生产者使用一定的经费而获得最大的产量。生产者均衡还可以从另一个角度来考察，即生产者在一定的产量中寻求最小的投入成本。这可以从图 5-14 中看出。

图中表示，在既定的劳动和资本价格水平下，等产量曲线 I 可以根据三条等成本线进行选择。要达到 I 所代表的生产量水平，选择哪一种投入组合才能使成本最小？显然，生产者只能选择等成本线 K_2L_2。任何低于 K_2L_2 的等成本线，如 K_1L_1，是不可能使生产达到 I 所代表的水平的。任何高于 K_2L_2 的等成本线是不足取的，因为不符合成本最小化原则。例如生产者开始误选了 K_3L_3 等成本线，寻找出 A 点和 B 点两个组合点，他将很快发现应当沿着等产量曲线 I 向下或向上移动，一直到 E 点。E 点是最佳投入要素组合点，即生产者均衡点。在 E 点，生产者应当购买 OL_E 单位的劳动以及 OK_E 单位的资本。

上述两种情况都说明了：生产者均衡使一定的成本得到尽可能高的产出水平，或者使一定的产出水平只付出尽可能低的成本。总之，生产者均衡意味着资源的最佳配置。

生产者在许多情况下都要面临着成本最小化的选择。现在进一步研究按"成本最小化原则"进行投入要素的定量计算。

假设某厂商只使用劳动(L)和资本(K)两种投入要素。其生产成本最小化的条件是：

$$\frac{MP_K}{P_K}=\frac{MP_L}{P_L}$$

公式中，MP_K 代表资本的边际产量；MP_L 代表劳动的边际产量；P_K 代表资本的价格；P_L 代表劳动的价格。公式中的含义十分清楚，只要花在资本上的最后一个单位的钱所产生的边际产量大于花在劳动上所产生的边际产量，就应当用资本代替劳动。反过来，如果花在劳动上的最后一个单位的钱所产生的边际产量大于花在资本上所产生的边际产量，就应当用劳动代替资本。公式又可变为：

$$\frac{MP_K}{MP_L}=\frac{P_K}{P_L}$$

$\frac{MP_K}{MP_L}$是最后一个单位的资本和劳动的产出比较。假如该比率等于 4，即意味着多用一个单位的资本是多用一个单位的劳动的产出的 4 倍。$\frac{P_K}{P_L}$则为多用一个单位的资本与多用一个单位的劳动的代价比率。如果该比率也等于 4，则资本和劳动不必互相代替。因为虽然资本边际产出量是劳动边际产出量的 4 倍，但是其代价也是 4 倍。如果该比率等于 2，说明虽然资本的价格 2 倍于劳动的价格，但其产出量却为劳动产出量的 4 倍，所以仍然可用资本代替劳动。如果该比率等于 6，说明资本的价格 6 倍于劳动的价格，而产出量仅 4 倍于劳动的产出量，因此这时需要用劳动代替资本。

上述原则就是经济学上的"替代原则"。如果生产要素的相对价格发生变化，生产方法也将随之而变。相对地多用那些便宜的投入要素而少用那些昂贵的投入要素。

此原则的重要意义在于，如果一个国家土地广阔而人口稀少，土地价格就低，而劳动的工资率必高。在农业生产上应当采用较多地使用便宜的土地，而最经济地使用劳动的做法。其生产应采取劳动和土地低比率的方式。反之，如果另一个国家土地少，而人口众多，在农业生产上应采用在每单位土地上多使用劳动的方法。其生产应采取劳动和土地高比率的方式。这一原理可以说明为什么生产同一种产品，不同的国家采用不同的方式。例如美国等西方发达国家，劳动的价格高，生产时便采用资本密集型方式。而许多发展中国家劳力资源丰富，便采用劳动密集型方式。

假设生产函数为 $Q=f(K,L)$，即只有资本和劳动两种投入要素。资本的价格是利息，用 r 表示；劳动的价格是工资，用 w 表示。再假设 Q 等于 10 个单位，r 等于 \$1，w 等于 \$4。问：生产者应当采用多少资本和劳动？最少成本为多少？计算如下：

设 $Q=KL$，同时 $Q=10$，$r=\$1$，$w=\$4$，先用偏微分方法分别求出劳动和资本的边际产量：

$$MP_L=\frac{\partial Q}{\partial L}=K$$

$$MP_K=\frac{\partial Q}{\partial K}=L$$

劳动对资本的边际替代率为 $\frac{MP_L}{MP_K}=\frac{K}{L}$，因为成本最小化原则为 $\frac{MP_L}{MP_K}=\frac{P_L}{P_K}=\frac{w}{r}$，所以

$$\frac{MP_L}{MP_K}=\frac{K}{L}=\frac{w}{r}=\frac{4}{1}$$

从上述公式和生产函数公式可写出方程组如下：

$$\begin{cases}K=4L\\10=KL\end{cases}$$

解方程组，得：

$$\begin{cases}K\approx 6.3\\L\approx 1.6\end{cases}$$

最小成本为：$\$1\times6.3+\$4\times1.6=\$12.7$

结论是：该生产者应当使用6.3个单位的资本和1.6个单位的劳动。最小成本为$12.7。当然，如前所述，这里仍假设资本和劳动可以细分。即使不可分，也可求出近似值。这里主要说明是的理论的运用原则，并非强调计算数值本身。

七、生产扩展线

以上介绍了生产者在一定经费水平下如何进行选择的理论。现在进一步分析，假如生产者的经费增加，他想扩大可变投入要素以增加生产量时，将如何选择新的组合以达到最大可能的生产量。这就是生产扩展的概念。随着经费的增加，生产者不断寻求新的生产者均衡点，把所有这些点连接起来形成的曲线，叫作“生产扩展线”。

生产者在扩展生产时，随着短期和长期约束条件的不同，其选择行为也有所不同。

由于长期生产可以变动一切生产投入要素，而短期生产则只能变动部分生产投入要素。显然，生产的长期扩展线和短期扩展线是不同的。

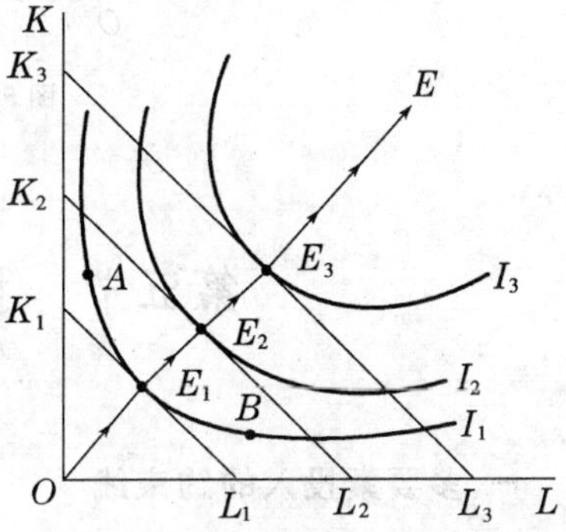

图5-15　长期生产扩展线

假定劳动和资本的价格不变，长期扩展线的情况如图5-15所示。图中有三条等产量曲线。当产量在I_1水平时，生产者均衡点为E_1，这是等成本线K_1L_1与I_1的切点，该点劳动对资本的边际替代率等于成本线的斜率，即$\frac{MP_L}{MP_K}=\frac{w}{r}$。在$A$点，资本使用过多，劳动使用过少，应当减少资本的投入量而增加劳动的投入量。在B点，劳动使用过多，资本使用过少，应当减少劳动的投入量而增加资本的投入量。当产量在I_2水平时，生产者均衡点为E_2，这是等成本线K_2L_2与I_2的切点，该点的劳动对资本的边际替代率等于等成本线K_2L_2的斜率，和E_1点时相同。根据上述同样的道理，当产量扩大到I_3时，可以找出新的生产者均衡点E_3。以此类推，可以找出无数这样的均衡点。把所有的点连接起来形成的曲线，就是长期生产扩展线，即图中OE曲线。

短期生产扩展线的情况有所不同，见图5-16。在短期中，比如资本不能变动，因此要增加产量，只能靠变动劳动投入来实现。因此，短期生产扩展线是一条和横坐标平行的曲线，即$\overline{K}E$曲线。从图中可看出，在$\overline{K}$水平的投入量下，只有短期扩展线经过的E_2点，才同时是短期生产和长期生产扩展经过的均衡点，即只有E_2点既是短期生产扩展最佳组合，又是长期生产扩展的最佳组合。而其余所有点的组合成本，均高于长期生产均衡点的成本。例如在 I_1 产量水平时，短期生产为 A 点组合，其成本高于 E_1 点成本；在 I_3 产量水平上，短期生产为 B 点组合，其成本高于 E_3 点的成本。

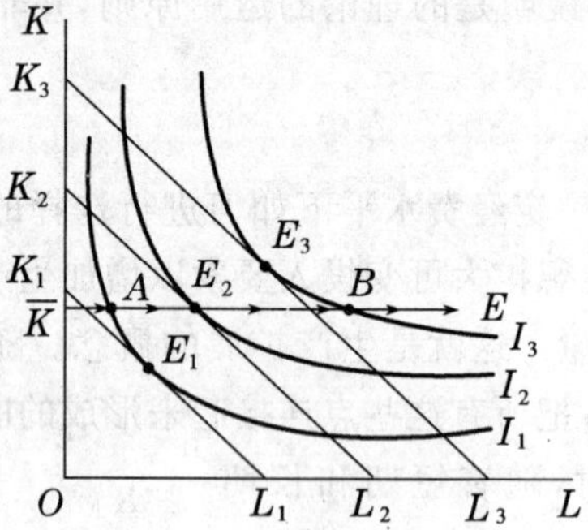

图 5-16　短期生产扩展线

第五节　投入多种要素的生产

一、多要素投入的约束线

先分析投入两个要素情况下约束线的形成。假设投入劳动(L)和资本(K)生产 X 和 Y 两种产品，可以作出图形如图 5-17。

LL'—劳动约束线　KK'—资本约束线

图 5-17　两要素的约束线

图 5-17 表明，假如资本供给极其丰富，则产量将取决于劳动的数量；反之，假如劳动供给极其丰富，则产量将取决于资本的数量。这样便可以形成劳动约束线

LL'和资本约束线KK'。从图中可以看出,如果要充分使用L和K两种生产要素,则生产点应为Q点,Q点为“充分就业产量点”。它表示当L和K这两种要素都被充分使用的情况下所能获得的X和Y两种商品的组合。Q_1点表示在X_1和Y_1的产量组合状态下,生产受K要素的约束,而L要素出现了剩余。反之,Q_2点则表示在X_2和Y_2的产量组合状态下,生产受L要素数量的约束,而K要素过剩。显然,当L和K都不是无限供给时,生产约束线为$K'QL$。

同理,假如有多种要素投入,都可以做出类似的约束线。图5-18表示投入三种要素时的要素约束线为$ABCD$。

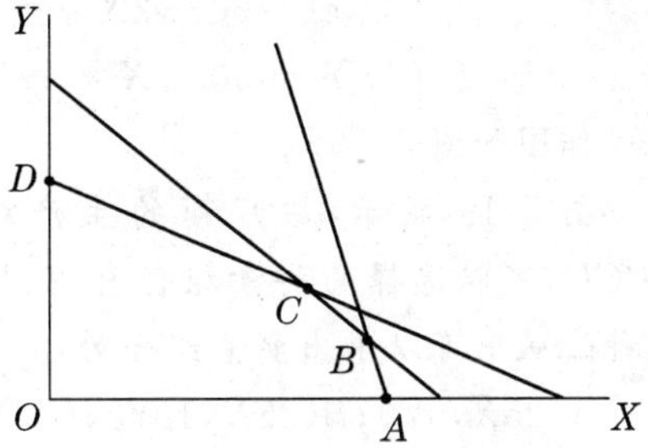

图5-18　三要素的约束线

二、多要素投入的最优选择

有了以上约束线图,举一个例子便可以说明多要素投入的最优选择过程。

例5.1:假设某厂商拥有劳动A、劳动B、原材料和机器这四种有限的投入要素生产洗衣机和电冰箱。其中劳动A专门用于电冰箱生产,劳动B专门用于洗衣机生产。劳动A每天有350人,劳动B每天有125人,原材料每天有3 000单位,机器使用的时间每天为200小时。而每单位电冰箱和洗衣机所需要素组合如下所示:

要　素	洗衣机	电冰箱
劳动A	0	10
劳动B	5	0
原材料	100	50
机器时间	4	4

如果洗衣机的市场价格为每台200元,电冰箱为每台280元。

求:该厂商为实现利润最大化应该生产多少洗衣机和电冰箱?

解:设洗衣机产量为X,电冰箱产量为Y。

按给定条件作出约束条件如下:

(1) $0 \times X + 10 \times Y \leqslant 350$

(2) $5 \times X + 0 \times Y \leqslant 125$

(3) $100 \times X + 50 \times Y \leqslant 3\,000$

(4) $4 \times X + 4 \times Y \leqslant 200$

列线性方程组：

(1) $Y=35$

(2) $X=25$

(3) $Y=60-2X$

(4) $Y=50-X$

作图如图 5-19。

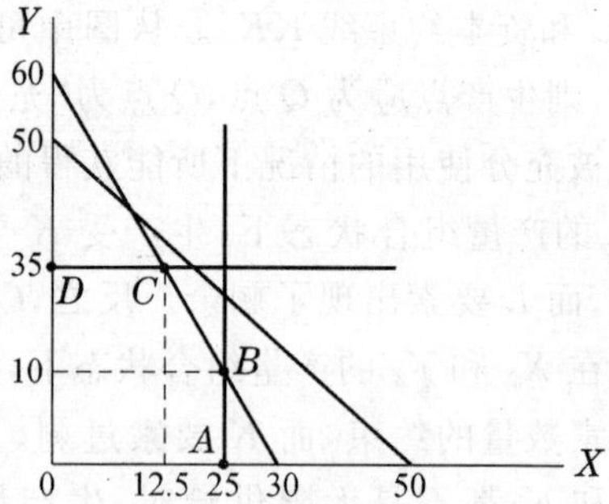

图 5-19 多要素投入的最优选择

图 5-19 显示，该厂商的生产约束线为 $ABCD$，可以选择的要素组合有 A、B、C 和 D 四种。从中可以求出要素组合为：

$A(25X,0Y)$；$B(25X,10Y)$；$C(12.5X,35Y)$；$D(0X,35Y)$。

A 组合仅仅使用 $25X$，利润：$25\times200=5\,000$(元)；

B 组合使用 $25X$ 和 $10Y$，利润：$25\times200+10\times280=7\,800$(元)；

C 组合使用 $12.5X$ 和 $35Y$，利润：$12.5\times200+35\times280=12\,300$(元)；

D 组合仅仅使用 $35Y$，利润：$35\times280=9\,800$(元)。

显然，该厂商应该采用 C 组合进行生产。

思考题

1. 解释生产函数概念及其基本性质。
2. 什么是生产可能性边界？其特点是什么？
3. 什么是边际收益递减规律？
4. 用图形说明总产量、平均产量和边际产量三者之间的关系。
5. 什么是等产量曲线？等产量曲线与无差异曲线在性质上有何异同？
6. 用图形解释“脊线”概念。
7. 解释柯布-道格拉斯生产函数及其实际意义。
8. 什么是等成本线？如何计算其斜率值？
9. 什么是生产者均衡？生产者均衡的条件是什么？
10. 已知某厂商的生产函数为 $Q=L^{3/8}K^{5/8}$，$P_L=\$3$，$P_K=\$5$，求产量 $Q=10$ 时的最低成本和使用的劳动(L)与资本(K)的数量。
11. 经济学上的短期、长期和特长期的概念是什么？
12. 用图形说明短期生产扩展线和长期生产扩展线。
13. 掌握多要素投入生产效率点确定的方法。

第六章　厂商理论(二)——成本理论

在第五章谈到成本时，主要是研究生产者在一定的产量水平下如何达到最低成本组合。本章则进一步研究当生产者产量发生变动时其成本结构如何变化。

第一节　机会成本

一、社会成本

西方经济学中关于成本的概念与一般会计学上讲的成本概念有所不同。经济学上的成本有“社会成本”(social cost)和“私人成本”(private cost)之分。

所谓“社会成本”，就是从整个社会的角度来考察利用社会资源从事产品生产的代价。由于“稀缺规律”，社会的资源有限，因此要求尽可能对有限的资源加以充分、合理的利用。从社会成本的角度看，当人们利用某种资源去生产某种产品时，则必须放弃利用这种资源去生产另外一种产品的可能性。换言之，当把有限资源用于某种产品的生产时，就失去了利用这些资源去生产另外能够给社会带来效益的机会。这就是西方经济学的“机会成本”(opportunity cost)的概念。

“机会成本”的定义如下：机会成本是生产某种产品而必须放弃的能够生产除此以外可获最大收益的产品的代价。机会成本的概念可用生产可能性边界加以说明。如图6-1中，社会原来利用有限资源从事生产的组合点(A 点)是生产 20 吨面包和 8 000部钻床，如果要多生产 10 吨面包，则必须放弃生产 2 000

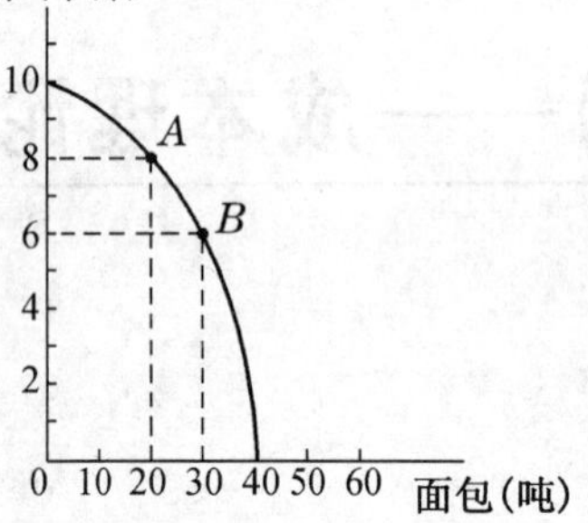

图 6-1　生产可能性边界

部钻床的机会，如 B 点组合。可见机会成本是以另外产品的生产为代价的。可是增加某种商品生产而必须放弃的另外一种产品的生产是多种多样的，例如增加大米的生产必须放弃的另一种生产的机会即可能是小麦生产，也可能是大豆生产或玉米生产，究竟哪一种机会是机会成本的概念？西方经济学家认为，被放弃的其他一切生产可能中，产出收益水平最大的一种生产，才是机会成本的比较标准。例如在上述小麦、大豆和玉米生产中，假如小麦收益最高，大豆次之，玉米最低，则增加大米生产的机会成本以必须放弃的小麦收益计。假如只在小麦、大豆和玉米三种生产中考虑，生产小麦的机会成本则以放弃的大豆收益计。总之，机会成本的概念是指必须放弃的除自身生产以外的最大收益的代价。无论是从全社会的角度，还是从私人经营的角度，都可以使用这一概念。机会成本的概念虽然有些抽象，但在西方经济学中是一个十分重要的经济学概念，不管是对微观经济分析还是对宏观经济分析都很重要。

机会成本似乎只是一个抽象的思维方法，但是它有时却完全能够帮助人们解决一些具体的问题。最典型的案例就是美国关于儿童的航空安全成本的争议。美国许多州都规定乘坐汽车的儿童必须坐在特设的安全座位上。那么，为什么乘飞机的儿童则不需要坐在安全座位上呢？1990 年美国国会专门为此举行听证会。大家都同意至少在几种特定的坠机情况下，安全座位的确可以保全一名儿童的生命。但是在作出全面分析后，美国联邦航空管理局还是否定了在飞机上设置儿童安全座位的意见。为什么呢？据美国联邦航空管理局分析，在每 10 年的飞行事故中，安全座位平均可以挽救 1 名儿童。但是如果规定乘机的儿童必须乘坐安全座位，则要支付 185 美元的机票费。而通常的情况是儿童与大人坐在一起，不必另外买票。假如设置儿童安全座位，根据美国联邦航空管理局的分析，则会使 20% 携带儿童的旅客改乘汽车或待在家里。因此汽车的流量将会增加。根据同 10 年的计算，增加的数字是：9 人死亡，52 人重伤，2 300 人轻伤。这就是美国联邦航空管理局运用机会成本的概念反对的理由。

二、私人成本

所谓“私人成本”(private cost)，就是从个别厂商的角度来考虑进行生产的代价。经济学上私人成本的概念，也不同于一般会计学上的成本概念。私人经营也有它自己的机会成本。私人成本除了一般会计学上所计算的所有生产投入要素的支出外,还包括厂商自己因付出时间、资本而丧失的用于其他用途可赚钱的机会。因此,西方经济学中又有外露成本和内隐成本之分。

"外露成本"(explicit)就是指一般会计学上的成本概念,它包括厂商支付所雇管理人员和工人的工资,所借贷款或资金的利息,租借土地、厂房的租金以及用于购买原材料、机器设备、工具和支付交通、能源等费用支出的总额,即厂商对投入要素的全部货币支出。"内隐成本"(implicit)则是本应计算为成本却未作货币支出的厂商本身所拥有的生产要素的报酬。例如某对夫妇经营一个夫妻店,他们往往不计算夫妻两人如不经营该店而从事其他工作自己应得而未得到的报酬,也不计算他们经营该店自己资本的代价——利息。在计算利润时,一般是计算外露成本,不计算内隐成本。

在西方经济学中,社会成本和私人成本都必须考虑到机会成本这一概念。但是,社会成本所包括的范围比私人成本广。私人成本常常引起不为厂商考虑的、引起外在社会成本增加的代价,例如排出废水废气污染河流和空气等,这部分成本被称为外在成本(external cost)。

上述各种成本之间的关系概括如下:

社会成本 = 机会成本 = 私人成本 + 外在成本

私人成本 = 外露成本 + 内隐成本

会计成本 = 外露成本 = 私人成本 − 内隐成本

三、利润

厂商在计算利润时,用总收益减去外露成本,剩下的部分就是一般会计学的利润,被称为会计利润。会计利润就是厂商在申报应缴纳所得税时的账面利润。但是,厂商并不能仅满足于会计利润,他必须进一步考虑自身投入要素的代价,其中包括自有资本应获利息、经营者自身的才能及风险的代价等。这部分代价的总和至少应与该资源投向其他行业所能带来的正常利润率相等。否则,该厂商便会将这部分资源用于其他用途获利。在西方经济学中,这部分利润被称为正常利润,显然,它等于内隐成本。如果厂商将会计利润再减去内隐成本,就是经济学上的利润概念,被称为经济利润。经济利润又被称为超额利润。

上述各种利润之间的关系概括如下:

会计利润 = 总收益 − 外露成本

经济利润 = 超额利润 = 会计利润 − 内隐成本

= 会计利润 − 正常利润

正常利润 = 内隐成本

现以表 6-1 为例说明。

表 6-1 利润表 $

总收益(销售总额)		1 000
减:外露成本(雇佣管理人员和劳动力工资、原材料、电力支出等)		—790
会计利润(纳所得税前)		210
减:内隐成本(厂商自身投入资源和风险)	＝正常利润	—100
经济利润(纳所得税前)		110
减:所得税		—100
经济利润(纳所得税后)		10

表 6-1 中,对利润征收所得税取决于税收当局所确定的利润概念,通常是对会计利润征收所得税。西方经济学中关于成本和利润的概念同马克思主义政治经济学中的成本和利润的概念有所不同,对此必须加以注意。

第二节 短期成本理论

第五章第二节已讲过,西方经济学对短期和长期的划分不以时间长短为依据,而是根据生产结构状况来加以区分的。因此,有些企业一年半载可能就算长期,而另一些企业三五年可能还是短期。本节先介绍短期成本理论,即在一定时期内和一定的技术水平下,一部分生产投入要素不变,一部分变动时有关成本的一些理论。

一、短期总成本曲线

在短期,成本可分为固定成本和可变成本。固定成本就是在某一时期内不随产量的变动而变动的费用,例如短期生产中的资本设备费用、机器折旧费用、一般管理费用、厂部管理人员的工资等与产量无关的经费支出。可变成本就是在某一时期内厂商随时可以增加或减少的成本,它随生产量的多少而变化。例如原材料、燃料和动力支出、雇佣工人的工资等。固定成本的总和为固定总成本(Total Fixed Cost,简写成 TFC),可变成本的总和为可变总成本(Total Variable Cost,简写成 TVC)。固定总成本加上可变总成本,则为总成本(Total Cost,简写成 TC),即 $TC = TFC + TVC$,用曲线表示,就是“短期总成本曲线”。以表 6-2 和图 6-2 为例加以说明。

表 6-2　短期生产总量成本表

生产 (Q)	固定总成本 (TFC) ($)	可变总成本 (TVC) ($)	总成本 (TC) ($)
0	60	0	60
1	60	30	90
2	60	40	100
3	60	45	105
4	60	55	115
5	60	75	135
6	60	120	180

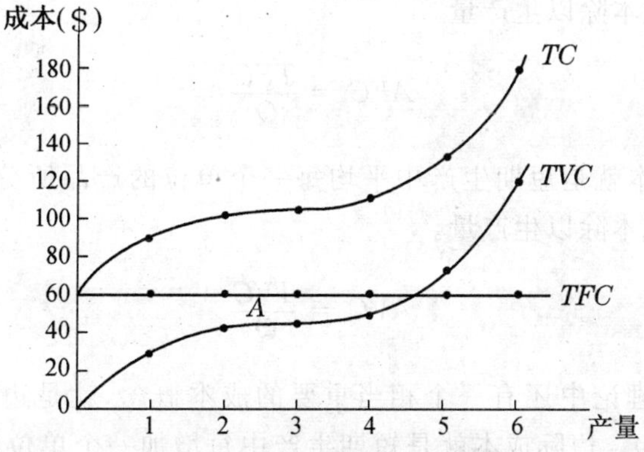

图 6-2　短期生产总量成本图

图 6-2 中，*TFC* 曲线是一条和横坐标平行的直线，在各生产量水平上均为＄60 不变。即使产量为零，可变成本也为零时，固定成本仍然是＄60。这种情况可能为开始准备生产的阶段。*TVC* 曲线随生产量的增加而增加。但需注意的是增加的幅度在每个生产量水平时是不同的。原因在于受到"边际收益递减规律"的影响。图中 *A* 点以前的生产阶段，尚未受到"边际收益递减规律"的影响。当产量由零增加到 1 时，可变成本为＄30。当产量由 1 增加到 2 时，可变成本为＄40，增加了＄10，这说明边际成本递减，即边际收益递增。当产量由 2 增加到 3 时，可变成本为＄45，只增加了＄5，边际成本继续减少。但当产量由 3 增加到 4 时，可变成本为＄55，边际成本增加了＄10。这表明这时生产已从边际收益递增阶段转为边

际收益递减阶段。产量由 4 再增加到 5 时,可变成本增加了 \$20,产量由 5 继续增至 6 时,可变成本增加了 \$45。反映在 *TVC* 曲线的斜率上,开始递减,继而递增,转折点在 *A* 点处,即拐点。*TC* 曲线的形状与 *TVC* 完全相同,只是在每个生产水平点加上 \$60 的固定成本。

二、短期平均成本曲线和边际成本曲线

平均成本(Average Cost,简写成 AC)是平均每个单位产品需要的经费支出。

$$AC = \frac{TC}{Q}$$

既然成本分总成本、固定总成本和可变总成本,那么除了平均成本外,还可分为平均固定成本(Average Fixed Cost,简写成 AFC)和平均可变成本(Average Variable Cost,简写成 AVC)。

平均固定成本就是短期生产中平均每一个单位的产品所分摊的固定成本数量,即用固定总成本除以生产量。

$$AFC = \frac{TFC}{Q}$$

平均可变成本就是短期生产中平均每一个单位的产品所分摊的可变成本数量,即用可变总成本除以生产量。

$$AVC = \frac{TVC}{Q}$$

西方经济学理论中还有一个相当重要的成本概念,就是边际成本(Marginal Cost,简写成 MC)。边际成本就是短期生产中每增加一个单位的产量时,总成本所增加的数量。

$$MC = \frac{\Delta TC}{\Delta Q}$$

以上各种成本的概念以及它们之间的相互关系,可用表 6-3 说明。该表中仍以表 6-2 中的数字为例。

表 6-3　短期生产成本表

(1)	(2)	(3)	(4)	(5)	(6)	(7)	(8)
生产量 (*Q*)	固定总成本 (*TFC*) ($)	可变总成本 (*TVC*) ($)	总成本 (*TC*) ($)	平均固定成本 (*AFC*) ($)	平均可变成本 (*AVC*) ($)	平均成本 (*AC*) ($)	边际成本 (*MC*) ($)
0	60	0	60				
1	60	30	90	60	30	90	＞30
2	60	40	100	30	20	50	＞10
3	60	45	105	20	15	35	＞5
4	60	55	115	15	13.75	28.75	＞10
5	60	75	135	12	15	27	＞20
6	60	120	180	10	20	30	＞45

表中(1)、(2)、(3)、(4)项数字同表 6-2。(5)、(6)、(7)、(8)项数字均由前四项数字相应变化而得。第(5)项等于(2)/(1),即固定总成本除以产量。固定总成本不变,产量越多,每一个单位产品所分摊的数量越小,所以平均固定成本的数值呈不断下降的趋势。第(6)项等于(3)/(1),即可变总成本除以产量。可变总成本虽随产量的增加而增加,但增加的幅度却是先减少,然后增加。这样,平均变动成本也相应地先下降,到达最低点后再上升。在表 6-3 中,当产量在第 4 单位时,平均可变成本最小。第(7)项等于(5)+(6),即平均成本等于平均固定成本加上平均可变成本。从该项数字变化可以看出,平均成本和平均可变成本一样,也是先下降,后增加,因为其性质受到平均可变成本性质的影响。需要注意的是,平均成本的最低点在第 5 个单位的产量,而平均可变成本最小时的产量在第 4 单位,平均成本为最小时的生产量大于平均可变成本最小时的生产量,意即平均可变成本已开始递增时,平均成本仍在递减。其中的原因在于平均成本除了包含平均可变成本以外,还包含平均固定成本。因为平均固定成本继续递减,当平均可变成本已开始递增时,其增加的影响为平均固定成本减少的影响所抵消,所以平均成本仍能继续减少。但是,这种抵消的影响由于产量提高时,每一个单位产品所分摊的平均固定成本的数量已经很少,虽其仍随产量的增加而仍在递减,但其递减的程度已经微不足道,所以平均成本最后由于平均可变成本已开始增加的关系,也开始递增。第(8)项等于第(4)项的后一行数字减去前一行数字,即每增加一个单位产品的生产,增加的总成本是多少。同时因为固定总成本不变,边际成本也是每增加一个单位的产量可变总成本增加的数量,亦即(3)项中的后一行数字减去前一行的数字。

以上各种成本概念,可以用图 6-3 表示。图中横坐标代表产量,纵坐标代表成本。

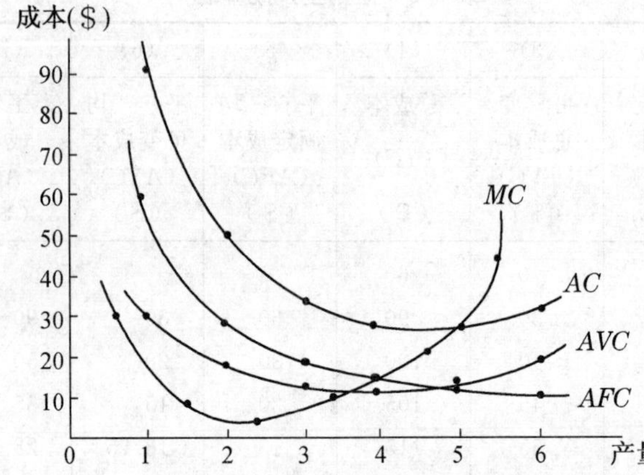

图 6-3 AC、AVC、AFC 和 MC 之间的关系

从图 6-3 可以看出各种成本曲线之间存在着如下的特点和关系：

(1) AFC 曲线随着产量的增加呈一直下降趋势。这是因为平均固定成本随产量的增加而递减。

(2) 除 AFC 曲线以外的 AVC 曲线、AC 曲线和 MC 曲线均为 U 型形态。这是因为这几条曲线先受边际收益递增的影响，而后受边际收益递减影响的结果。

(3) AC 曲线高于 AVC 曲线。因为 $TC > TVC$，所以 $\frac{TC}{Q} > \frac{TVC}{Q}$，即 $AC > AVC$。

(4) MC 曲线的最低点一定低于 AVC 曲线和 AC 曲线。这是因为当边际成本大于平均可变成本时，AVC 曲线才能向上抬高，因此 MC 曲线和 AVC 曲线相交的一点，一定是 AVC 曲线的最低点。同时，MC 曲线和 AC 曲线相交的一点，也一定是 AC 曲线的最低点。

(5) AC 曲线和 AVC 曲线之间的距离随着产量的增加而逐渐接近，但永远不能相交。这是因为 AC 曲线和 AVC 曲线之间的距离，实际上就是平均固定成本，$AC - AVC = AFC$，随着产量的增加，平均固定成本越来越小，但不可能等于零，所以 AC 曲线和 AVC 曲线只能无限靠近却永远不能相交。

(6) MC 曲线无限接近于 AVC 曲线在纵坐标上的交点。这是因为边际成本和平均可变成本的计算都是从总成本曲线在纵坐标上的起点开始的。

三、各种成本之间关系的曲线分析

平均固定成本曲线(AFC)可以从固定总成本曲线(TFC)求出，见图 6-4。AFC 曲线是 TFC 曲线上各点与原点连线的斜率值的轨迹。例如 E' 点的数值是

OE 曲线的斜率值，为 $\$60/1=\$60$；$F'$点的数值是 *OF* 曲线的斜率值，为 $\$60/3=\$20$；$G'$点的数值是*OG* 曲线的斜率值，为 $\$60/5=\$12$。*AFC* 曲线上其余所有点都可以根据同样的方法求出。

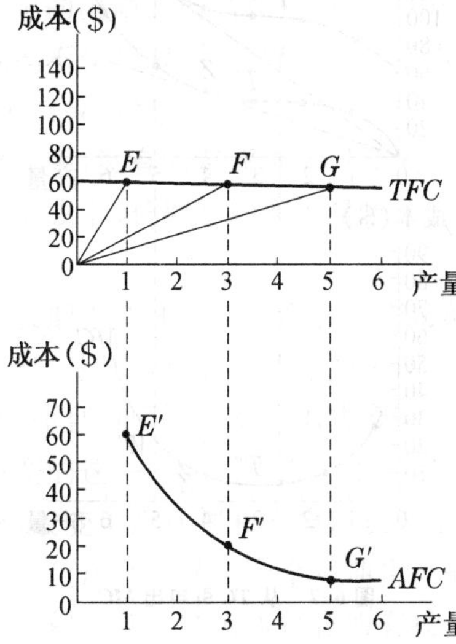

图 6-4　从 *TFC* 引申出 *AFC*

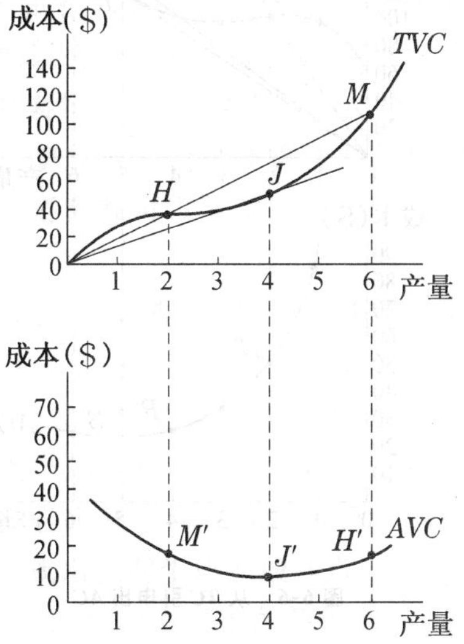

图 6-5　从 *TVC* 引申出 *AVC*

平均可变成本曲线(*AVC*)可以从可变总成本曲线(*TVC*)求出，见图 6-5。*AVC* 曲线是 *TVC* 曲线上各点与原点连线的斜率值的轨迹。例如 H'点与 M'点的数值分别是 *OH* 和 *OM* 曲线的斜率值，分别为 $\$40/2$ 和 $\$120/6$，均为 $\$20$。在 *TVC* 曲线上，*J* 点与原点的连线 *OJ* 曲线的斜率最小。因此，和 *J* 点对应的 J'点便是 *AVC* 曲线的最低点。由于 *TVC* 曲线各点与原点连线的斜率值在 *J* 点以前呈递减状，在 *J* 点以后呈递增状，因此，*AVC* 曲线也相应地先下降，到达最低点 J'点后再上升。

平均成本曲线(*AC*)可以从总成本曲线(*TC*)求出，见图 6-6。*AC* 曲线是 *TC* 曲线上各点与原点连线的斜率值的轨迹。例如，N'点的数值是 *ON* 曲线的斜率值，为 $\$100/2=\$50$；$S'$点的数值是 *OS* 曲线的斜率值，为 $\$180/6=\$30$。在 *TC* 曲线上，*R* 点与原点的连线 *OR* 曲线的斜率值最小。因此，和 *R* 点对应的 R'点便是 *AC* 曲线的最低点。由于 *TC* 曲线各点与原点连线的斜率值在 *R* 点以前呈递减状，在 *R* 点以后呈递增状，因此，*AC* 曲线也相应地先下降，到达最低点 R'点后再上升。

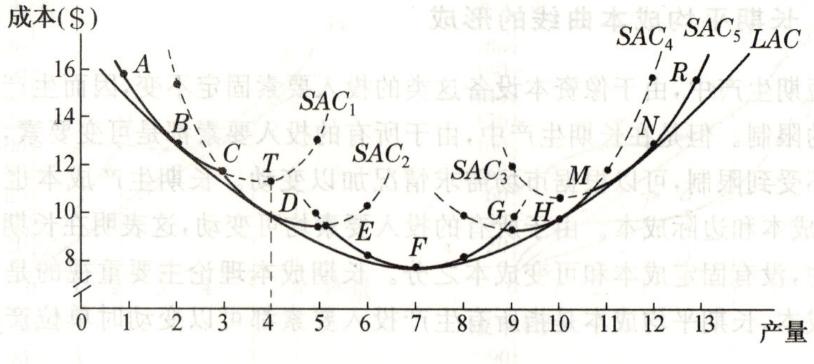

图 6-8　长期平均成本曲线形成的过程

表 6-4 中分别列出五种不同规模的短期生产成本状况。其中第一种生产规模最小，第二种比第一种生产规模大，第三种大于第二种，第四种又大于第三种，而第五种最大。五种不同生产规模的短期平均生产成本曲线分别用 SAC_1、SAC_2、SAC_3、SAC_4 和 SAC_5 表示，根据表中所举数字可以作出图 6-8。

图 6-8 中可以看出，从长期生产的观点考虑，年产量为 2 时，B 点为最低成本点，厂商选择第一种生产规模进行生产最佳。当产量为 4 时，假如厂商维持原生产规模不变，继续生产，不如变动投入要素，按第二种生产规模从事生产。从图 6-8 中看出，第二种生产规模在该产量水平上的平均成本（D 点）低于原规模生产在该产量水平上的平均成本（T 点），显然厂商应当采取第二种生产组合方式。同样，假如产量为 7 时，第三种生产规模的平均成本最低，即 F 点，而无论第二种还是第四种生产规模的方式，其成本均高于 F 点。当产量为 10 时，选择第四种生产规模的组合方式最佳，其成本为 H 点。当产量为 12 时，选择第五种生产规模的组合方式最佳，其成本为 N 点。图 6-8 中，C 点为 SAC_1 和 SAC_2 的交点，E 点为 SAC_2 和 SAC_3 的交点，G 点为 SAC_3 和 SAC_4 的交点，M 点为 SAC_4 和 SAC_5 的交点。假如在 C 点、E 点、G 点和 M 点所代表的产量生产时，厂商如何加以选择？例如在 C 点时，厂商既可以按第一种生产规模的组合方式进行生产，也可以变动投入要素，按第二种生产规模的组合方式进行生产，无论采用哪一种，其平均成本都相等，即为 \$12。这时，厂商则需根据市场发展预测趋势情况以及生产者的预期等心理状态进行选择。如果市场行情看好，对该产品的需求量将增多，或生产者持乐观的前景预测，可能会采取后一种方式生产。否则，就会仍按原来的规模生产。总之，在每个产量水平上都可以按照上述原则逐一找出长期生产成本的最低点，把这些点连接起来，就形成了长期平均生产成本曲线，即图中的 LAC 曲线。

需要注意的是，按上述原则在图 6-8 中连成的长期平均成本曲线应当是 $ABCDEFGHMNR$ 线，这条曲线被称为"包络曲线"(envelope curve)。但假如生产者在变动生产时对短期的固定投入要素进行微量调节，做多次变动，就可以做出许多条诸如上述五种规模的短期成本曲线，从而使包络曲线上的“锯齿”被“熨平”。包络曲线成为一条平滑的曲线。这可从图 6-8 中看出，或假设在这五种代表不同规模的生产方式的曲线之间又存在着许多类似曲线，或假设横坐标代表的产量单位极小，都可得出同样的结论。包络曲线是只存在有限的几种生产规模时的长期平均成本曲线，而图中 *LAC* 曲线则是考虑可以有无数个大小不等的生产规模时的长期平均成本曲线。为了描述问题方便，今后理论分析中将使用光滑的长期平均成本曲线，即 *LAC* 曲线。

在使用 *LAC* 曲线时，必须注意到短期平均成本曲线和长期平均成本曲线之间的关系。这就是除 *LAC* 曲线最低点外，长期平均成本曲线并不是所有短期平均成本曲线最低点的集合或连线。例如图 6-8 中，当产量为 4 时，SAC_1 的最低点是 *T* 点，平均成本为＄11.75。但这一点却并非是长期平均生产成本的最低点，在产量为 4 时的长期平均生产成本最低点为 *D* 点，这时平均成本是＄10。当产量为 7 时，SAC_3 曲线的最低点 *F* 点也就是长期平均生产成本的最低点，这时的平均成本是＄8。

二、长期平均成本曲线的特点

长期平均成本曲线是一条 U 型形状的曲线。这说明长期生产过程分为三个阶段。

(1) 成本递减阶段。在这一阶段中，随着产量的增加，平均生产成本递减。因为各投入要素的价格是假定不变的，因此平均成本递减的原因是：在厂商生产的扩张中，同样比例投入要素的成本所获得的产量是递增的，故又被称为“规模报酬递增阶段”。

(2) 成本不变阶段。在这一阶段中，虽然产量不同，但其平均成本基本不变。因为在这一阶段中，产量增长的速度基本上相同于成本增加的速度，故又被称为规模报酬不变阶段。

(3) 成本递增阶段。在这一阶段中，随着产量的增加，平均生产成本递增。因为产量增长的速度小于成本增加速度，故又被称为规模报酬递减阶段。

因为 U 型曲线，不同产业之间情况又有不同。有些产业的长期平均成本曲线在平均成本基本不变的阶段可能很小。这样的 U 型呈低部尖状，表示长期平均成本开始递减，达到一定程度后，只有短暂的固定不变阶段，随之长期平均成本很快上升。而有些产业，其长期平均成本不变的范围可能很大，如图 6-9 所示。长期平均成本在 OQ_1 阶段随着产量的增加递减；在 Q_1Q_2 阶段随着产量的增加基本不变；一直到 Q_2 以后阶段才为长期成本递增阶段。其中 Q_1Q_2 阶段产量变化的幅度可线段的形状，而没有 CD 的线段。这是因为，如果厂商发现再增加产量，平均成本会增加时，在通常情况下，就不会再继续生产了。因此，厂商的产量一般只增加到 Q_2 为止。长期以来，很多西方经济学家在研究长期生产成本的规律，同时也有不少人反对对长期成本曲线作过细的研究，他们偏重于对企业短期行为的研究，认为研究长期生产成本的实际意义并不大。

三、规模经济与范围经济

按前所述，在 U 型长期平均成本曲线的第一阶段，导致长期平均成本曲线随产量增加而向下倾斜的原因在于"平均成本递减"或"规模报酬递增"，这种现象被称为"规模经济"(economies of scale)。它是指产出增加的比例大于投入要素增加的比例。规模经济的概念不等同于经济规模。就是说，无论经济规模大小，都可能会出现规模经济或规模不经济的情况。

在分析成本时还有一种概念叫作"范围经济"(economies of scope)，它是指同时生产几种产品的成本要比分别生产它们更少。例如，饲养场同时生产羊毛、羊肉和羊皮，或同时生产鸡和鸡蛋；再如，汽车厂同时生产家用小轿车和工厂用的载重卡车；又如，在大学里同时进行教学和科研。产生范围经济的原因在于所同时提供的这几种产品属于"关联产品"，生产这些产品所使用的生产要素具有共性，企业可以统一安排生产计划，统一组织生产过程，统一进行财务管理，这样做比对这些产品进行单独管理付出的代价要小。如果企业的联合产出低于分别生产时所能达到的产出水平，则称之为"范围不经济"。

对范围经济程度的测定可以用下述公式加以表述：

$$SC=\frac{C(Q_1)+C(Q_2)-C(Q_1,Q_2)}{C(Q_1,Q_2)}$$

$C(Q_1)$、$C(Q_2)$：分别生产 Q_1 和 Q_2 产品的成本；$C(Q_1,Q_2)$：联合生产 Q_1 和 Q_2 产品的成本。

显然，当 $SC>0$ 时为范围经济；$SC<0$ 时为范围不经济；SC 数值越大，则范围经济的程度越高。

规模经济与范围经济之间并没有直接的联系。有些生产是规模经济但范围不经济。例如，一个拥有多家工厂的大型联合企业进行大规模的有效生产，即规模经济，但它们的工厂却是各自独立管理的，即不具备范围经济的优势。相反，有些生产则是规模不经济但范围经济。例如，同时生产长笛和短笛要比单独生产它们便宜，即范围经济，但生产笛子需要高度熟练的技工，并非规模生产才有效率，即规模不经济。

四、长期边际成本曲线与长期总成本曲线

如上所述,在许多短期平均生产成本中可以求出长期平均生产成本(*LAC*)。一旦获得长期平均生产成本,则可以进一步求得长期生产的总成本以及长期生产的边际成本。仍以表 6-4 中数字和图 6-8 中 *LAC* 曲线为例,先把长期平均成本排列出来。然后在每个产量点上将长期平均成本同产量数相乘,即可得出长期总成本。再把每个产量点的总成本减前一个产量点的总成本,即可得出长期边际成本。以 *LTC* 代表长期总成本,以 *LMC* 代表长期边际成本,将上述数字列成表 6-5。按表中 *LMC* 行中数字,可作出长期边际成本图形,如图 6-10。

表 6-5　长期边际成本表

Q	1	2	3	4	5	6	7	8	9	10	11	12
LAC($)	15	13	11.30	10.00	9	8.30	8.0	8.20	8.90	10	11.30	13.00
LTC($)	15	26	33.90	40.00	45	49.80	56.00	65.60	80.10	100	124.30	156.00
LMC($)		∨ 11	∨ 7.90	∨ 6.10	∨ 5	∨ 4.80	∨ 6.20	∨ 9.60	∨ 14.50	∨ 19.90	∨ 24.30	∨ 31.70

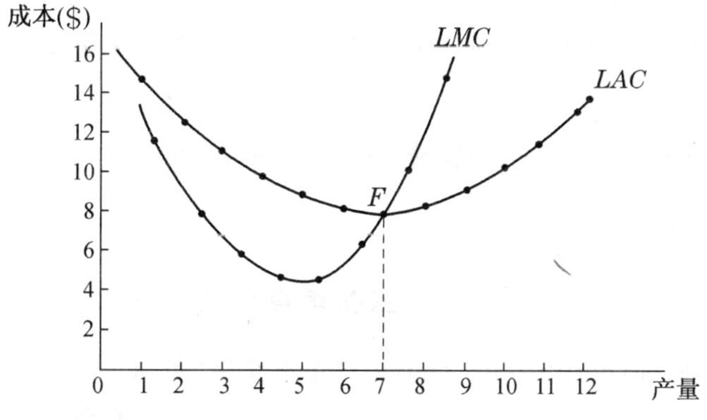

图 6-10　长期边际成本图解

图 6-10 中表明，长期边际成本曲线和长期平均成本曲线的形状和关系同短期边际成本曲线和短期平均成本曲线之间的关系类似。当*LAC* 曲线下降时，*LMC* 曲线低于*LAC* 曲线并亦呈下降趋势。当*LAC* 曲线上升时，*LMC* 曲线则高于*LAC* 曲线并呈上升趋势。*LMC* 曲线和*LAC* 曲线相交的一点，是 *LAC* 曲线的最低点。

变化。也就是说，完全竞争中单个买者或卖者在总体中微不足道，无法决定、影响和控制市场价格，只能是市场价格的遵循者和接受者，而不是决定者。

(2) 市场中所有厂商生产出来的同种产品，在性质和质量上都没有差别。这就是说，从消费者的角度来说，他所购买的同一种商品，无论由哪一家厂商生产，在性质和质量上都是均一的，没有好坏高低之别。

(3) 市场中所有的生产资源都可以任意流动。即当市场条件发生变化时，所有生产要素都可以随意进入或退出某种产品的生产。自然资源的自由流动包括：① 劳动力的地理位置流动和劳动职业或工种的变动；② 生产要素不为某一个人独自占有；③ 新厂商能够自由进入或退出某种产品的生产。

(4) 市场中所有的消费者、资源拥有者和生产者对当前以及未来的产品价格和成本都具有充分的信息和知识。就是说，消费者都知道商品的真正价格，不会在不同价格水平上购买，这样就使得任何商品的市场价格完全一致。同时，社会上每个劳动者也都知道他们的工资水平应当是多少，都能够提供给出价最高的人，使所有劳动的价格完全一致。同样，生产者对其产品的成本和价格也具有充分的信息和知识，都会在最佳生产规模上从事生产。

从以上四个条件看，真正符合完全竞争定义的市场实际上是不存在的。有的行业近似于符合上述一些条件，例如基本农产品中的大米、小麦等市场，在某种程度上符合前三个条件，但是要符合第四个条件则不可能。大部分产业甚至连前三个条件都不能符合。例如，许多产品的性质和质量不可能同一；资源不可能任意流动，如劳动力的流动要受到劳动技能的限制；专利权使厂商不可能随意进入新产品的生产。

尽管如此，西方经济学家认为对完全竞争理论的研究仍十分必要和十分重要。因为理论是现实的一般抽象，它可以被用来解释和预测社会现象。完全竞争的理论可以被认为是一种理想的模式，一个进行社会资源合理使用的标准。

二、完全竞争情况下个别厂商的需求曲线

既然完全竞争情况下个别厂商的经济行为不能影响整个市场的供求情况，只能接受由该市场总需求和总供给决定的既定价格销售其产品，那么个别厂商所面临的市场需求曲线便是一条和横坐标平行的直线。它和负斜率状态的市场需求曲线完全不同。如图 7-1 所示。

图中，Q 代表整个市场的需求或供给的商品数量，q 代表个别厂商的销售数量。当市场按供求规律，决定某商品的市场价格为 P_E 时，作为个别厂商只能接受这个价格作为自己产品的销售价格。不管他在市场上销售多少产品，均不需变动这个价格。因此，个别厂商所面临的曲线为 d 线，是一条弹性无穷大的曲线。它

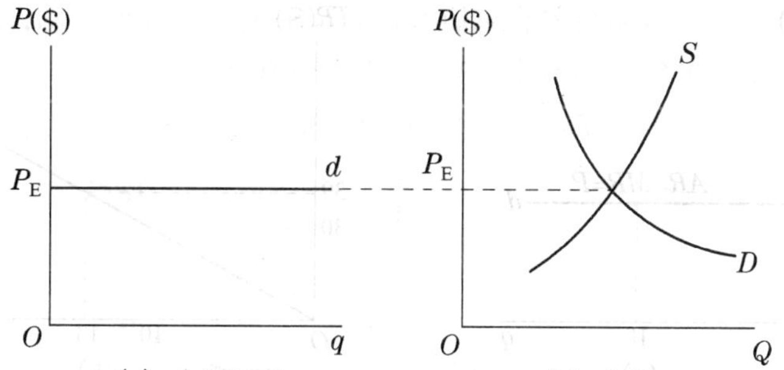

(a) 个别厂商　　(b) 市场

图 7-1　完全竞争厂商的需求曲线

表明，在完全竞争情况下的厂商可以按市场价格销售掉任何数量的商品。

三、完全竞争情况下的总收益、平均收益和边际收益

厂商的行为或决策是依据对成本与收益的比较进行的，所以有必要理解收益的概念。

总收益：供给者的收入总量。以 TR 代表总收益，P 代表产品价格，q 代表个别厂商的产品销售量，则 $TR = P \times q$。

平均收益：每个单位产品的销售所得，即产品的价格。以 AR 代表平均收益，则 $AR = P$。

边际收益：每增加一个单位产品的销售所获得的收入，亦为产品的价格。以 MR 代表边际收益，则 $MR = P$。其数学求法非常简单：$TR(q) = P \times q$，$MR(q) = \frac{\mathrm{d}TR}{\mathrm{d}q} = \frac{P \times \Delta q}{\Delta q} = P$。

举例如下。

表 7-1　完全竞争厂商总收益、平均收益、边际收益与产量的关系

价格 (P) (\$)	产量 (q)	总收益 ($TR = P \times q$) (\$)	平均收益 ($AR = TR/q$) (\$)	边际收益 ($MR = \Delta TR/\Delta q$) (\$)
3	10	30	3	
				>3
3	11	33	3	
				>3
3	12	36	3	
				>3
3	13	39	3	

根据表 7-1 作图 7-2。

表 7-2　完全竞争厂商的总收益、总成本与总利润

(1) 产　量 (Q)	(2) 价　格 (P)($)	(3) 总收益 (TR)($)	(4) 总成本 (TC)($)	(5) 总利润 (TR−TC)($)
0	8	0	800	−800
100	8	800	2 000	−1 200
200	8	1 600	2 300	−700
300	8	2 400	2 400	0
400	8	3 200	2 524	+676
500	8	4 000	2 775	+1 225
600	8	4 800	3 200	+1 600
650	8	5 200	3 510	+1 690
700	8	5 600	4 000	+1 600
800	8	6 400	6 400	0

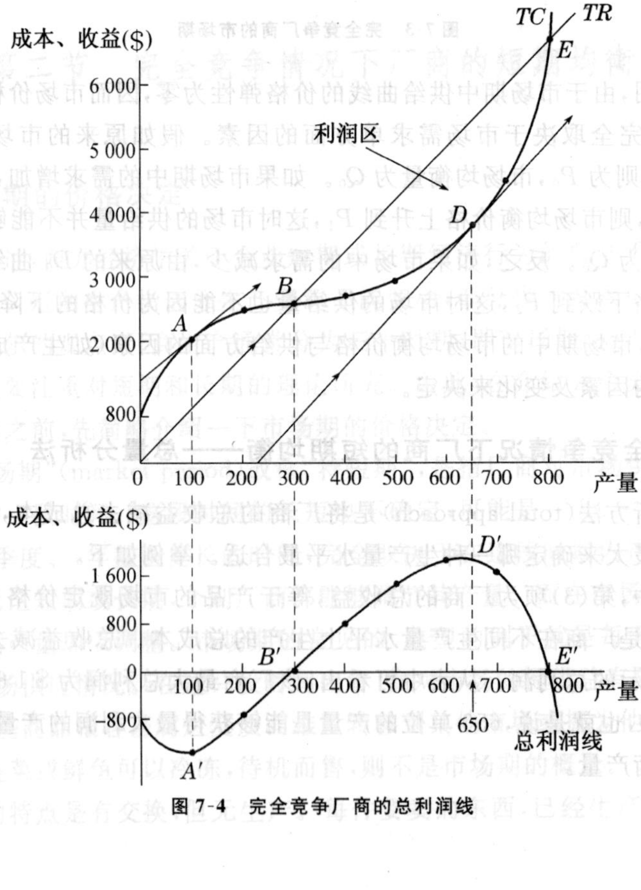

图 7-4　完全竞争厂商的总利润线

表 7-2 中数字还可以用图 7-4 表示。

图 7-4 中，TR 为总收益曲线，TC 为总成本曲线，TR 曲线和 TC 曲线之间的差距，就是总利润。总成本曲线 TC 为反 S 形曲线，它表明生产过程的一般规律，即开始成本以不断下降的比率增加，后以不断上升的比率增加。当产量为零时，厂商虽没开始生产，也需投入 \$800 固定资本。所以总成本曲线的起点在 \$800 的地方，产量为 300 时，其总收益曲线与总成本曲线相交，这表示在 300 个单位的产量水平上，总收益曲和总成本相抵，没有净利润，也没有亏损。产量在 0 至 300 以前，总成本曲线总是高于总收益曲线，这表示在这个产量区间的任何一个产量水平上，总成本总是大于总收益，即总是亏损。产量在 300 至 800 之间时，总收益曲线总是高于总成本曲线，这表示在这个产量区间的任何一个产量水平上，总收益总是大于总成本，也即总是存在净利润。在亏损区，总成本曲线上 A 点切线的斜率与总收益曲线的斜率一致，这表示在 A 点对应的产量上，总成本与总收益之间的垂直距离最大，也就是亏损最多。而在盈利区，D 点上切线斜率与总收益曲线斜率相同，这表示在 D 点对应的产量上利润最大。这时的产量 650 就是厂商的均衡产量。产量在 800 以上又为亏损阶段。图 7-3 中的下半部分为厂商的总利润曲线，它直接反映利润的变化过程，与上半部分有相应的关系。

三、完全竞争情况下厂商的短期均衡——边际分析法

厂商选择均衡产量的另一种方法叫“边际分析法”(marginal approach)。边际分析法是西方经济学家经常用的一种十分重要的分析方法。所谓边际分析法，就是将厂商的边际成本和边际收益相比较的一种方法。边际成本是每变动一个单位的生产量而使成本变动的数量，边际收益是每变动一个单位的生产量而使收益变动的数量。厂商在进行生产时，假如每增加一个单位的生产，其边际收益大于边际成本，则表示这一个单位的生产所获，在扣除成本后仍有剩余，因此总利润必定增加，或亏损必定减少。这时厂商一定愿意继续增加生产。反之，假如边际收益小于边际成本，表明增加生产所获不能弥补追加的成本，总利润必定减少或亏损必定增加。这时厂商一定会减少生产。只有当边际成本等于边际收益时，厂商才会将其生产量稳定下来。这时虽然增加的收益和增加的成本相抵，无利润可赚，但表示这时总利润已达到最大限度。可见，边际分析法是将边际收益和边际成本相比较来决定产量的方法。在完全竞争情况下，市场的价格固定不变，厂商的总收益随着产量的增加等比例增加，边际收益实际上就是该产品的市场均衡价格，即 $MR = P$。因此，边际分析法也就是将边际成本和产品的市场价格相比较。

边际分析法可看表 7-3，其中数字仍以表 7-2 为例进行计算，其图形如图 7-5 所示。

表 7-3　完全竞争厂商的短期均衡表

(1) 产量 (Q)	(2) 边际收益或价格 ($P=MR$)(\$)	(3) 边际成本 (MC)(\$)	(4) 平均成本 (AC)(\$)	(5) 单位平均利润 (\$)	(6) 总利润 (\$)
100	8		20.00	−12.00	−1 200
200	8	>3.00	11.50	−3.50	−700
300	8	>1.00	8.00	0	0
400	8	>1.25	6.31	+1.69	+676
500	8	>2.50	5.55	+2.45	+1 225
600	8	>4.25	5.33	+2.67	+1 602
650	8	}(8.00)	5.40	+2.60	+1 690
700	8		5.71	+2.29	+1 603
800	8	>24.00	8.00	0	0

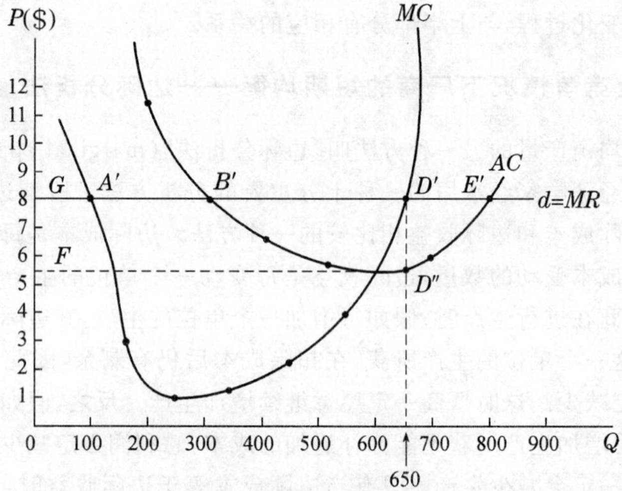

图 7-5　完全竞争厂商的短期均衡图

表 7-3 中，第(1)、(2)项数字和表 7-2 相同；第(3)项边际成本(MC)由表 7-3 中第(4)项计算而得(因为边际成本为两个不同产量之间的总成本差额除以产量的增量，所以表中产量从 600 单位到 700 单位时的边际成本为＄8。650 单位时的边际成本可近似地看作＄8)；第(4)项平均成本(AC)由表 7-2 中总成本除以产量即 (4)/(1) 而得；第(5)项单位平均利润等于边际收入或价格减去平均成本，即 (2)－

(4)；第(6)项总利润等于单位平均利润乘以产量，即(5)×(1)。把表7-2和表7-3相对照，除了计算上数值的尾数略有差别外，两种方法得出的总利润是完全相同的。厂商利润最大时的产量水平为650单位，在该生产水平上，$MR = MC = P = \$8$。

图7-5是根据表7-3中的数字作出来的。图中看出，只要MR大于MC，即A'点至D'点区间，厂商的生产量呈扩大趋势。因为厂商扩大生产可以使利润增加。超过D'点时，厂商则停止扩大生产，因为再增加生产，MC大于MR，厂商的利润将会下降。厂商只会在$MR = MC$时生产，这时的总利润最大，即D'点，该生产量水平为650单位。

综上所述，厂商短期生产的均衡条件为$MR = MC$，但必须还要注意一点，就是这时的MC为上升状。图7-5中，A'点和D'点都符合$MR = MC$条件，厂商不会选择A'进行生产，只会选择D'点进行生产。因为当产量在A'点时，虽然$MR = MC$，但这时的MC呈下降趋势。只要增加生产，MC继续下降，MR则大于MC。只有当产量在D'点时，$MR = MC$，如果再增加生产，则$MC > MR$。因此厂商短期生产的均衡条件是：$MR = MC$，当MC上升时。

其实，总量分析法与边际分析法是一回事。在总量分析法中总收益曲线和总成本曲线垂直距离最大的D点(见图7-4)正是满足了总收益曲线的斜率等于总成本曲线上该点切线斜率的条件。而总收益曲线的斜率正是价格或边际收益，因为$TR = Pq$。总成本曲线上某一点切线的斜率正是该点对应的边际成本，因为边际成本是总成本函数的一阶导数。总收益曲线斜率等于总成本曲线上切线斜率正是$MR = MC$的另一种表达方式。

应当说明，选择利润最大化产量的两种分析方法对于各种类型市场中的厂商都是适用的，对长期分析也是适用的。

四、完全竞争情况下厂商的短期利润或亏损

从以上的分析中可以知道，当厂商处于短期生产均衡状态时，$MR = MC = P$，这时企业的利润最大化。利润最大化是否意味着厂商一定能够赚钱？回答是否定的。因为厂商能否赚钱取决于对均衡产量下的价格与平均成本的比较，而均衡本身并没有告诉这种比较的结果究竟如何。赚钱只是其中一种可能性。不过无论在何种情况下，当厂商处于短期均衡状态时，不是利润最大化，就是损失最小化。

厂商在短期均衡中有三种可能状态，见图7-6。

处于图7-6中三种可能状态下的厂商都是在MC上升时的$MR = MC = P$情况下达到利润最大化的均衡点。但是能否赚钱却各自不同。所谓赚钱就是总收益减去总成本以后仍有盈余，反之就是亏损。总收益(TR)大于总成本(TC)，则平均

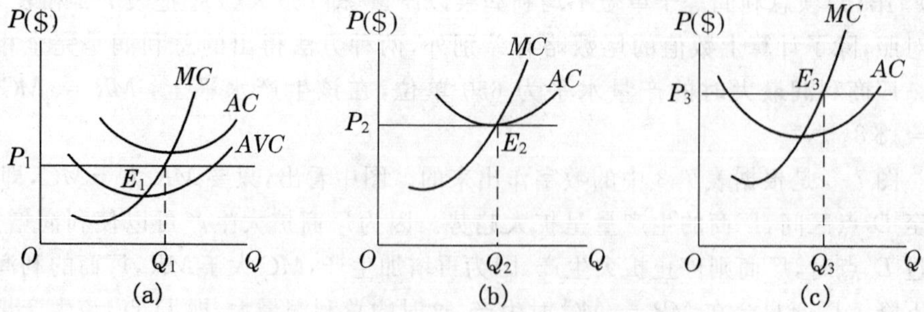

图 7-6　完全竞争厂商短期均衡时利润的三种状况

收益(AR)必大于平均成本(AC)。由于在完全竞争情况下,$AR = MR = P$,所以当边际收益(MR)或价格(P)超过单位平均成本(AC)时,厂商才会有盈余。显然,(a)图中的厂商处于亏损状态,因为在均衡点 E_1,市场价格低于平均成本;(b)图中的厂商收支平衡,不盈不亏,市场价格刚好等于平均成本;(c)图中的厂商处于盈利状态,因为市场价格大于平均成本。

五、沉没成本和退出生产

现在再进一步考察图 7-6(a)图中情况。(a)图中的厂商虽然处于亏损状态,厂商却不能停止生产。因为这时厂商的边际收益(即产品的市场价格)虽然低于平均成本,但仍高于平均可变成本(AVC),仍然可以维持生产。在生产时,损失的只是固定成本,如果关门停业,固定成本损失得更多。因此,这时厂商将会继续生产,等待机会,只是不再补充固定资产。所以对这种均衡状态,最好的说法是"损失最小化",而不说"利润最大化",虽然这两句话的经济学意义是相同的。如果市场价格等于或低于平均可变成本时,厂商只能停止生产。因为如果市场价格等于平均可变成本,意味着总收益仅能抵消全部可变成本,而全部固定成本却一点也收不回,生产与不生产损失的都是全部固定成本,还不如不生产,如果市场价格低于平均可变成本,情况就更糟,厂商就更不会生产了。

上述固定成本在经济学上又被称为"沉没成本"(sunk cost),它是指已经实际上支付而又无法收回的成本。例如,一家航空公司购买了一架不能转卖的飞机,则这架飞机的成本就是沉没成本。沉没成本的概念也体现在消费行为中。如某人花 10 元钱买了一张电影票,但刚看了半个小时就觉得影片乏味,则这张 10 元钱的电影票支出就是沉没成本,因为无论该人决定是否继续看下去,这 10 元钱都已收不回来了。由于沉没成本是无法收回的,因此它不是机会成本。

沉没成本如何决定企业的决策行为?按前所述,企业在短期生产中的固定成本是沉没成本,因此厂商的供给决策是不考虑固定成本的。如果市场价格超过平均成本,会尽量生产以增加利润;如果市场价格低于平均成本,但高于平均可变成本时,会继续维持生产,以求损失最小;如果市场价格低于平均可变成本时,厂商将停止生产。

六、完全竞争厂商的供给曲线

供给曲线表明的是产品供给量和市场价格之间的关系。一定的价格水平会有一定的供给量。当价格处于某一水平时,各个厂商都会根据自己的情况决定适当的供给量。当价格水平变化时,各厂商的供给量也随之变化。

一个厂商的短期供给曲线情况如图 7-7 所示。

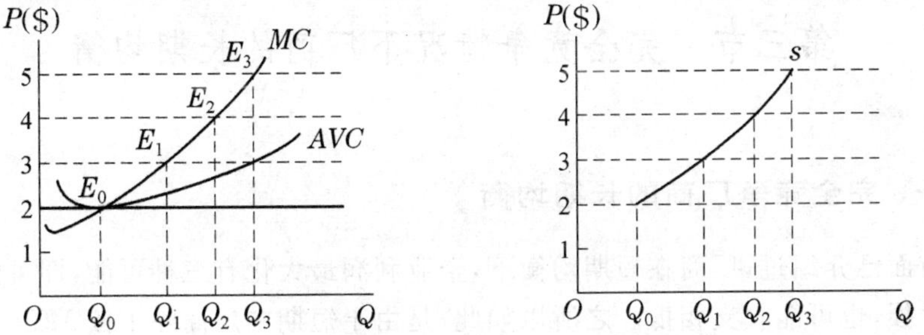

图 7-7　完全竞争厂商的短期供给曲线

前面讲到,一个厂商的短期生产均衡条件是 $MR = MC = P$。因此,价格不同,企业选择的产量也不同。图 7-7 表示某个厂商的边际成本曲线与四条可能的需求曲线相交,从而选择了不同产量水平的情况。在不同的价格下,企业会有不同的供给量水平。当价格为 \$2 时,厂商的生产均衡点是 E_0,生产量为 Q_0;当价格为 \$3 时,厂商的生产均衡点是 E_1,生产量为 Q_1;以此类推。当价格为 \$4、\$5 时,厂商的生产均衡点分别为 E_2、E_3,生产量分别为 Q_2、Q_3。但是,当价格低于平均变动成本(AVC)时,企业将不会生产。如图所示,当价格低于 \$2 时,厂商不会再按照 $MR = MC = P$ 的原则进行生产,因为越生产亏损越多。

从图 7-7 中可以得出如下结论:在完全竞争情况下,厂商的短期供给曲线就是高于平均变动成本曲线的边际成本曲线。如图7-7中的右图所示。

一个行业是由许许多多生产同样产品的厂商组成,因而一个行业的供给曲线就是许许多多个别厂商的供给曲线的总和,即该行业中所有厂商高于平均变动成本的边际成本曲线的横向总和。相加的方法和第二章第一节中介绍的市场供给曲线的相加方法相同。第二章第一节中介绍的市场供给曲线正是完全竞争行业短期供给曲线。

一个行业的短期供给曲线和市场需求曲线共同决定市场的均衡价格。虽然任何个别厂商不能够影响市场价格，但是一个行业中所有企业的总体行为（即行业总供给曲线）和消费者的总体行为（即总需求曲线）共同决定市场的价格水平。该市场价格水平就是个别厂商所必须接受的市场价格。每个厂商都按该市场价格决定自己的企业行为。

在市场均衡价格水平上，每个厂商都在 $MC = P$ 条件下生产和销售产品，在短期内没有一个厂商会改变产量。这样，由于市场总需求量等于总供给量，因此在短期情况下的市场价格也不会发生变化，这个产品市场及所有的厂商都处在短期均衡状态之中。

第三节　完全竞争情况下厂商的长期均衡

一、完全竞争厂商的长期均衡

前面已介绍过，厂商在短期均衡下，企业利润最大化有三种可能，即可能获利，可能亏损，也可能收支相抵。之所以如此，是由于短期中厂商除了按 $MC = P$ 条件确定生产量以外，没有其他选择。但是厂商的长期均衡不会出现这种情况。

在长期生产中，厂商没有固定成本的概念，所有生产要素都可以随意变动，即可以选择规模，并可以自由地进入或退出某个行业的生产。当某个行业里的所有厂商都能够获利，新企业将会进入该产业，以分享利润。由于新厂商的进入使供给增多，行业的短期供给曲线右移而市场需求曲线没有变动。这意味着市场的均衡价格将会下降。这时，不管是新厂商还是旧厂商，都要根据新的市场均衡价格来调节生产量。只要在该行业中还能获利，新企业就会继续进入，市场均衡价格也将继续下降，一直到整个行业的价格水平和平均成本水平相等，这时，新企业不再流入该产业。整个行业的净利润为零，称为“零利润均衡”。反之，假如产业中所有的厂商都处于亏损状态，厂商的收益不能弥补其成本，厂商必然会转移出该行业。结果，生产量逐渐减少。这时，整个行业的短期供给曲线左移，市场均衡价格将上升。厂商从行业中继续不断流出，价格也将不断继续上升，一直到厂商的收入刚好弥补其成本。这时，整个行业的净利润又为零，即为“零利润均衡”。完全竞争厂商长期均衡的状态见图 7-8。

厂商长期生产的均衡状态是市场价格处于长期平均成本的最低点，在该点 $P = AR = MR = SMC = LMC = SAC = LAC$。这就是完全竞争厂商实现长期均衡的条件，达到这一条件时，厂商既无净利润，亦无亏损。

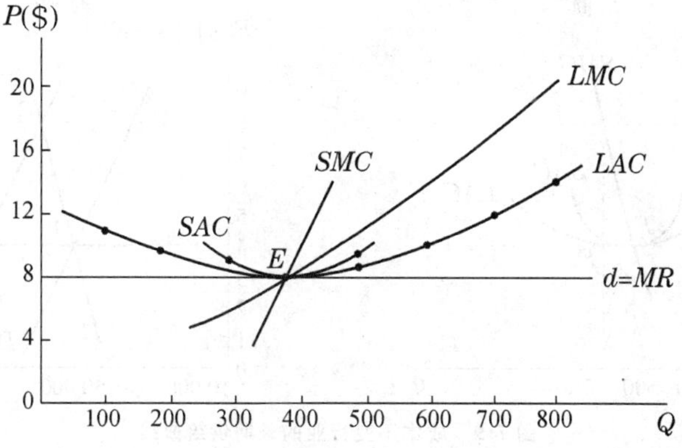

图 7-8　完全竞争厂商的长期均衡

根据前面所介绍的成本定义，尽管厂商的长期均衡为“零利润均衡”，不存在超额利润，但由于成本中已包括了正常利润，所以厂商并非“无利可图”。在长期均衡状态中，厂商仍愿意从事生产和经营。

二、完全竞争行业的长期供给曲线

以上分析了行业长期均衡的过程和均衡状态。假如当某个行业里所有厂商都达到长期均衡的状态后，市场需求又增加了，这样又打破了原来的均衡。由于市场需求的增加(比如国民经济的发展促使人们收入增加)，市场均衡价格将上升，即图 7-8中的 d 曲线将会上升。新的均衡价格大于厂商的长期平均生产成本。每个厂商将会扩大现有生产规模，新厂商也会进入该行业以谋取利润。这样，市场供给将因此而增加。在需求增加，供给也增加的情况下，新的市场均衡价格水平究竟如何？行业的长期供给曲线的形态如何？这取决于该行业在扩大生产时投入的生产要素的代价，即成本的变化状况如何。根据成本变化的三种不同情况，该行业的长期供给曲线也有以下三种不同的形态。

(一) 成本不变的行业

当许多新厂商进入行业，必然需要购买更多的生产要素，如果这些生产要素并不因购买量的增加而变化，仍保持在原价格水平上，这种产业就被称为成本不变的行业。成本不变的行业的长期供给曲线如图 7-9 所示。

图 7-9 中，左图中 E 点为某一个厂商在完全竞争情况下长期生产的均衡点，均衡价格为＄4，均衡量为 500 个单位。假设该行业有 100 家厂商，每家厂商的成本曲线都一样，生产量水平也都一样，这样，整个行业的供给量则为 50 000 个单位。右图中的 1 点为行业的长期均衡点。假如市场需求增加，需求曲线由 D 移至 D'，

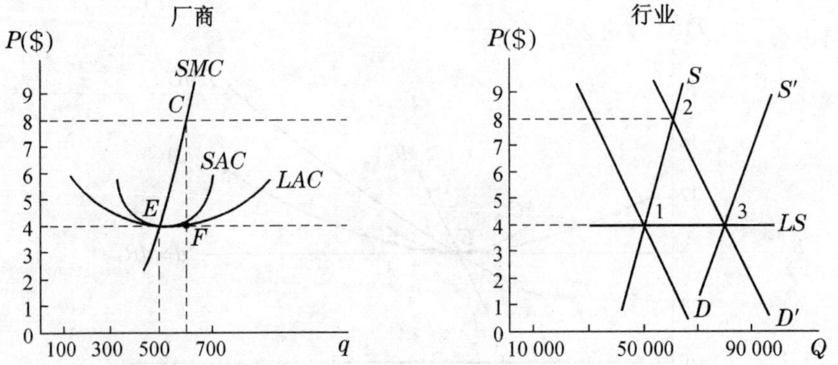

图 7-9　成本不变行业的长期供给曲线

市场均衡价格则上升到 2 点，即＄8。个别厂商根据 $MR=P=SMC$ 的原则，确定新均衡点 C 点，这时的产量为 600 个单位。这时，该厂商处于盈利状态，每单位产品盈利＄3.5，即 CF 间距离。整个行业的供给量为 60 000 个单位。由于该行业中的厂商有盈利可赚，更多的厂商会进入该行业。假如生产要素的价格不变，供给曲线将从图 7-9 中右图的 S 线右移至 S′线的位置，新均衡点又降至原来的价格水平上，即仍为＄4。这时，该行业总共会有 160 家厂商从事生产，每家厂商生产 500 个单位的产品，总计生产80 000个单位的产品。连接图 7-9 中右图的 1、3 点，所形成的曲线就是在完全竞争情况下该行业长期供给曲线 LS。图中可看出，在行业产量增加，行业规模扩大的过程中，如果长期生产成本不变，那么行业长期供给曲线就是一条与横坐标平行的直线。

(二) 成本递增的行业

在需求增加、产品市场价格上升时，该行业原来的厂商生产规模扩大，新厂商也进入行业，假设在新厂商进入以后，生产成本上升了。比如在一个既定的水域捕鱼，渔船增加的同时，每只船的平均产量会下降，也就是产品的平均成本上升。新厂商进入的同时，因为供给增加，产品的价格回落，但价格不会回到原先的价格水平，因为平均成本已经上升，已超过原先的价格水平。随新厂商进入而下落的价格，落到新的长期平均成本曲线最低点时，新厂商的进入便会停止，整个行业处于新的均衡状态。新均衡点向右上方移动，使行业长期供给曲线向右上方倾斜，如图 7-10 所示。

(三) 成本递减的行业

假如在市场需求增加，行业中原厂商扩大生产规模，新厂商进入该行业时，生产要素的价格下跌。下跌的原因可能是由于对生产要素的需求增加，促进了生产要素供给的专业化，效率提高，因而生产要素的价格随着需求的增加反而下降，这种行业被称为成本递减的行业。该行业的情况如图 7-11 所示。

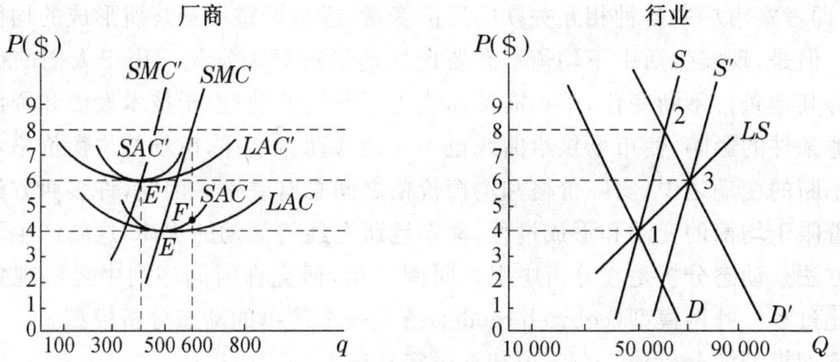

图 7-10　成本递增行业的长期供给曲线

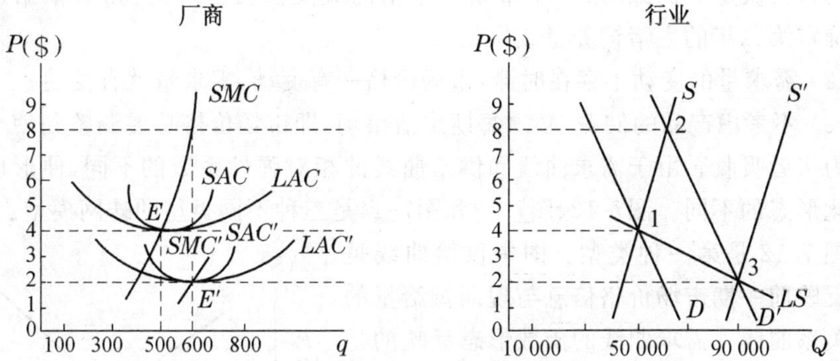

图 7-11　成本递减行业的长期供给曲线

图 7-11 左图中，E 点为原来的厂商长期生产均衡，均衡价格为＄4，均衡量为500 个单位。该行业仍为 100 家厂商，共生产50 000个单位产品。假如市场需求增加，需求曲线从右图中 D 线右移至 D'线，市场均衡价格上升为＄8。由于生产要素价格下跌，原来的 LAC 曲线、SAC 曲线和 SMC 曲线下移至 LAC'曲线、SAC'曲线和 SMC'曲线。厂商的超额利润增加。这时，会有更多的厂商进入该行业生产，从而使右图中的供给曲线由 S 线右移到 S'线。新的市场均衡点 E'的市场价格为＄2，每个厂商的生产量为 600 个单位，整个行业共有 150 家厂商从事生产，总共生产90 000个单位的产品。连接右图中 1、3 点所形成的曲线，就是在完全竞争情况下该行业的长期供给曲线 LS。图中可看出，在成本递减的情况下，它是一条从左上到右下的负斜率曲线。

三、完全竞争情况下长期均衡的途径和蛛网定理

以上介绍都是采用静态分析的方法来研究市场中产量和价格的均衡形态及其

条件，即考察市场中各种相互关联的经济变量，经过调整后最终所形成的均衡静止状态。但是，现实生活中不均衡形态要比均衡形态更为常见。由于人们的偏好和收入等其他条件不断变化，市场需求曲线也不断地波动；由于技术发展和资源限制等其他条件的影响，使市场供给曲线也不断地移动。这样，市场的均衡价格水平总处于不断的变动之中，实际价格和均衡价格之间总有差别。因此，许多西方经济学家便着眼于均衡的变动和形成过程，动态地研究经济活动的规律，这就产生了动态分析方法。动态分析是在分析中引入时间变量，研究在时间序列中经济现象的发展变化过程。蛛网模型(cobweb model)就是一个简单的动态分析模型。

蛛网模型的分析建立在三项基本假定基础上：

(1) 生产有较长的周期，并且不连续。例如农产品生产。本期的供给量由上一期的价格决定。例如，第一年市场上生猪的成交价格为P_1，生产者依据这个价格来确定第二年的生猪饲养量或供给量。

(2) 需求量的变动不存在时滞，市场价格一有变动，需求量就有变动。

(3) 不考虑产品的储藏，必须每期出清市场，即市场价格总要调整到使全部供给量为买者吸收。由于需求曲线和供给曲线的相对弹性系数的不同，便形成了产量变化形态的不同。图7-12、图7-13和图7-14是三种不同类型的蛛网模型。

图 7-12 是第一种类型。图中供给曲线是一条反映前一期市场价格信息与现期供给量的函数关系曲线。需求曲线的函数形态反映的是现期市场需求状况。此外，还假设供给曲线的弹性小于需求曲线的弹性，即供给曲线比需求曲线陡峭。P_0 为前一期产品的市场价格。

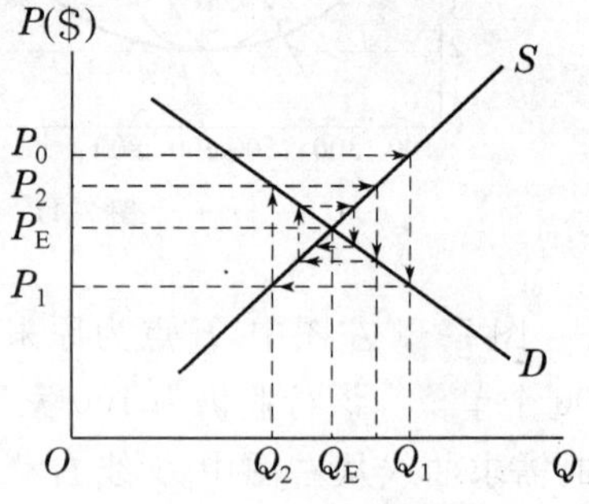

图 7-12 收敛型蛛网

根据上述假定，变动的过程如下：原产品市场价格为 P_0，因此第一阶段供给量为 Q_1，但是当这么多产品提供给市场时，按原先的价格来说，供给量过多了，价格必然下跌至 P_1，因为在 P_1 这个价格水平上，供给量等于需求量，市场出清了。

第二个生产周期开始了，按第一阶段 P_1 的价格信息，第二阶段的供给量是 Q_2，供给量锐减，供不应求，为了让供给量与需求量相应，价格必然上升，上升到需求曲线上需求量与供给量相等的地方，即 P_2。

第三个生产周期中，产量按照上一个阶段的价格 P_2 来决定，又出现了与第一阶段相同的情况，即供大于求，再次导致价格下降。如此循环往复，交替出现供大于求和求大于供，价格就在这个过程中上下波动，以调整供求缺口。

“蛛网”名称的由来，正是由于上述价格和产量循环波动的途径形如蛛网。第

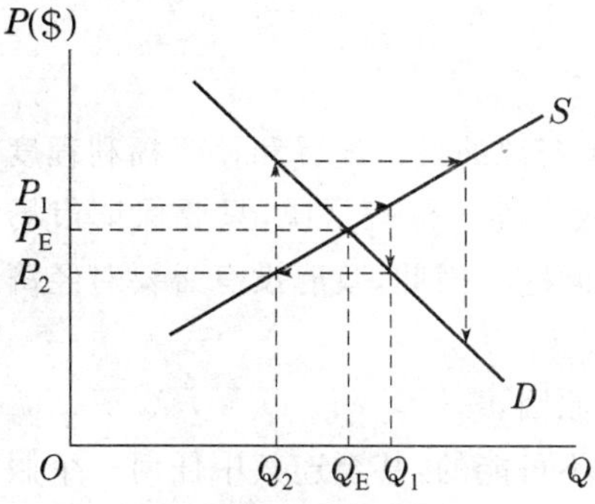

图 7-13　发散型蛛网

一种蛛网形态，循环的最终结果是达到一种稳定均衡，这是一种收敛型摆动。

第二种蛛网类型如图 7-13 所示。

图中供给曲线的弹性大于需求曲线的弹性。其循环波动的方向和第一种情况相反。

当市场价格为 P_1 时，市场第一阶段的供给量为 Q_1，大于市场均衡量。供大于求，于是市场价格降至 P_2。第二阶段，按 P_2 的价格，供给量为 Q_2，小于均衡产量，市场需求价格又上升到均衡价格以上。第三阶段供给量按新市场供给又超过需求量。如此往复不已。不过这时的蛛网形状是向外发散，而不是向内收敛。市场价格和产量越来越远地偏离均衡点的价格和产量，这是一种发散型摆动。

第三种情况如图 7-14 所示。

图中供给曲线的弹性和需求曲线的弹性相同。价格和产量波动始终如一。

在这种情况下，价格和产量既不会回到原来的均衡点，也不会偏离均衡点越来越远。在图上形成的是首尾相连的完整的蛛网。至于蛛网离开均衡点的远近，则根据市场波动的大小而定。显然，这是一种循环型摆动。

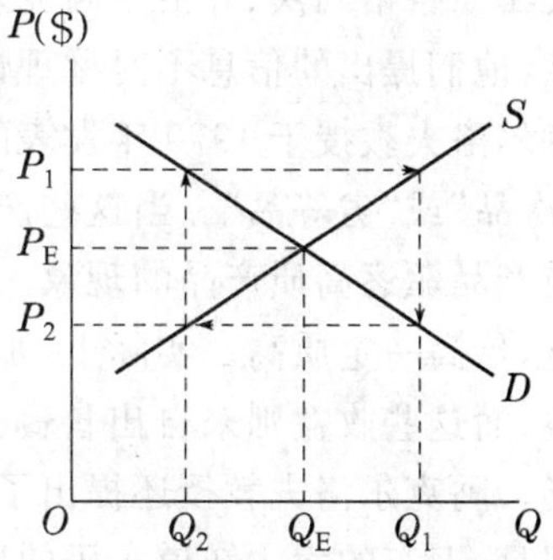

图 7-14　循环型蛛网

四、完全竞争情况下的经济效率

传统的西方经济学家从以上对完全竞争情况的分析，认为完全竞争的市场是经济效率最高的市场。因为当厂商达到长期生产均衡时，该厂商不仅是在长期平均成本最低点上进行生产，而且也是在短期平均成本的最低点上进行生产。这说明，在完全竞争情况下的生产规模是最适度的生产规模，因为它能够使长期生产成本最小化。同时在这个最适度的生产规模上进行生产，其生产量也是最适度的生产量，因为其短期平均成本最小化。厂商在这种状态下从事生产活动，只能获得正常利润，因而社会资源能够得到最佳配置和获得最充分的利用。另外，由于完全竞争的作用，可以使市场均衡价格降到最低点，从而消费者也可以从中获取福利。所以完全竞争的理论模型被认为是一种理想的经济模型，非其他市场可以比拟。市场越接近完全竞争状态，人类的经济活动越能达到完美的状态。

五、市场效率与市场失灵

完全竞争市场理论模型说明的最终结果是资源的最佳配置和社会福利程度的最大化。这种模型也被用来证明市场经济的效率性。也就是说,只要保证市场竞争的充分性,市场机制可以解决一切社会经济问题。因此,政府没有必要对经济进行干预。但实际上,这种结果是无法实现的。

之所以如此,是基于以下两个方面的基本原因:

第一,要符合完全竞争模型的假定前提是不可能的,甚至连其中任何一个假定都做不到。特别是在市场经济中,要求参与交易的主体都具有充分的信息。而在社会实践中,信息不对称是常态,信息的充分性是很难实现的。这样便会导致市场竞争的不充分性。获得2001年度诺贝尔经济学奖的三位美国经济学家——约瑟夫·斯蒂格利茨、乔治·阿克尔洛夫和迈克尔·斯彭斯——对此作出了重要的贡献,他们提出的信息不对称理论揭示了市场机制中的缺陷。最具有代表性的是阿克尔洛夫教授于1970年发表的《柠檬市场》论文。"柠檬"一词在美国俚语中意为"次品"或"劣等品"。当这些产品的卖方比买方拥有更多信息的时候,就会出现低质产品驱逐高质产品的现象。因为买方会误认为市场价格反映了"柠檬"的平均质量,价高一定质高。实际上,那些以高价出售低质"柠檬"的人将会得到额外的收益,而这些收益则来自出售高质"柠檬"者的损失,其结果是低质"柠檬"充斥了市场。阿克尔洛夫教授还提出了旧车市场模型。信息不对称理论在旧车市场上的表现是:旧车的卖主知道车子的质量,而买主并不知道,他们只知道旧车的平均质量并据此支付价格。那些质量最差的车主最急于将车子脱手,因而当车价下降时,具有轻度缺陷的旧车将退出市场。剩下来的只有劣质车,这样便导致市场的萎缩和解体。阿克尔洛夫将这种现象称为"逆向选择"。他提出解决这种问题的办法就是设法使信息对称。

第二,市场交易的外部性。在完全竞争的模型中,市场行为及其结果只与买卖双方相关。但在实际生活中,市场交易的结果有时会影响到那些根本不参与市场交易活动的人的利益。例如,市场活动中所产生的污染就是一个典型的例子。这就是市场交易的外部性。污染对除买卖双方以外的第三者产生了副作用,而买卖双方在作出消费和生产的决策时并不考虑这种副作用。因此,从整个社会的角度看,这种市场均衡模型可能是无效率的。上述两种原因产生的结果就是"市场失灵"(market failure),它导致市场不能够有效地配置资源。当出现市场失灵时,就需要政府采取适当的经济政策来解决这些问题。

尽管信息不对称理论揭示了产生市场失灵的可能性,但它并不是否定市场由"看不见的手"来配置资源的合理性和主体作用。它告诫人们不要盲目崇拜市场经济的作用,是对传统经济学理论的重要补充和发展。简言之,“看不见的手”与“看得见的手”两者的有机结合,才能有效地配置资源。

思考题

1. 完全竞争的条件是什么?
2. 解释完全竞争情况下个别厂商面临的需求曲线的特点。
3. 完全竞争情况下总收益、平均收益和边际收益之间是什么关系?
4. 什么是市场期?市场期的均衡价格及其变动有何特点?
5. 采用边际分析法分析完全竞争情况下厂商短期均衡的条件。
6. 设某完全竞争厂商产品的价格 $P = \$59$,该厂商的成本函数为 $TC = \frac{1}{3}Q^3 - 4Q^2 + 50Q + 5$,求该厂商能获最大利润的产量及最大利润。
7. 沉没成本是如何决定企业的决策行为的?
8. 完全竞争情况下个别厂商的短期供给曲线是什么?
9. 用图形说明完全竞争情况下厂商的长期均衡为什么是“零利润均衡”?
10. 完全竞争情况下行业的长期供给曲线有哪几种形态?为什么?
11. 用蛛网定理说明完全竞争情况下长期均衡的三种途径。
12. 解释市场失灵的原因和信息不对称理论的主要内容。

第八章 市场理论(二)——完全垄断市场理论

本章介绍与完全竞争市场相对立的另外一个极端的模型——完全垄断市场。虽然同完全竞争市场一样,在现实生活中,完全垄断的市场也不存在,但是对其研究还是有意义的:一是有助于认识在纯粹条件下该市场的运行规律;二是在此基础上与完全竞争市场进行比较,从而区别这两种市场在资源配置上的效率。

第一节　完全垄断的特点

一、完全垄断的定义

所谓“完全垄断”(complete monopoly),是指市场被某一个厂商独家控制的状况。完全垄断必须符合以下三个条件:

(1) 市场上只有一家厂商生产和销售某种商品;

(2) 该厂商所销售的商品没有非常类似的替代品;

(3) 任何一家新厂商不可能进入这个市场中参加竞争。

如果再进一步假设垄断者对目前和将来市场的价格和成本等具有充分的信息和知识,就称为“完全垄断”。没有这一条就叫做“纯垄断”(pure monopoly)。不过,大多数西方经济学家并不区分这两点,只要符合上述三个基本条件,就称为纯垄断或者完全垄断。

在一个市场上如何才能形成完全垄断?主要有以下四方面的原因:

(1) 由于某个厂商可以控制生产该产品所需要的全部原料

的供给。控制了产品的原料,使其他厂商不可能从事该产品的生产,因而无法参与竞争。例如,一直到二次大战以前,美国的"Alcoa 公司"(铝公司)拥有或控制了几乎全美国的所有铝矾土。由于铝矾土是生产铝的主要原料,因而该公司便垄断了美国的铝的生产。

(2) 由于某个厂商拥有生产某种产品的专利权。各国政府和国际组织为鼓励发明创造,保护发明者的利益,都设立许多有关专利权的法律。在某项发明获取专利权的有效时期内,任何厂商不得制造同一产品在市场上销售。这样,拥有了专利权就可以形成垄断。例如当玻璃纸刚刚发明出来时,美国的"Dupont 公司"(杜邦公司)就是依靠专利权,垄断了全部玻璃纸的生产。

(3) 由于政府的特许,也可以形成垄断。出于某种原因,政府给予某个厂商生产某种产品的特权。当然,由于政府给予生产特权时是基于宏观经济的需要,因此,该产品的生产和销售都必须在政府的控制下进行,达到某种特殊的目的。

(4) 由于"自然垄断"也可以形成垄断。所谓自然垄断,就是指某些产业的生产,由于"规模报酬递增"的原因,使一般厂商无法在生产成本上与之竞争。这样的产业需要巨大的资本设备才能有效地经营,因为生产量极大,可以有效地降低成本。这些都是一般规模的企业无法做到的。这样,这种大规模生产的企业就形成了垄断。例如,西方国家中许多公用和交通事业部门常有这种情况。例如,美国的"Con Edison 电力公司"垄断了电力供应。但如果出现这种垄断情况,政府往往会加以控制。

完全垄断和完全竞争相比,是另一个极端的市场类型。在西方国家,完全符合上述完全垄断条件的情况是不存在的。即使在历史上一度出现过,也为反托拉斯法所禁止。尽管完全垄断市场并不存在,但完全垄断模型却是分析已出现在现实世界中的近似完全垄断现象以及了解控制市场中某些垄断力量的有用工具。

完全垄断并非意味着垄断厂商在市场中具有无限的权力。它虽然没有直接的竞争,但也存在着某些间接的竞争或潜在的竞争。间接的竞争有:① 在消费者收入的支出方面存在着竞争,即消费者在有限的收入中对众多的不同商品有选择性;② 垄断厂商生产的产品虽然没有完全近似的替代品,但多少存在着一定程度的替代性。例如电在日常照明上似乎没有非常近似的替代品,可是在烧饭、取暖方面则有煤气、石油可代替。政府的强制性干预,也会使完全垄断有瓦解的可能。

二、完全垄断厂商所面临的需求曲线

在完全垄断情况下,市场上只有一个垄断厂商以某个价格销售产品,所以垄断者是"价格的设立者",而不是价格的接受者。垄断者在一定的需求曲线上选择价格和数量的结合点。因此,整个市场的需求曲线就是对该垄断产品的需求曲线,这是一条从左上到右下倾斜的负斜率的需求曲线。需求曲线的含义是:如果该垄断厂商要销售更多的产品，则必须降低价格。这样，垄断厂商的边际收益（*MR*）必定小于产品售价（*P*）。这不同于完全竞争条件下 $MR = P$ 的情况。这是完全垄断与完全竞争之间的一个区别。

以表 8-1 和图 8-1 举例说明。

表 8-1 中，价格随着产品数量的增加不断下降。从价格和产量相乘所获得的总收益中，很容易计算出边际收益。显然，边际收益小于价格。图 8-1 中，*AD* 曲线就是完全垄断的厂商所面临的需求曲线。*AC′* 曲线是根据表 8-1 数字作出来的边际收益曲线（*MR*）。

表 8-1　完全垄断厂商总收益、边际收益与产量之间的关系

(1) 价格 (*P*)($)	(2) 产量 (*Q*)	(3) 总收益 (*TR*)($)	(4) 边际收益 (*MR*)($)
8.00	0	0	
7.00	1	7.00	>7
6.00	2	12.00	>5
*5.50	2.5	13.75	}(3)
5.00	3	15.00	
4.00	4	16.00	>1
3.00	5	15.00	>−1
2.00	6	12.00	>−3
1.00	7	7.00	>−5
0	8	0	>−7

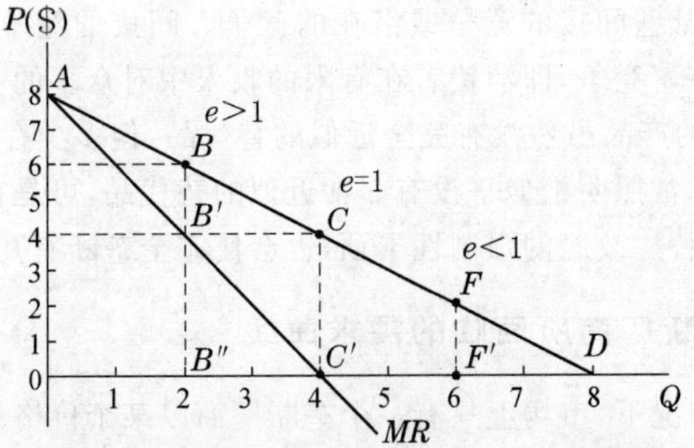

图 8-1　完全垄断厂商的需求曲线和边际收益曲线

从表 8-1 和图 8-1 中，可以进一步分析出完全垄断情况下厂商的总收益和销售数量、需求曲线和边际收益曲线以及边际收益和价格之间的关系。

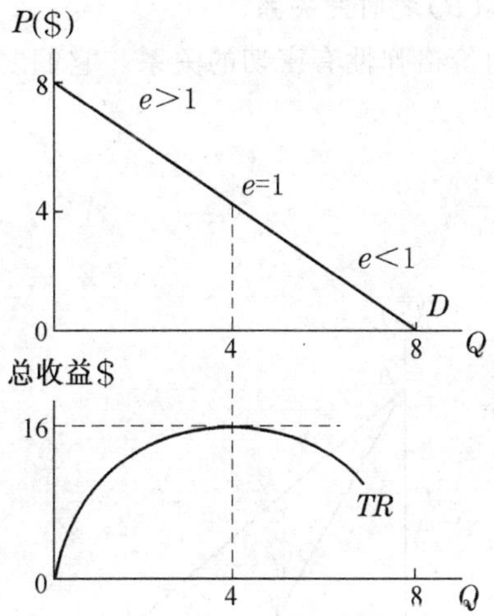

图 8-2　完全垄断厂商总收益与销售量之间的关系

1. 完全垄断条件下厂商的总收益(TR)与销售量(Q)之间的关系

总收益先随着销售量的增加而增加，达到顶点后开始下降，见图 8-2。图中的数字仍以表 8-1 为例。

图中，TR 为总收益曲线，总收益的增加或减少，与需求价格弹性有关。当产量在 O 至 4 之间，需求价格弹性大于 1。因此，随着产量的增加，价格不断下降，总收益却不断上升。当产量为 4 时，由于需求价格弹性等于 1，价格下降的幅度同需求量增加的幅度相等，总收益不变，即达到最高点。当产量大于 4 时，价格低于 \$4，需求价格弹性小于 1。这时，当产量继续增加时，总收益反而下降。

2. 完全垄断条件下需求曲线(D)和边际收益曲线(MR)之间的关系

由于需求曲线为负斜率，所以边际收益曲线也为负斜率，并且边际收益曲线低于需求曲线一半。

从图 8-1 中可看出，当价格为 \$4 时，需求曲线的位置在 C 点，而边际收益曲线的位置在 B' 点，刚好为需求曲线 D 的一半距离(C 点表示的产量为 4，B' 表示的产量为 2)；当需求曲线交于横坐标 D 点时，边际收益曲线交于横坐标 C' 点，而 C' 点离原点的距离刚好是 D 点离原点的距离的一半(D 点产量为 8，C' 点产量为 4)。边际收益曲线上每一个点和需求曲线都有这种相应的关系。

假如需求曲线以函数形态表示，则用数学的方法可以求出上述两条曲线的这种关系。具体证明如下。

设需求曲线的函数关系为：$P=a-bQ$，其中 P 代表价格，Q 代表产量，a 为纵坐标上截距，b 为需求曲线的斜率。

因为 $P=a-bQ$，所以

$$MR=\frac{\mathrm{d}TR}{\mathrm{d}Q}=\frac{\mathrm{d}(P\cdot Q)}{\mathrm{d}Q}=\frac{\mathrm{d}[(a-bQ)Q]}{\mathrm{d}Q}$$

$$=\frac{a\mathrm{d}Q}{\mathrm{d}Q}-\frac{2bQ\mathrm{d}Q}{\mathrm{d}Q}=a-2bQ$$

将 $a-2bQ$ 和 $a-bQ$ 相比较，便得出上述结论。因此，只要知道完全垄断条件下厂商的需求曲线的函数式，便可立即知道边际收益的函数式。例如，图 8-1 中需求曲线的函数式为 $P=8-Q$，即可写出边际收益曲线的函数式为 $P=8-2Q$。

3. 完全垄断条件下边际收益(MR)与价格(P)之间的关系

边际收益与价格之间的关系和需求曲线的价格弹性有密切的关系。它们之间的关系可用下述公式表示：

$$MR = P\left(1 - \frac{1}{e}\right)$$

证明如下。

(1) 几何图形证明法。见图 8-3。图中，D 为需求曲线，MR 为边际收益曲线。先作两条辅助线 FB 和 BG。

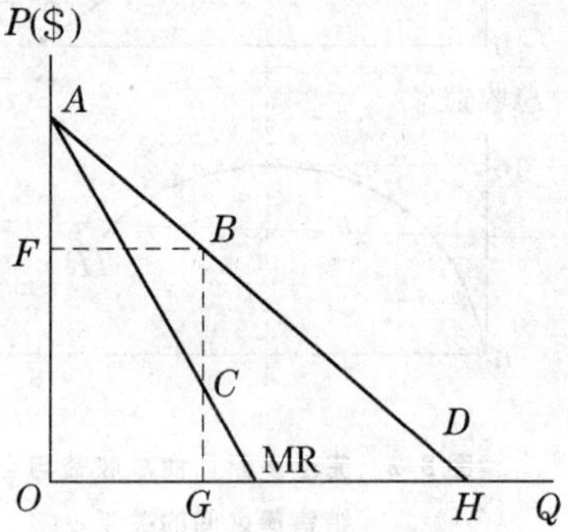

图 8-3 完全垄断厂商边际收益与价格之间的关系

$$e = \frac{GH}{OG} = \frac{BH}{AB} = \frac{FO}{AF}$$

因为 $FO = BG$，$AF = BC$，所以

$$e = \frac{FO}{AF} = \frac{BG}{BC}$$

$$= \frac{BG}{BG - CG} = \frac{P}{P - MR}$$

$$e(P - MR) = P$$

$$e \times P - e \times MR = P$$

$$MR = \frac{e \times P - P}{e} = P\left(1 - \frac{1}{e}\right)$$

(2) 微分证明法则更为简便。

$$e = \frac{\mathrm{d}Q/Q}{\mathrm{d}P/P} = \frac{\mathrm{d}Q}{\mathrm{d}P} \times \frac{P}{Q}$$

$$MR = \frac{\mathrm{d}TR}{\mathrm{d}Q} = \frac{\mathrm{d}(P \times Q)}{\mathrm{d}Q} = \frac{\mathrm{d}P \times Q + \mathrm{d}Q \times P}{\mathrm{d}Q}$$

$$= \frac{\mathrm{d}P \times Q}{\mathrm{d}Q} + P = P\left(1 + \frac{Q}{P} \times \frac{\mathrm{d}P}{\mathrm{d}Q}\right)$$

$$= P\left(1 + \frac{1}{e}\right) \quad (e\text{ 被看作负值})$$

$$= P\left(1 - \frac{1}{e}\right) \quad (e\text{ 被看作绝对值})$$

根据上述公式,可引申出下列关系:

(a) 当 $e>1$ 时, $MR>0$;

(b) 当 $e=1$ 时, $MR=0$;

(c) 当 $e<1$ 时, $MR<0$。

举例说明:

设 $P=\$10, e=5$, 则 $MR=10\times\left(1-\frac{1}{5}\right)=8(\$)$;

设 $P=\$6, e=1$, 则 $MR=6\times(1-1)=0$;

设 $P=\$2, e=0.2$, 则 $MR=2\times\left(1-\frac{1}{0.2}\right)=2\times(1-5)=-8(\$)$。

第二节　完全垄断情况下厂商的短期均衡

一、完全垄断厂商的短期均衡——总量分析法

完全垄断厂商的均衡,和完全竞争厂商的均衡一样,也是指该厂商追求利润最大化。其分析方法也同样可以分为两种——总量分析法和边际分析法。本节先介绍总量分析法。

总量分析法是找出总收益减去总成本所剩下最大利润的产量点。在完全垄断情况下,垄断厂商虽然能够决定其产品的价格,但其销售量多少,则取决于消费者在不同价格水平下所愿意购买的数量。如果垄断者将价格定得很高,消费者愿意购买的数量就少;反之,如果完全垄断厂商要想增加销售量,则必须降低价格。这就是说,完全垄断厂商的总收益不像完全竞争厂商那样,随销售量的增加而等比例增加。但和完全竞争厂商相同的是,完全垄断厂商也是按照总收益和总成本之间差额最大的点来确定其产量的。举例如下进行说明。

根据表 8-2 可以作出图 8-4。图 8-4 中, TR 为总收益曲线, STC 为短期总成本曲线。TR 曲线和 STC 曲线之间的差距就是总利润。短期总成本曲线 STC 的形状和完全竞争情况下厂商短期总成本曲线的形状相同,也是反 S 形曲线, A 点和 B 点为 TR 曲线和 STC 曲线的交点,即收支平衡点,无任何利润,也无亏损。A 点和 B 点所代表的产量之间为利润区。在利润区中, C 点到 C' 点之间的距离最大,利润最高,这时的产量为 Q_1。图中下半部分的总利润线,则直接表示利润的变化过程。其中, C'' 为利润最大点。

表 8-2　完全垄断厂商的总收益、总成本与总利润

(1) 价格 (P)($)	(2) 产量 (Q)	(3) 总收益 (TR)($)	(4) 短期总成本 (STC)($)	(5) 总利润 ($)
8.00	0	0	6	−6.00
7.00	1	7.00	8	−1.00
6.00	2	12.00	9	+3.00
*5.50	2.5	13.75	10	+3.75
5.00	3	15.00	12	+3.00
4.00	4	16.00	20	−4.00
3.00	5	15.00	35	−20.00

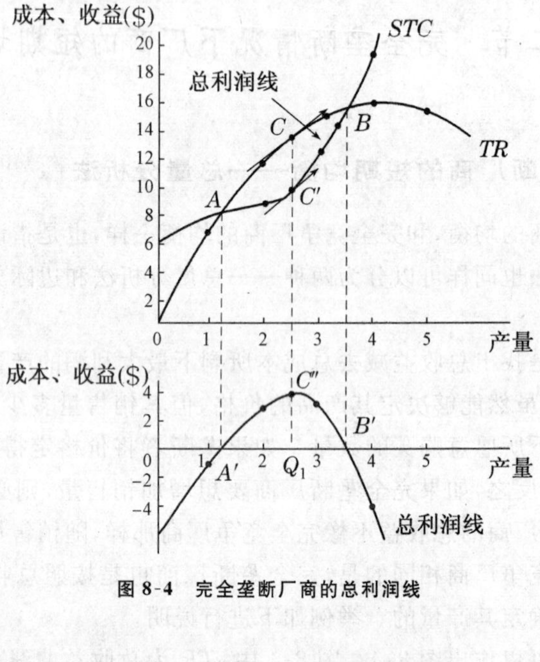

图 8-4　完全垄断厂商的总利润线

二、完全垄断厂商的短期均衡——边际分析法

完全垄断情况下厂商的短期均衡，也可以用边际分析法来分析，即将厂商的边际成本和边际收益进行比较。边际分析法的基本原则和完全竞争情况下厂商的边际分析法相同。当厂商每增加一个单位产品的生产时，如果增加的成本小于增加的收益，厂商会继续增加生产；反之，当每增加一个单位产品的生产成本，大于增加的收益，厂商一定会减少生产。只有当边际收益等于边际成本，即 $MR = MC$ 时，

厂商才会稳定其生产量。

图 8-5 中,短期均衡点为 C 点,即 MR 曲线和 SMC 曲线的交点,这时的价格为 A 点所表示的价格,平均利润为 AB,总利润为平均利润乘以产量。

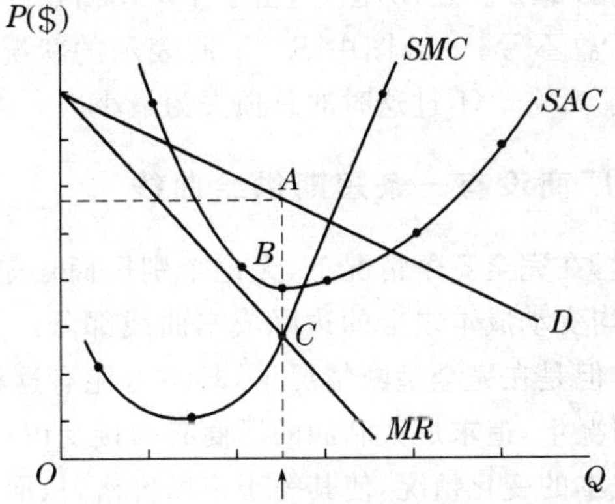

图 8-5　完全垄断厂商的短期均衡图

采用边际分析法分析完全垄断厂商的均衡也必须注意一点:和边际收益相等的边际成本是递增状态下的边际成本,即 $MR = MC$,当 MC 上升的时候。这和用边际分析法分析完全竞争厂商的均衡一样。

三、完全垄断厂商的短期利润

同完全竞争厂商均衡一样,当完全垄断情况下厂商处于短期生产均衡时,其利润最大化条件是 MR 等于上升时的 MC,但它并不能保证该厂商一定能够赚钱。在均衡状态下,厂商可能有最大利润,可能不盈不亏,也可能亏损。不过亏损时其损失为最小。这三种可能性如图 8-6 所示。

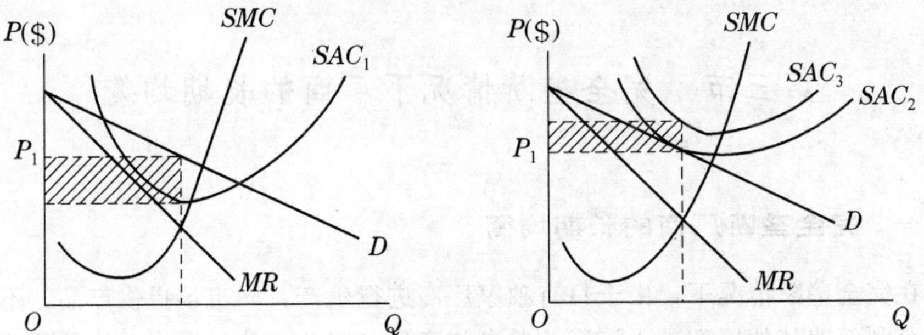

图 8-6　完全垄断厂商短期均衡的利润状况

图 8-6 表示完全垄断厂商所处的三种可能性状态。SAC_1、SAC_2 和 SAC_3 分别表示不同水平的短期平均成本。在这三种不同情况下，厂商都处于生产均衡状态，即 MR = 上升时的 MC。在(a)图中，均衡价格大于短期平均成本，这时厂商的最大化利润为图中阴影部分。在(b)图中，由于生产均衡点的 SAC_2 刚好和价格相等，因此收支相抵，不盈不亏。(b)图中 SAC_3 所表示的状况，意味着厂商发生亏损，亏损额为图中阴影部分。不过这时的总损失为最小。

四、完全垄断厂商没有一条短期供给曲线

第七章已介绍过，在完全竞争情况下，无论个别厂商还是整个行业，均有一条供给曲线，即高于平均变动成本之上的边际成本曲线部分。它表示在不同的价格下有不同的供给量。但是在完全垄断情况下，却不可能有这样一条供给曲线。这是因为在完全竞争情况下，追求最大利润的厂商必须接受市场所决定的价格，然后再根据该厂商边际成本的变化情况，使其等于市场价格，从而决定了该厂商的供给量，因此，完全竞争厂商的边际成本曲线就是其供给曲线。可是，在完全垄断情况下，垄断厂商是价格的设立者，该厂商在决定其产量时，同时决定了市场价格，而市场价格和边际收益并不相等。对于某一种市场需求曲线以及其相应的边际收益曲线，只能根据该厂商的边际成本曲线与边际收益曲线的交点来确定供给量，其他任何点都不起作用。当整个市场需求状况发生变化时，边际收益曲线也发生变化，厂商又按边际成本等于新的边际收益曲线的交点来确定产量，而原来的交点则失去效力。因此，完全垄断厂商不能够仅由边际成本曲线的变化来确定供给量。对不同的需求条件来说，完全垄断厂商可能会在不同的价格水平供给同等数量的产品。还有可能当市场价格下跌时，完全垄断厂商的产量反而增加，市场价格上涨，产量反而减少，其中并无固定规律可循。总之，完全垄断厂商只能根据不同的市场需求条件逐个确定供给量，而没有一条反映一般规则的供给曲线。

第三节　完全垄断情况下厂商的长期均衡

一、完全垄断厂商的长期均衡

在完全垄断情况下，由于只有独家厂商进行生产，向市场提供产品，不会担心因获利而使其他厂商进入该行业并参与竞争。因此，从长期来看，只要厂商在其最适当的生产规模和最佳的生产量上能够获利或收支平衡，该厂商就会在该产业里存在下去，并且会不断地扩充或减少设备，以调整到能获最大利润的生产量

水平上。这时，该厂商可以独享纯利润。如果垄断厂商在长期生产中发生亏损，他必定会停止生产，退出该行业。因此，垄断厂商的长期生产活动会在有利可图情况下存在，不存在无利可图的长期生产。

当完全垄断厂商处于长期均衡时，其长期边际成本(LMC)和边际收益(MR)相等，垄断厂商可以获得最大利润。这时的生产规模就是与长期平均成本(LAC)曲线相切的短期平均成本(SAC)曲线所代表的规模。在该均衡点上，短期边际成本(SMC)曲线与长期边际成本(LMC)曲线相交。简言之，完全垄断情况下厂商长期均衡的条件是：

$LMC = SMC = MR$，同时 $SAC = LAC$。完全垄断情况下厂商长期均衡的图形见图 8-7。

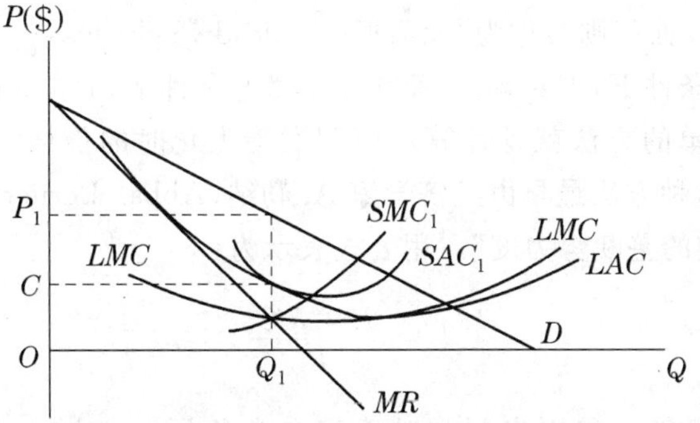

图 8-7　完全垄断厂商的长期均衡

该完全垄断厂商的长期生产均衡时的产量为 OQ_1，因为这时 LMC 曲线和 MR 曲线相交。对该厂商来说，长期均衡时的最佳生产规模是 SAC_1 所代表的规模，SAC_1 曲线与 LAC 曲线也相切于 Q_1 点。因此，该完全垄断厂商处于长期均衡时，$SMC_1 = LMC = MR$，$P = P_1$，$SAC_1 = C$，平均利润为 P_1C，总利润为 $P_1C \cdot OQ_1$。

二、完全垄断的效率分析及垄断势力的测定

垄断的效率可以通过图 8-8 加以分析。

图 8-8 中，A 点为效率产量点，均衡产量为 OQ_E，因为在该点生产时，消费者愿意购买的价格等于上升状态的边际成本，即 $P = MC$。这时的总效益为 ABC 面积所示，它由消费者和生产者双方的利益所构成。其中 AFC 为消费者剩余，AFB 为生产者剩余(生产者剩余的概念见第十一章第四节)。

可是，完全垄断厂商的生产均衡点是 E 点，产量为 $OQ_{E'}$。这时垄断厂商的产量小于效率产量点的产量而价格高于效率产量点的价格。这时就会出现垄断的非

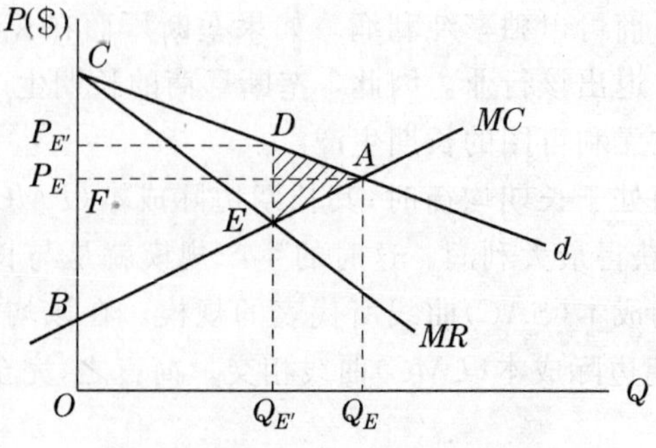

图 8-8 完全垄断条件下的无谓损失

效率现象，如图所示。总效益为 $CDEB$ 面积，它与效率产量点效益相比的差为 AED 面积。AED 面积则被称为“无谓损失”(deadweight loss)。

在完全竞争条件下，$P=MC$；而在完全垄断条件下，$P>MC$。因此，测定垄断势力的一个简单的方法就是计算厂商利润最大化时的价格(P)大于边际成本(MC)的程度。这种方法最早由经济学家 A. 勒纳(Abba. Lerner)于 1934 年首用，因此被称为“勒纳的垄断势力度”。用公式表示为：

$$L=\frac{P-MC}{P}$$

显然，其数值在 0 和 1 之间。对于完全竞争厂商来说，由于 $P=MC$，则 $L=0$。L 数值越大，表示垄断势力越大。

三、完全垄断厂商长期均衡与完全竞争厂商长期均衡的区别

两者相比，主要有以下两点区别：

(1) 完全竞争情况下厂商的长期均衡点是在长期平均成本的最低点，即处于 $LAC=LMC=SAC=SMC$ 的最低平均成本的生产规模与生产量水平上。而完全垄断情况下厂商的长期均衡是边际收益等于长期边际成本和短期边际成本。即 $MR=LMC=SMC$。这时既不是长期平均成本(LAC)的最低点，也不是短期平均成本(SAC)的最低点。两者相比，显然可以得出结论，即在完全竞争情况下社会资源的使用效率最高，而完全垄断厂商却达不到。这意味着，在完全竞争情况下，可以用最少的资源代价进行生产，而在完全垄断情况下厂商却不会这样做，因为其最大利润点为 $MR=LMC=SMC$，但 $LAC\neq LMC$。

(2) 在完全竞争情况下，市场价格等于边际收益，其长期均衡点就在 $P=LAC$ 处。这是因为在完全竞争条件下，厂商可以任意进入或退出某种产品市场。如果该行业中的生产能够获利，随着新厂商的加入，净利润最终消失。因此，在

完全竞争情况下厂商的成本较低。这意味着,在完全竞争情况下,整个社会福利较高。而完全垄断者的成本较高,因此整个社会福利较低。

第四节　政府对完全垄断的管制

从以上分析中已知,完全垄断的社会效果比完全竞争差。在完全竞争情况下,社会资源可以得到最充分的利用,消费者也可以从中获益。可是在完全垄断市场里,垄断厂商为了追求自身的最大利润,并不考虑社会效果,只愿意按边际收益等于边际成本的产量及其价格向市场提供产品。而该产品的市场价格一般都高于长期平均成本。这不仅对社会资源的最佳配置、使用不利,对消费者的利益也不利。假如政府对完全垄断的市场进行干预、管制,其结果究竟如何?这就是本节所要介绍的内容。

政府对完全垄断厂商进行管制时,采取的方法不同,其效果也不同。下面介绍政府管制的三种主要方法。

一、价格管制

价格管制(price control)就是政府采取行政性手段,强行规定完全垄断厂商的产品价格不得超过某一个水平之上。该政府规定的价格水平称为“最高限价”(ceiling price)。政府采取价格管制的目的在于防止厂商对产品价格和市场的垄断,以保护消费者的利益。采用价格管制的方法,可以减少完全垄断厂商所获得的超额利润,让消费者分享低价的好处。价格管制的方法及其作用如图 8-9 所示。

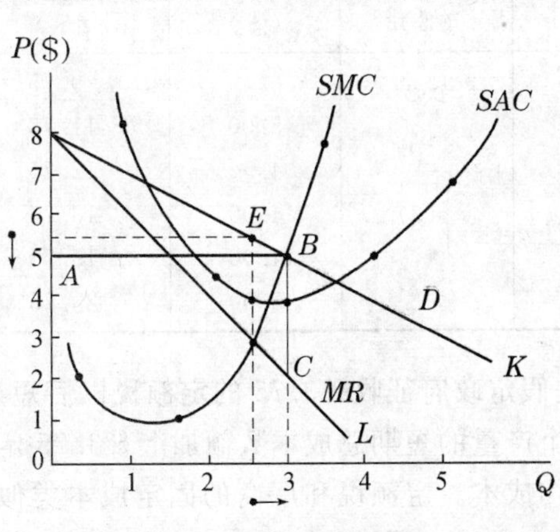

图 8-9　价格管制的效果

当政府未进行价格干预时，完全垄断厂商根据 $SMC=MR$ 的原则确定其最大利润产量点为2.5个单位，价格为＄5.5。假如政府认为该价格太高，有损消费者利益，而把最高价格强行限制为＄5。这时该完全垄断厂商所面临的需求曲线 D 发生了变化，为 ABK 曲线。同时，边际收益曲线 MR 也发生了相应的变化，为 $ABCL$。这说明，在 AB 线段的产量范围内为一完全竞争状态，完全垄断厂商在该范围内必须接受既定价格，即＄5。按完全竞争情况下厂商的均衡条件 $MR=$ 上升时的 $SMC=P$，该厂商在政府进行价格干预情况下的最大利润生产点是 B 点，这时的产量为3个单位，大于原来的2.5个单位；市场价格为＄5，小于原来的＄5.5。每个单位的平均利润由原来的＄1.5降至现在的＄1，总利润也由原来的＄3.75降至现在的＄3。

以上说明，政府采用价格管制的方法可以达到完全竞争的同样效果，价格限制可将完全垄断厂商的部分利润直接转让给消费者。不过，为了兼顾垄断厂商和消费者的双方利益，政府可以把价格限制在 E 点和 B 点之间。

二、征收定额税

定额税(lump sum tax)就是在一定的时间内政府对厂商征收的一定数量的税。采用征收定额税的手段，政府可以在不改变垄断厂商的生产量和价格的情况下，将该厂商的垄断利润完全征收。用表8-3和图8-10加以说明。

表8-3　征收定额税对成本和利润影响的计算

(1) 产量 (Q)	(2) 短期总成本 (STC) (＄)	(3) 短期边际成本 (SMC) (＄)	(4) 短期平均成本 (SAC) (＄)	(5) 变动后短期总成本 (STC′) (＄)	(6) 变动后短期平均成本 (SAC′) (＄)
0	6			9.75	
1	8	>2	8.00	11.75	11.75
2	9	>1	4.50	12.75	6.38
*2.5	10	}(3)	4.00	13.75	5.50
3	12		4.00	15.75	5.25
4	20	>8	5.00	23.75	5.94

表8-3第(5)项是假定政府征收＄3.75的定额税以后短期总成本(STC)的变化情况，即第(2)项每个产量的短期总成本数额加上＄3.75定额税。第(6)项为征收定额税后的短期平均成本。定额税和厂商的固定成本类似，因为其征收数额和产量多少无关，为一固定数额。因此，定额税对垄断厂商的短期边际成本没有影响。这可以通过第(5)项和第(3)项数字的对比看出。这样，当政府征收定额税后，

完全垄断厂商的边际收益(MR)和边际成本(SMC)都没有变化,所以生产量还是维持在原来的均衡水平点上,即2.5个单位,价格也保持在原来的水平上,即$5.50。所不同的地方在于,原来完全垄断厂商在均衡时所获利润,全部被政府以定额税的方式征去。这从图8-10中也可以看出,完全垄断厂商的原均衡状态同图8-5,由于政府征收定额税,使短期平均成本曲线由SAC上移至SAC′,而边际收益曲线MR和边际成本曲线SMC均不变。因此,产量和价格不变,利润由原来的AB变为零,该完全垄断的厂商处于收支平衡状态。

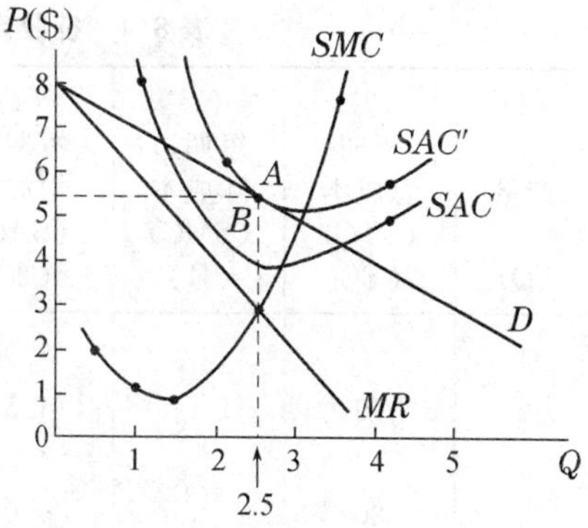

图 8-10 征收定额税的效果

政府采用定额税方法和价格管制方法的区别如下:

(1) 价格管制可以将完全垄断厂商的利益直接转移给消费者,即消费者可以享受到低价的利益。而征收定额税,价格不变,消费者不能立即享受到政府干预的好处。但征收定额税后,完全垄断厂商的利润减少甚至消失,政府可以通过财政支出的方式为人们提供福利。

(2) 价格管制可以促使完全垄断厂商增加产量供人们消费。而定额税则不会促使该厂商提高产量。

三、征收定率税

定率税(per unit tax)也被称为“单位税”,就是对每一个单位的产量或单位价格所征收的税。定率税一般分为两种:一种是“从量税”,即根据产品的数量对每一个产品所征收的一定量的税;第二种是“从价税”,即根据产品的价格按一定的百分比所征收的税。从厂商所承受的负担来看,从量税和从价税并没有什么区别,只不过征税时计算的方法不同而已。

由于定率税随生产量的多少而变化,因此它和厂商的变动成本类似。这样,其边际成本都要加上一定比例的税。边际成本变化,会影响到完全垄断厂商的均衡。当边际成本因纳税而增加时,新均衡点的价格会上升。这样,完全垄断厂商纳税的负担,部分转嫁到消费者身上,消费者因产品价格的上涨承担了一部分定率税。消费者承担的幅度究竟有多大,取决于该产品市场需求价格弹性的大小。价格弹性越小,价格上升的幅度则越大,消费者承担的部分就越大;反之,需求价格弹性越大,价格上升的幅度则越小,消费者承担的部分就越小。现以表8-4和图8-11为例进行说明。

表 8-4　征收定率税对成本影响的计算

(1) 产量 (Q)	(2) 短期 总成本 (STC) ($)	(3) 短期边 际成本 (SMC) ($)	(4) 短期平 均成本 (SAC) ($)	(5) 变动后短期 总成本 (STC′) ($)	(6) 变动后短期 边际成本 (SMC′) ($)	(7) 变动后短期 平均成本 (SAC′) ($)
1	8		8.00	10.00		10.00
		>1			>3	
2	9		4.50	13.00		6.50
		>3			>5	
3	12		4.00	18.00		6.00
		>8			>10	
4	20		5.00	28.00		7.00

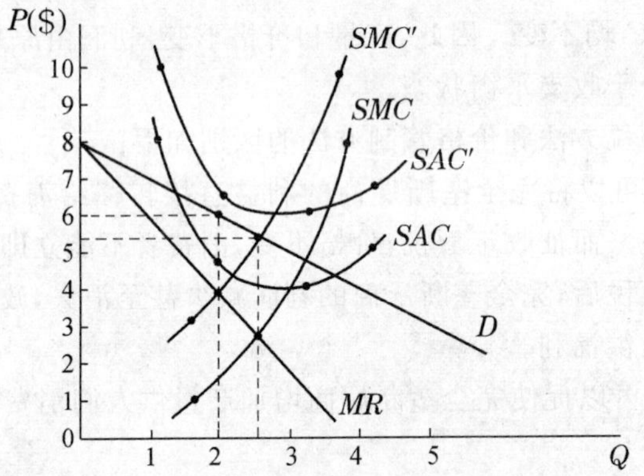

图 8-11　征收定率税的效果

表 8-4 中，(1)、(2)、(4)项均为表 8-3 中的数字。假设这时政府征收＄2 的定率税，则第(2)项中总成本(STC)按产量大小每单位增加＄2，如第(5)项 STC′所示。再根据第(5)项中数字计算征收定率税以后完全垄断厂商的边际成本 SMC′和平均成本 SAC′，如第(6)、(7)项所示。比较第(6)项 SMC′和第(3)项 SMC 及比较第(7)项 SAC′和第(4)项 SAC，可以看出，征收定率税后，边际成本和平均成本都增加了。从图 8-11 中看，SMC 曲线上升到 SMC′的位置，SAC 曲线上升到 SAC′的位置。新均衡点的产量由 2.5 个单位下降到 2 个单位，价格由＄5.50 上升到＄6。(消费者承担了一部分政府征收的定率税。如果需求曲线 D 的弹性越小，价格上升的则更多。)而这时该完全垄断厂商的平均成本 SAC′为＄6.50，每单位亏损＄0.50，总计亏损＄1。只要总收益大于总可变成本，即 $TR > TVC$，该厂商仍然会留在该产业里，当总收益小于总可变成本时，即 $TE < TVC$，该厂商则退出该产业的生产。

第五节 完全垄断的价格差别

完全垄断厂商可以决定其产量和价格,因而为获得最大可能的垄断利润,可以通过差别取价的方法来增加其总收益。所谓差别取价,是指完全垄断厂商对不同市场的消费者,或对同一消费者不同的购买量,分别以不同的价格销售。这种取价的方法不可能出现于完全竞争的市场,因为完全竞争市场的个别厂商的行为不能影响价格,而垄断者却可以做到。

差别取价的方法可以分为三种,现分别进行介绍。

一、第一级价格差别

所谓第一级价格差别(first-degree price discrimination)是指完全垄断厂商在销售其产品时,每个产品均以不同的价格出售以获得最大可能性收入。第四章第一节中分析消费者行为的理论中,曾介绍过西方经济学关于边际效用价值的观点。按此观点,商品的价格是按边际效用的大小来确定的。效用大,价格必高,效用小,价格必低。第一级价格差别则假定完全垄断厂商能够做到根据每一个产品对每一个消费者所产生的效用大小来取价,即在差别价格下没有消费者剩余。其图形可见图 4-2,在差别价格下,图中空白部分不复存在。该图中,在存在消费者剩余情况下,厂商只能获得＄12 的总收益(即 ＄2 × 6)。而在一级差别价格下,完全垄断厂商可以获得＄28 的总收益(即 ＄7+ ＄6+ ＄5+ ＄4+ ＄3+ ＄2+ ＄1= ＄28)。其中＄16 的消费者剩余(＄28 - ＄12 = ＄16)完全消失。在实际经济活动中,采取第一级价格差别的取价方法非常罕见,它只有在两种情况下才有可能:一种情况是完全垄断厂商的产品销售对象数量很少;另一种情况是完全垄断厂商能够精确地知道每个消费者所愿意接受的最高价格。

二、第二级价格差别

所谓第二级价格差别(second-degree price discrimination),是指完全垄断厂商将其垄断产品分批定价出售,以获得较大的收益。比如,将某产品分三批出售。第一批所有产品的销售价为＄10,第二批所有产品的销售价为＄8,第三批所有产品的销售价为＄6。在第二级价格差别下,完全垄断厂商获取一部分,而不是全部的消费者剩余。

第二级价格差别在实际生活中较为常见。例如,煤气公司对消费者取价的情况如图 8-12 所示。

图 8-12 中，Q 代表某消费者每月消费煤气的数量；P 代表煤气的单位价格；D 代表每一个消费者对煤气的需求曲线。假如某个消费者每月只购买 OQ_1 数量的煤气，则煤气公司对其收取较高的单价 OP_1；如果消费者每月购买的煤气数量超过 OQ_1，比如 OQ_2，煤气公司对其超过部分收取 OP_2 的较低单价；当消费者每月购买的数量超过 OQ_2 时，比如 OQ_3，煤气公司对其超过部分则收取更低的 OP_3 单价。这样，对不同数量的部分收取不同的价格以后，煤气公司从该消费者获取的总收益为图中阴影部分。因为该消费者对 OQ_1 部分支付 OP_1 的单价，对 (OQ_2-OQ_1) 部分支付 OP_2 的单价，对 (OQ_3-OQ_2) 部分支付 OP_3 的单价。

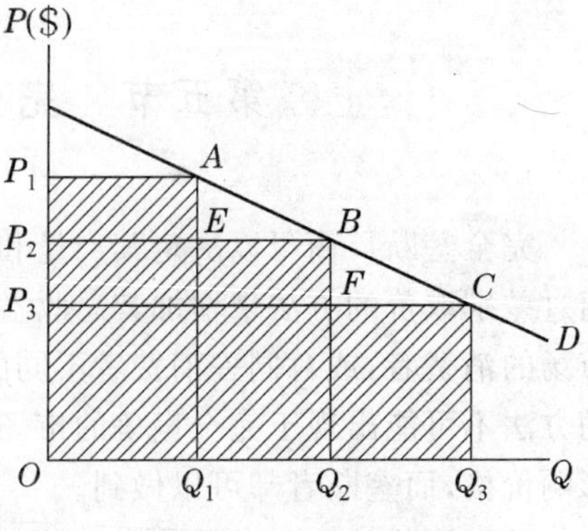

图 8-12 第二级价格差别

显然，煤气公司采取分批取价的方法，能够在相当程度上提高其总收益和总利润。因为按市场需求该煤气公司如想销售 OQ_3 数量的煤气，只能将价格定在 OP_3 水平上。其总收益只有 OP_3CQ_3 部分，比图中阴影部分少。采取分批定价的方法，煤气公司获取了部分消费者剩余。类似上述第二级价格差别的取价现象，在现实社会还有许多。例如在水、电、邮政、电信等社会公用事业中，大都采用这种方法。如电信公司根据每天 24 小时中不同的时间，按不同的标准收取电话费用。邮政局根据邮件的数量和重量不同，所取邮资也不同。

三、第三级价格差别

第三级价格差别(third-degree price discrimination)是指完全垄断厂商对同样的产品在不同的市场取不同的价格。现以图 8-13 进行说明。

图 8-13 中，完全垄断厂商面临着两个不同需求状态的市场 D_1 和 D_2，这两个市场的边际收益分别为 MR_1 和 MR_2，将这两个市场的边际收益曲线相加得到 ΣMR 曲线，这时该厂商的均衡产量为 OQ_3。可是 OQ_3 数量的产品分别销售到两个不同的市场里。如果产品在第一个市场里销售所获得的边际收益大于在第二个市场里销售所获得的边际收益，那么该厂商一定会将

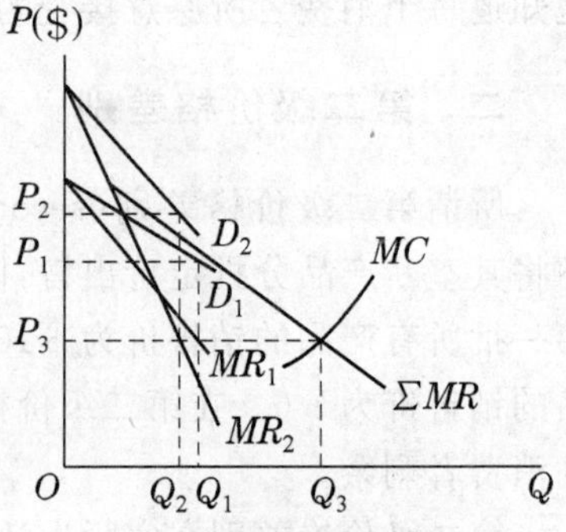

图 8-13 第三级价格差别

产品运往第一个市场里销售,以获得更多利益;反之,如果该产品在第二个市场里销售所获得的边际收益大于在第一个市场里销售所获得的边际收益,该厂商则将会把产品运至第二个市场里销售。无论哪个市场,当产品增加供给数量时,其价格必定下降,因而其边际收益也会下降。这样,完全垄断厂商最终一定会将两个市场的销售量调整到 $MR_1 = MR_2$ 上。即图中 $OQ_3 = OQ_1 + OQ_2$,这时两个市场的边际收益相等,都为 P_3。

当完全垄断厂商按第三级价格差别取价时,两个市场的边际收益相等。这时,该产品在哪个市场上的售价较高?这个问题取决于两个市场对该产品的需求价格弹性的大小。现用下面的数学方法加以说明。

以 MR_1 和 MR_2 分别代表两个不同市场的边际收益;P_1 和 P_2 分别代表产品在两个市场的价格,e_1 和 e_2 分别代表两个市场的需求价格弹性。根据前面介绍的原理可以得出:

$$MR_1 = P_1\left(1-\frac{1}{e_1}\right);\ MR_2 = P_2\left(1-\frac{1}{e_2}\right)$$

因为 $MR_1 = MR_2$,所以

$$P_1\left(1-\frac{1}{e_1}\right)= P_2\left(1-\frac{1}{e_2}\right)$$

$$\frac{P_1}{P_2}=\frac{1-\frac{1}{e_2}}{1-\frac{1}{e_1}}$$

从上述分式中可以得出如下结论(因为需求价格弹性为负值,所以这里的弹性均视为绝对值):如果 $e_1 = e_2$,则 $P_1 = P_2$;如果 $e_1 > e_2$,则 $P_1 < P_2$;如果 $e_1 < e_2$,则 $P_1 > P_2$。

显然,在第三级价格差别情况下,需求价格弹性较大的市场,产品的价格较低;需求价格弹性较小的市场,产品的价格较高。

第三级价格差别也有一些实际范例,例如电力公司对普通家庭用电和工业用电这两个不同的市场分别采取不同的收费标准。再比如在国际贸易方面,销售同一产品时,在本国市场与别国市场分别定不同的价格。一般来说,外国市场价格偏低,而本国市场价格偏高。这是因为外国市场的需求价格弹性通常大于国内市场的缘故。

以上介绍了第三级价格差别的基本原则,最后还需要说明,第三级价格差别的存在必须有以下两个前提:

(1) 不同市场必须分割开来。否则甲市场中的购买者获知乙市场中的价格低,便转移到乙市场中去购买;或反过来,乙市场中的购买者知道甲市场中的价格低,而跑到甲市场中去购买,这样,差别价格则无法成立。

(2) 不同市场里的需求曲线,其价格弹性各不相同。如果需求曲线完全相同,价格也完全一样,差别价格便无法成立。

思考题

1. 完全垄断的条件是什么?
2. 用图形说明完全垄断情况下厂商的总收益和销售量之间的关系。
3. 证明完全垄断情况下厂商面临的需求曲线和边际收益曲线之间的对应函数关系。
4. 在完全垄断情况下,厂商的边际收益与价格之间存在着什么关系?
5. 用图形分析完全垄断情况下厂商的短期均衡,并与完全竞争情况下厂商的短期均衡进行比较。
6. 在完全垄断情况下厂商长期均衡的条件是什么?
7. 作图分析垄断和效率并说明垄断势力的测定方法。
8. 解释政府对完全垄断进行管制的三种主要方法。
9. 完全垄断的价格差别有哪几种?分别加以说明。
10. 某完全垄断厂商向满足第三级价格差别条件的 A、B 两个市场销售 10 件产品。已知厂商在 A 市场的边际收益函数为 $MR_A = 150 - 10Q_A$,在 B 市场的边际收益函数为 $MR_B = 350 - 90Q_B$ (Q_A 和 Q_B 分别是 A、B 市场的销售量)。求该厂商获得最大利润在两个市场的销售量分别是多少?

第九章 市场理论(三)——垄断竞争市场理论

完全竞争和完全垄断这两个市场在现实生活中是不存在的。对这两种市场模型的研究主要是认识这两种极端状态下市场运行的规律,用以解释鼓励竞争、反对垄断的理由。在现实世界,实际存在的是介于上述两种市场模型之间的状态——垄断竞争和寡头。这两种市场模型又被称为“不完全竞争的市场模型”。本章先介绍垄断竞争市场模型。

第一节 垄断竞争情况下的市场需求

一、垄断竞争的定义

完全竞争和完全垄断的市场模式是两个极端的市场类型,它们在现实经济活动中都是极为罕见的。在微观经济学发展史中,直到 20 世纪 20 年代末 30 年代初,除了一些极为简单的“双头垄断”模型以外,只有完全竞争和完全垄断两种市场模型。在此之前,西方经济学家们都认为使用这两种市场模型足以使他们能够分析任何市场。他们也知道有些市场是和这两种市场都不相同的,但他们认为将这两种市场结合在一起便可以分析任何一种案例。后来,英国剑桥大学的经济学家斯拉法首先指出了这两种模型的局限性,其他一些经济学家也附和他的看法。1933 年,英国剑桥大学的罗宾逊(J. Robinson)和美国哈佛大学的张伯伦(Edward Chamberlin)同时提出了第三种市场模式,罗宾逊称之为“不完全竞争”,张伯伦称之为“垄断竞争”。他们的理论大同小异，现在一般都采用张伯伦的表述方式。

所谓“垄断竞争”(monopolistic competition)，就是指有许多厂商在市场中销售近似但不完全相同的产品。张伯伦认为：现实的市场既非完全竞争性的，又非完全垄断性的，而是竞争和垄断的混合。在市场中，有许许多多的销售者，他们的产品并非完全同一，或多或少总有一些差异。从某种意义上说，他们是自己产品的“垄断者”，但是这些“垄断者”又相互竞争，因他们的产品近似可互相替代，因此，他们是“竞争的垄断者”，存在着这种既垄断又竞争现象的市场被称为“垄断竞争”市场。

按照张伯伦的理论，绝大多数厂商都面临着互相替代的局面，大多数的商品不管出自哪个厂家，在性质和质量上都不可能像完全竞争的模型所假设的那样是均一的。每个厂商对其产品都有一定程度的垄断性，厂商对其产品的垄断性产生于“产品差别”。所谓产品差别，或是指厂商之间的同类产品在设计、制造上有所不同，例如各种不同牌号的小汽车，不同风味的烟、酒等；或是指商标名称对消费者的印象等不同。其中，有些差别是真正的差别，有些差别仅仅是消费者心目中的想象。只要消费者感到差别存在，就会影响他们的偏好。例如，在同一地方生产的同一品种的蜜橘，在两个工厂制成质量相同的罐头，由于商标的不同，有的消费者愿意多付几分钱去买贴有甲商标的罐头，有的则对贴有乙商标的罐头更喜欢一些。

产品的差别也可能是由于技术上的某些细微的改变造成的，例如，把电视机的开关旋钮改为按钮，或在产品的包装、颜色和规格等方面有所不同。甚至地理位置、服务态度和工作效率等也是形成产品差别的因素。此外，厂商还可以通过广告宣传的方法造成差异，从而招徕买主。

由于上述产品差别，使不同的厂商对自己的产品具有一定的垄断性。但是，这种垄断性通常都是很小的、有限的，因为同类产品之间的差异毕竟不大。在完全竞争的市场中，很容易根据产品来对厂商划分行业，因为产品完全相同。而在垄断竞争的市场中却因产品差别而不容易做到。从某种意义上说，具有差别产品的每一家厂商，本质上就是一个行业。张伯伦提出，在产品差别情况下，可以把那些生产非常近似的同类产品的厂商予以合并分组，并称之为“产品集团”。这就是说，“产品集团”是用来表示生产某种同类产品的厂商的总和。例如，把所有男衬衫称为“男衬衫集团”，不管各式各样衬衫的差异。这种分类方法带有任意性，因为在很多情况下在分类时均出自主观。例如，口香糖和香烟是一种替代品，至少对戒烟者来说是如此，可是人们却不把口香糖划为香烟产品集团中；另一方面，对许多人来说，脱精咖啡并非是普通咖啡的替代品，可是却很少有人不把前者划在咖啡集团中。张伯伦认为，不管怎样，对具体商品总是可以进行分类的。

张伯伦理论的假定条件有以下几种：

(1) 每一种差别产品均是由许多厂商生产出来的，在同一产品类型中，它们是可以互相替换的。

(2) 由于生产同类产品的厂商数量很多,因此对每个厂商来说,其竞争力是微不足道的,当它采取竞争措施时,很容易促使其他厂商采取报复性行为。

(3) 生产同类产品的所有厂商所面临的需求曲线和他们的成本曲线都相同。这一点假设过于严格,因为既然产品有差异,则其需求曲线和成本曲线也将有差异。

许多零售业具有垄断竞争的特点。例如,汽车加油站、成衣商店和药店等都符合垄断竞争的模型。在垄断竞争情况下,一个厂商可以从三个方面来影响其销售量,即变动价格、改变其产品的某些特性以及采用广告和促销手段。下面主要讨论第一个方面。

二、垄断竞争厂商所面临的市场需求曲线

在垄断竞争情况下,许多厂商可以在近似的产品上彼此间互相替代竞争。因为产品又各自存在着差异,每个厂商对自身的产品有一定程度的价格控制能力,因而每个厂商都有其独自所面对的从左上到右下倾斜的需求曲线。但是,由于有许多厂商在近似替代品上的竞争,这条需求曲线的价格弹性很大。既然垄断竞争情况下的产品有差别,便无法像完全竞争条件下那样,可以求出整个市场的需求曲线和供给曲线。因此,在垄断竞争情况下,只有个别厂商的曲线分析,而没有整个产业市场的供求分析。

现以图 9-1 为例进行分析。

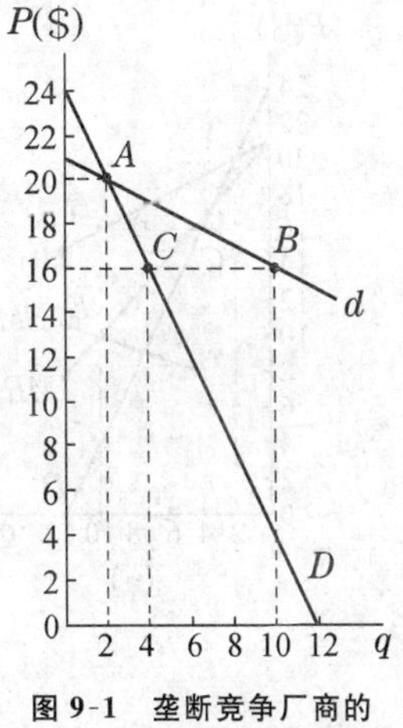

图 9-1　垄断竞争厂商的需求曲线

图 9-1 中,某垄断竞争厂商有其自身的产品市场需求曲线 d,这条线又被称为主观需求曲线。比如原来的价格为＄20 时,其产品销售量为 2 个单位。这时,假如该厂商把价格降到＄16,在这种情况下,假如其他生产同类产品的厂商对其降价不作出竞争反应,则该厂商的市场销售量可以增至 10 个单位,即沿着 d 曲线从 A 点移至 B 点。可是,在通常情况下,在一定的市场中,消费者的需求是有一定的数量的(假定其他条件不变),如果该厂商因降价而增加了该产品的销售量,则其他厂商的销售量将会因此而减少。这样,其他厂商为了保护自身的利益,很可能也会跟着降价。假如其他厂商都跟着降价,原来那个厂商的需求曲线就会发生变化,由 d 变为 D,D 为客观需求曲线。其销售量就不能增至 10 个单位,而只能增至 4 个单位,即沿着 D 曲线从 A 点移至 C 点。显然,D 曲线的价格弹性比 d 曲线的价格弹性小。需求曲线从 d 至 D 的移动幅度,取决于其他垄断竞争厂商的产品销售量的多少。

第二节　垄断竞争情况下厂商的短期均衡

如上所述,在垄断竞争情况下,每个厂商有其自身的负斜率市场需求曲线。垄断竞争的市场不像完全竞争的市场,价格由市场决定,个别厂商只是市场均衡价格的接受者。垄断竞争厂商所面临的市场需求曲线的形状虽然和完全垄断相同,但并不意味垄断竞争厂商能像完全垄断厂商那样可以自行确定市场价格。在垄断竞争的市场这一概念中,竞争的含义在于个别厂商面对着其他生产同类产品的"不完全竞争",因而个别厂商不能随意确定自己产品的价格。它必须既要考虑到自身个别产品的需求曲线,又同时要考虑到存在类似替代品竞争情况下的需求曲线。

由于垄断竞争厂商的个别需求曲线为负斜率,因此其边际收益曲线也为负斜率,而且位于需求曲线之下。垄断竞争情况下的短期均衡,在"垄断"这一点上,与完全垄断者完全相同,就是短期均衡条件为边际收益等于上升时的边际成本,即 $MR=$ 上升时的 SMC。这一点上的产量对个别厂商的利润最大。但是,在"竞争"这一点上,由于其他厂商也都会在各自的均衡点上求其最大利润,因此,垄断竞争厂商的短期均衡,还必须是在其他厂商的竞争下,使该厂商的原弹性较大的需求曲线同新的弹性较小的需求曲线相交于均衡价格的水平点。现以图 9-2 说明如下。

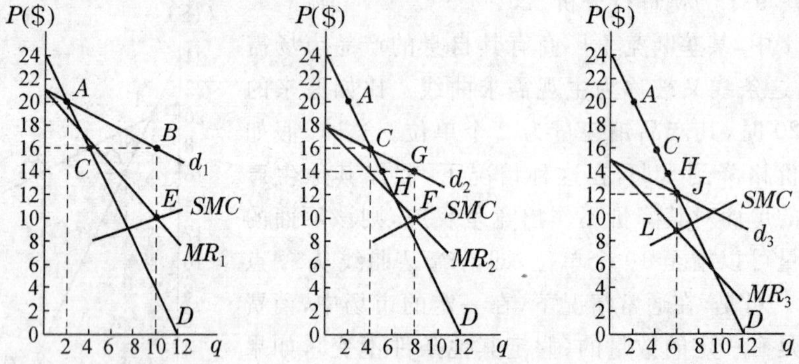

图 9-2　垄断竞争厂商的短期均衡过程

图 9-2 中表明了垄断竞争厂商的短期均衡过程。假设 d_1 为该厂商所面临的原需求曲线,当价格在 A 点时,即 \$20 时,产量为2 个单位,如(a)图所示。该厂商为了追求最大利润,会在 $MR=SMC$ 的条件下生产,即在 E 点上生产,这时的价格为 B 点,即降到 \$16,产量为 10。但是,由于其他厂商也随之降价,因而该厂商

在＄16价格时的实际产量为4个单位,如(a)图中C点所示。当所有的厂商都降价以后,该厂商又会出现一条自身所面临的新需求曲线d_2,如(b)图所示,但C点显然不是短期均衡点。该厂商又会将其生产量调整到F点,这时的价格又降到＄14,产量为8个单位。同理,当该厂商将价格由＄16降至＄14时,其他厂商又会跟着降价,因而该厂商的实际产量为H点,即5个单位。这时,该厂商又会面临一条新的自身需求曲线,因而上述过程又继续发生。整个过程一直延续到最后该厂商的价格降到图(c)中的L点上,这时$MR = SMC$,同时在该点的价格水平J点上又是d_3曲线和D曲线的交点,整个降价过程到此终止。因此,J点就是该垄断竞争厂商的短期生产均衡点。在均衡点上,该产品均衡的市场价格为＄12,均衡的产量为6个单位。同时还应注意,在一般情况下,当垄断竞争厂商处于短期均衡状态时,均衡价格大于或等于平均变动成本,即$P \geqslant AVC$。其原理和完全垄断情况下厂商的短期均衡相同。

第三节　垄断竞争情况下厂商的长期均衡

一、垄断竞争厂商的长期均衡

长期的概念,前面已多次谈到,是指厂商可以任意变动一切生产投入要素,诸如资本、设备、厂房、原料、劳动力等。同时也包括新厂商进入市场或原有厂商退出市场。因此,垄断竞争情况下的长期生产,也有长期平均成本和长期边际成本。长期均衡的条件仍然是长期边际成本等于边际收益,即$MR = LMC$。假如垄断竞争厂商在短期均衡时有利润可获,新厂商就会加入该产品集团的生产行列,原来的厂商所获利润逐渐减少,直到没有利润为止,这时的价格等于长期平均成本,即$P = LAC$。当然,当新厂商准备加入时,原有厂商会通过技术改进或竭力大做广告宣传的方法以保持或增加其利润。如果只有一两家厂商这样做,他们也许会成功。但是,在垄断竞争条件下,所有厂商都会采取同样的行动,角逐力量将互相抵消。其结果,销售量并不会显著增加,而成本反而提高。反之,假如垄断竞争厂商在短期均衡时亏损,则会有厂商退出市场,这样利润又会上升。总之,在$P = LAC$状态下,既没有新厂商加入市场,也没有原厂商退出市场,这时的垄断厂商处于长期均衡状态。在长期均衡状况下,垄断竞争厂商仍然能够获取已被包括在成本中的正常利润,所消失的只是超额利润。

垄断竞争厂商长期均衡的图形如图9-3所示。

图9-3中,需求曲线D和J点与图9-2中(c)图相同。该垄断厂商处于短期

均衡状态。由于在 J 点上 $P > LAC$，该厂商有利可获。新厂商会因此而加入市场，从而使原厂商的产品在市场中所占份额下降，需求曲线 D 左移到 D' 曲线的位置上。在 D' 曲线上，该厂商的长期均衡点为 M 点，即价格为 \$8，产量为 4 个单位。M 点是 LAC 曲线和 d' 曲线的切点。这时，$MR = LMC$，同时 $P = LAC$，该厂商无超额利润可赚。当然，该厂商在 M 点时也是处于一个短期均衡状态，不过它同时又是长期均衡状态。在该状态下，既无厂商进入市场，也无厂商退出市场。

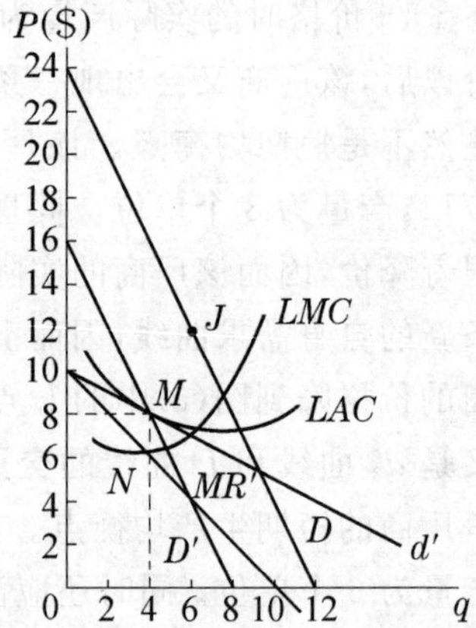

图 9-3　垄断竞争厂商的长期均衡过程

二、理想产量和超额能力

在分析垄断竞争情况下的长期均衡时，微观经济学有以下两个概念。一个概念是“理想产量”，它指的是厂商在长期平均成本最低点时所能够生产出来的产量。在该点进行生产的工厂被称为“理想工厂”，即其短期平均成本曲线相切于长期平均成本曲线的最低点。如图 9-4 中的 OQ_1 就是理想产量，这时 SAC_1 相切于 LAC 的最低点。第二个概念是“超额能力”，它是指垄断竞争厂商长期均衡时的实际产量和理想产量之间的差额。图 9-4 中，E_3 为均衡点，超额能力就是 $(OQ_1 - OQ_3)$，即 Q_3Q_1。

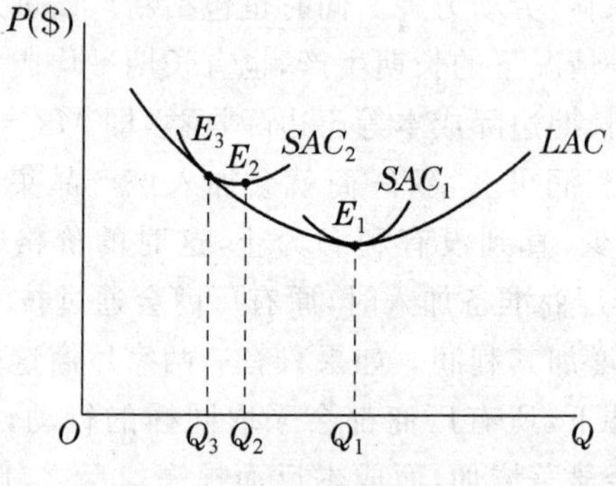

图 9-4　理想产量与超额能力

在垄断竞争情况下，总会出现“超额能力”的现象，这就是说，垄断竞争的厂商一定不会在长期平均成本的最低点进行生产。原因是“理想产量”的平均成本高于价格，厂商在这一点生产时会蒙受亏损，这可以从图 9-3 中的长期均衡状态中看出。图中，LAC 曲线的最低点为 LMC 曲线和 LAC 曲线的交点，显然，它高于理想产量的市场价格，却低于均衡点 M 的价格。同时，从该图曲线关系中可以看出，因

为需求曲线 d' 为一负斜率曲线，所以当长期均衡时，长期平均成本曲线 LAC 也必然是相切于 M 点的继续向下倾斜的曲线。由于 LAC 曲线在"理想产量"点之前均为一负斜率曲线，因此，长期均衡产量必少于"理想产量"。

"超额能力"又可分为两部分，如图 9-4 所示。SAC_2 为垄断竞争厂商长期均衡最佳规模，SAC_1 为社会最佳规模。"超额能力"的第一部分是 Q_3Q_2，即长期均衡产量到长期均衡最佳规模的平均成本最低点(E_2)部分。它表明，厂商按长期均衡最佳规模生产时，对社会资源利用不充分。"超额能力"的第二部分是 Q_2Q_1，即长期均衡最佳规模的平均成本最低点(E_2)到长期平均成本的最低点(E_1)的部分。它表明，这种"超额能力"是由于社会和个别厂商之间的最佳规模不一致所产生的，垄断竞争的厂商并没有最合理、最充分地使用社会资源，以使其产品的长期平均成本降到最低点。

从以上分析中可看出，垄断竞争厂商的长期均衡生产规模总是小于"理想工厂"的生产规模。这意味着，就整个垄断竞争的产业来说，在长期均衡时，其生产设备和人数必然偏多。因为假如每个厂商都能够选择最佳生产规模，同时又能够最大限度地发挥这些生产规模的效能，那么每个厂商的产量均可大量增加，从而对于一定的市场供给量只要较少的厂商供给就够了。可是，实际上却不是这样，从经济效率的角度讲，垄断竞争的市场过多地使用了社会资源，造成了生产资源的浪费。

在实际生活中，也常常可以看到这种情况。例如加油站、杂货铺和食品站等，其设备能力一般并不需要充分利用，就能满足日常顾客的需要。如果充分利用全部生产能力，则产出一定过剩，销售不出去。可是，减少这些生产设备，靠这些设备充分发挥作用来增加供给事实上也是行不通的，因为人们对产品的需要除了对基本性质的需要以外，还有对其产品差异方面的需要，例如颜色、款式、大小、配套服务等。

三、垄断竞争和完全竞争及完全垄断的比较

微观经济学家认为，严格地讲，把垄断竞争市场的长期均衡模型和完全竞争以及完全垄断市场的长期均衡模型相比较是很困难的。因为不同类型市场组织的产品前提条件不一致。在后两种市场模型中，产品是均一性的或独家产品，而垄断竞争市场中的产品是非均一性的，在非均一性情况下，各个厂商的成本曲线也是不同的。不过，许多西方经济学家还是试图将它们进行比较，并提出了以下三点主要区别：

(1) 垄断竞争厂商同完全竞争厂商相比，前者的生产量比后者少，而产品价格比后者高。这是由于垄断竞争厂商所面临的需求曲线是一条负斜率曲线，并非像完全竞争情况下为一条弹性无限大的曲线。因而其边际收益小于价格，其产量必

然少于完全竞争情况下边际成本等于价格时的产出量。但是，上述这种差别可能并不太大，因为垄断竞争的厂商所面临的需求曲线，其弹性也极大，非常接近于完全竞争厂商所面临的需求曲线无限大的弹性。

(2) 垄断竞争厂商同完全垄断厂商相比，前者所获利润少于后者，而产量比后者大，价格比后者低。例如，假设同属一个产品集团的垄断竞争厂商采取密谋串通的方法统一行动，他们的行为则相同于完全垄断厂商的行为，从而可以获得更多的利润。这可以通过图 9-3 加以说明。图中 M 点是垄断竞争厂商的长期均衡点。需求曲线 D' 在小于均衡产量的部分高于长期平均成本曲线 LAC，当厂商在小于均衡点范围生产时，$P > LAC$，从而能获利，但是消费者的负担加重。

(3) 垄断竞争厂商的经济效率低于完全竞争的厂商。这是由于存在着超额能力的缘故，前面已作过解释。不过，经济效率的差别可能也并不太大，因为在垄断竞争情况下的需求曲线弹性较大。需求曲线的弹性越大，厂商所具有的超额能力则越小。

许多西方经济学家在垄断竞争对社会福利产生的影响方面作过大量研究，但成功者极少，因而不能明确断言垄断竞争的社会效益究竟是好还是坏。一方面，一些经济学家强调垄断竞争所造成的社会资源的浪费，他们认为在垄断竞争情况下厂商过多，不同商标的同类商品太多，竞销手段太多，产品差别的假象太多。而另一方面，正是由于同类产品的名目繁多的差别，才使消费者具有从中选择的可能性，从而能够满足各种不同的偏好。因此，垄断竞争的条件又造福于人类。产品差别在市场不完善的情况下，究竟是提高了还是降低了消费者的福利？对此，西方经济学家至今尚没有给出完善的回答。

四、对垄断竞争模型的批评

自从 20 世纪 30 年代以来，西方经济学家已熟悉了垄断竞争的模型。但是，这一模型在经济分析上并不占居重要地位。其部分原因是由于在分析经济行为时，许多经济学家仍采用完全竞争或完全垄断的模型进行解释。凡这两个模型不能解释的，常采用下一章将要介绍的寡头模型（只有少数卖方）来解释。

另一方面，在理论本身方面，垄断竞争的模型遇到了有力的挑战。最有代表性的就是美国经济学家施蒂格勒教授对该模型提出的激烈批评。旋蒂格勒认为，张伯伦关于“产品集团”的定义是不能成立的。他指出，每一个产品都有许多密切的替代品，而这些替代品都不易符合每一个产品集团的分类定义。旋蒂格勒列举了纽约市的居民住宅为例。他观察了住宅的设备，从房地产到贫民窟都有。另外，住宅设备在地理位置上也有差别，近的延伸几个州，远的延伸到全世界。因此他认为，所谓“产品集团”极可能只包括一个厂商。反过来，也极可能包括整个经济社会的全体厂商。对“产品集团”的划分带有极大的任意性。既然“产品集团”的定义不能成立,因此垄断竞争模型中关于需求曲线的解释亦自然不能成立。

此外,一些经济学家对垄断竞争模型中关于“超额能力”的解释提出了质疑。例如,英国经济学家哈罗德认为,垄断竞争模型中采用短期边际收益曲线和长期边际成本曲线相交来确定厂商的最佳规模和产量是互相矛盾的。假如采用长期边际收益曲线来分析,则厂商的产量会增多,因为长期的需求曲线弹性较大,故长期边际收益曲线的弹性也较大,这样,哈罗德认为“超额能力”比张伯伦模型中所提出的要少得多。

还有一些西方经济学家认为,现实世界中像垄断竞争模型中提出的市场类型是极少的,因而对垄断竞争市场所作出的种种假设均不能令人信服。按垄断竞争理论假定:市场中存在如此多的厂商以致不考虑竞争对手的反应,所有厂商的活动同时进行而不是互相影响,从而不以人们意志为转移的市场力量,像在完全竞争条件下那样,终于使厂商在长期中只获得正常利润。上述这种假定背离了市场的实际情况。厂商一般都互相影响,并预期竞争对手的行动而采取对策。

思考题

1. 垄断竞争的定义是什么?
2. 垄断竞争厂商面临的需求曲线具有什么特点?
3. 用图形解释垄断竞争厂商短期均衡的过程。
4. 什么是理想产量和超额能力?为什么在垄断竞争的长期均衡时,总会出现超额能力现象?
5. 将垄断竞争分别同完全竞争和完全垄断相比较,说明其主要区别。

第十章 市场理论(四)——寡头市场理论

上一章介绍了不完全竞争市场的其中一种状况——垄断竞争,本章则介绍另外一种状况——寡头市场的模型。在现实生活中,人们反对的垄断现象并非是完全垄断意义上的垄断,而通常是寡头垄断意义上的垄断。因此,寡头垄断模型能够对现实世界的垄断现象提供更好的解释。

第一节 寡头市场的垄断条件

一、寡头的定义

所谓"寡头"(oligopoly)垄断市场,是指这样一种市场结构,在这种市场里,一种产品只有少数几家厂商经销,而这几家厂商中任何一家的竞争行动,都会影响其他几家的生产量和利润。寡头是垄断的一种,又被称为寡头竞争或寡占。

就市场模型而言,寡头市场是介于前面三种市场之间的一种市场状态。在完全垄断情况下,市场中只有一个卖方,竞争是不存在的;而完全竞争和垄断竞争的情况恰好相反,市场中有许许多多厂商,竞争是存在的,但是作为个别厂商来说,其产量和价格对其他厂商的影响微乎其微。而寡头却不同,既不是独家垄断,也不是个别厂商的行动对其他厂商的影响力不大,当某一寡头厂商采取行动时,必对其他寡头厂商发生重大影响。寡头市场的极端例子是"双头垄断",即市场中只有两家寡头厂商。寡头市场中厂商的数目不多,因此,每一个厂商必定能敏锐地意识到其竞争对手的行动以及他们对自己的政策变化的反应。正因为如此,寡头市场的个别厂商所考虑的因素,远比其他市场中的厂商多。他不但需要考虑自身产品的成本结构与市场需求情况,更要严密注视其他厂商的一举一动。因为其他厂商的竞争行动,足以影响到消费者对其产品的需求变化,因而影响其产品销路。这样,寡头市场中的厂商之间,便产生了一种相互依赖的关系。由于这种紧密相连的关系,使得每个寡头厂商的行动都带有很大的不确定性,即当一个厂商在确定其产量时,必须预测其他厂商将会采取什么行动,每一种行动对自己将产生什么影响,为了抵消这一影响,自己将采取何种行动以作相应的反应或报复。因此,在研究寡头的均衡时,无法获得一般的寡头价格理论。对寡头对手作出不同的假设,就会产生不同的寡头理论。所以,关于寡头的价格理论,只有许多不同的单独解释模型,没有适用于一般情况的共同理论。

二、寡头市场的假定条件

关于寡头市场,有以下三个假定条件:

(1) 为便于分析起见,假定在一个寡头市场里的产品是同质均一的。实际上,绝大多数的寡头垄断是以产品差别为其特征,但是,为了分析的需要,都假定这些差别并不太重要。因为无论寡头厂商之间是否生产相同的产品,他们都是互相依存的。

(2) 假定寡头厂商是在完全竞争的市场中购买各种生产投入要素。这种假定可能真实,也可能不真实。因为有些生产投入要素的购买活动属于这些情况,有些却不尽然。不过,即使当这一假定条件违背现实,只不过对寡头厂商的成本曲线略有影响而已。

(3) 由于寡头厂商在市场中互为依存,在反托拉斯法的限制下,寡头厂商如果互相串谋,可能获利更大。但在分析寡头理论时,除少数特定的串谋寡头垄断模型外,一般均假定每个寡头厂商的行为都是独立的。这就是说,在一般情况下均排除互相串谋的情况。

第二节　寡头模型

一、古尔诺模型

最早对寡头垄断进行研究的是19世纪法国经济学家奥古斯丁·古尔诺(Augustin Cournot),其模型被称为“古尔诺模型”。古尔诺研究的是两个寡头厂商垄断的市场问题。

古尔诺以他著名的"矿泉"案例来说明其模型。他假定提供相同矿泉水的两个矿泉位于一起,一个为A厂商占有,一个为B厂商占有。矿泉实际上是自流泉,购买者必须自备容器。两个厂商除了掘井时所费固定成本外,别无其他成本,特别是无边际成本。这就是说,两个厂商是在销售成本几乎等于零的情况下进行的。这样构成的寡头垄断市场如图10-1所示。

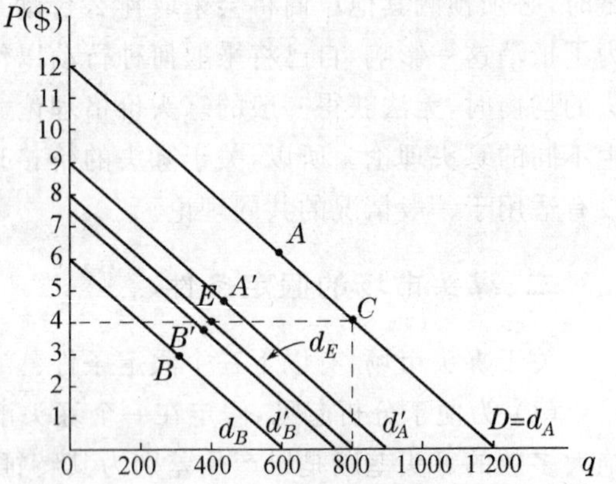

图10-1 古尔诺模型

图10-1中,假设在生产成本等于零的市场里,矿泉水的消费需求曲线为D曲线。如果整个市场只有A一个厂商,这相当于完全垄断的市场,其利润最大点必定是D曲线的中点A点,因为A点产量的$MR = MC$,而$MC = 0$,这是完全垄断情况下的均衡点。这时A厂商的产量为600个单位,均衡价格是$6,利润是$3 600。可是,当B厂商进入该市场生产和销售时,他会假设A厂商的销售量固定为600个单位,而整个市场的最大需求量为1 200个单位,即价格等于零时的需求量。因此,除去A厂商销售的600个单位外,还剩下600个单位的市场容量。于是B厂商认为这部分市场需求是属于他的,故B厂商的市场需求曲线为d_B。同样,为追求最大利润,B厂商也会在d_B曲线的中点B点生产和销售。这时B厂商的产量为300个单位,市场价为$3,利润为$900。此后,A厂商发现整个市场已不是他独占,他所面临的需求曲线已不再是D曲线,而是新的需求曲线d'_A。因为A厂商假定B厂商在市场中销售300个单位产品,剩下的市场容量则为900个单位,即$1\,200 - 300 = 900$。按此预计,A厂商又会在新的均衡点——d'_A曲线的中点A'点生产和销售。这时产量为450个单位,价格为$4.5。此后,B厂商也发现其所面临的市场需求曲线已不是原来的d_B曲线,而是d'_B曲线。因为既然A厂商销售450个单位,则他的市场容量为750个单位,即$1\,200 - 450 = 750$。这时,B厂商的均衡点为B'点。这个过程在双方都追求最大利润的过程中最终达到市场需求曲线d_E,而d_E曲线的中点E点为A、B两个厂商的市场均衡点。这时,不再有新的调整过程发生,双方的利润都最大化,即生产和销售量为400,价格是$4,最大利润是$1 600。

从上述过程中可以得出古尔诺模型的结论:A、B两家寡头厂商的最终均衡点是该市场最大销售量的1/3。

古尔诺模型所获得的结论还可以用数学方法来加以证明。令市场最大需求量为 Q_0，A、B两家实际产量为 Q_1 和 Q_2。A厂商产量的演变过程是：最初的产量是 $\frac{1}{2}Q_0$，然后从最初产量中削减 $\frac{1}{8}Q_0$ 即 $\left(\frac{1}{2}\times\left(\frac{1}{4}\right)Q_0\right)$，第三次再从最初产量中削减 $\frac{1}{8}\times\left(\frac{1}{4}\right)Q_0$，第四次削减 $\frac{1}{8}\times\left(\frac{1}{4}\right)^2Q_0$……第 n 次从最初产量中削减 $\frac{1}{8}\times\left(\frac{1}{4}\right)^nQ_0$，这样A厂商从最初产量 $\frac{1}{2}Q_0$ 开始，经过无数次削减后，实际产量 Q_1 为：

$$\left[\frac{1}{2}-\frac{1}{8}-\frac{1}{8}\times\left(\frac{1}{4}\right)-\frac{1}{8}\times\left(\frac{1}{4}\right)^2-\cdots-\frac{1}{8}\times\left(\frac{1}{4}\right)^n\right]\times Q_0$$

上式中括号内可改写为：

$$\left[1-\frac{1}{2}-\frac{1}{8}-\frac{1}{32}-\frac{1}{128}-\cdots-\frac{1}{8}\times\left(\frac{1}{4}\right)^n\right]$$

上式又可化为：

$$1-\left[\frac{1}{2}+\frac{1}{8}+\frac{1}{32}+\frac{1}{128}+\cdots+\frac{1}{8}\times\left(\frac{1}{4}\right)^n\right]=$$

$$1-\left\{\frac{1}{2}\times\left[1+\frac{1}{4}+\frac{1}{16}+\frac{1}{64}+\cdots+\frac{1}{4}\times\left(\frac{1}{4}\right)^n\right]\right\}$$

方括号内的数字是一个无穷极数：$a(1+r+r^2+r^3+\cdots+r^n)$。设 $0<r<1$，则该级数的和是 $\frac{a}{1-r}$。其中 $a=\frac{1}{2}$，$r-\frac{1}{4}$，因此 $\frac{a}{1-r}=\frac{2}{3}$。故A厂商的最终产量为 $\left(1-\frac{2}{3}\right)Q_0=\frac{1}{3}Q_0$。B厂商的最终产量亦如此。

在古尔诺模型中，当达到均衡状态时，两个厂商的产量之和(Q)、整个行业的产量(Q_0)和厂商数目(n)这三者之间的关系是：

$$Q=Q_0\left(\frac{n}{n+1}\right)$$

如在上例中，

$$Q=1200\times\left(\frac{2}{2+1}\right)=800$$

$$Q_1=Q_2=1200\times\frac{1}{3}=400$$

当 $n=1$，即该行业只有一个生产者——完全垄断时，垄断产量 $Q_1 = Q_0\left(\frac{1}{1+1}\right) = 1200 \times \frac{1}{2} = 600$。

当 $n \to \infty$，即该行业为完全竞争时，$\frac{n}{n+1} \to 1$，$Q = Q_0 = 1200$

二、贝特兰模型

与古尔诺同时期的法国数学家J.贝特兰(J. Bertrand)又提出了他的模型，称为"贝特兰模型"。贝特兰认为，古尔诺假设寡头厂商的双方从对方会维持一定的销售量来决定自己的销售量，这是不切实际的。他提出，寡头的双方，均从对方会维持原来的价格不变出发，而在价格上采取行动，以追求最大利润。由于假定竞争对手的策略不同，因此形成的模型也就不同。贝特兰模型仍可用图10-1加以说明。

假如最初仍为A厂商独占市场，因此其最大利润点是A点。这时的价格是＄6。后来B厂商见有利可图加入市场，形成寡头垄断局面。B厂商假定A厂商的产品销售价格会一直保持在＄6，因而认为只要自己稍微降价，如把价格降到＄5，则整个市场便可被他独占。而这时A厂商看见整个市场被B厂商占去，于是也假定B厂商会一直维持＄5的价格，于是A厂商也采取降价对策，把价格降至＄4，这时整个市场又被A厂商夺回。只不过和原来相比，利润有所下降。而B厂商失去市场后，又采取继续降价的方法以作报复。这样，双方就在不断降价的竞争过程中，最终使价格等于零。这时竞争终止，因为双方都已面临无利润的境地。由于本例假设生产成本为零，其边际成本也为零。因此当价格降到最低点时，也就是双方在完全竞争下的最终均衡点，这时 $MC = AC = P = 0$。

三、埃奇沃思模型

E. Y. 埃奇沃思(E. Y. Edgeworth)是英国经济学家，他提出了"埃奇沃思模型"。埃奇沃思同意贝特兰的假设，以对方维持固定价格而采取降价的对策。所不同的只是他又增加了两个新假设：

(1) 每一个厂商均面临相同的市场需求曲线；

(2) 每一个厂商的生产量均有限，因而无法供应整个市场。

基于上述假设，埃奇沃思得出的结论是：在寡头垄断下的均衡价格是不稳定的，即价格会在完全垄断的均衡价格与每个厂商的最大产量点的价格之间上下波动。现用图10-2说明如下。

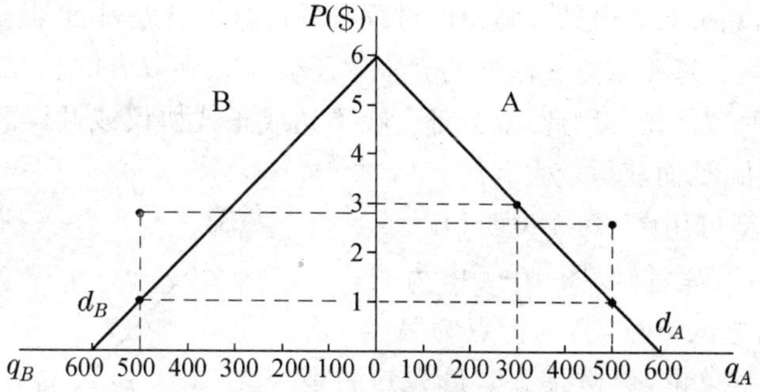

图 10-2　埃奇沃思模型

图 10-2 中，A、B 两厂商各自面临着相同的市场需求曲线 d_A 和 d_B，并且他们在生产成本等于零的情况下生产量都有其最大极限，即各自的最大产量都不能超过 500 个单位。现在仍然假设首先只有 A 厂商独家垄断市场，其均衡点在 d_A 曲线的中点，这时的产量为 300 个单位，价格是 \$3，因而获得最大利润 \$900。可是，B 厂商见有利可图便加入该市场竞争。B 厂商假设 A 厂商在销售产品时价格会保持在 \$3 不变，又因为两家厂商的产品均为同质的，因而他只要稍微降低一点价格，即可将全部市场抢占过来。而 B 厂商的最大产量为 500 个单位，因此他可获得将近 \$1 500。这样，A 厂商见 B 厂商把全部市场抢走，也降低价格予以报复，这样，市场又被 A 厂商抢过去。这样一来一往，反复报复竞争，最终都会受到双方最大生产能力的限制，使价格降至 \$1 而不可能再往下跌。这时，A、B 厂商的各自利润都是 \$500。但是，双方都会觉得这个利润要比独占时的利润低。因为假如把销售量定在 300 个单位，则价格可上升至 \$3，这时可获利 \$900。假如 A 厂商先把价格提高到 \$3，这对于 A 厂商来说是可能的，因为虽然 B 厂商的价格低，但这时其产量已达到饱和点，不能再增加供给，A 市场的消费者也就不可能转到 B 市场上去购买。这样，A 厂商便可以在 \$3 的价格水平上独享较高的利润。可是 B 厂商见到 A 厂商利润较高，也会提高价格，以求更大利润。因此，双方价格又升起来。这时，刚才所述的降价竞争局面再次出现。因而价格总是一上一下反复波动不已，价格波动的范围在均衡价格和最大产量点价格之间。

四、张伯伦模型

以上介绍的三种寡头模型，都属于微观经济学的早期模型，这些模型都比较简单，而且其假设前提过于天真和脱离实际。随着微观经济学的发展，西方经济学家们又不断提出新的寡头模型。

“张伯伦模型”是美国经济学家爱德华·张伯伦(Edward Chamberlin)对古尔诺模型的假设前提加以修正以后所提出的寡头垄断价格理论。张伯伦在古尔诺的基础上进一步认为,寡头双方虽然在竞争的过程中各自追求最大利润,但是其过程不单单是一种竞争过程。寡头双方在激烈的竞争中还会意识到双方的相互依赖性,单纯的竞争只会导致两败俱伤。因此,双方都会在不达成正式协议或共谋的情况下产生自然的默契和妥协,从而获得较大利润。

张伯伦模型可用图 10-3 说明如下。

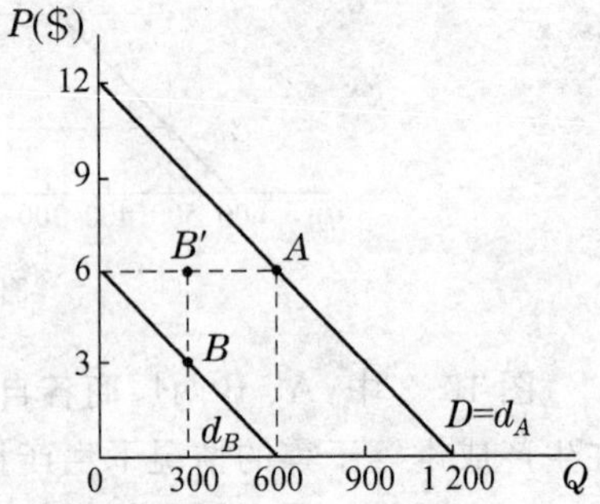

图 10-3　张伯伦模型

图 10-3 中,数字仍以图 10-1 中为例。假如 A 厂商首先进入市场,其均衡点为 A 点,均衡产量为 600 个单位,价格是 $6,最大利润是 $3 600。这时,B 厂商进入市场参与竞争。B 厂商仍假设 A 厂商会维持 600 个单位的产量,而确定自己占据剩下的 600 个单位的市场。B 厂商会在自己所面对的需求曲线 d_B 上确定均衡点 B,从而按 $3 的价格销售 300 个单位产品,获得 $900 的最大利润。张伯伦的这些分析和古尔诺模型完全一样。不同之处在于,按古尔诺模型分析的最终结果,A、B 厂商都将在 $4 的价格销售 400 个单位的产品,从而获得 $1 600最大可能的利润。而张伯伦则提出,如果 A、B 厂商都知道这样彼此竞争的结果于双方都不利,而采取互相配合的方法分享利润,则对双方都有利。例如该市场最大利润是 $3 600,如果 A、B 厂商各销售均衡产量的一半,即 300 个单位的产品,而仍按 $6 的价格出售,则双方都可以获得 $1 800的利润,即 $\$6 \times 300 = \$1\,800$,这比古尔诺模型中所能获得的利润多 $200。这种利润的多得,不必经过双方通过谈判达成协议,只要双方自然默契便可达到。

五、折弯需求曲线模型

所谓"折弯需求曲线"(kinked demand curve),就是寡头垄断的个别厂商所面对的市场需求曲线,该曲线在某一价格上存在着折弯现象。首先提出这一理论模型的是美国经济学家保罗·斯威齐(Paul Sweezy),故这一模型又被称为"斯威齐模型"。

斯威齐模型建立在以下假定前提下,即在既定的市场价格上,任何一个寡头垄断者都不敢随意变动其销售量和价格。如果其中一个厂商提高价格,则其他厂商必定不会跟着提高,因为他们生怕销售量会减少。这样一来,便使得首先提高价格的厂商所面对的市场需求曲线的价格弹性很大。如果其中一个厂商降低价格,则其他厂商必定也会跟着降价竞相销售,以争取更多的销售量。因此,对每一个寡头厂商来说,降低价格后所面对的需求曲线的价格弹性较小。基于这种假设,任何寡头厂商都不敢轻易地提高或降低既定价格,除非在价格与成本相差很大时,否则他们宁可在产品质量、设计、包装和广告宣传等方面加以竞争。

斯威齐模型见图10-4。

图10-4中,某寡头厂商的产品量在E点时,其市场价格为\$4。当价格高于\$4时,需求曲线的弹性很大,为d曲线,即只要价格提高一点,其他寡头厂商都不会跟着提价,因为提价后对该厂商的产量变动影响很大。当价格低于\$4时,需求曲线为弹性较小的d'曲线,它表示其他厂商也会跟着降价,以便竞争,这样该厂商的销售量则有限了。根据这种假定,该寡头厂商所面对的市场需求曲线是CEJ,其中CE段价格弹性较大,EJ段价格弹性较小。与需求曲线CEJ相应的边际收益曲线MR为$CFGN$。在这一边际收益曲线中,CF部分是由d曲线求得,GN部分是从d'曲线求得。MR曲线同SMC曲线和SMC'曲线相交之间的部分FG是断开的非连续下降的部分。它表明在E点的价格和销售量上,寡头厂商的边际收益会与许多不同水平的边际成本曲线相交,而价格和销售量不变。就是说,在FG线段上,虽然生产成本不一样,因而寡头厂商之间在利润上也有差别,但寡头厂商仍然保持原来的价格水平和销售量,不敢轻易变动。因为寡头厂商如果降低售价以增加销售量,则边际收益(GN线段)低于边际成本。如果寡头厂商提高售价减少销售量,则边际收益(CF线段)高于边际成本。价格不能超过E点的原因还在于,超过E点则由于需求曲线弹性变大,使寡头厂商生产量大幅度下降,从而总收益减少。因此,E点是寡头厂商最佳产量和价格水平点。FG线段表示了寡头厂商之间的唯一区别,即随着平均成本的不同使寡头厂商之间获利程度不一样,平均成本低的获利高,平均成本高的获利低。

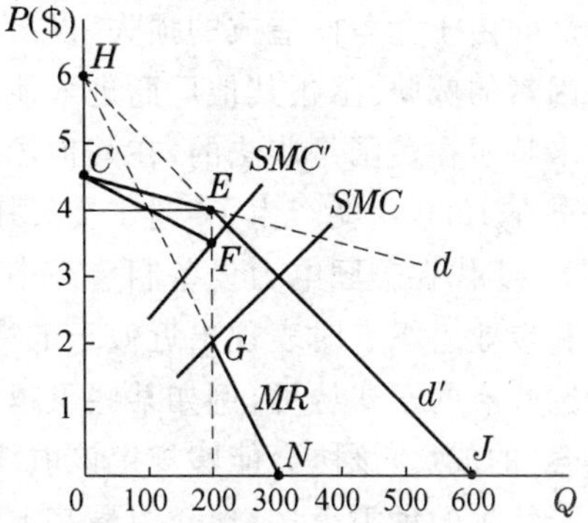

图10-4　斯威齐模型

折弯需求曲线模型最主要的缺点是没有解释既定价格是如何产生的。一般的均衡理论都是根据均衡的条件求出一个均衡价格,可是斯威齐却先假定获得一个既定价格,然后再按其对寡头厂商行为的假定,分析寡头竞争现象。这种方法被称为是一种"事后的说明",而不是"事前的说明"。

六、卡特尔模型

前面所介绍的几种寡头垄断模型都是属于无形的寡头垄断,即寡头厂商之间为获得最大利润,均不采用达成正式协议或建立正式组织的形式,从而形成垄断市场。如果寡头厂商之间达成了正式协议或建立了正式组织，这就是"卡特尔(Cartel)。卡特尔是有形的寡头垄断。建立卡特尔组织的目的在于尽量避免寡头厂商之间由于竞争而造成的损失，以最大限度地增加他们的总利润，减少各种不确定性因素的威胁，阻止其他厂商进入他们的垄断市场分享利润。

卡特尔在美国是非法的，在其他国家有的属于非法，有的属于合法。在美国，虽然早在1890年就产生了"谢尔曼反托拉斯法"，但卡特尔组织仍然存在，例如20世纪50年代在美国电力设备制造商中，就普遍存在着这一情况。此外，有些贸易协会和专业组织有时表现出近似于卡特尔性质的职能。有的卡特尔形式甚至还得到美国政府的正式认可，例如某些飞越大西洋航线的航空公司是"国际航空交通运输协会"的成员，该协会能够规定该航线的统一价格。

卡特尔的种类很多，现介绍最基本的、常见的两种。

（一）利润分配卡特尔

"利润分配卡特尔"(profit-sharing cartel)就是先求出作为寡头厂商总体的卡特尔的最高利润点，并以最高利润点的价格作为其所有成员的统一价格，然后再将最高利润点的产量分配给每个成员厂商。这种方法实际上是把卡特尔所有成员厂商看成是一个整体，以获得完全垄断情况下的最大利润。所以这种卡特尔形式也被称为"集权卡特尔"。

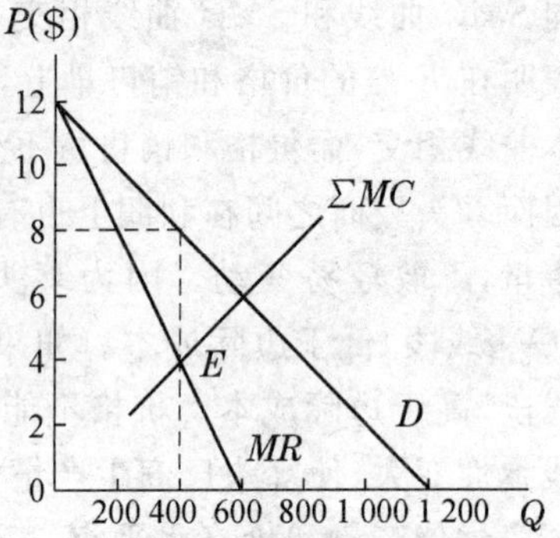

图 10-5　利润分配卡特尔模型

利润分配卡特尔的图形见图10-5。该图形和完全垄断的生产均衡相同。唯一的区别在于图中的边际成本曲线$\sum MC$不是一个厂商的曲线，而是卡特尔全体成员的个别边际成本曲线的总和。图中表明，卡特尔的最大利润点是E点，即$MR=\sum MC$（MR是卡特尔成员的总边际收益），这时总产量为400个单位，垄断价格是＄8。

这里，关键问题是如何把这400个单位的产量分配给每个卡特尔成员厂商，其中的方法多种多样。如果卡特尔组织的目的是为了整个行业获得最大利润，那么它将会按照每个成员厂商的边际成本都等于整个卡特尔的边际收益MR时各自的产量来分配。但是，这种分配方法不能使每个厂商能够在其自己的利润最大点（即个别厂商的边际成本等于其边际收益）上生产。而如果每个成员厂商都在自己的均衡点生产，则形成竞争，从而使卡特尔组织瓦解。卡特尔的产量分配问题是一个争议极多的问题。从实际情况看，产量分配额大都根据成员厂商过去的销售水平以及其生产能力来确定的。

从上述分析中可以看出，尽管卡特尔能够达成协议，但是往往成员厂商都不会感到满意,他们只不过是在害怕由于竞争,大家的利益会受到损失的情况下的一种暂时的妥协。一旦情况发生变化,原来的协议就会被打破。因而卡特尔垄断具有很大的不稳定性。

以图 10-5 为例。假定只有 A 和 B 两个寡头厂商,生产量各占一半。按照利润分配卡特尔的方式进行生产,每个厂商均应生产 200 单位的产品,市场价格为 \$8,每个厂商利润最大化的总收益为 \$1 600。如果 A 厂商不遵守协议,扩大产量而降价销售,从而获得最大利润。当然,B 厂商也可以采取同样的策略。但是,最后的结果显然不会达到共同垄断所能够达到的利润最大化的结果。这种结果被称为"纳什均衡"。所谓纳什均衡指的是,在给定其竞争者的行为以后,各厂商采取其能采取的最好的行为。纳什均衡说明了合作与利己之间的矛盾,纳什均衡的产量大于垄断的产量,而价格低于垄断价格。其最终结果是厂商的利润小于合作的利润。

(二) 市场分配卡特尔

"市场分配卡特尔"(market-sharing cartel)就是卡特尔组织把不同的销售市场分配给成员厂商。例如,美国 Du Pont 和 Imperial Chemicals 两大化学产品公司在销售市场上就有规定,前者在除英国领地以外的北美洲和中美洲有专售权,后者则在英国和埃及有专售权。也有的是采用同时按地理位置与销售数量分配的方法。市场分配卡特尔在集中管制的程度上要比利润分配卡特尔松散。这种卡特尔模型可用图 10-6 来说明。

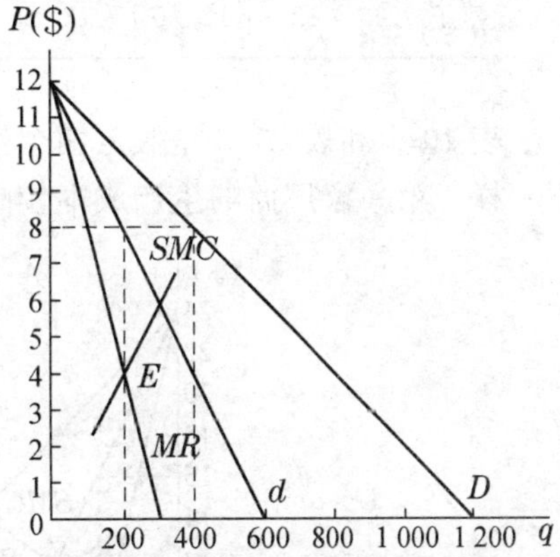

图 10-6　市场分配卡特尔模型

图 10-6 中是假定该卡特尔组织只有两个成员厂商,这两个厂商准备平分市场。D 曲线是整个市场的需求曲线,为平分总市场,则每个厂商各自的市场需求曲线就是 D 曲线的一半,即 d 曲线。再假定两个厂商的边际成本曲线 SMC 都相同,这时,每个厂商都根据最大利润点的条件 $MR = SMC$ 找出均衡点 E。这时,每个厂商的产量均为 200 单位,市场价格是 \$8。两个厂商在市场中的销售总量是 400 单位,售价仍是 \$8。假如两个厂商的平均成本和边际成本不一样,则他们的各自均衡价格和均衡量也有所不同,利润上也就产生了差别。

七、价格领导模型

"价格领导模型"(price leadership model)是一种非正式签订协议的寡头市场模型。在该市场中,价格是依照各厂商所默认的某一个领导厂商的价格来统一的。

这种模型和卡特尔的区别就在于，它具有一种自动的无强制性的约束力，而卡特尔则有正式的组织和协议。价格领导模型在实际中很普遍，例如美国的汽车工业、钢铁工业等都是这种情况。

价格领导模型有两种，一种是"低成本厂商"的价格领导模型；另一种是"大厂商"的价格领导模型。

（一）低成本厂商的价格领导

低成本厂商的价格领导是指寡头垄断者为了保持其产品的市场销路，放弃自己的最高利润点的均衡价格，而以低成本厂商的最大利润点的市场价格为自己的销售价格。由于寡头厂商的产品没有什么差别，如果高成本的厂商将价格订得较高，消费者很容易去购买低成本厂商的低价产品。现举例说明以下。

表 10-1　成本较高的厂商

q_1	40	50	60	30
SMC_1 （\$）	8	10.00	12	16
SAC_1 （\$）	13	12.30	12	13

表 10-2　成本较低的厂商

q_2	50	70	100
SMC_2 （\$）	4	6	9
SAC_2 （\$）	7	6	7

表 10-1 和表 10-2 是假定两个生产同一种产品的寡头厂商，他们的成本状态不一样。第一家厂商的生产成本较高，第二家厂商的生产成本较低。图 10-7 是根

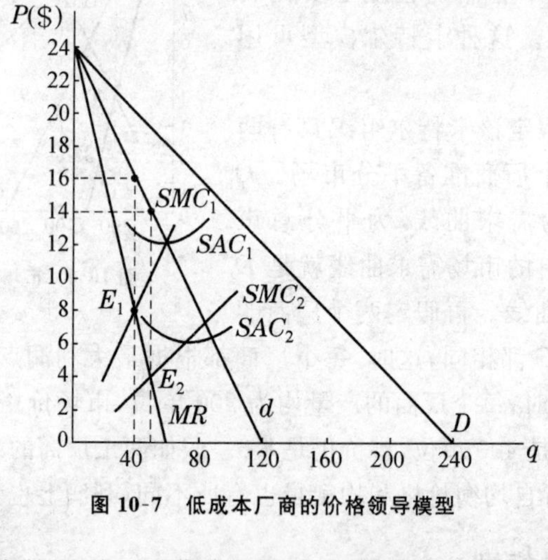

图 10-7　低成本厂商的价格领导模型

据表中具体情况做出的图形。D 曲线是整个市场需求曲线，假设这两个厂商都默认各自占据市场销售量的一半，以免两败俱伤，因此每个厂商所面对的需求曲线均为 d 曲线。而其边际收益曲线为 MR 曲线。第一家厂商的生产成本较高，其边际

成本曲线 SMC_1 和平均成本曲线 SAC_1 均高于第二家厂商的 SMC_2 和 SAC_2。第一家厂商的最大利润点为 $SMC_1 = MR$ 的 E_1 点，其均衡价格为＄16，销售量为 40 单位。而第二家厂商的最大利润点为 $SMC_2 = MR$ 的 E_2 点，其均衡价格为＄14，销售量为 50 个单位。由于这两家厂商已默认各占据一半销售市场，因此第一家厂商则必须将其产品售价下降到与第二家厂商同样的水平，即也是＄14，才能够保证其销售量能和第二家厂商一样，即也为 50 单位。不过，这时第一家厂商由于降价而使利润减少，只能获得＄85 的利润（＄1.75×50），比原来的最大利润＄120（即 ＄3×40）少 ＄35。而第二家厂商仍能够保持其最大利润＄350（即 ＄7×50）。

（二）大厂商的价格领导

大厂商的价格领导是指寡头厂商中如果有一家厂商是生产相同产品的规模很大的厂商，则其他小厂商宁愿完全按照大厂商所定的价格在市场上销售。小厂商们不愿自定价格销售，因此他们就像完全竞争者一样，属于价格的接受者，只不过这时的价格是由大厂商决定，而不是由市场均衡所决定。当大厂商按照其自身的最大利润点决定其价格后，小厂商就像完全竞争者一样可以自行求出各自的均衡点，即在 $MR = MC = P$ 的条件下销售。所有小厂商销售后所剩余的市场，则由大厂商去销售。

大厂商的价格领导模型可用图 10-8 说明。

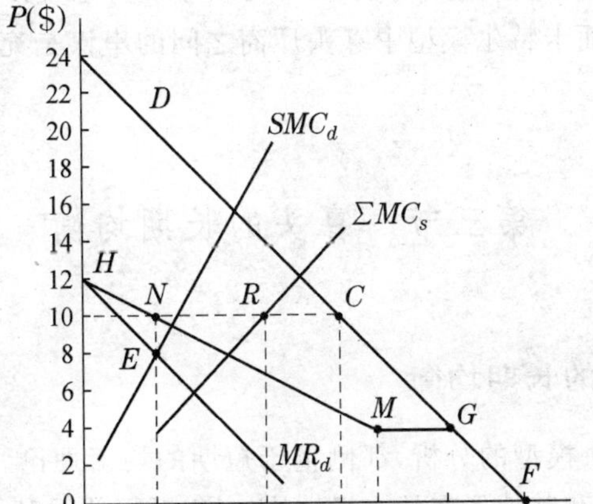

图 10-8　大厂商的价格领导模型

图 10-8 中，假设在某个寡头垄断市场里，有一个起领导作用的大厂商和 10 个情况完全相同的小厂商；整个市场的需求曲线为 D 曲线；SMC_d 是大厂商的边际成本曲线；ΣMC_S 是 10 个小厂商的边际成本的总和，每个厂商的平均可变成本(AVC)在产量为 4 单位时是＄4，故 10 个小厂商的总平均可变成本在产量为 40 单

位时是＄4；不管生产量多少，所投入的生产要素价格不变。根据这些假设条件，便可以对图形进行解释。由于小厂商是价格接受者，和完全竞争情况相同，故$\sum MC_S$实际上是全体小厂商的供给曲线，因为它是全体小厂商的高于平均可变成本AVC之上的边际成本曲线。$HNMGF$曲线是大厂商面对的需求曲线，它表示在每个价格水平上全部市场需求量减去小厂商供给量所剩余的数量。当价格为＄12时，整个市场需求量是120单位，小厂商的供给量也是120单位，因而市场所需产品全部由小厂商供给，大厂商的产量为零。当价格为＄4时，市场总需求量是200单位，而这时全体小厂商的供给量为40单位，剩下的160单位（M点所示）则是大厂商的供给量。当价格低于＄4时，小厂商不再供给（因$P < AVC$），整个市场则全部由大厂商供给。根据大厂商面对的市场需求曲线，可作出大厂商的边际收益曲线MR_d。图中表明，E点是大厂商的均衡点（$MR_d = SMC_d$），均衡点的市场价格是＄10，全体小厂商则接受此价格。按此价格水平，小厂商的销售量为其均衡点R（$P = MR = SMC =$ ＄10）所代表的100单位，则剩下的市场需求量和小厂商能够提供的量之间的差额(RC)40单位（140单位－100单位）就是大厂商在市场上销售的量。如果要求出大、小厂商各自的利润是多少，则需要再根据他们各自的平均成本条件加以计算。

价格领导模型和卡特尔模型的共同点是，两个模型中的所有寡头厂商都承认他们之间的相互依赖性；不同点则在于，价格领导模型中寡头厂商之间的串谋是不充分的、非正式的，而卡特尔模型中寡头厂商之间的串谋是充分的，经过协议正式确定的。

第三节　寡头的长期均衡

一、寡头厂商的长期均衡

以上对各种寡头模型的分析，都侧重于短期的均衡理论。在对厂商进行短期分析中，寡头厂商也和其他形态的市场结构一样，既可能盈利，也可能收支平衡，甚至出现亏损。其主要依据就是考察短期最大利润的均衡价格和平均成本之间的关系。若价格高于平均成本，则厂商有利润可获；若价格等于平均成本，则厂商不盈不亏；若价格低于平均成本，则厂商发生亏损。但是在长期均衡分析中，寡头厂商如果在将其生产规模调整到最佳状态后仍然亏损，则会退出该产业市场。厂商只会在盈利或至少是在收支平衡的状态下，才会停留在该产业中。即使在这种情况下，当其他厂商发现该产业厂商有利可图时，也会加入市场参与竞争。除非能够阻止新厂商的进入,至少是严格控制新厂商的进入,否则该产业就无法继续维持寡头的局面。

维持寡头市场,阻止其他新厂商进入该产业的原因大致有以下几种:

(1) 该产业市场较小,而原寡头厂商数量很少并已处于最佳生产规模状态,这时新厂商则不易进入。假如市场很大,而且原寡头厂商已处于最佳生产规模状态,则该市场中的厂商数目很容易增加,原有寡头垄断状态则不复存在。

(2) 大规模生产的产业。在该产业里生产,需要大量的资本设备才能够进行。在规模生产过程中,通过生产工序的专业化和自动化,经营效率很高。由于该产业的市场在这种寡头厂商的垄断下,对需求的供给已经饱和,因此,新厂商如想加入该市场参与竞争则几乎是不可能的。因为新厂商需要极大量的资本和极复杂极昂贵的机器设备,以及许许多多熟练技工才能从事生产。例如大型钢铁公司、汽车生产企业等,就属于这种情况。

(3) 由于寡头厂商已获得了对某种产品生产原料的控制权、专利权或获得政府的特权保护,使得其他厂商进入市场成为不可能。

除此以外,在某些寡头产业里,寡头厂商有时还可以通过价格手段来阻止其他厂商的进入。这种方法被称为“限价”。限价手法是指寡头厂商放弃其部分短期利润,以便获得长期最大利润。限价法的价格一定低于厂商均衡点的最大利润价格,而新厂商则由于不能接受这一较低的价格,从而不进入该市场。至于价格低到什么程度,取决于对新厂商进入市场所造成的难度。当然,限价只能在一定的适当的价格范围内进行。

二、寡头模型和完全竞争模型的比较

寡头垄断市场中的模型很多,很难从价格、产量和利润等方面统一比较寡头市场和完全竞争的市场。不过,西方经济学家仍然大体上概括为以下三点:

(1) 寡头垄断模型中的价格水平要比完全竞争情况下的价格水平高。寡头垄断价格和完全竞争价格之间的差距,取决于产业中厂商的数量和进入该产业的难易程度。产业中厂商数量越多,进入该产业越容易,寡头价格和完全竞争价格之间的差别则越小;反之亦然。同时寡头垄断条件下的价格的波动性要比完全竞争价格的波动性小。

(2) 假如寡头垄断市场和完全竞争市场的需求曲线相同,那么,寡头垄断市场的产量要比完全竞争市场的产量少。不过在一般情况下,上述两种市场的需求曲线并不相同,因为寡头厂商往往在产品广告宣传上以及产品设计的差别性方面耗资很大,从而使市场需求曲线右移。因此,在某些情况下,寡头垄断市场中的价格和产量要比完全竞争市场中的价格和产量都高。

(3) 从平均水平看,寡头厂商所获得的利润要比完全竞争厂商所获得的利润多。这种现象已被实际统计资料所证实。

从以上对比中可以看出,寡头垄断模型在社会经济效率方面有其不良效果。因为寡头厂商并不像完全竞争厂商那样,在长期平均成本的最低点进行生产,因而资源没有得到最有效的利用;此外,寡头厂商还在广告宣传和产品差别性、包装等设计方面投入大量资金,而这些负担会转嫁到消费者身上。

不过,许多西方经济学家也承认,寡头对社会效益也有好的一方面。一是有利于产品的发明和改进。甚至有些产品在完全竞争情况下不能被生产出来,例如需要大量资本设备的钢铁、汽车等就是这种情况,只能由少数寡头厂商进行生产比较经济。二是上述寡头厂商虽然在广告宣传和产品差别性、包装等设计方面耗费大量资金,从而增加消费者的负担,但正是由于广告宣传,才给消费者许多信息,正是由于产品的差别性,才使消费者有极广泛的选择权,从而满足消费者的各种不同偏好。

三、四种市场模型的类型比较

以上对西方微观经济学关于完全竞争、垄断竞争、寡头垄断和完全垄断已全部作过介绍。现在将这四种模型放在一起进行简要比较(见表 10-3)。

表 10-3　四种市场模型的比较

市场类型	厂商数量及其规模	对价格的影响	产品性质	市场信息	新厂商加入的难易	有无超额利润	典型部门
完全竞争	很多小厂商	由市场决定,个别厂商无法决定	同质	充分了解	容易	短期有,长期无	农业
垄断竞争	较多	由市场决定,但个别厂商略有影响	相近,稍有差别	尚为了解	较易	短期有,长期无	轻工业、零售业
寡头垄断	少数几家	有控制能力	或同质或有差别	可以不一定了解	不易	通常情况下有	汽车、钢铁、石油、有色金属
完全垄断	一家	有很高的控制力	有特点,无法替代	可以不了解	无法加入	有(但公营的公用事业可能没有)	公用事业

思考题

1. 寡头垄断的定义及其假定条件是什么?
2. 用图形说明古尔诺模型。
3. 张伯伦模型对古尔诺模型作了哪些发展?
4. 用图形说明折弯需求曲线模型。
5. 什么是利润分配卡特尔?什么是市场分配卡特尔?
6. 解释价格领导的两种形式。
7. 简要比较完全竞争、完全垄断、垄断竞争和寡头垄断四种市场模型。

第十一章 分配理论——生产要素市场理论

本章介绍的是收入分配理论。收入分配的意思是指，厂商的销售收入，必须作为生产过程中所投入的全部生产要素的报酬。按第五章所述，西方经济学将生产要素概括为劳动、资本、土地和企业家才能四种。

第一节　生产要素的需求与供给

前面几章在介绍四种不同市场模型的价格理论时，都假定生产要素的价格是固定不变的。实际上，生产要素的价格也和其他产品的价格一样，基本上也都是取决于市场的供给和需求关系。所不同的是，生产要素市场的需求者是厂商，而其供给者不一定都是厂商，大多数是个人。个人不仅是生产要素的供给者，也同时是产品的消费者。

生产要素的价格，是指支付一个生产要素在某段时间内所提供的服务的代价，而不是指购买生产要素本身所需要支付的代价。一般商品（例如一件衣服，一辆自行车等）的价格，就是指购买它时所需要支付的代价。而劳动的价格，则是指雇用期内（一般以单位时间作为计算标准）所支付给劳动力本人的劳务价格。而资本的价格，就是资本在一定时期内的使用价格。

一、生产要素的需求

生产要素需求的特性有两点：

（1）生产要素的需求是一种“派生的需求”（derived

demand)。所谓派生的需求，是指由于人们需要某种产品而间接地产生出对某些生产要素的需要。这和对一般的最终产品的需要是不同的。例如，由于人们对衣服的需要而派生出对生产衣服的机器、设备、劳动和土地等生产要素的需求。因为没有这些生产要素，衣服就生产不出来。而机器、设备等生产要素，又需要使用其他生产要素来生产，因而又派生出对其他生产要素的需求。对生产要素的需求，归根结底，最后只会派生出对劳动、资本和土地(广义的土地，包括一切自然资源)等资源的需求。

(2) 生产要素的需求是一种“联合的需求”(joint demand)。所谓联合的需求，是指同时对多种生产要素的需求。人们所需要的消费品，一般都不是由一种生产要素生产出来的，而需要把许多不同的生产要素组合在一起进行生产。因此，在分析生产要素的需求理论时，必须考虑多种生产要素的同时变化。有些生产要素之间可以互相替代，而有些生产要素之间则是互为补充的。这一点和普通产品的需求一样，即必须考虑需求的价格弹性问题，不仅是需求的价格弹性，而且还要考虑需求的交叉弹性。

关于生产要素的需求曲线，在不同的市场模型中，情况各不相同。即使在同一市场模型中，又分为几种情况。例如在完全竞争市场模型中，就有个别生产者对某一种生产要素的需求，个别生产者对多种生产要素的需求，整个产业对生产要素的需求等不同情况。下面分别介绍。

(一) 在完全竞争情况下个别厂商对一种生产要素的需求曲线

这是指在市场中出售和购买生产要素的人都很多，每一个购买者所购买的数量在全部生产要素中所占比例极小，因而不能影响生产要素的市场价格，只能接受市场价格。而市场价格是由市场的供需关系所决定的。在市场决定的价格水平上，个别生产要素的供给曲线是一条水平线。这一原理在介绍完全竞争的市场理论时已讲过。在这种情况下，厂商对某一种生产要素的需求量的决定，不仅需要考虑市场价格，还要考虑这一种生产要素的边际产值和平均产值。现用图 11-1 加以

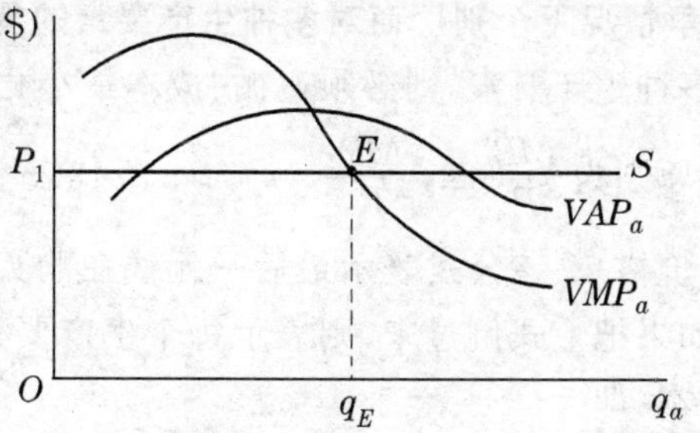

图 11-1　完全竞争条件下个别厂商对一种生产要素需求量的确定

说明。图中，S 曲线是某一生产要素在市场既定价格 P_1 下的供给曲线；VAP_a 代表 a 生产要素的平均产值曲线；VMP_a 代表 a 生产要素的边际产值曲线。这两条曲线的形状及相互关系在第五章第三节生产的三阶段中已作过介绍。将这三种因素放在一起，便可决定生产者对某一生产要素的需求量。均衡点应在边际产值曲线和 S 曲线的交点 E 点所决定的数量上，为 q_E。因为在 q_E 点时，购买 a 生产要素所产生的边际收益和其购买代价相同，即边际收益等于边际成本。在 q_E 点左侧，边际收益大于边际成本，购买生产要素所创产值大于所付代价，故生产者会继续购买；反之，在 q_E 点右侧，边际收益小于边际成本，厂商必会减少对该生产要素的购买。

假如生产要素的市场价格发生变化，则厂商对该生产要素的需求量将会发生变化。见图 11-2。图中有四条不同的市场价格水平线。按上述均衡原理，均衡点分别为 E_1、E_2、E_3 和 E_4，因为它们都是在边际收益等于边际成本时对 a 生产要素的需求量。但是，在这四条供给曲线中，必须排除 E_4，即厂商不会在 E_4 的情况下购买该生产要素。因为在 E_4 时，虽然边际产值也等于边际成本，但是其平均产值却低于生产要素的市场价格。就是说，这时平均每一个单位的生产要素对厂商所创造的收益低于其平均成本，总收益低于总成本，不仅无利可图，而且遭受损失。

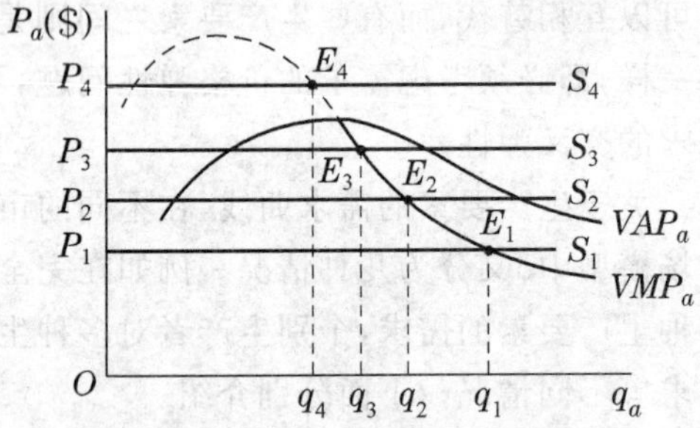

图 11-2 完全竞争条件下个别厂商对一种生产要素的需求曲线

从以上分析中可以得出如下结论：在完全竞争条件下，生产者对某一种生产要素的需求曲线就是低于平均产值曲线的边际产值曲线。即图 11-2 中 VMP_a 的实线部分。

（二）在完全竞争情况下个别厂商对多种生产要素的需求曲线

如果厂商需求多种生产要素，则必须遵循“成本最小化原则”。在第六章成本理论中已讲过，这一原则为 $\frac{MP_a}{P_a}=\frac{MP_b}{P_b}=\cdots$（$a$、$b$ 代表不同的生产要素；MP 代表边际产量；P 代表价格）。该公式表示最后一元钱在购买任何一种生产要素时，其产出量都相等。如果把上式倒过来，则表示每个生产要素的边际产出量的单位成本，也就是边际成本，即

$$\frac{P_a}{MP_a}=P_a\div\frac{\Delta Q_x}{\Delta Q_a}=\frac{P_a\Delta Q_a}{\Delta Q_x}=\frac{\Delta TC}{\Delta Q_x}=MC_x$$

MC_x 是使用 a 要素生产的那个产品的边际成本。这样，上述成本最小化等式又可写成

$$\frac{MP_a}{P_a}=\frac{MP_b}{P_b}=\cdots=\frac{1}{MC_x}$$

厂商为了获得最大利润，必须使其产品的边际收益（MR_x）等于边际成本，因此以上连等式又可进一步写成

$$\frac{MP_a}{P_a}=\frac{MP_b}{P_b}=\cdots=\frac{1}{MC_x}=\frac{1}{MR_x}=\frac{1}{P_x}$$

这就是在完全竞争条件下厂商对多种生产要素的连等式。假如是不完全竞争条件的市场，则最后一项为">"符号，其余情况则一样。

现在再来分析厂商对作为多种生产要素之一的 a 生产要素的需求曲线。前面已介绍过，在 a 作为唯一的生产要素时，个别厂商对 a 生产要素的需求曲线就是低于其平均产值曲线（VAP_a）的其边际产值曲线（VMP_a）。可是，在有多种生产要素时，厂商对其中的 a 要素的需求曲线就不再是这种情况。因为当 a 生产要素的价格发生变化时，其他的生产要素如 b、c 等的需求量将会因此受影响而发生变化，而其他生产要素的需求量的变化，又会反过来影响生产者对 a 生产要素的需求变化，使 a 生产要素的需求曲线 VMP_a 移动。这种影响就是生产要素之间对个别厂商的"内在效应"。因此，厂商对 a 生产要素的需求曲线就是从原来的 VMP_a 曲线，随着 P_a 的变化，产生内在效应之后新 VMP_a 的变化轨迹。现以图 11-3 加以解释。

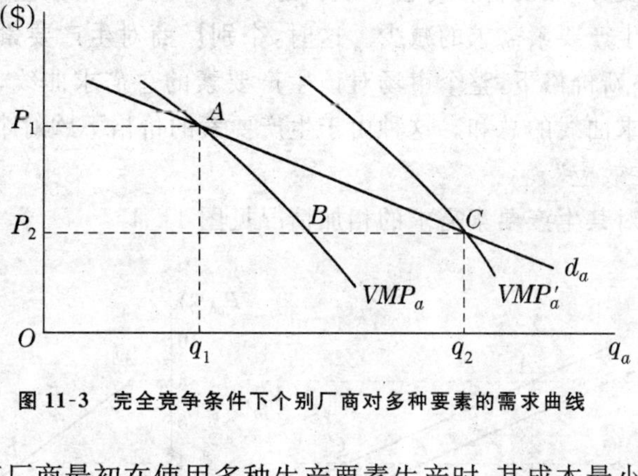

图 11-3　完全竞争条件下个别厂商对多种要素的需求曲线

图中，假如某厂商最初在使用多种生产要素生产时，其成本最小和最佳点产量位于 A 点，这时 a 生产要素的价格为 OP_1，厂商对 a 生产要素的需求量为 Oq_1。如果 a 生产要素的价格降到 OP_2，厂商对 a 生产要素的需求量会由于 $VMP_a > P_a$ 而增加（即沿着原 VMP_a 曲线下移）。这时，会有两种可能的情况出现。第一种情况

是，假如 a 生产要素和其他生产要素之间的关系为互补性关系，则当 a 生产要素需求量因价格下降而增加时，对其他生产要素的需求量将会在其既定的价格下增加，生产者均衡的重新调整，使 VMP_a 增加，VMP_a 曲线便右移到新的位置，比如图 11-3 中由原来的 VMP_a 右移到VMP'_a。这样，由于 a 生产要素价格的下降，厂商对 a 生产要素的需求量不是仅增加到 B 点，而是增加到 C 点，即数量为 Oq_2。第二种情况是，假如 a 生产要素和其他生产要素之间的关系为替代性关系，则当 a 生产要素需求量因价格下降而增加时，厂商对其他生产要素的需求量会在它们的既定价格下减少。这时，厂商会更多地购买 a 生产要素以代替其他生产要素。这将会影响到 MP_a，从而使 VMP_a 曲线更加右移。由此可见，不管生产要素之间是什么关系，都会产生"内在效应"，只不过关系不同，其影响效果的程度不同。

（三）在完全竞争情况下某生产要素的市场需求曲线

市场需求曲线就是指整个产业对某种生产要素的总需求曲线。这条整个产业的总需求曲线，并不能直接将该产业中所有的个别厂商的需求曲线简单相加。这和产品的市场需求曲线不一样。产品的市场需求曲线之所以可以由所有个别厂商的需求曲线简单相加，是因为它假定在其他条件不变时，人们的欲望是无限的，虽然有由于边际效用递减的原因也会产生商品的负效用，但毕竟是一种例外。而生产要素的市场总需求曲线则不能这样求出，因为生产要素的需求是一种派生的需求。如果生产要素的价格下跌，则所有厂商都会多购买该生产要素，以增加生产。但是，当生产增加后，产品的总供给增加。假如消费者对该产品的消费偏好、收入等其他条件不变，产品的价格将会下跌。这时，厂商的供给数量必然会减少，这样就会派生出对生产要素需求的减少。这时，个别厂商对生产要素的需求曲线将会左移。因此，在新价格下，整个市场对该生产要素的总需求曲线，就是个别厂商根据左移后的需求曲线的总和。这种由于生产要素的价格下跌对个别厂商需求的影响被称为"外在效应"。

整个产业对某生产要素需求的相加情况见图 11-4。

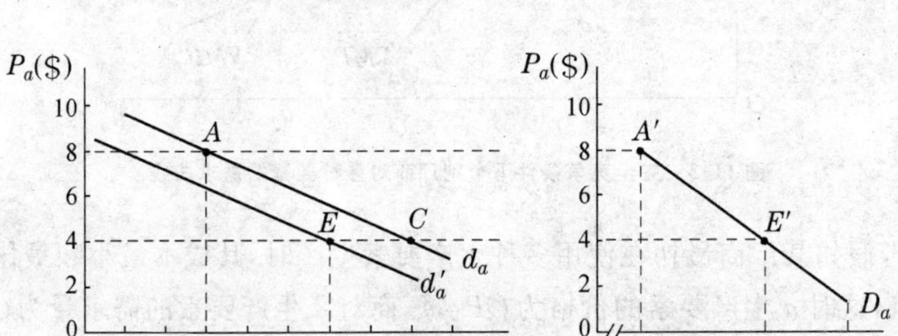

图 11-4　完全竞争条件下一种生产要素市场需求曲线的形成过程

图 11-4 中，假定某市场中共有 100 家厂商需求 a 生产要素，每一家厂商对 a 生产要素的需求情况都完全相同，即为左图中 d_a 曲线，d_a 曲线为 100 家中的一家厂商对 a 生产要素的需求曲线。为求得整个市场需求曲线，不能简单地把 d_a 曲线乘以 100。例如当 $p_a = \$8$ 时，个别厂商的需求量为 A 点，即为 3 单位，整个市场的需求量则为 300 单位（3 单位 × 100）。当 P_a 下降到 \$4 时，由于整个市场产品过多而产生收缩，个别厂商对 a 生产要素的需求线曲也由 d_a 左移到 d'_a，\$4 的价格表示个别厂商对 a 生产要素的需求量为 E 点，即 6 单位，比原需求曲线的 C 点少 2 单位。而整个市场的需求量则为 600 单位（6 单位 × 100），而不是 800 单位。这样，连接扩大 100 倍以后的 A、E 两点所形成的曲线，即为整个市场对 a 生产要素的总需求曲线，如右图中 D_a 曲线。上述情况表明，整个市场的需求曲线虽不能把所有个别厂商的需求曲线简单相加，但仍然是一条负斜率曲线。

二、生产要素的供给

生产要素的供给是由生产成本所决定的，或更精确地说，是由边际生产成本所决定的。

生产要素的供给，在不同的生产要素之间，性质上也有很大差异，并不能给予一般的说明。例如，劳动的供给情况与土地的供给情况并不一样；而土地的供给情况与资本的供给情况又有差别。因此，必须分别加以考察分析，没有共同的原则可循。生产要素的供给曲线，一般被认为也是一条从左下到右上的正斜率曲线。较典型的差别是劳动的供给曲线，在一般情况下也为一条正斜率曲线，如果工资高到一定程度，会出现内弯现象。这是因为工资很高，人们反而不需要工作太多的时间，要求休息的时间增加，这样，劳动的供给量会随着工资的上升而减少。从下节开始，具体介绍不同生产要素的供给情况。

第二节　工 资 理 论

一、工资的概念

西方经济学中所讲的工资是指使用劳动所支付的价格。劳动者不仅指从事各种体力劳动的工人，还包括各种高级专业人员（如律师、牙医、教师和科学家等）以及提供劳务服务的小企业所有者（如理发者、家用电器修理工和零售商等）。

在西方国家的实际生活中，工资的形式是多种多样的，例如奖金、专利权使用费、佣金和月薪等，而西方经济学中的工资概念则都简化为单位时间的工资率，即劳动者在每小时或每天等单位时间里所获得的工资收入。

货币工资与实际工资是两种不同的工资概念。货币工资是劳动者在单位时间里由于付出劳动而获得的货币收入;实际工资则是劳动者在单位时间里获得的货币工资所能换取的商品和劳务的实际数量,就是说,实际工资是指货币工资的购买力。因此,实际工资同商品和劳务的价格紧密相关。货币工资并非都与社会商品和劳务的价格同步变动,假如社会商品和劳务的价格上涨幅度大于劳动者的货币收入,那么,劳动者的实际收入将会在货币收入上升的情况下下降。但是,除非在特定情况下,西方经济学中所研究的工资或工资率都是指实际工资率,即在假定社会商品和劳务价格不变情况下考察货币工资率的变动。

二、社会工资水平的决定

不同国家之间,或者同一国家不同地区之间,工资水平是不同的,有的差别很大。西方经济学中所讲的社会工资水平,通常是指某一个经济社会内的平均工资率,并不区分该经济社会内工资率的差别。

西方经济学是以均衡价格理论来解释工资水平的决定的。按照这一观点,一个社会的工资率水平,取决于该社会对劳动的需求和劳动的供给两种因素。

在劳动的需求方面,一个社会对劳动的需求,取决于劳动的边际生产力水平,也就是劳动这一要素的边际产品价值。社会的劳动边际生产力水平越高,对劳动的需求越多;反之,社会的劳动边际生产力水平越低,对劳动的需求越少。而一个社会的劳动的边际生产力水平,主要取决于该社会的资本、自然资源、生产技术水平、劳动力的素质以及社会政治、经济环境、组织结构、管理水平和市场规模等因素。假如一个社会资本数量很多,自然资源丰富,生产技术和管理水平很高,劳动力素质很好,同时社会的经济组织和市场结构都比较发达,那么,该社会的劳动边际生产力水平必高,对劳动的需求则必大。一般地说,像美国等一些西方发达国家就是属于这种情况。反之,经济落后的国家,相对于人口来说,资本较少,自然资源较贫乏,生产技术和管理水平较落后,劳动力素质不高,社会的环境、组织结构和市场等不很完善,那么,劳动的边际生产力水平必低,进而对劳动的需求则较少。例如第三世界中的许多国家就是这种情形。由于劳动的边际产量随着劳动数量的增多而递减,故劳动的需求曲线是一条负斜率的曲线。不过,不同生产力水平的国家,劳动的需求曲线的位置不同,通常发达国家劳动的需求曲线位置较高,而落后国家劳动的需求曲线位置偏低。

在劳动的供给方面,一个社会劳动的供给量通常与工资水平呈正向关系,工资水平高,劳动者愿意提供的劳动则多;工资水平低,劳动者愿意提供的劳动则少。就是说,劳动的供给曲线通常是一条正斜率曲线。从另一方面看,工资也反映了提供劳动的成本。在一定时间里，比如一天中，人们提供的劳动越多（劳动时间越长），他们为此付出的代价便越大。例如加班劳动会使人感到格外劳累和辛苦，会使人遇到工作与家务的额外矛盾。人们为提供一定量劳动所付出的代价（也就是成本）越高，他们所要求得到的工资也就越高。这也说明了为什么劳动的供给曲线是正斜率的。但是，如前所述，当一个社会的工资率达到一定水平时，劳动的供给曲线会出现内弯现象。这是因为劳动者的精力和能够提供的劳动时间有限。当工资水平达到一定程度后，劳动者便会觉得休息以及从事文化、教育和娱乐等方面的活动的价值越来越高。因此，当工资继续提高时，劳动的供给反而减少。

不同国家劳动的供给曲线也不一样。发达国家劳动者的生活和教育费用较高，劳动的成本较高，因而供给曲线也较高，偏于左上侧。反之，落后国家的劳动供给曲线较低，偏于右下侧。

将劳动的需求曲线与劳动的供给曲线放在一起，便可分析社会均衡工资水平的决定，如图11-5所示。图中，W 代表工资率，即劳动的价格，L 代表劳动的数量，D_L 和 S_L 分别代表劳动的需求曲线和供给曲线。E 点则是劳动的供求均衡点。因此，社会的均衡工资率水平为 W_E，均衡的劳动数量为 L_E。

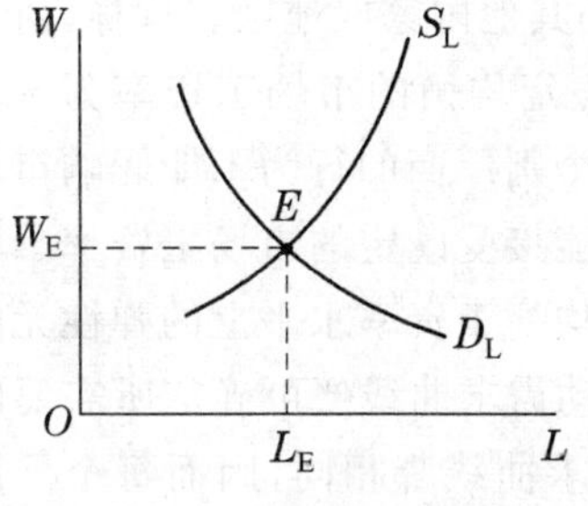

图 11-5　劳动市场的均衡

需要注意的是，由于发达国家和落后国家的劳动的需求曲线与供给曲线都不相同，均衡的工资率水平和劳动数量也不相同。通常发达国家劳动的需求曲线和供给曲线都较高，因而整个社会均衡的工资率水平较高，而均衡的劳动数量较少。落后国家的情况恰好相反，劳动的需求曲线和供给曲线都偏低，因而整个社会均衡工资率水平低，均衡的劳动数量较多。这种情况可以用图 11-6 加以说明。图中，D_1 和 S_1 为发达国家劳动的需求曲线和供给曲线；D_2 和 S_2 为落后国家劳动的需求曲线和供给曲线。显然，发达国家均衡的工资率 W_1 较高，均衡的劳动数量 L_1 较少；而落后国家均衡的工资率 W_2 较低，均衡的劳动数量 L_2 较多。图中尚未包含资本对劳动的替代关系，如果考虑到发达国家通常资本多，生产技术水平高，可以用大量的资本代替劳动，则对劳动的需求更少。

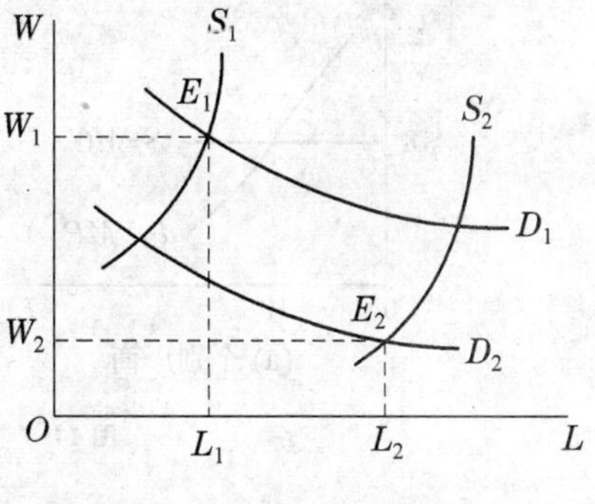

图 11-6　不同国家的不同均衡状态

三、竞争性的工资率

竞争性的工资率是指某种完全竞争的劳动市场所决定的工资率。在完全竞争的劳动市场中，作为劳动需求者的厂商数量很多，任何个别厂商所雇佣劳动在市场对劳动的总需求中占有的比重很小；而作为劳动供给方面的劳动者，则在没有工会作用的情况下可以自由地参加工作。现在假设某劳动市场共有 200 家情况相同的厂商需要某种技能的劳动者，该市场对劳动的需求曲线则是每个厂商的劳动需求曲线即劳动的边际产品价值曲线的总和。假定这时该市场对劳动的供给是处于充分就业下的完全竞争状态，则该市场的劳动供给曲线是一条正斜率的曲线。上述情况用图 11-7 加以说明。(a) 图中曲线 d 为个别厂商对劳动的需求曲线，(b)图中曲线 D 为整个市场对劳动的需求曲线。在(b)图中，正斜率的市场劳动供给曲线 S 表示，在该市场中如果想要获得更多的劳动供给则必须提高工资率，否则劳动者就会转向其他产业，或虽不变动工作但却转移到其他国家或地区。这样，由市场的劳动供需曲线，便可求得市场的均衡点。图中假定均衡的市场工资率为 \$8，均衡的市场劳动数量为 2 000。在完全竞争情况下，个别厂商的行为不能影响市场对劳动的需求曲线，因而不能影响均衡的工资率，只能接受既定的市场工资率。因此，对个别厂商来说，劳动的供给曲线是一条在市场均衡工资率水平上的弹性无限大的曲线，如(a)图所示。个别厂商根据其自身的劳动需求曲线便可确定所需要的劳动数量。由于上面已假定这 200 家厂商的劳动需求曲线都相同，因而每个厂商所需求的劳动量为 10。

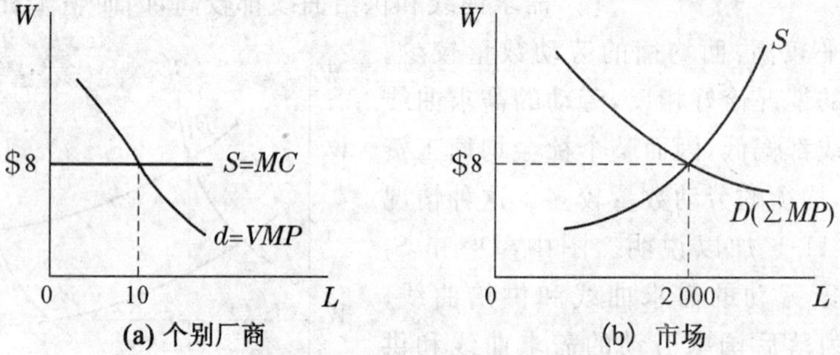

图 11-7 竞争性工资率的形成

从竞争性的工资率模型可以看出，对个别厂商来说，由于工资率既定不变，因而使用劳动这一生产要素的边际成本也不变，等于其市场价格，个别厂商的利润最大化条件是使购买劳动的边际成本即市场工资率水平等于劳动的边际产品价值。

四、买方垄断的工资率

在许多劳动市场上，对劳动的购买并非处于完全竞争情况，而是处于买方垄断状态。所谓劳动的买方垄断，是指在劳动市场上只有一家主要雇主。该雇主对劳动的购买具有垄断性，例如在某些城镇或地区只有一家最主要的厂家，该地区绝大部分劳动者均受雇于该厂。在这种情况下，该厂商对劳动的购买便具有买方垄断性，这种厂商被称为买方垄断者。在有些情况下，某地区或某劳动市场并非只有一家厂商，而有少数几家厂商对劳动进行购买，例如某些专业性很强的特殊技能的劳动市场(如篮球或棒球职业球队等)。这种情况被称为买方寡头垄断，这种厂商被称为买方寡头垄断者，其中每个买方寡头厂商雇佣的劳动在该市场中都占有较大的份额。少数几家厂商在劳动市场上的购买垄断，其实质与独家厂商在劳动市场上的购买垄断相似，例如几家寡头性球队为防止各球队竞相抬价吸引对方球员的竞争行为而导致众败俱伤，通常都有规定，以防本队球员外流。这样，这两种买方垄断下的工资率的决定具有相同的性质。

在买方垄断的劳动市场上，买方垄断厂商决定购买的劳动数量多少对工资率水平影响很大。特别是当一家买方垄断性厂商在很大程度上依赖于该市场时，他将会支付较高的工资以获得较多的劳动数量。在这种情况下，该厂商所面临的劳动供给曲线就是该市场的劳动总供给曲线，即一条正斜率的供给曲线，如图 11-8 中的 S 曲线。事实上，从买方垄断性厂商的角度来说，该供给曲线就是劳动的平均成本曲线，因为它表示厂商购买不同数量的劳动必须支付的不同工资率。

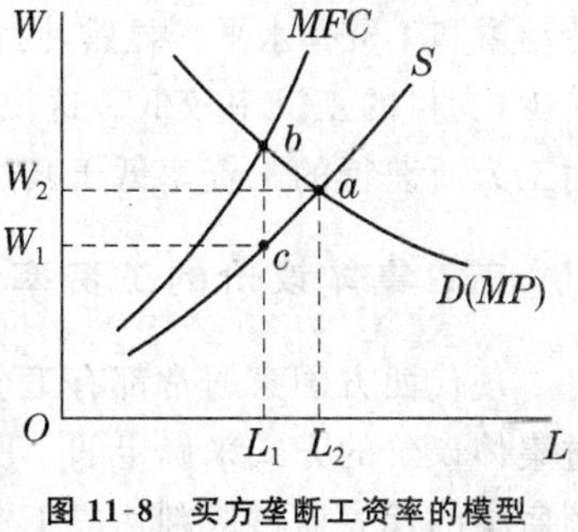

图 11-8　买方垄断工资率的模型

必须注意，如果买方垄断性厂商因购买追加的劳动而支付较高的工资，则对原来所雇佣的从事同样工作的劳动者也必须支付同样较高的工资，否则就会因对从事同样工作的工人支付不同的工资而引起骚乱。因此，买方垄断性厂商雇佣劳动的边际成本必然高于该劳动的工资水平。现用表 11-1 进行说明。表中，假定厂商雇佣第一个工人所付工资率为 \$6，雇佣第二个工人需支付 \$7 工资率。但是该厂商在支付第二个工人的 \$7 时，必须同时也按 \$7 的价格支付给第一个工人。因此，这时劳动的边际成本为 \$8，其中 \$7 支付给第二个工人，\$1 加付给第一个工人。雇佣第三到第六个工人的情况与此相同。将表中第二项工资率与第四项边际劳动成本比较可以看出，边际劳动成本大于平均工资率。图 11-8 表示了这种情况，边际劳动成本曲线(MFC)的位置高于供给曲线 S 的位置。

表 11-1　买方垄断工资率的计算

(1) 劳动单位	(2) 工资率($)	(3) 劳动总成本($)	(4) 边际劳动成本($)
1	6	6	
			〉8
2	7	14	
			〉10
3	8	24	
			〉12
4	9	36	
			〉24
5	10	50	
			〉16
6	11	66	

现在通过图 11-8 进一步分析买方垄断的工资率的决定。买方垄断性厂商为获得最大利润,必然会按边际成本等于边际收益的条件来确定雇佣的劳动量。前面已介绍过,劳动的需求曲线就是劳动的边际产品价值曲线,实际上也就是劳动的边际收益曲线,因此,图中 b 点为边际劳动成本等于其边际收益的均衡点,买方垄断性厂商在利润最大化情况下所雇佣的劳动量为 L_1,支付的工资率(即劳动的平均成本)为 W_1。图中 a 点是竞争性劳动市场的均衡点,L_2 和 W_2 分别为竞争性劳动市场的均衡劳动量和工资率水平。显然,同竞争性厂商相比,买方垄断性厂商所雇佣的劳动量较少,支付的工资率较低。这说明,在买方垄断的劳动市场中,社会的产出量较低,而工人所获得的工资率低于其边际产量,在图中,低于的部分就是 bc。

五、集体议价的工资率

现代西方国家通常都有工会组织,在工会势力较大的国家,工资率往往都是通过集体议价的方式来确定的。所谓集体议价的方式,是指由工会代表劳动者与厂商雇主的代表通过谈判达成工资率的协议。一旦劳资双方达成协议,则为工会组织的全体会员所接受,他们不得私自以低于协议价的工资率接受雇用,资方也不得付给工会成员低于协议规定的工资率。

集体议价所形成的工资率,一般都高于市场均衡的工资率。在现代西方经济学中,工会被看成是劳动供给的卖方垄断者,因为工会被认为可以控制劳动供给量,控制工资率。

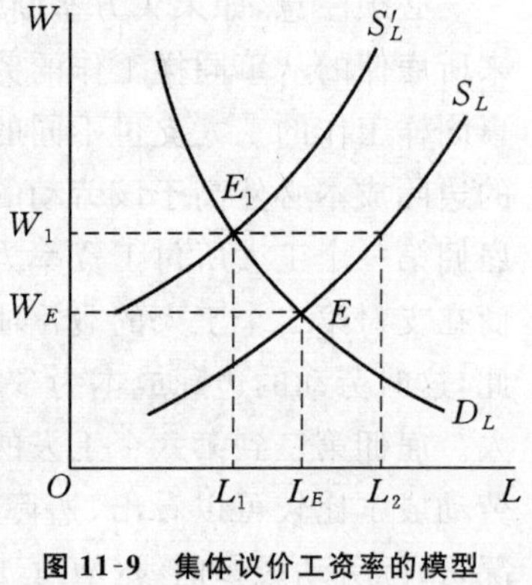

图 11-9　集体议价工资率的模型

集体议价的结果,固然可使工资率提高,但另一方面却也使劳动者失业。工会则可以采取减少劳动供给的方法来保持充分就业。见图 11-9。图中,E 点为劳动市场的均衡点,均衡价格为 W_E。假如工会通过集体议价的方法使工资率上升到 W_1，则劳动的供给由 OL_E 增加到 OL_2，而对劳动的需求则减少到 OL_1，这表明有 L_1L_2 数量的工人失业。这时，工会采取限制劳动供给量的措施（如限制非工会会员受雇等），使劳动供给曲线由 S_L 左移至 S_L'，这时，均衡点为 E_1，在 W_1 工资率水平下，对劳动的需求和劳动的供给都是 OL_1。

以上介绍了集体议价的工资率，其性质同竞争性的工资率与买方垄断的工资率一样，都是以均衡价格理论为基础的，只不过在不同的条件下它们具有各自不同的特点。

第三节　利息理论

一、资本的概念

在西方经济学中，利息被认为是资本的价格。关于资本的概念，其含义是广泛的。从生产角度看，资本指的是"资本物"，即在生产过程中所必须使用的各种物品，例如厂房、机器、设备、原材料等。但是，这些资本种类繁多，质量不一，很难计算它们在使用过程中所需要的代价。因此，一般讲"资本的价格"时，"资本"并非指上述这种"资本物"。资本指的是货币，但并非所有的货币都是资本。只有用于市场交换、购买或支配各种资本物的货币才是资本。利息理论正是研究当使用这种货币资本时，其价格是如何决定的。

二、早期的利息理论

利息是如何被决定的，关于这个问题西方经济学界曾经有过不同的认识，概括起来，主要有以下几种。

（一）时间偏好论

认为人类的生命有限，而未来的情况不可测，因此人们对于目前所具有的财、物的估价，要比将来具有这些财、物的价值大。人们之所以借贷，是要在将来收回时的价值至少等于现在的价值。由于人们对未来财、物的估价比现在要低，所以就产生了利息。而利息的高低取决于时间偏好率的大小，如果时间偏好率大，利率则高，如果时间偏好率低，利率则低。

（二）节欲论

以西尼耳为代表，认为贷款者把自己的资金借出，就是牺牲了当前的消费。而人们在牺牲了当前的消费时，就等于牺牲了当前欲望的满足。有欲望不能得到满足，则必有痛苦。而利息则是对节制欲望所产生的痛苦的补偿。节欲过程中所产生的痛苦越大,利息越高,反之则越低。但是,也有些西方经济学家认为,能有钱借贷给别人者,其收入必然较高,当这些人把钱出借时,不会忍受欲望不能满足的痛苦。当这些人出借钱时,即准备等待将来能够得到其应有的报酬。因而持这种观点的人则把“等待”看成是经济活动中的重要因素,即利息是等待的报酬。

(三)迂回生产论

奥地利学派认为,现在的生产方法是迂回的生产方法。即先生产生产工具,再用生产工具生产出最终产品。现代社会之所以采用这种迂回生产的方法,是因为这种方法生产力较高。而且生产的方法越迂回,生产力水平则越高。但是,迂回的方法之所以能被采用,必须有一个条件,即在从事生产工具(中间产品)的生产时,必须储备有足够的生活资料,供生产者消费,从而使生产者能有充足的时间进行迂回生产。而借贷货币资金,能使那些未储存生活资料者用来储存生活资料,这样就可以使迂回生产方法的迂回过程延长,从而提高生产力。因此,这些经济学家得出结论:货币资金的借贷有提高生产力的功能,因而必须获得其应有的报酬,这个报酬就是利息。利息的多少,取决于采用迂回生产法生产力提高的程度。

(四)投资和储蓄论

新古典经济学派认为,利息是对储蓄的报酬,利率的高低决定于投资与储蓄相等的一点。这就是说,投资是利率的函数,利率越低,投资量越大;反之亦然。而储蓄也是利率的函数,利率越高,则储蓄越多;反之则少。利率水平则取决于社会的投资量等于社会的储蓄量,即社会的投资曲线和社会的储蓄曲线相交的均衡水平。这和市场均衡价格取决于需求曲线和供给曲线相交的点一样。

三、以均衡价格理论为基础的利息理论

这种理论是从资本的需求和资本的供给两方面来解释利息是如何决定的。

(一)资本的需求

供借贷的货币资本,又被称为“可贷资金”。因为并非所有的货币都是可供借贷的,能借贷的仅是其中一部分。利息则是这部分资金的价格。

构成“可贷资金”的需求者有三个方面:家庭、企业和政府。这三方面需要资本的原因并不一样。下面分别分析。

家庭单位需要资金是为了消费,特别是在购买耐用品时尤为明显。西方国家流行分期付款制度,这就是家庭对可贷资金的需求。在一般情况下,家庭对资本的需求量与利率的关系是,利率越高,需求量越少,利率越低,需求量越多。

企业单位需要资金主要为了投资。投资的目的是为了获利。利润大,企业愿意投资的数量多,反之则少。投资利润的大小,一方面取决于投资成本支出的大小;另一方面取决于投资后所获收益的多少。投资成本的高低,取决于市场利率的

大小，利率高，则表示投资的成本高，反之亦然。至于企业投资后所获收益，是指投资后所生产出来的产品经销售后所获得的净收入（即总收入扣去生产要素的报酬之后的剩余）。但是这种收益只是厂商根据市场行情所作的主观预期收益，不是实际收益。从厂商的角度看，假如其预期的投资收益率不变，显然市场利率越低，其代价则越小，总收入则越高，厂商必然愿意增加投资，即对资金需求越大；反之需求则小。个别厂商是如此，整个产业也是如此。

政府单位需要资金主要是为了以下两个目的，一是平衡财政收支；二是进行投资活动。从为了平衡财政收支的角度看，政府的财政预算如果出现赤字，通常是以公债或超支的方式向金融市场借贷，需要多少取决于财政预算赤字的大小，而财政赤字的发生及大小，往往取决于政治因素。因此对资本的需求也就多取决于政治因素，而与市场利率的高低无关。从为了投资目的的角度看，其性质稍有不同。政府的投资，包括筑路，建港，兴建公用事业、水利设施等，其性质同私人投资一样，不能不考虑成本。因而一般来说，当利率高时，政府借贷就少，反之则多。

以上三个单位的需求总和，就构成了资本的总需求。当然，如果上述情况中某些因素变化，整个需求曲线也将会改变。例如厂商的预期产品收益率增加时，整条需求曲线就会右移。

（二）资本的供给

资本即可贷资金的供给者也有三个方面：家庭、企业和政府。

家庭对资本的供给来源于家庭储蓄。从家庭总体看，其可贷资金的数量取决于两点：一是取决于收入水平，收入高则储蓄多，可贷资金量也大，反之则小；二是当收入水平不变时，则决定于利率水平。一般来说，当利率高时，储蓄也多，可贷量也就大。但是，这种情况有时并不一定，因为社会上每个家庭储蓄的动机不一。如果储蓄的动机是防意外，或为了积蓄资产，当利率升高，储蓄会跟着增加，因为获利的机会多。如果储蓄是为了积累一定量的资金，或为了分期购买不动产，则可能当利率升高时，储蓄反而下降，因为当利率升高时，可以减少储蓄，以改善目前的消费。

企业单位对资本的供给来源于企业单位的储蓄。其中有折旧资金，在机器设备没有到更新时期时不会用于购买新机器设备，从而形成储蓄。另外还有企业的未分配利润或公积金，也会形成储蓄。当企业在自己不用这些储蓄时，可供他人使用，以获取利息。企业储蓄和利率的关系在一般情况下和家庭单位相同，即当利率上升时，储蓄上升，利率下降时，储蓄下降。

政府单位对资本的供给来源于其增加或减少货币供给量的权力。政府运用这种权力的目的是出于货币政策的需要。为了稳定经济，促进国民经济发展，从而调节货币供给量。当一个经济社会的利率过高时，投资支出会减少，政府为了降低利率,促进投资,通常增加货币供给量;反之减少货币供给量。政府的资本供给曲线的图形如图 11-10 所示。该图形的特点是:当利率上升到足够高时,货币供给曲线趋于弹性无限大。因为各国政府都不愿意市场利率水平上升过高。当利率达到一定程度时,政府往往会无限制地增加货币供给量,这时,利率便不可能再上升。

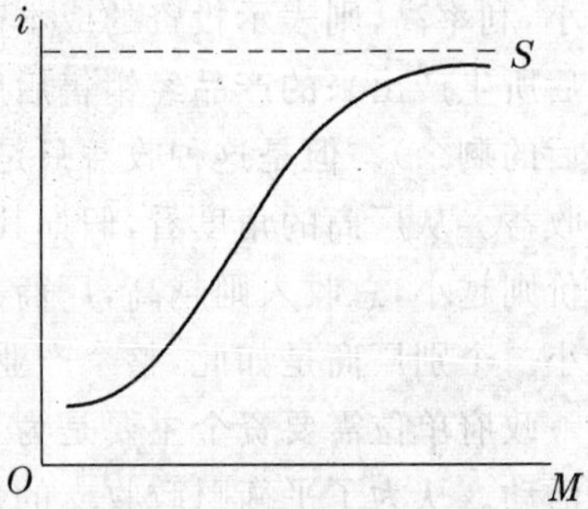

图 11-10　政府的资本供给曲线

(三) 市场利率水平的决定

将上述资本的需求曲线和供给曲线放在一起考虑,便可决定市场均衡利率。其原理同根据市场供给和市场需求曲线求出市场均衡价格理论一样。资本的需求曲线和供给曲线的交点便是均衡点。该点对应的利率,便是均衡利率。这时资本的需求量与资本的供给量一致。当资本的供给量大于其需求量时,利率必然下降,反之必然上升。只有当其供给量等于其需求量时,利率才能稳定下来。

但是,当影响资本需求的因素或影响资本供给的因素发生变化时,资本的需求曲线或资本的供给曲线会发生移动。例如由于市场情况的变化,投资的预期收益增加;或由于战争,使政府对资金的需求增加,都可使资本的需求曲线右移。如果资本的供给不变,则新均衡点将会发生变化。同样,假如需求曲线不变,而供给曲线变化,例如政府采取放松货币政策,可使资本的供给曲线右移。如果货币需求曲线和货币供给曲线同时变动,其均衡点的求法同市场均衡价格的求法相同。

四、纯利息率概念

纯利息率(pure interest rate)是区别于实际利息率或市场利息率的一种抽象概念。

市场利息率是具体的、多样的。例如有长期利率和短期利率之分,有存款利率和贷款利率之别。纯利息率是理论分析的概念,是笼统的利息率,不作上述区分。

货币经营中常常遇到某些风险。例如,因欺诈、背信等原因使贷款无法收回;一国的币值常不稳定,特别是具有长期贬值的趋势。货币经营者——银行等,就会把这些风险损失加进贷款利息率,以便得到补偿。但理论上讨论的利息率,则不包括上述补偿因素。

第四节　地 租 理 论

一、土地的概念和性质

西方经济学所讲的土地，是一个广泛的概念，不仅包括土地，还包括江河、山川、海洋、矿藏、阳光、风雨等。土地这一生产要素是大自然所赋予的。西方经济学家把可以人为地进行再生产的物质称为资本，而把那些非人为因素的自然赋予称为土地。

马歇尔指出，土地有两点基本性质：

(1) 土地的地理位置是固定的，不能移动的。这样，就形成了土地在分布、天然肥沃程度等方面的各种不同的自然差别。土地的不流动性影响到人们生产活动的方便程度，进而影响到土地的收益。

(2) 土地的数量即供给量是固定的，与市场对土地的需求无关。由于土地是大自然所赋予的，因此它没有生产成本。

土地的肥沃程度可以分为两种特性：一种是自然所赋予的原有基本特性，这是指由于地理位置、阳光、空气、土质、降雨量等自然因素对生产物的影响；另一种是人们在土地上从事生产活动的人为追加特性，这是指由于人们在土地上进行改良土质活动而对生产物的影响。因此，土地的总收益也相应地分为两部分，而前者所获收入是主要部分，是地租的真正来源。

二、地租的产生

在西方经济学中，地租和租金是有区别的。租金是指生产中使用某一特定资源所支付的报酬。而地租则是指使用土地而支付的报酬，它只是租金的一种。

土地被看成是资本的特殊形态，地租被看成是利息的特殊形态。因此，按照边际生产力概念，既然利息取决于资本的边际生产力，所以地租取决于土地的边际生产力。

关于地租的产生，可用图 11-11 加以说明。

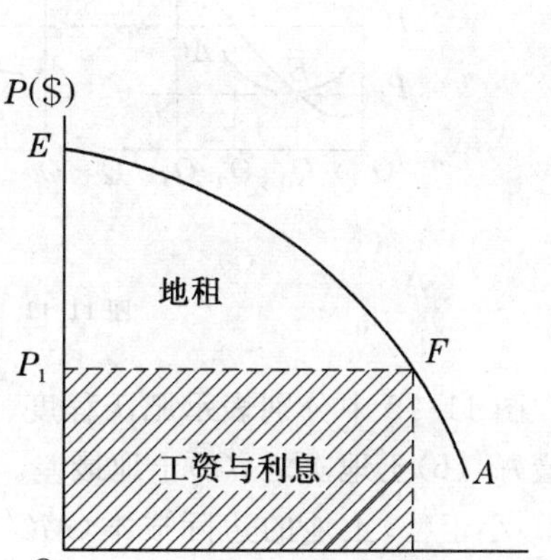

图 11-11　地租的产生

图 11-11 中假定有一块面积固定的土地。在这块土地上不断地增加劳动与资本的使用。为便于分析起见,假定劳动和资本均按一定的比例结合,形成一个组合的劳资单位,用 X 表示并位于横坐标。一定的劳资单位有一定的市场价格,用 P 表示并位于纵坐标。那么在这块固定的土地上,随着劳资单位使用的增加,其边际收益量是递减的,图中曲线 A 代表劳资单位的边际收益量。如果劳资单位的市场价格为 OP_1,则根据供需关系,在这块土地上所使用的劳资单位必然是 OX_1,而这块土地的总收益则是 OX_1FE。这个总收益中的分配情况是,用于支付劳资单位的总报酬——工资和利息为 OX_1FP_1,其剩余部分 P_1FE 则为土地所应当获得的报酬,这就是地租。

三、级差地租

由于土地的肥沃程度不同,位置不同,交通便利程度不同,因而产生了级差地租(differential rent)。西方经济学家最早关于地租的理论,就是以级差地租的形态出现的。李嘉图的地租理论,就是级差地租的理论。他认为由于土地肥沃程度的不同,交通便利的不同,使生产成本也不同。但产品都按相同的价格出售,净收益就会不同。肥沃程度最低、交通最不方便的土地,生产所获收入仅够成本,故不能支付地租,这被叫作"边际土地";但肥沃程度高,交通便利的土地,其生产成本较低,因而其生产所获收入,除支付成本外,尚有剩余,这种剩余就是地租的来源。

现以图 11-12 来分析级差地租的产生。

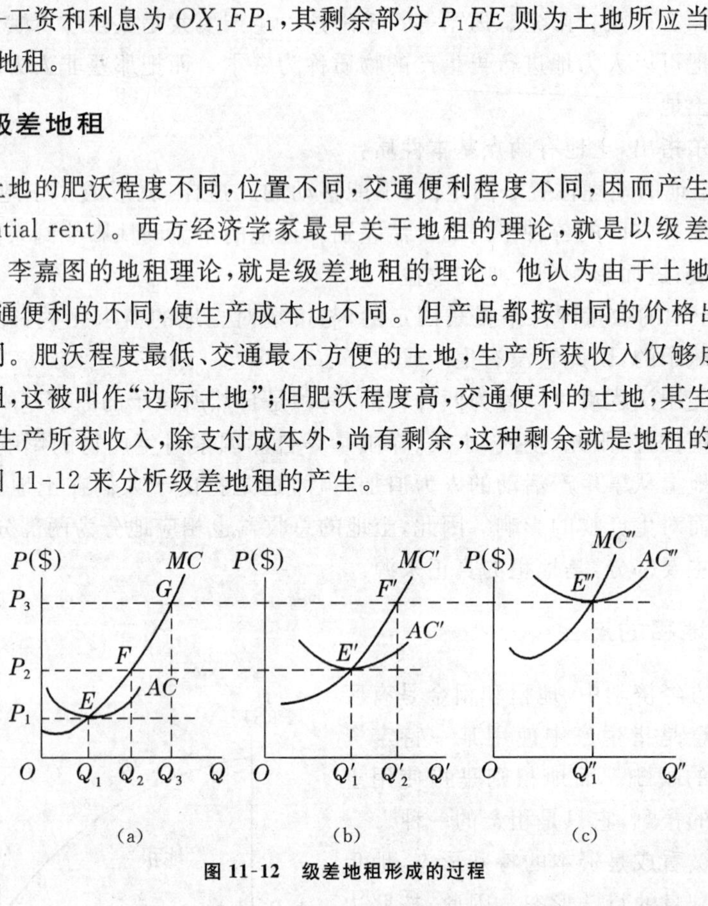

图 11-12 级差地租形成的过程

图 11-12 中分别表示肥沃程度、交通便利程度不同的三块土地。其中,(a)土地最好,(b)土地次之,(c)土地最差。因此,(a)土地的边际成本(MC)和平均成本(AC)小于(b)土地的边际成本(MC')和平均成本(AC');而(b)土地的边际成本(MC')和平均成本(AC')又小于(c)土地的边际成本(MC'')和平均成本(AC'')。假如这时农产品的市场价格为 P_1,即等于最好土地的最低平均成本,(a)土地便被用于

耕种，而(b)、(c)土地由于农产品的价格低于其最低平均成本，因此不会用于生产。事实上，农产品的市场价格很低，表明对农产品的需求也低，故也不需要耕种(b)、(c)土地。但是，(a)土地虽被耕种，由于其价格(P_1)等于最低平均成本(AC)，这时总收益等于总成本，没有剩余利润，所以(a)土地是“边际土地”，不需要支付地租。

如果由于人口的增加和经济的发展，对农产品的需求量增加，引起农产品价格上涨，比如涨到 P_2，这时(b)土地开始被用于耕种。但 P_2 的价格水平等于(b)土地的最低平均成本(AC')，这时(b)土地的总收益等于其总成本，为“边际土地”，不需要支付地租。而(a)土地由于农产品价格上涨，产量则由 OQ_1 增加到 OQ_2，单位产量平均收益大于平均成本，故总收益也大于总成本，除去生产成本后仍有剩余，这就构成了地租的可能性。这种地租是由于土地好坏不同而产生的，便是“级差地租”。

假如人口再继续增加，农产品价格进一步上涨到 P_3，即等丁(c)土地的最低平均成本(AC'')，这时(c)土地开始被耕种，不过为“边际土地”。而(a)土地的产量继续增加到 OQ_3，生产剩余增多，表明(a)土地的地租也随着提高。这时(b)土地便不再为“边际土地”，产量由 OQ'_1 增加到 OQ'_2，开始产生生产剩余，从而成为地租的来源。

如果上述过程再继续下去，则耕种(c)土地也会交地租了。

四、准地租和生产者剩余

所谓“准地租”(quasi rent)在西方经济学中是指短期内使用除土地以外的厂房、设备等固定资本的报酬。准地租有时也译为准租金，这一概念是马歇尔首先采用的。之所以把上述报酬称为准地租，是因为从短期看，这种固定资本也是固定不变的。或虽有增加，但短期内与全部固定资本相比，所占比重微乎其微。使用固定资本的长期报酬为利息，短期内可看作与地租相同。因为在上述资源短期不变的情况下，如果厂商在进行生产时，效率较高，使总收益大于总支出，这中间的差额在性质上类似于地租，归厂商所有。

准地租仅仅存在于短期内，从长期看，这些资源的数量是可以增加的。资源供给的增加将使总收益与生产总支出之间的差额不复存在，于是准地租也不再存在。

因此，由准地租的概念，可以进一步分析出“生产者剩余”(producer's surplus)。所谓生产者剩余，是指生产要素的供给者按市场价格供给时，超过其预期要求所获得的那一部分收益。即按实际市场价格出售时所获与其本来所希望能够获得的部分之间的差额。现举例说明。

假设某一劳动者的劳动供给如表 11-2。

表 11-2　生产者剩余的计算

每小时工资($)	劳动供给量(小时)
10 以下	0
10	5
15	6
20	7

假如市场的工资率为＄20/小时，那么该劳动者则愿意工作 7 小时，总收入为：＄20/小时×7 小时＝＄140。但是根据上述该劳动者的供给表，其供给价格(即愿意按不同的价格提供不同的量)的总和为：＄10×5＋＄15＋＄20＝＄85，即最初 5 个小时的供给价格总和为＄50，而对第 6 个小时劳动的供给价格为＄15，对第 7 个小时劳动的供给价格为＄20，加起来供给价格的总和为＄85。与实际所获之间的差额为：＄140－＄85＝＄55。这个＄55 就是生产者剩余。

第五节　利 润 理 论

一、利润概念的形成和区分

在现代西方社会，生产者从事生产的目的是为了获取利润。利润被西方经济学家认为是“企业家才能”的收入。

现代西方经济学家认为，19 世纪古典学派没有把利润和利息这两个概念区别开来。其原因在于：当时资本家和企业家并没有分离开来。当时的一般情况是，资本家出资创办企业，同时自己经营，因此他既是资本家又是企业家。其收入实际上包括了利息和利润，因而也无法区分。这样，古典学派在理论上也就未加区分。但进入 20 世纪以来，由于大规模生产，企业的所有权与经营权已逐渐分开，所有权属于作为资本家的股东，而经营权则属于企业家的经理管理人员。这样，企业家的职能已与资本家的职能分开，因而利润和利息分开，即利息是资本的收益，而利润则是企业家才能的收益。

现代西方经济学家把利润又分为商业利润和纯利润。

“商业利润”就是指一般的会计利润。在成本理论中已作过介绍。即从厂商的总收益中扣除各种生产要素的代价，如劳动者的工资、所借资本的利息、租用他人土地的地租，以及购买各种机器设备和原材料等支出，所剩下来的便是商业利润。

"纯利润"也被称为"经济利润",就是从商业利润中还要扣除一部分所剩下的余额,即超额利润。所扣除的部分包括,企业家自己所提供的劳务,自有资本或土地所应当获得的报酬,即"内含成本"。纯利润要比商业利润少。

由此可看出,在西方经济学的成本概念中,包括了一部分正常利润,它主要是"企业家才能"这种生产要素的报酬。就长期而言,正常利润是必然存在的,如果企业家得不到正常利润,他就会退出生产过程,生产也就无法继续进行下去。

二、西方经济学关于利润的学说

西方经济学家关于利润是如何产生的,有各种不同的学说。主要有以下几种观点。

(一)"利润是承担风险的报酬"

持这种观点的经济学家认为利润是企业家在生产过程中因承担各种风险而获得的报酬。他们认为,人们对于未来市场的情况的任何判断都是不确定的,因而在从事生产活动时,必然要承担各种各样的风险。企业家预测未来市场情况,如果正确,便能获得额外收入。如果不正确,就会发生亏损,而作为风险的代价,其亏损也只能由企业家承担。

企业家所承担的风险可分为两种:一种是风险虽不能完全预测,但由于概率的作用,其可能性则是可以确定的,就是说,总有某种可能性。例如生产石化产品的工厂的火灾,飞机、火车、汽车的交通事故等这种风险,往往可以借参加保险的方法,将损失分摊给大家,如购机票、火车托运物品均收取一定比例的保险费。因此,这种风险一般并不需要企业家自己来承担。第二种是完全不能预测的风险。例如市场消费者偏好变化趋势,生产技术的改进,新竞争者的出现等。这种风险无法分摊给他人,只能由企业家自己承担。风险报酬不属于纯利润,即超额利润,而属于正常利润的范围。

(二)"利润是由垄断产生的报酬"

在介绍市场模型时已讲过,在完全竞争条件下,生产者只是价格的接受者,而在完全垄断条件下,生产者则是价格的制定者,消费者则是价格的接受者。因此,有些西方经济学家认为,垄断可以产生垄断利润。即垄断者可以靠牺牲消费者的利益而获得利润。

垄断方法分为卖方垄断和买方垄断两种情况。卖方垄断是指厂商在销售产品时可以规定价格,买方只能接受该价格。买方垄断是指购买者在购买产品时可以规定价格,卖方只能接受该价格。大公司既可以成为卖方垄断者,也可以同时是买方垄断者。当大公司独占市场或参加寡头联合时,它是卖方垄断者。当大公司成为某种产品的大买主,卖方不得不接受大公司规定的收购价时,大公司又成为买方垄断者。

卖方垄断和买方垄断在西方经济学家的著作中通常也是受到指责的，因为它们被认为使社会收入的分配有利于卖方垄断者和买方垄断者，而不利于消费者或生产要素的一般供给者。现代西方经济学家有时也使用“剥削”一词。他们认为“剥削”与卖方垄断和买方垄断有关，即认为这是流通或交换中产生的现象。

（三）“创新说”的利润理论

这是根据熊彼特(J. Schmpeter)的“创新理论”来解释利润的产生。创新说的利润理论最有影响，被认为是一种比上述利润理论更为深刻的利润理论。

熊彼特认为，在一个静态社会里，利润是不可能发生的。因为在这个社会里，人口数量和人口结构都已固定，生产技术不再发展，消费者偏好不再改变，对各种生产要素需求的种类和数量也已固定。因此，在这种情况下，对于未来情况可以完全确定，生产者只要按照以往的生产过程继续并重复生产即可，生产的项目、数量均不必变化。由于没有新产品、新技术出现，净投资也不需要，故净储蓄也没有，社会的总投资仅仅是更换损耗的旧设备，即折旧。在这样一个社会里，生产者对其产品不可能提出比平均成本更高的价格，因为消费者都知道生产情况，如果价格高，消费者必不购买，生产者将受到损失。生产者仅能以平均成本决定其售价，因此生产者既无利润可得，也不致亏本。

但是熊彼特认为，上述这种静态的社会实际上并不存在。实际的社会是一个动态的社会。在动态的社会中，人口数量不断增长，人口结构不断变化，生产技术不断进步，消费者的偏好不断改变，因而新产品不断出现，新技术不断涌现。生产者对未来情况并不能了如指掌。为了适应动态社会的需要，社会则需要投资，也需要储蓄。熊彼特认为在这种社会里，有一种人的贡献最大，这就是“企业家”。但熊彼特所指的企业家和一般人所认为的企业家有所不同。一般的企业家只是企业的主持人，而他所指的企业家则是一个“创新者”，是能够发现创新机会，并推动创新的人。所谓创新不是创造或发明，创造或发明只是科学上的成就，而创新则是能把科学上的创造或发明用在商业上并能获得成功，企业家正是推动这种创新的人。“创新”包括以下五种活动：① 发现新产品；② 应用新技术；③ 开拓新市场；④ 获得新原材料的供给；⑤ 运用生产要素的新组合。这五项中的任何一项都是创新。创新可以降低生产成本。由于市场价格不变，在其他厂商来模仿之前，则能以高于成本的价格出售，从而获得利润。这种利润是企业家的利润，是创新的结果。

但是熊彼特又认为，企业家的这种利润并不能维持很久。因为创新的才能虽然只有少数企业家才具有，而大部分生产者都具有模仿能力，一旦创新出现，必然引起他人模仿。这样，当大家都降低成本时，市场价格也必然下降。原来由于创新所产生的利润不复存在。但是，在一个动态发展的社会里，创新活动是不会停止的,一种创新所产生的利润逐渐消失后,另一种创新又会出现。因此,在动态社会里,利润总是继续存在的。

三、利润在现代经济生活中的作用

现代西方经济学家认为,利润主要有以下几点作用:

(1) 由于利润是对企业经营者才能的报酬,所以它既是提高企业经济效率的重要条件,也是提高企业经济效率的报酬。

(2) 利润是刺激生产活动的动力。生产者进行生产活动的动机是为了获取利润。如果不能获得利润,生产者就失去了生产活动的动力,消费者的利益也就无法满足。

(3) 利润是创新的动力。没有利润也就没有创新,从而也就没有对创新的模仿或创新的推广。

(4) 利润使投资者愿意承担一定的风险。如果没有利润,有些行业或有些产品的生产就不会有人去从事。

(5) 包括正常利润和超额利润在内的利润是一切投资基金的来源。收入中的某些分配项目,特别是劳动者的工资,大部分均被消费掉,而只有利润,大部分被储蓄而用于投资。一个社会里利润在收入中所占比例越大,该社会的总投资量则越大。投资越多,资本形成则越快,经济增长的速度也才会越快。

思考题

1. 生产要素的需求有什么特性?
2. 在完全竞争情况下,个别厂商对一种生产要素的需求曲线是什么?
3. 解释在完全竞争情况下个别厂商对多种生产要素需求的连等式。
4. 在完全竞争情况下,某种生产要素的市场需求曲线与一般商品的市场需求曲线有何不同?
5. 劳动的供给曲线有什么特点?
6. 一个社会的工资水平是如何决定的?
7. 根据均衡价格理论说明市场利息率的决定。
8. 什么是级差地租?
9. 什么是生产者剩余?
10. 创新的含义及其与利润的关系。

下篇　宏观经济学

第十二章 政府的经济作用与宏观收入再分配

凯恩斯对古典学派革命的核心，就是认为政府必须干预经济。本章作为宏观经济学的开始，首先是从一般意义上介绍政府的经济作用。在通过后面各章节对凯恩斯基本理论的介绍之后，我们才可以看出现代西方经济学是如何从理论上证明政府干预经济的必要性的。

第一节 政府的经济作用

一、公共产品和私人产品

公共产品(public product)是现代西方经济学中广泛使用的一个概念，它是政府向社会和私人提供的各种服务的总称。公共产品包括的范围很广，例如国防、警察、司法、经济调节、教育、卫生等，都包括在内。

私人产品(private product)是指一般生产要素供给者通过市场经济所提供的产品和服务，它由私人或厂商所提供。教育、卫生保健等服务，部分地由政府提供，部分地由私人提供，因此它们既是公共产品，又是私人产品。

现代西方经济学认为，在一个完全竞争的经济中，各种资源都能够获得最佳配置。但是，其中已假定在这种情况下所生产出来的产品具有以下两个特性：

(1) 这些产品具有“排他性”(excludability)。就是说，是否能够获得对某种产品的消费，取决于消费者是否按一定的价格付款。那些按价付款的人即能获得对该产品的消费，而不按价付款的人就得不到该产品。

(2) 对某个消费者来说，他在消费某种产品的受益过程中具有“争夺性”(rivalness)。就是说，如果某个消费者消费了某一个特定产品，即意味着他人无法消费该特定产品。如某人喝了一瓶啤酒，则他人不能喝到同一瓶啤酒。

凡符合上述“排他性”和“争夺性”这两个特性的产品就是私人产品。凡不具备上述两点特性，或不具备第二点特性——争夺性的产品，便是公共产品。有些不符合上述两点特性的产品十分明显，例如环境质量和国防，既不具备排他性，也不具备争夺性。而有些产品却只不具备争夺性这一特性，例如某人通过一座桥梁，并不影响他人也通过同一座桥梁。但是他可能需要支付一定的过桥费。在这种情况下，这座桥梁就是公共产品。

西方经济学家认为，在生产公共产品方面，市场机制的作用并非完善。即使在市场机制作用下所生产出来的产品具备排他性的特点(即按价付款才能获得享受)也是如此。仍以过桥为例，凡交过桥费的人均可过桥，它排除了不交过桥费的人过桥的可能性。但是这样做并非最有效益，因为排除了不交过桥费的人过桥的可能性，并没有在减少这些人满足程度的同时而增加对其他交过桥费的人的满足程度。因此在这里，市场机制虽被运用，但社会经济效益并非最大化。当然，假如产品具有争夺性但不具备排他性，市场机制将不会发生作用。

综上所述，在市场机制下，并不能生产出社会所需要的适当的公共产品来。市场机制只能在按价付款方能消费的情况下发挥作用，但在生产社会所需要的公共产品方面却显得不足。因为社会之所以需要公共产品，其中一个很重要的原因就是当某些产品对消费者发挥效益时，却无法对他们取价，或者无法阻止对不交费的人消费某种公共产品。例如，一个国家的国防能够保护全体公民的利益，不管每个公民是否支付了国防费用。因此，在许多情况下，无法单纯依靠市场机制的作用。正因为如此，政府对公共产品的生产活动便显得十分重要。

二、政府的经济作用

关于政府的经济作用，不同发展阶段的西方经济学家对此有着不同的认识。被认为最早提出这一问题的是处在自由竞争阶段的资产阶级经济学家亚当·斯密(Adam Smith)，他在1776年的《国富论》(“The Wealth of Nations”)一书中提出了政府的三点作用：① 国防；② 制定并实施法律制度；③ 建立公共设施和公共机构。可见当时政府的作用很小，特别是在干预经济方面，政府的作用仅仅是保证自由竞争能够顺利进行。

在资本主义从自由竞争阶段发展到国家垄断资本主义时，政府对保证资产阶级垄断利益方面的作用越来越重要。反映在经济思想上，就是现代西方经济学非常强调政府干预经济生活的重大作用。从理论上看，现代西方经济学有一个重要观点，就是认为市场经济由于其纯理论所假定的前提无法实现，使得市场经济并非万能，不可能发挥其理论上的经济效率，这就是所谓"市场失灵"。当出现这类市场失灵现象时，就需要政府发挥它对经济的作用。

在现代西方经济学家看来，对政府的经济作用可以从不同的角度列出不同的种类，但是一般来说，大致可以归为以下五点。

（一）政府直接控制

在市场机制仍起主导作用时，政府直接控制的程度一直在增长。直接控制表现在两个方面：第一方面表现为通过制定法律和规章条例直接规范经济行为，即允许干什么，不允许干什么，从而约束企业、金融机构和个人的经济活动。例如，不许独家垄断，制定工人的最低工资制和最多劳动小时法，制定食品和药品法等。第二方面表现为对违反政府规定的企业和个人进行惩罚，例如排污量超过限度对企业进行罚款等。

（二）政府提供公共产品的社会消费

作为一个国家，存在着社会化的消费方式，即不是通过私人购买来消费产品。在这种情况下，需要政府发挥其作用，以满足全社会的整体利益。社会化消费的产品和服务，大部分也是由私人企业来生产的，政府只不过偿付费用。政府所购买的大部分生产资料也是如此。但是，有些公共产品却只能由政府来生产。例如修建高速公路，建立国防系统，建设国家公园或地方政府所属公园及公共设施，提供天气预报服务等。政府所提供的这些产品或服务，一般都具有"外在效益"的特点，例如国防对任何人都是需要和必不可缺的，不管付钱还是不付钱的均能受益。因此，对于这样一些具有外在效益的公共产品，私人企业是不愿承担的，只能由政府来做。

（三）政府通过稳定财政政策和货币政策控制通货膨胀和失业率

通货膨胀和失业是资本主义社会所面临的两大难题。政府解决这两大难题的手段有两个，即财政政策和货币政策。政府的财政政策包括税收和支出这一进一出两大类。例如增税或减税，增加或减少福利开支以及军费开支等。货币政策主要是通过金融机构增加或收缩整个社会的货币供给量。

（四）政府从事生产

某些产品直接由政府进行生产。这方面最典型的例子是邮政，长期以来，它是政府的重要职能。飞机场通常也为政府所有。在美国，许多动力部门（如水坝）为政府所有。在其他国家，政府甚至拥有煤矿、炼钢厂、航空公司等。但在最近几十年来，政府在直接从事生产方面扩展很少，在某些地方还有所减少，例如国有企业私有化等。

（五）政府提供社会福利保障

政府在这方面的作用很突出，例如"社会保险"。在政府的福利支出中，十分重要的部分是"转移支付"(transfer payments)。所谓转移支付是指从整个国家的利益出发对某些人进行的无偿支付,如失业救济等。当然,西方经济学家也承认,如果从实际需要看,其需要的范围和需要的数量是日益增长的,不可能全部满足。但是从政府的角度看,至少应当承担以下几方面的部分责任:① 疾病和事故;② 失业;③ 老年人救济;④ 贫穷。转移支付的目的在于维持这些人的生活水平不低于政府规定的最低贫困线标准。转移支付从整个社会来看实际上就是进行收入再分配,因为转移支付的资金来源是税收。转移支付被认为是为了不同程度地减少财产收入的不平等。

关于政府的经济作用,在以后关于政府的财政手段和货币手段中还要详细加以介绍。

第二节 洛伦茨曲线和基尼系数

政府干预经济的重要作用之一,就是在一定程度上改变社会收入分配状况。洛伦茨曲线和基尼系数都是西方经济学家用来表示收入分配差别的方法。现分别介绍。

一、洛伦茨曲线

现代西方经济学家在测定社会收入分配平均程度时,一般习惯把整个社会人口按收入的多少从低到高平均分为五档,每档人口均占全部人口的20%,然后再看每20%的人口的收入占总收入多少,即可比较出社会收入的差别。表12-1分别列出收入分配绝对平均和收入分配不平均的举例比较。

表12-1 收入分配绝对平均和不平均的比较

收入分组		占人口的百分比		绝对平均的情况		不平均的情况	
		百分比	累 计	占收入的百分比	累 计	占收入的百分比	累 计
(最低)	1	20%	20%	20%	20%	4%	4%
↓	2	20%	40%	20%	40%	10%	14%
	3	20%	60%	20%	60%	20%	34%
	4	20%	80%	20%	80%	26%	60%
(最高)	5	20%	100%	20%	100%	40%	100%

由于上述收入分配不平均的情况最先被统计学家洛伦茨(M. Lorenz)采用并

以图形表示,因此形成了著名的“洛伦茨曲线”。洛伦茨曲线就是反映收入分配平均程度的曲线,如图12-1所示。

图12-1中,OI表示国民收入百分比,OP表示人口百分比,连接两对角线的直线,是绝对平均曲线,因为该线上的任何一点到纵坐标和横坐标的距离都是相等的。对角线上的任何一点都表示:总人口中每一定百分比的人口所拥有的收入,在总收入中也占相同的百分比。如果社会收入是按这种情况分配,那就说明社会收入分配是绝对平均的。

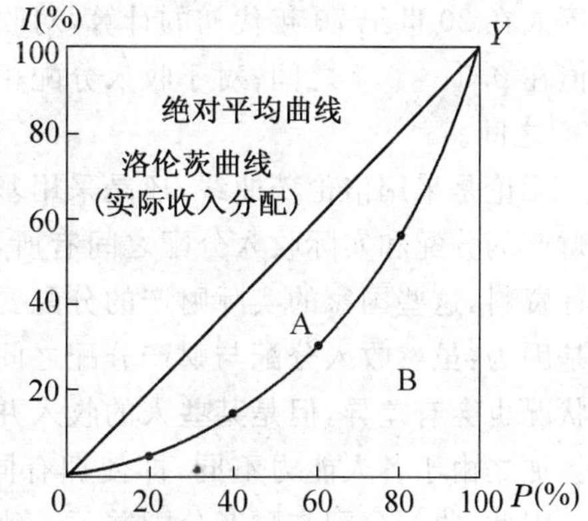

图12-1　洛伦茨曲线

图12-1中,OPY线是绝对不平均曲线。这条线表示:社会的全部收入都被一人所占有,其余的人的收入都是零。

图12-1中介于上述两个极端之间的曲线则是实际收入分配线,即洛伦茨曲线。在这条曲线上,除了起点(O点)与终点(Y点)以外,任何一点至两坐标轴间的距离都不相等。每一点都表明:占总人口的一定百分比的人口拥有的收入在总收入中所占的百分比。该图中洛伦茨曲线是以表12-1中的数字为例。

从洛伦茨曲线的形状可看出:实际收入分配线越靠近对角线,则表示社会收入分配越接近平均;反之,实际收入分配线越远离对角线,则表示社会收入分配越不平均。

二、基尼系数

上述反映收入不平均的情况还有另一种表示方法,是由20世纪初意大利经济学家基尼(G. Gini)于1912年首次采用的。他根据洛伦茨曲线图找出了判断收入分配平均程度的指标,这个指标被称为“基尼系数”,也被称为“洛伦茨系数”。

在图12-1中,A表示实际收入分配曲线与绝对平均曲线之间的面积;B表示实际收入分配曲线与绝对不平均曲线之间的面积,则

$$\text{基尼系数} = \frac{A}{A+B}$$

如果$A = 0$,基尼系数$=0$,则表示收入绝对平均;如果$B=0$,基尼系数$= 1$,收入绝对不平均。可见,事实上基尼系数在0和1之间。基尼系数数值越小,越接近于收入平均;基尼系数数值越大,则收入越不平均。

基尼系数被西方经济学家普遍公认为一种反映收入分配平等程度的方法,也被现代国际组织(如联合国)作为衡量各国收入分配的一个尺度。据经济学家钱纳里等人在 20 世纪 70 年代初的计算,对收入分配高度不均的国家来说,基尼系数的数值在 0.5 ~ 0.7 之间;对于收入分配相对平等的国家,基尼系数的数值在 0.2 ~ 0.35 之间。

无论是采用洛伦茨曲线,还是采用基尼系数,都要注意一点,即西方国家的实际财产的分配和实际收入分配之间有所不同。根据美国、英国等资本主义国家的统计资料,这些国家的实际财产的分配要比实际收入的分配有较大的不平均程度。这是因为:虽然收入分配与财产分配之间有一定的联系,人们拥有的财产不同,收入状况也会有差异,但是某些人的收入并非来自财产,而是来自劳动,来自经营管理。加之由于各人能力不同,即使拥有同等数量财产的人,也会有不同的财产收入。因此,收入分配与财产分配并不一致。还应当注意到,财产分配不平均有历史的、制度的原因。私有财产制度和私有财产继承权的存在,使得财产分配的不平均这一社会既成事实不可能很快改变。所以财产分配的不平均程度大于收入分配的不平均程度。

第三节　政府的税收和收入再分配

一、征税的原则

政府支出的主要来源在于税收,而征税是强制性的,它与公民的利益有着极密切的关系,因此,应按何种原则进行征税,显得十分重要。资产阶级经济学家在征税原则问题上争议颇多,基本上有以下两种原则。

(一) 受益原则(benefits principle)

所谓受益原则是指谁受益谁交税,受益多应多交税,受益少应少交税。受益原则被认为是一种理想的原则。但是,按这一原则征税的现实可能性很小,因为:① 虽然有些税收可以遵循受益原则,如在高速公路上对汽车征税,但是在实际生活中,往往很难分清每个人受益的多少,例如政府兴建广场建筑、文化中心、公共娱乐场所等,很难按受益原则去征税。再加上许多利益纯粹是个人的主观感觉。② 有些则不能采用受益原则,例如失业者、老年人、病残者均享受一定的福利待遇,如果按受益原则征税,则他们需要多交税,这显然与福利支出的目的相违背。

(二) 负担能力原则(ability-to-pay principle)

所谓负担能力原则是指根据每个人收入的不同按承受赋税的能力大小来征

税。但是在这一原则上存在着两种根本对立的观点。一种观点主张应该对富人征较多于穷人的税，理由是富人有钱，可以承担得起；另一种观点则反对上述做法，理由是“赚钱”至少是刺激人们工作积极性的方法之一，如果对他们征税多，势必意味着否定这种刺激手段，而且还会促使有才能的人向征税低的地区流动，从而对经济活动不利。这两种对立观点的争议从来没有停止过。

由于上述两种征税原则各有利弊，故西方国家实际上采取的是兼顾两者的折中办法。至于对税收的具体分类，西方经济学家意见分歧很大。从税金是否能够转嫁来看，税收可以分为直接税和间接税两种；从征税的内容来看，税收可以分为所得税、财产税、财产转移税、消费税和关税等；从纳税者承受赋税的程度来看，税收可以分为累进税、比例税和累退税；从征税的方式来看，税收可以分为从量税和从价税。

二、税金转嫁

纳税人并不一定是税金的最终负担者，因为纳税人可以把税金转嫁给他人负担。这种现象被称为“税金转嫁”(tax shifting)。税金的最终负担者被称为“税金归宿”(tax incidence)，这时表明税金无法再转嫁出去了。例如，政府对厂商征税，厂商则采取提高产品价格的方法将税收负担转嫁给零售商，而零售商则采取同样的办法将税收负担转嫁给消费者，消费者就是税金的归宿。

税金转嫁分为两种：一种叫“向前转嫁”(forward shifting)，即在市场交换过程中，在产品或服务销售之前，卖方通过加价的方式把税收负担转嫁给买方；另一种叫“向后转嫁”(backward shifting)，其过程刚好同上述相反，即在市场交换过程中，买方通过少支付的方法，将税收负担转嫁给卖方，例如消费者少支付，把税收负担转嫁给零售商，或者零售商通过少支付的方法，把负担转嫁给生产厂商。

各种税收的转嫁情况如下：

个人所得税在一般情况下被认为不能转嫁，因为这种税是由个人从最终收入中支付的。但是有些经济学家认为也存在一些例外，假如个人或团体组织能够有效地控制其所提供的服务的价格，那么这时个人所得税是可以被部分转嫁的。例如医生、律师等专业人员由于纳税而向病人或顾客收取更高的费用，工会组织把个人所得税视为生活费用的部分代价，而通过集体议价的方式从厂商获得更高的工资，从而把个人所得税部分地转嫁给消费者或厂商顾主。

销售税和货物税可以转嫁。这些税被称为“隐藏的税”，因为它们可以通过提高价格的方法转嫁给消费者。但是销售税和货物税在可转嫁的程度上有所不同。销售税可转嫁的程度比货物税较大，因为销售税所覆盖的产品极广，消费者难以摆脱因产品提价而承受的负担。而货物税则因为是对某些特定的产品和服务征收的税，对消费者来说，对某些产品或服务可以较容易地找到未被征税的替代品，例如对电影票征收货物税而未对其他娱乐活动征收同样的税，则剧场主很难通过提高票价的方法转嫁税收负担，因此对消费者来说，摆脱税金转嫁的可能性较大。然而，在一般情况下，对被征收货物税的许多产品适当地提高价格并不影响其销售量。例如，在对汽油、香烟、烈性酒类、饮料等征收货物税时就是如此，对这些产品，消费者很难找到替代品，因而税金转嫁便可产生。

财产税是否可以转嫁，依具体情况而定。有些财产税是不能转嫁的，例如私人土地、个人财产和私人住宅等。土地即使是在出售的情况下，也不大可能转嫁税金，因为买主一般都会根据将来纳税情况对所买土地的价格提出折扣的要求。假如私人财产出租给他人，则可以转嫁，至少是部分转嫁。企业的财产税也可以转嫁，因为可以被计入成本而加到产品的价格上。

关税可以转嫁。因为凡被征过关税的进口产品都会加价向消费者出售。

公司所得税是否可以转嫁，争议很多，意见分歧较大。传统的观点认为不能转嫁，因为厂商是在利润最大化的价格和产量上进行生产，当被征公司所得税时，并没有理由改变该产品的价格，利润最大化的价格和产量的组合点并不因为是否被征一定比例的公司所得税而有所改变。按此观点，在被征公司所得税后，公司的所有者——公司股票持有者——必须作为税金归宿获得较少的红利或未分配收益。另外一些西方经济学家则持相反的观点，认为公司所得税可以通过提价，部分地转嫁到消费者身上，或者通过降低生产要素的价格，部分地转嫁到生产资源供给者身上。其理由是，在现代化大生产的社会里，少数工厂可以控制市场，但是生产者往往并非一定在利润最大化的条件下生产，因为垄断厂商必须顾及到公众舆论和政府惩罚的可能性。因此，他们可以等到政府提高税率或工会要求增加工资时，以此为借口来提高产品的价格而减少公众的责难，从而就可以把税金转嫁出去。还有一些西方经济学家认为，上述这两种观点都不无道理，税金归宿最终会被公司股票持有者、产品消费者和生产要素供给者分摊。

西方经济学家还认为，某些税金即使可以转嫁，但并非每一个纳税人都能够把它转嫁出去。某种税金在理论上的“转嫁可能性”与实际的转嫁并非一回事。转嫁能否成功，取决于厂商的边际成本以及产品和服务的供求关系等因素：

(1) 税金的征收如果使厂商生产的边际成本增加或边际收益减少，则税金会发生转嫁现象。因为边际成本提高或边际收益降低，会使产量或销售量减少，而价格上升，从而可以将税金转嫁给消费者。

(2) 产品和服务的需求价格弹性越小，销售量变动受价格变动的影响越小，从而越容易将税金负担向前转嫁到消费者身上，当需求价格弹性为零时，则税金负担完全向前转嫁给消费者。反之，产品和服务的需求价格弹性越大，价格变动对销售量的影响越大，税金负担向前转嫁则越不容易实现。

(3) 产品和服务的供给价格弹性越小,生产量变动受价格变动的影响越小,从而生产者越不容易通过减少产量和提高价格而将税金负担向前转嫁给消费者,而这时税金负担向后转嫁的可能性则越大,当供给价格弹性为零,即供给量固定不变时,税金则可以完全向后转嫁。反之,产品和服务的供给价格弹性越大,价格变动对生产量的变动影响越大,从而生产者越容易通过减少产量和提高价格而将税金负担向前转嫁给消费者。

三、累进税、比例税和累退税

按纳税者所承受税金负担的程度,税收可以分为以下三种:

(1) 累进税,即对高收入征税的百分比大于对低收入征税的百分比。

(2) 比例税,即对高收入征税的百分比等于对低收入征税的百分比。

(3) 累退税,即对高收入征税的百分比小于对低收入征税的百分比。

上述三种税收的图形见图 12-2。

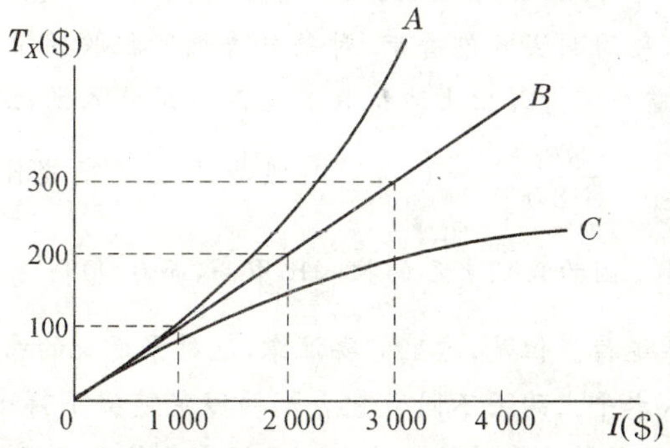

图 12-2 累进税、比例税和累退税曲线

图 12-2 中,横坐标 I 代表收入,纵坐标 T_X 代表税收。显然,曲线 B 为比例税,即无论收入多少,均被征收 10% 的税。曲线 A 为累进税,它表示:当收入等比例增加时,其税收额的增量是不断增加的,因此税收额占总收入的百分比随着总收入的不断提高而不断增加。曲线 C 的情况正相反,为累退税,它表示:当收入等比例增加时,其税收额的增量是不断减少的,因此税收额占总收入的百分比随着总收入的不断提高而不断减少。

在上述累进税、比例税和累退税的概念中,要注意不能用净税额来加以判断,而应用"百分比"加以判断,即税收额占总收入的比例。

下面举几个例子加以具体说明。

例 12.1：假如对某人第一个＄5 000的收入征收1%的税，对其第二个＄5 000的收入征收2%的税，对其第三个＄5 000的收入征收3%的税。依据所给条件，不能简单地根据3% > 2% > 1%而得出累进税的结论。正确的分析如下：

第一个＄5 000收入的税率是1%；对第二个＄5 000收入征收2%的税后的总税率是 $\frac{\$5\,000\times1\%+\$5\,000\times2\%}{\$10\,000}=1.5\%$；而对第三个＄5 000收入征收3%的税后的总税率为 $\frac{\$5\,000\times(1\%+2\%+3\%)}{\$15\,000}=2\%$；因为 $2\%>1.5\%>1\%$，所以这种税收是累进税。

例 12.2：假如对收入＄100的人征＄5的税，而对收入＄10 000的人征收＄100的税，因为 $\frac{\$5}{\$100}>\frac{\$100}{\$10\,000}$，所以这是累退税。

例 12.3：对某人除了第一个＄1 000以外都征收同样的10%的税收，这种税几乎是固定比例税，但根据定义仍属于累进税。

例 12.4：假如一个年收入＄8 000的吸烟者甲每周购买4包香烟，而一个年收入＄16 000的吸烟者乙每周购买6包香烟，对每包香烟所征收的货物税都是10美分。判断这种税收类别，首先需计算出上述税收各占两人总收入的比例。吸烟者甲的纳税比例为 $\frac{\$0.1\times4}{\$8\,000}=\frac{\$0.4}{\$8\,000}=0.005\%$；吸烟者乙的纳税比例为 $\frac{\$0.1\times6}{\$16\,000}=\frac{\$0.6}{\$16\,000}\approx0.0038\%$。因为吸烟者乙的收入比甲高，而 $0.0038\%<0.005\%$，所以这种香烟的货物税是累退税。但是，这里需要注意，这种累退税的结论是依据上述两个消费者在不同的收入水平上购买不同数量香烟的假定前提下得出的。因此，上述假定首先必须合理，否则同样的香烟货物税会由于假定条件的不同而得出相反的结论。实际上，在一般消费行为中，消费者对普通生活品消费量的增加并非和收入的增加成正比例或递增的关系，因此对每一种税收都会有一个一般的判断。以上述吸烟者为例，即使假定吸烟者乙每周购买的香烟数量增加的百分比超过其收入增长的百分比，也不能断定香烟货物税就一定是累进税。因为就大多数吸烟者来说都不是这种消费习惯，如果从消费者的一般消费规律来看，可以判断出某种产品和服务的一般税收类别。事实上，大多数日常生活消费品都具有累退税的性质。

例 12.5：对于公司所得税的判断，以20世纪80年代的美国为例，公司所得税也和个人所得税一样，属于分级累进征税。对开始数额较少的公司利润征收低比例税，随着利润增加，分档不断提高征税比例。但当公司利润达到＄100 000时，税率便固定在47%，里根政府减至46%。此后，不管公司利润再如何增长，税率不再继续提高。这种征税方式被西方经济学家认为是兼顾了前面所述的征税的两个原则。对这种税，首先不应轻易地得出累进税的结论，应当考虑到，对一个大公司来说，$100 000的数额实在微不足道。因此，对一个大公司实际征收的税率几乎一直是按46%征收的。但是也不能简单地得出例3那样的结论，即按性质为累进税，但在实际执行上接近固定比例税。因为假如公司是一个人，这种结论是正确的。但是公司的利润属于该公司股票持有者，因此公司所得税实际是征在这些股票持有者身上。在实际生活中，从整个西方社会平均看，收入少的人拥有的股份微乎其微，而绝大部分股份都集中在高于社会平均收入的富人手里，因此，从整体平均看，公司利润税应当属于累进税。但是，西方经济学家在这一问题上存在着争议。其根本分歧点产生于前面所述的对公司所得税是否可以转嫁的问题。有些经济学家或税收问题专家认为公司所得税可以转嫁，而税金归宿就是广大消费者。这样，从平均看，穷人实际上承受的负担多，因此公司所得税属于累退税。而另外一些持公司所得税不能转嫁观点的经济学家则认为公司所得税是累进税。

以上介绍了累进税、比例税和累退税。在西方国家，累进税的典型代表是所得税；比例税的典型代表是社会保险税；累退税的典型代表是销售税。

美国各级政府税收的主要来源如下：联邦政府的主要税收来源是个人所得税，它是累进税；州政府的主要税收来源是销售税，它是累退税；地方政府的主要税收来源是财产税，它也是累退税。

四、直接税与收入再分配

从税金是否能够转嫁的角度，税收又有直接税和间接税之分。直接税就是直接向人们征收的税，一般不能够转嫁。例如个人所得税、公司所得税、财产税、财产转移税、人头税等。间接税就是间接向人们征收的税，即当人们购买某种商品时，该商品已被征过税，因此，它是一种可以转嫁的税。例如货物税或销售税、烟草税、进口关税、周转税等。

但是，在前面已说过，有些税收究竟是否能够转嫁，在西方经济学中存在着争议，实际上没有定论，因而上述对于直接税和间接税的分法被认为是不精确的。

现在分析个人所得税、公司所得税、财产税、遗产税与收入再分配的关系。

（一）个人所得税与收入再分配

实行累进的个人所得税，可以在一定程度上避免收入的过度集中，因为这种税制的税率是随收入的增长而递增的。但是，个人所得税并不是无限累进的，因而高税率所导致的收入减少具有相对性。正如前面所述，西方经济学家认为，赚钱是刺激人们努力工作的重要手段。假如政府出于某种考虑，对累进的个人所得税实行减免优惠，则这种相对性表现得更为明显。

（二）公司所得税与收入再分配

西方国家的企业分为公司企业与非公司企业两种。政府对非公司企业大都是以征收个人所得税的形式征收所得税，而对公司企业则按公司所得税的形式征收所得税。政府对公司企业征收的公司所得税与对非公司企业征收的个人所得税，就其性质上看，同属于累进的所得税，但是分级税率却不一样。个人所得税税率通常比公司所得税税率低一些。这样，可能导致部分公司企业的资本流向非公司企业。在其他条件不变情况下，将引起公司企业的产品数量减少，价格上升，而非公司企业的产品数量增加，价格下降。这样，无论生产者还是消费者，其实际收入都将会受到影响。

（三）财产税与收入再分配

财产税主要是对不动产——土地和建筑物征收的税，它是一种累退税。目前在西方国家，特别是在美国，大量财富和收入均与不动产无关，尤其是对少量的不动产的估价往往高于对大量不动产的估价。因此，家庭的货币收入越多，支付财产税的数额占家庭总收入的比例越小。这种情况在房产税上尤为明显，因为根据实际统计资料，一般家庭所缴纳的房产税与家庭的货币总收入相比是递减的。假如财产拥有者通过出租的方式（例如出租土地或房屋）将财产税转嫁给承租者，承租者便负担了财产税，从而减少了他们的部分实际收入。

（四）遗产税与收入再分配

遗产税是指对于继承亡故亲属或朋友遗产的个人征收的税。对与遗产相关的馈赠也要征税，因为如不这样做，有钱的人则会在临死以前，分掉其财产以便逃避纳税。遗产税是一种累进税，在美国，对贫穷寡妇继承的遗产一般不征收遗产税，而对富人的遗产却按累进的税率征收。遗产税在西方国家被认为十分重要，因为它可以避免或减弱形成一个永远不劳而获，只凭借世代相传的遗产生活的富有阶级。但是，在美、英等西方国家，尽管政府已采取某些预防措施，富人往往还是通过分割收入、馈赠、成立各种复杂的“信托基金”、免税的人寿保险遗产等种种途径，把遗产税的纳税额降到很低的水平。

五、间接税与收入再分配

（一）消费税与收入再分配

消费税是对商品和服务的消费所征收的税。在西方国家，消费者购买商品时一般都要支付一定比例的销售税（在美国，有的州对食物和药品免税），对购买机票等服务的支出也要付一定比例的税。对非奢侈品来说（例如一般的生活用品），消费税是一种累退税，因为对低收入家庭征税的相对比例比对高收入家庭征税的相对比例大。其中的原因在于，随着家庭收入的增加，普通消费品的支出在家庭总收入中所占的比例是递减的。但是,对奢侈品来说(例如名贵珠宝、古玩、教育和旅游等),消费税则是一种累进税。因为高收入家庭所消费的奢侈品多,负担的奢侈品消费税则多;反之,低收入家庭所消费的奢侈品少,负担的奢侈品消费税则少。

(二)关税与收入再分配

关税主要是指对进入国境的产品所征收的税。关税对收入再分配的影响取决于关税程度的高低、受关税保护的本国产品的性质以及生产和消费结构。如果征收关税的结果足以限制外国产品进入国内市场,使国内生产者的销售市场得到保护,则本国消费者的收入通过购买本国生产者的产品转移到生产者手里。如果征收关税的结果并不能减少本国消费者对进口商品的消费,则消费者的部分收入转移给政府部门。这时,收入再分配的结果取决于政府如何支配关税收入。在前者情况下,假如被保护的本国产品是奢侈品,并且其生产者主要是本国的低收入者,由于奢侈品的主要消费对象是高收入家庭,因此,收入便由高收入家庭转移给低收入家庭。反之,假如被保护的本国产品主要是本国低收入家庭消费的生活必需品,而其生产者是本国的大企业,那么,收入便由低收入家庭转移给大企业。

思考题

1. 根据公共产品和私人产品的特性说明两者的区别。
2. 政府的经济作用有哪些?
3. 解释洛伦茨曲线和基尼系数。
4. 什么是税金转嫁?解释税金转嫁的两种形式。
5. 举例说明累进税、比例税和累退税概念。
6. 说明直接税的收入再分配效果。
7. 说明间接税的收入再分配效果。

第十三章　国民收入的统计

本章通过对国民收入三种主要统计方式的介绍，在掌握相关知识的同时，使人们了解宏观经济运行的基本规律，从而为下面的理论研究打下基础。

第一节　经济总流程

一、最简单的经济流程——两部门经济循环

一个经济社会是由许多部分构成的，它们之间存在着非常密切的关系，构成了有机的统一整体。要想了解国民收入是如何统计的，必须先了解整个社会经济活动的运行过程。

整个社会经济的运行包括总需求和总供给两大部分。总需求就是指国民经济中的所有部门和个人对商品和服务的有支付能力的需求总量；总供给就是指国民经济中的所有部门和个人的实际供给总量，即经济社会的生产能力。当一个经济处于总体均衡状态时，社会的总供给等于社会的总需求。

先从最简单的经济模型分析总需求和总供给之间的关系。假设一个经济只有厂商和家庭两个部门，没有政府以及对外贸易，并假定所有家庭把他们的收入全部用于消费支出，没有任何储蓄，同时也假定所有厂商将其收入全部用于对生产要素的支付，除此以外，还假定产品和服务的相对价格不变，则该经济社会的活动体系如图 13-1 所示。

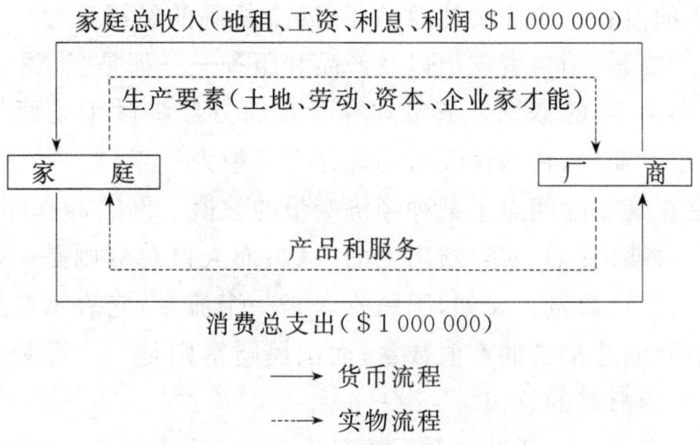

图 13-1 两部门流程图

图 13-1 中,有两个市场和两个流程。图的上半部分是投入市场,即家庭向厂商提供生产要素(如土地、劳动、资本、企业家才能等),厂商则必须支付这些生产要素的代价(如地租、工资、利息、利润等)。图的下半部分是产出市场,即厂商对家庭提供产品和服务,而家庭则按产品和服务的价格支付给厂商。在均衡循环情况下,投入市场中的数量和产出市场中的数量完全相等,如图中举例,都是$1 000 000。这两个流程流动方向正好相反。这时,整个经济处于一个均衡的循环状态中。

我们现在考察经济总流程图,主要是为了从中得到启示:对数量庞大,品种繁多,似乎不知从何下手的一国总产出应该怎样进行核算。在图 13-1 中,就是要核算图右边方框内厂商的总产出。根据假定,厂商将其全部收入用于对要素的支付,因此,全部要素收入即地租、工资、利息、利润的总和(称为总收入)的数量就衡量了厂商的总产出。由于总收入为$1 000 000,所以总产出也为$1 000 000。又根据假定,家庭将其全部收入用于消费支出,因此,家庭对各种消费的支出总和即总支出的数量也核算了厂商的总产出。因为家庭的消费总支出为$1 000 000,所以厂商总产出为$1 000 000。由此可见,对总产出的核算,既可以利用经济总流程的上半环即从总收入的角度来进行,也可以利用总流程的下半环即从总支出的角度来进行。不仅如此,还存在以下恒等式:

$$总产出 = 总收入 = 总支出$$

图 13-1 所显示的是在经济均衡的情况下这一等式成立的状况;即使经济是处于非均衡状态,这一等式仍然成立。我们将利用下一个流程图说明这一点。现在,无论如何,应该对下述论点有一个深刻的印象:如果我们在事后对总产出的实际数量进行核算,那么,无论从总收入方面进行核算还是从总支出方面进行核算,所得到的结果总是一样的。

在图 13-1 的流程图中需要注意的是，四个相等的经济变量——厂商支出（即家庭收入）、生产要素、消费者支出以及产品和服务——都是“流量”（flow）的概念，而不是“存量”（stock）的概念。流量和存量在西方经济学中是两个不同的概念。流量是指在一定时期内（在国民收入的统计中一般为一年）某种经济变量变动的数值；而存量则是在某一时间点上某种经济变量的数值。例如，人口出生数是一个流量，它表示一定时期内（如一年）新出生的人数；而人口总数则是一个存量，它表示某一具体时刻的人口数量。又如，国民收入是一个流量，它表示在某一时期内（如一年）一个社会所创造出来的产值数量；而国民财富则是一个存量，它表示在某一时刻社会所拥有的财富的总值。

流量与存量之间有密切的关系。流量来自存量，比如说一定的国民收入来自一定的国民财富，或一定的人口出生数来自一定的人口总数。流量又归入存量之中，比如说新创造的国民收入计入国民财富中，新出生的人口数计入人口总数中。流量分析和存量分析是现代西方经济学中广泛使用的分析方法。流量分析是指对一定时期内有关经济总量的产出、投入（或收入、支出）的变动及其对于其他有关经济总量的影响进行分析。存量分析是指对一定时点上已有的经济总量的数值及其对于其他有关经济变量的影响进行分析。

二、漏出和注入

“漏出”（leakage）和“注入”（injection）是西方经济学关于经济流程的两个术语。漏出是指家庭将其部分收入用于储蓄；注入是指厂商所获得的追加投资。注入的来源是漏出，见图 13-2。

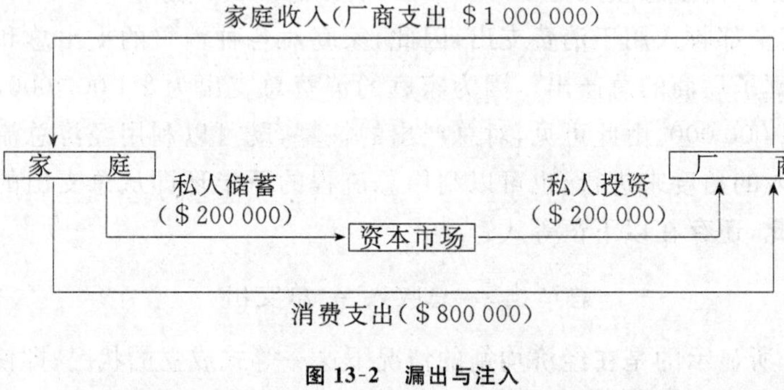

图 13-2　漏出与注入

图 13-2 中，家庭的收入（即厂商对生产要素的支付）并没有全部被用于消费，而有一部分被用于储蓄，如图中所示 $200 000。这种储蓄被称为私人储蓄，这就是漏出现象。私人储蓄主要从两个渠道通向厂商：一个渠道是通过购买厂商发行

的股票或有价证券直接流向厂商；另一个渠道是将储蓄存入银行或其他金融机构，银行或其他金融机构再把这些储蓄贷给厂商，这是以间接的方式流向厂商。无论私人储蓄是以直接方式还是以间接方式流向厂商，其实质都一样，就是使厂商获得除通过产品销售所获之外的追加投资，对厂商来说，这就是注入。在均衡循环中，注入数量等于漏出数量，如图中所示，同为＄200 000。

在这个包含漏出和注入的经济流程图中，从流程的上半环核算总产出，因为总收入为＄1 000 000，所以总产出应为＄1 000 000；从下半环核算总产出，因为总支出等于消费支出加上投资支出，即＄800 000加上＄200 000等于＄1 000 000，所以总产出仍为＄1 000 000。在这里，由于注入等于漏出，经济实现均衡，上述恒等式成立。

现在考虑一种非均衡的情况：假设投资支出不是＄200 000，而是＄100 000。这样，从总收入核算总产出为＄1 000 000，从总支出核算总产出为＄900 000。上述恒等式不成立。但是，经过一种特殊的统计上的处理，上述恒等式仍然能够成立。上述非均衡情况表明：价值＄1 000 000的总产出，只卖掉其中的＄900 000，还有价值＄100 000的产品没有卖出，成为厂商新的库存（或存货）。不要忘记了，现在的任务是从总支出方面核算总产出。这一部分产品虽然积压在仓库中，但既然已经生产出来了，总归是总产出的一个部分。为了不至于从支出方面核算总产出漏掉这一部分，需要进行统计上的特殊处理：把这部分新增存货看成是生产厂家似乎是自己掏钱按市价“购买”自己生产的产品。对购买冠以引号是因为在这里实际上没有发生购买行为，也没有发生货币支出，只是为了统计上的方便，把它归入总支出的一部分，进入总产出的核算。我们把这种厂商所不情愿的“支出”称为非意愿的存货投资。非意愿的存货投资是私人投资中的一个部分。经过统计上这样的处理，在经济处于非均衡状态时，仍然可以从总支出的角度核算总产出。在本例中，总支出等于消费支出（＄800 000）加意愿私人投资支出（＄100 000）再加非意愿存货投资支出（＄1 00 000）仍然等于＄1 000 000。因此，上述总产出等于总收入等于总支出的恒等关系总是成立的。

三、政府部门的介入——三部门经济循环

自从凯恩斯主义诞生以后，在西方资本主义国家里，政府对国民经济的干预作用不断加强，政府的作用也日显重要。这样就形成了由私人企业、家庭和政府共同组成的“三部门经济体制”。对这种经济体制，“后凯恩斯主义主流经济学派”的代表人物萨缪尔森称为“混合经济”，即私人垄断资本市场经济同政府干预相结合。

在第十二章里，已对政府的经济作用作过介绍。在经济流程的过程中，从收入、支出方面看，政府部门各有其功能。在收入方面，政府从两个方面获取财政支

出的来源:一是通过各种税收;二是通过政府的特殊权力作用,以财政赤字的方式进行支出。在支出方面,政府也主要有两方面的经费开支:一是政府直接对产品和服务的购买(包括民用品和军用品);二是以转移支付的方式直接付给私人家庭。三部门的经济流程见图 13-3。

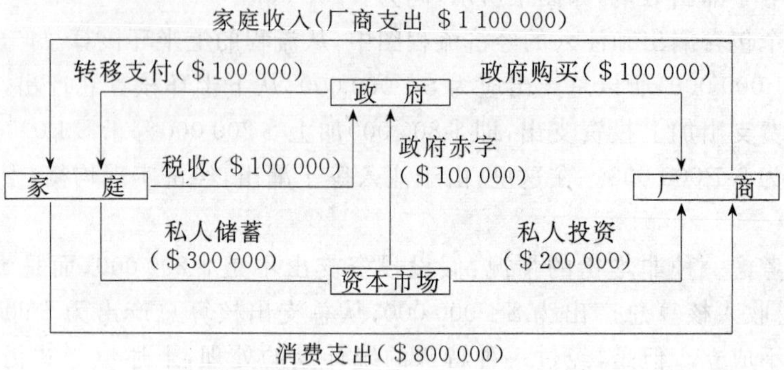

图 13-3 三部门流程图

图 13-3 中,家庭将其收入用于三方面:一部分用于消费支出,支付给厂商所提供的产品和服务;一部分用于私人储蓄;一部分用于交纳政府的税收。而家庭的收入来源,除了靠对厂商的生产要素的供给获得厂商的支付外,还有一部分来源于政府的转移支付。厂商的收入除了在两部门经济中的两个来源——消费者支出和私人投资以外,增加了政府购买一项。政府在三部门经济循环中的支出作用表现为政府购买和转移支付两项。政府支出的来源主要是税收,另外还可以通过财政赤字的方法。假如政府在财政赤字情况下,整个经济循环仍能够保持平衡,则资本市场必提供和赤字相等的资金数量,而资本市场所提供的这部分资金,来源于私人储蓄的增加,私人储蓄的增加来源于政府的转移支付以及家庭收入的增加(厂商由于增加了政府的购买一项而对生产要素的支出量增加)。家庭收入增加的数量等于政府的转移支付数量加上从厂商所获收入的增量。假如政府没有财政赤字,而有盈余,则剩余资金会反向流入资本市场,然后再注入厂商。上述均衡循环的具体情况可参考图 13-3 中所标出的举例数字。

四、开放经济——四部门经济循环

三部门经济循环所概括的是一种封闭型经济所发生的情况。现在西方资本主义国家都是开放的经济体系,对外经济关系是经济活动的极其重要的部分。对外经济包括出口贸易和进口贸易两大类。考虑到国际市场的作用,则必须将三部门经济循环进一步扩展为四部门经济循环。

从出口方面看，如果一个国家的企业或公司将生产的商品卖给外商，那么所创造的收入应当分配到国内家庭收入(工资、利息、地租、利润)中去。但是，这种货币收入在该国国内流动时却没有在两部门或三部门循环中所讲的那种相应的国内反方向的商品流程，因为这一商品流程体现在外贸部门中。

从进口方面看，一国国内三个部门都有购买国外产品的活动。消费者购买其他国家生产的商品，如彩电、冰箱、照相机、衣服等；厂商购买外国的原料、燃料、半成品或成品，这些都是作为厂商的投资所需而不直接进入消费者手中；此外还有政府的购买，例如计算机设备、高级技术、军火等。但是，上述三种购买活动在该国国内却没有与其相应的反方向的收入(货币)流程，因为这些产品是在国外生产的，生产该产品使用的是其他国家的劳动、资本等生产资源，所以这些产品所创造的收入是在其他国家分配的。这正好同出口情况相反。

如果出口流量刚好等于进口流量，则进出口互相抵消。但是，在一般情况下，进出口往往不等。所以，它影响到国民收入的统计。如果出口大于进口，说明一国出口产品所创造的收入多于对进口的支付，这被称为“贸易顺差”；反之，如果出口小于进口，说明一国对进口产品的支付大于其出口产品所创造的收入，这被称为“贸易逆差”。

四部门经济流程如图 13-4 所示。

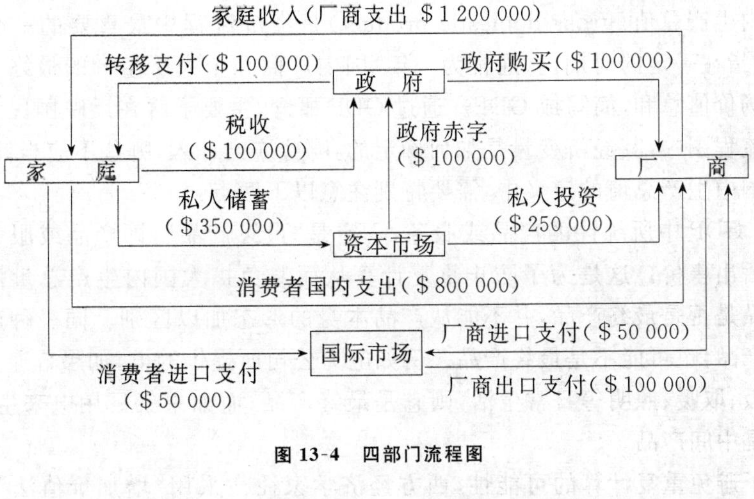

图 13-4　四部门流程图

图 13-4 是建立在图 13-3 基础上的，除了国际市场外，其余流程均同于图 13-3。不同之处在于，这里假定一国厂商出口商品值为＄100 000，从而获得出口支付＄100 000，而这些钱则用于国内收入分配，因此家庭收入(厂商支出)相应增加了＄100 000，即为＄1 200 000。同时，假定家庭将增加的＄100 000 收入的一半即

＄50 000用于购买外国商品，从而作为消费者进口支付流入外商手中；家庭将另一半＄50 000的新增收入作为私人储蓄流入资本市场，并通过资本市场又全部流入厂商，即私人储蓄增至＄350 000，私人投资增至＄250 000。此外，还假定厂商用新增的＄50 000投资来源全部用于购买外国的机器、原材料等投资品，即厂商作为进口支付使＄50 000流入外商手里。图中其他流量（政府转移支付、政府购买、税收、政府财政赤字、消费者国内支出）均不变。这样，整个经济仍然处于一个循环过程中。

必须指出，图 13-4 是简化的四部门经济流程图。其中假定出口支付（＄100 000）刚好等于进口支付总和（即家庭进口支付＄50 000加上厂商进口支付＄50 000）；同时假定政府没有对外购买活动；另外，还省略了政府在四部门经济流程中的收入一项——进口关税，这部分也要在国内进行收入再分配。不过，即使考虑到进出口不等以及政府的收支差额（关税收入减去政府购买支付）等情况，也不影响上述四部门经济流程图的原则。

第二节　国内生产总值的统计

一、国内生产总值的定义

国内生产总值（gross domestic product）是经济流程中最重要的一个流量变量，它是指在一定的时期内（通常为一年）国内厂商和个人所生产的最终产品及服务的市场价值总和，简写成 GDP。通过 GDP 概念，主要了解在反映国民经济运行过程的流程图中，其经济变量是如何确定的，哪些应当计入，哪些不应当计入。

在国内生产总值的定义中，需要特别注意以下两点：

(1) GDP 中所统计的产品或服务，一定是“最终产品”，即产品或服务在该期内的最后出售价。这是为了防止重复计算从而避免扩大国内生产总量情况的发生。产品是否是最终产品，并不能从产品本身的形态加以区别。同一种产品可能是最终产品，也可能不是最终产品。例如电力公司所提供的电，如果普通家庭居民用于烧饭、取暖、照明等日常生活，则它是最终产品；而如果工厂用电来生产产品，则它又是中间产品。

为了避免重复计算的可能性，西方经济学家往往采用“增加价值法”来计算。所谓增加价值法，是指把产品在不同的生产阶段中增加的价值加在一起，而不是将产品在每个生产阶段中的售价加在一起。举例说明如下。

表 13-1　用增值法计算的 GDP

生产阶段	销售价值（$）	增加价值（$）
羊毛生产	100	100
毛线生产	130	30
毛衣生产	180	50
零售商销售	200	20
合　　计	610	200

表 13-1 中，假如养羊为生产的起始阶段，并假定养羊者的生产成本为零。当羊毛作为产品原料卖给毛线生产厂商时，羊毛便是中间产品；当毛线生产厂商将其产品又作为原料卖给毛衣生产厂商时，毛线便是中间产品。厂商将其成品毛衣销售给零售商，这时毛衣仍为中间产品，毛衣最后由零售商销售给消费者，这时毛衣才为最终产品（即在该期内不能再被销售），这时毛衣的销售价＄200 应计入 GDP，而不应当将市场销售价总计的＄610 计入 GDP。如采用增加价值法，只将每个生产阶段增加的价值相加，其总和亦为＄200，这样可以避免重复计算。

在许多实际经济活动中，有时最终产品很难确定，有些产品既是中间产品，又是最终产品。例如工作服，作为劳动保护用品，它显然是中间产品，但工人可以在一定程度上用工作服代替其他衣服，从而节约自己的衣服开支，这时，工作服又多少包含了一定程度的最终产品的性质。再如有关人员联系生产业务时请可能成为其顾客的人吃饭、喝咖啡，或请看球赛或其他演出等，也很难区分最终产品。在这种情况下，哪些该计入 GDP，哪些不该计入 GDP，则没有定论，只能靠具体的规章制度加以确定。

(2) GDP 的统计都是按当年的“市场价值”加以计算的。例如某汽车制造公司 2015 年生产出两部小汽车，当年该小汽车的市场售价是每辆＄6 000，而该公司在 2015 年只售出其中的一辆，由于价格上涨的原因，另一辆在 2016 年销售时以＄7 000的价格售出。则两辆小汽车按每辆＄6 000 的价格总共＄12 000 计入 2015 年的 GDP 中。虽然其中的一辆当年没有售出而作为存货保存，但仍是 2015 年所创造的产值，而将＄1 000计入 2016 年的 GDP 中。显然，按市场价值计算出来的 GDP 中包括价格变动因素，这样统计出来的 GDP 被称为“名义国内生产总值”。如果扣除价格变动因素，得出的就是“实际国内生产总值”。关于名义 GDP 和实际 GDP 的区别和计算，在本章第三节中将进一步说明。

西方经济学家上述统计 GDP 的方法是合理的，特别是只计算最终产品、排除中间产品产值的统计方法是正确的、可取的。例如一个国家在计算 GDP 时是把各地区的产值汇总,而各地区又将该地区所有生产单位的产值汇总,这样统计出来的国内生产总值一定包含大量的虚假成分,而不能反映真实情况,因为很多生产单位的产品都是以中间产品的形式存在的。

在现代西方资本主义国家中,对 GDP 的统计方法较多,有按部门进行分类统计的方法,有按法定组织形式进行分类统计的方法,有按产品的最终用途进行分类统计的方法,还有按收入项目进行分类统计的方法等。其中最重要、最常见的方法有“产品流动法”、“收入法”和“增值法”等。现在分别加以介绍。

二、GDP 的统计——产品流动法和支出法

“产品流动法”就是对图 13-1 所示经济活动流程图的下半部分进行测量,即从产出市场上加以统计。按照这种方法,实际上就是根据 GDP 的定义,将一个社会中一年内所生产出来的最终产品(包括服务)的总量,按该时期内市场价值计算出总值。这种直接得出 GDP 的方法在逻辑上是成立的,但是正如前面在介绍 GDP 概念时所讲述的那样,在许多情况下,很难对最终产品加以确定,因而使得对实际资料的收集和统计非常困难。为了避免这种情况,便采取较为简便的“支出法”,即把所有经济单位(包括家庭、厂商、政府以及进出口部门)在一年内对最终产品和服务的支出总量相加,得出总支出,其数值为 GDP。

一个社会中对最终产品的支出单位共有四个部门,即消费者、厂商、政府和进出口部门。现在分别加以介绍。

(一) 消费者

即个人消费支出,一般用 C 来表示。

消费者的支出项目可分为三类:

(1) 非耐用品。所谓非耐用品,一般是指短期内消耗完的物品,例如笔记本、鞋、毛巾等日用品和食品等。短期内消耗完,仅仅是一个一般性概念,并无严格的时间划分,例如衣服可以穿好几年,有的甚至可以穿十几年,但一般还是归在非耐用品之类。

(2) 耐用品。所谓耐用品,一般是指在较长时间内消费的物品,例如小汽车、电视机、录音机、洗衣机等。

(3) 服务。服务并无非耐用和耐用之分。例如理发、看病、请律师打官司、航空旅行等。

一般来说,只有通过交换的才被计入 GDP,没有经过交换的则不能计入 GDP。西方经济学家在解释这一概念时,经常举这样的例子:某位先生雇一女佣人做家务,应当将所付工资计入 GDP。如果该先生娶所雇女佣人为妻,则其所做家务不能再计入 GDP。再如,两位做邻居的家庭主妇各自料理自己的家务,则这种家务劳动不能

计入 GDP。假如这两位邻居经协商每天到对方家中做对方所做的同样家务，而双方分别支付给对方同样数量的工资，则这些工资的总和应被计入 GDP 中。

但是，并非所有的交换都计入 GDP。例如，甲从乙手中购买了一幅古画或一部旧汽车，这种支付并不能被计入 GDP，因为这种交易只不过是双方互相交换了资产，不能视为计入 GDP 的最终交易。

虽然在一般情况下，只有经过交换的才能被计入 GDP 中，但是也有某些例外。最典型的就是资本主义国家的私人住宅。私人住宅虽为私人占有，不必支付给自己房租，但是私人住宅仍然需要按当时的市场房租价格按耐用品消费支出项目计入 GDP。之所以这样做，原因在于这部分的数量很大，如果不被计入 GDP 中，势必不能较充分地表示真实的生活水平。

（二）厂商

即私人国内总投资，一般用 I 来表示。

厂商的私人投资项目可分为以下几类：

(1) 住宅建筑投资支出。例如住房、公寓等。

(2) 非住宅建筑投资支出。例如办公室、厂房以及机器、设备等有形资产的最终购买等。

(3) 净存货。厂商的存货也是投资，被称为“存货投资”。例如某汽车公司在 2002 年生产的小汽车中有 1 万辆当年没有销售出去，这就是存货投资。所谓净存货，是指年终的存货量减去年初的存货量，因此存货投资可为正值，也可以为负值。正值表示该年度继续存在存货投资，而负值则表示上一年的部分或全部存货在该年度中被销售出去。

在厂商的私人国内总投资中，需要注意的是其中包括了折旧费。如果减去折旧费，则为“净投资”。因为投资是表示资本储存量在一定时期内的增长情况，而资本在生产过程中所损失的部分通过折旧费实际上已经转移到产品之中，故需要扣除才能表示实际投资的量。例如某厂商某年总投资为 10 台机器，假如其中 1 台需要弥补已经损耗的机器，则该年实际投资为 9 台。

（三）政府

即政府对产品和服务的购买，一般用 G 来表示。

政府对最终产品和服务的购买，包括政府的所有薪金开支和向私人厂商购买的产品和服务支出。例如修筑道路的支出，购买军用飞机的支出，还有用于支付政府公职雇员、法官、警察、国民收入统计人员、消防人员等工薪开支等。

但是在政府的支出中，转移支付不能被计入 GDP 中，例如养老金、失业救济金、退伍军人补助金等。因为这些都不是政府本年度对产品和服务的购买所作的支付。此外，公债的利息也被列入“转移支付”之内。许多年以前，美国联邦政府债券的利息开支曾经被计入 GDP 之中。但是,在目前,西方各国都相当普遍地把它当作转移支付项目,因为它不是为了购买目前的产品和服务而支出的款项。

(四) 净出口

即出口和进口之间的差额。以 X 代表出口,M 代表进口,则净出口为 $X-M$。就性质来看,净出口可视为私人投资。

对于出口产品和服务的购买,虽然系由外国人支付,但这些产品和服务均由本国所生产,因此必须计入 GDP。另外,上述消费者、厂商和政府的各项实际支出中,都多少包含对进口产品和服务的购买,因为它们不是本国经济生产的,所以不能计入本国的 GDP 中,必须加以排除。出口和进口之间的差额可以是正值,也可以是负值。

以上为用支出法统计 GDP 的各种项目,可以简单表示为:

$$\text{GDP} = C + I + G + (X - M)$$

表 13-2 是美国《总统经济报告》公布的美国 2014 年按支出法统计的 GDP 的实际数据。(1991 年以前均按国民生产总值 GNP 公布。)

表 13-2 美国 2014 年按支出法统计的 GDP 10 亿美元

国内生产总值	17 348.1
消费	11 865.9
商品	3 948.4
服务	7 917.5
投资	2 860.0
固定投资	2 782.9
非住宅	2 233.7
住宅	549.2
存货投资	77.1
政府购买和投资	3 152.1
联邦政府	1 219.9
国防	748.2
非国防	471.6
州和地方政府	1 932.3
净出口	−530.0
出口	2 341.9

（续表）

进口	2 871.9
最终国内产品销售	17 270.9
国内总购买	17 878.1
国内总收入	17 560.1

注：① 最终国内产品销售的数字为 GDP 数减去存货投资数。

② 国内总购买的数字为 GDP 数减去出口数加上进口数。

资料来源：2016 年美国《总统经济报告》。

三、GDP 的统计——收入法

GDP 统计的另一种方法是“收入法”。所谓收入法就是对图 13-1 所示经济活动流程图的上半部分进行测量，即从生产要素的投入市场加以统计。任何产品和服务被提供到市场中通过交易所获得的收入，必定会通过厂商分配到各种生产要素中去。例如支付给所雇劳动力工资，支付给资源拥有者租金，支付所借资本的利息，还有利润，而利润被看成是企业家才能的报酬。

收入法的具体统计项目如下。

（一）工资

其中包括其他福利补助项目；还包括工资收入者必须缴纳的已被扣除的所得税。

（二）净利息

和工资一样，其中包括利息收入的税收。但是在这一项目中不包括政府公债的利息，因为这种利息被当作转移支付，故不能计入 GDP。

（三）租金

其中不仅包括房主出租房屋时所获得的租金，而且还包括房屋主人自己居住的房屋的租金，该租金一般按市场正常房租计价。把这一项计入 GDP 的意义有两方面：一是正确地反映国民的生活水平；二是一旦租房者把他所住的房屋购买下来时，可以不改变租金收入的数字。由于人们并不呈报上述“自己付给自己”的租金，因而这项目的数量只是估价的数字。此外，租金一项也包括租金收入应交的税收。

（四）企业间接税

这是指企业和零售商在生产过程中被征收的税，已被加在产品价格中。当产品在流程图下半部分出售时，其价格已包括了这些间接税。因此，在统计生产要素的代价时必须计入间接税，否则流程图的上、下两部分便不能平衡。

（五）折旧费

按 GDP 的定义，这一项应被计入。

（六）非公司企业收入

这是指西方国家中除了公司以外其他企业组织的收入。其他企业组织形式主要有两种：一种是“单人业主制”，即夫妻店，其经营规模一般很小，但是其数量却很多。另一种是“合伙制”，系由几个人合资经营，其经营规模比单人业主制大，其数量也不少。这两种组织被称为小企业。在美国，小企业的作用很大，其创造的产值也在 GDP 中占重要地位，因而不容忽视。非公司企业收入中也包括所得税。

（七）利润

这是指纳税前的公司利润。它是由三部分组成的，即股息（分给股票持有者的红利）、公司所得税以及公司未分配利润（公司净储蓄）。

在这 7 项收入中，前 3 项工资、净利息和租金，以及第 6 项非公司企业收入可以视为居民收入。居民收入可以分为本期用于消费的收入和不用于本期消费的收入即储蓄。以 C 表示消费，以 S 表示储蓄，则居民收入可以记为 $C+S$。第 4 项企业间接税是政府收入，记为 T。第 5 项折旧费是不用于本期消费的企业收入，也可以归入储蓄 S。第 7 项利润中的公司所得税是政府收入，记为 T；公司未分配利润是企业收入，记为 S；股息是居民收入，它将分流为消费 C 和储蓄 S。

可见，从收入方面核算 GDP，GDP 等于居民收入加企业收入加政府收入，也等于消费加储蓄和税收，即

$$\text{GDP} = C + S + T$$

四、GDP 的统计——增值法

国内生产总值还可以按增值法将不同的产业部门生产的产品和服务数额汇总所获得。按前所述，GDP 的统计应当避免重复计算。实际上，许多产业部门都在生产其他产业部门产品的生产所需要的中间产品。假如我们要分析每一个产业对 GDP 的实际贡献，那么就必须统计这些中间产品。

如果在 GDP 统计时只计算每一个产品的增值部分，那么不仅能够做到不重复计算，而且还可以将所有产品按产业进行分类。表 13-3 是美国 2011 年按增值法分产业部门统计的实际数额。从 2014 年起，美国《总统经济报告》不再公布此项数据。

表 13-3　美国 2011 年分产业部门按增值法统计的 GDP　10 亿美元

国内生产总值(GDP)	15 075.7
农林渔业	173.5
采矿业	289.9
建筑业	529.5
制造业	1 731.5
公用事业	297.9
交通运输和仓储	447.9
信息产业	646.6
批发和零售业	1 750.8
金融、保险、不动产和租赁业	3 058.1
生产者服务业	1 883.9
教育、卫生和社会帮助	1 311.1
休闲、住房和食品服务	591.1
其他非政府服务	369.9
政府	1 993.8

资料来源:2013 年美国《总统经济报告》。

按增值法分产业部门统计的好处在于,它可以从表中分析出各产业部门对整个国内经济增长的实际贡献度。例如,从表 13-3 中可以看出,在 2011 年美国经济中,真正从事实体产品生产的制造业所创造的 GDP 只占 GDP 总量的 11%,而金融、保险、不动产、生产者服务业、教育、卫生以及批发和零售部门所创造的 GDP 却超过全部 GDP 的一半。

从理论上讲,用不同方法统计出来的 GDP 数额是一样的,但实际上会存在着一定的统计误差。因此需要进行适当的调整,以保证所公布的按不同方法统计的 GDP 数字的一致性。如果统计方法越精细越科学,统计误差数额则越小。但无论如何也不可能完全避免统计误差。即使是采用同一种方法再统计一次,也很难得出完全一致的结果。

美国官方以 GDP 的指标体系公布统计数字始于 1991 年,在此以前都是采用 GNP(Gross National Product,国民生产总值)的概念。GNP 是指一国永久居民生产的价值。假如一个英国公民在美国工作,那么他的生产则不能被计入美国的 GNP 中。反之,如果一个美国公民在英国开办工厂,则他的生产应被计入美国的

GNP 中。因此，GNP＝GDP＋本国居民在国外的收入（工资、投资收益、利息支付）－外国居民在本国的收入（工资、投资收益、利息支付）。其中后两项被称为“净要素收入”。美国之所以作出这种改变，是因为大多数欧洲国家一直采用 GDP 的统计方法，而这些欧洲国家的对外贸易在经济中具有重要的地位。因此，当对外贸易在美国越来越重要时，美国便将统计指标由 GNP 转为 GDP，以使美国经济与其他国家的经济能在统一的尺度下加以比较。GDP 与 GNP 之间的差距在有些国家很小，而在有些国家则很大。如果差别很大，往往采用 GDP 的概念，因为它可以反映出一国国内的真实的生产能力状况。不过，在一般情况下，对 GDP 和 GNP 加以区分并不重要，因为就大多数国家而言，GDP 和 GNP 的数字是很接近的，因为毕竟大部分的国内生产都是由国内居民所创造的。

五、GDP 中的五个总量及其相互关系

以上介绍了 GDP 的统计方法及其内容，现在进一步分析 GDP 中各个主要经济变量之间的相互关系。在现代西方资本主义国家对 GDP 进行统计时，常用以下五个总量。

（一）国内生产总值（GDP）

如前所述，即一个国家在一年内所生产出来的最终产品和服务按当年的市场价格所计算出来的总和。

（二）国内生产净值（net domestic product，简写为 NDP）

即一个国家一年中的国民生产总值（GDP）减去生产过程中消耗掉的资本（折旧费）所得出的净增长量。从逻辑上讲，NDP 的概念比 GDP 更好，但由于 GDP 和 NDP 相比，较容易统计，而且折旧费的计算方法不一，政府的折旧政策也会变动，因此各国还是常用 GDP 而不常用 NDP。

（三）国民收入（national income，简写为 NI）

即一个国家在一年内各种生产要素所得到的实际报酬的总和（本章标题中的国民收入是广义的，就是指 GDP）。

（四）个人收入（personal income，简写成 PI）

即一个国家在一年内个人所得到的实际收入的总和（包括劳动收入、业主收入、租金收入、股息和利息收入、政府给予的救济金和各种福利补助等）。

（五）个人可支配收入（personal disposable income，简写为 DI）

即一个国家在一年内个人全部实际收入中扣除个人缴纳的各种税收后所剩下的部分。对这一部分收入个人可作任意支配，既可用于消费，也可用于储蓄，或其他用途。

GDP 中上述五个总量之间的关系如下：

国内生产净值 = 国内生产总值 − 资本消耗(折旧);

国民收入 = 国内生产净值 −(间接税 − 政府对企业的补助)+ 净要素收入 − 统计误差;同时,国民收入 = 工资 + 净利息 + 租金 + 公司纳税前利润(包括股息、公司所得税和公司未分配利润三部分)+ 非公司企业收入;

个人收入 = 国民收入 − 社会保险税 − 公司所得税 − 公司未分配利润 + 消费者所付利息(即分期付款及抵押利息)+ 政府债券利息 + 转移支付;

可支配收入 = 个人收入 − 个人纳税;同时,可支配收入 = 个人消费 + 个人储蓄 + 消费者所付利息。

以上五个总量之间的关系,可用图 13-5 表示。

对图 13-5 作以下简要说明:

(1) GDP − 折旧 = NDP。NDP − 企业间接税 = NI,此处略去政府对企业的补助和统计误差,同时也不考虑净要素收入。

(2) 从 NI 到 PI,其中需减去三项,加上三项。减去第一项社会保险税,因为它包括在工资和薪金中,减去后则为个人真正所得。减去第二项公司所得税和第三项公司未分配利润,因为公司纳税前利润是由这两项和股息组成,减去这两项则剩下股息,为个人所得。加上第四、五、六项使个人收入更准确。

(3) 最后一项 DI = 个人消费 + 个人储蓄 + 消费者所付利息。这里消费者所付利息是指个人为分期付款和抵押贷款所作的利息支出,自然应从个人可支配收入中开支。关于消费者所付利息是否应计入可支配收入(DI),或计入消费(C)和 GDP,在美国曾存在不同的做法。在 1965 年以前,官方的统计曾经把消费者所付利息计入 C 和 GDP。但是,在 1965 年以后,美国商业部在取得联合国统计局的同意以后,决定不把它当作一个反映目前的(相对于过去而言)生产的项目。从此后,消费者所付利息便不再被计入 C 和 GDP 中。但是,消费者利息仍然被计入官方商业部的可支配收入(DI)数字之中。

从以上五个总量之间的相互关系,可以得知 GDP 的构成。这样统计出来的 GDP 数字和用支出法统计出的 GDP 在结果上是完全相同的。图 13-6 是一幅反映真实情况的完整的经济总流程图。图中的数字以美国 2002 年的实际 GDP 数字为例,其中进出口部分合并在国内私人总投资(I)项目中。

六、用 GDP 作为经济活动衡量标准的缺点

GDP 是现代国际社会中用来衡量各国经济发展水平的极为重要的标准。虽然 GDP 概念被普遍运用,但是它在衡量各国经济活动时,却并非是一个完美无缺的标准。作为衡量一个国家经济水平的标准,GDP 有以下几个缺点。

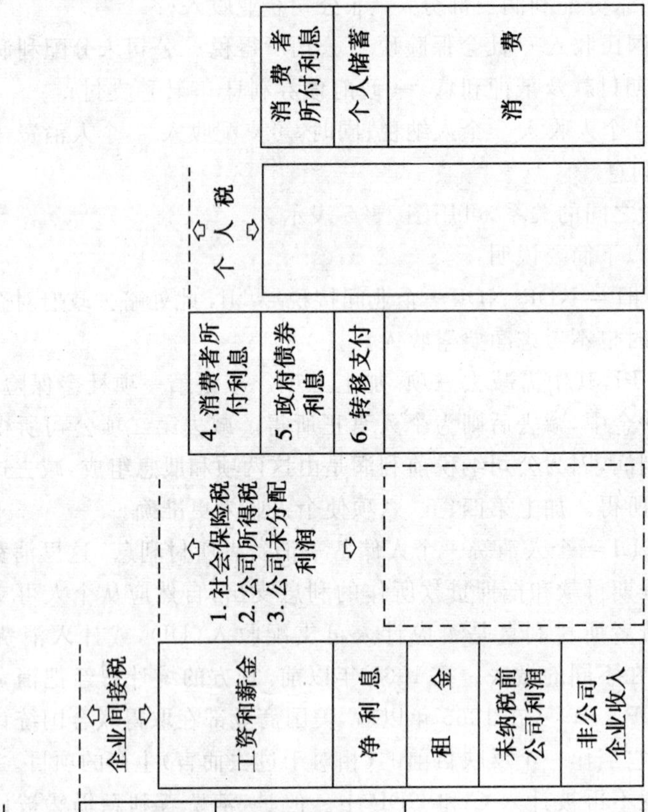

图 13-5 GDP 五个总量之间的关系

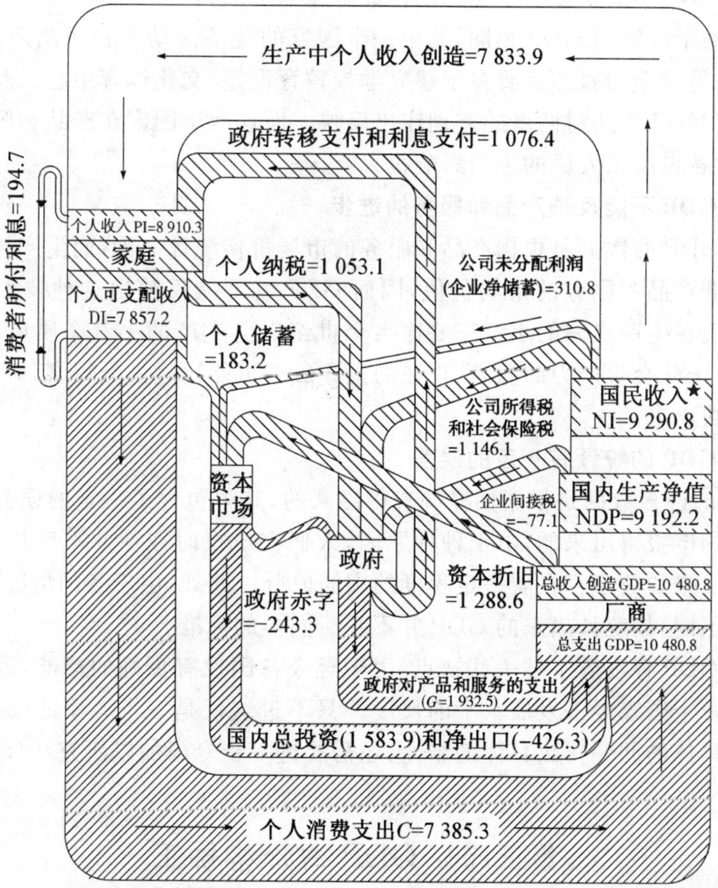

★ NI＝NDP－企业间接税＋净要素收入。

图 13-6　2002 年美国经济流程图(单位:10 亿美元)

(一) GDP 不能完全反映一个国家的真实生活水平

因为 GDP 的统计数据基本上是根据市场交换而获得的,对那些虽没有经过市场交换,但却对人们生活水平有重大影响的经济活动就不能通过 GDP 反映出来。例如,在一个自给自足程度较高的经济社会,其 GDP 数据一定低估了人们的实际生活水平。所以,由于每个国家的社会经济结构不同,GDP 便不能作为一个精确的衡量标准加以比较。另外,人们的休息、娱乐也是生活水平的一个重要组成部分,GDP 却对此不能反映出来。假如 GDP 下降的幅度不至于严重影响人们的物质生活水平,而当人们减少劳动时间造成 GDP 这种下降时,人们可能会因获得更充足的休息时间而感到更幸福。

（二）GDP 不能反映一个国家的产品和服务的结构

比如两个国家的 GDP 相同，其中一个国家的经济活动多在于制造导弹、武器等军用品；另一个国家却主要在于建立学校教育设施、文化体育中心以及公园等娱乐场所，则 GDP 无法对两者的差别作出反映。而这两个国家在产品和服务上结构的不同，对各自国家人民的生活影响很大。

（三）GDP 不能反映产品和服务的进步

由于 GDP 的数据是根据产品和服务的市场价格统计而得，而生产技术的进步可能会降低产品和服务的市场价值，因而 GDP 就不能反映出这种技术水平的进步。例如现在生产出来的小汽车要比半个世纪以前生产的小汽车质量、性能都好得多，但由于社会生产力的提高，现在的生产成本可能比过去低得多，而 GDP 对此却无法反映出来。

（四）GDP 的统计有一定的误差

GDP 的许多数据是根据抽样调查得出来的，其中包含了一定的误差。有些是根据人们的申报得出来的，由于种种原因，人们在申报时往往并不反映真实情况，因而统计出来的数字存在着一定程度的虚假成分。此外，由于各国情况不同，具体政策规定不同，故统计出来的 GDP 并不基于同样的标准。

虽然 GDP 存在着上述一些缺点，由于至今各国没有更好的标准，因而它仍是用于衡量一个国家经济发展水平的尺度。只不过这仅是一个大概的尺度，如果要想对某些具体的问题得出具体的结论，还需要进一步专门加以研究和分析。

第三节　GDP 的价格矫正

在采用 GDP 进行经济活动的分析中，大部分情况下都需要对不同时期的收入和支出情况加以比较。但在统计 GDP 数据时，均是以当年的价格进行计算，因此，要进行比较研究，必须除去价格变动的影响。

一、GDP 价格矫正指数

前面在介绍 GDP 概念时已提到，GDP 有名义 GDP 和实际 GDP 之分。名义 GDP 系一年内所生产出来的产品和服务按当年的市场价值统计出来的数值。实际 GDP 就是一年内所生产出来的产品和服务按某一基年的市场价值统计出来的数值，而“GDP 价格矫正指数”就是名义 GDP 和实际 GDP 之比，即

$$\text{GDP 价格矫正指数} = \frac{\text{名义 GDP}}{\text{实际 GDP}}$$

表 13-4 说明名义 GDP、实际 GDP 和 GDP 价格矫正指数的计算。

表 13-4　GDP 价格矫正指数的计算

项　　目	2014 年	2016 年
1. 价　　格($)		
a. 牛肉(每磅)	1.00	2.00
b. 鸡蛋(每斤)	0.50	0.75
2. 产品数量		
a. 牛肉(磅)	10	8
b. 鸡蛋(斤)	10	12
3. 产品的每年现期价格($)		
a. 牛肉 (1a × 2a)	10.00	16.00
b. 鸡蛋 (1b × 2b)	5.00	9.00
c. 名义 GDP (3a + 3b)	15.00	25.00
4. 产品的 2014 年不变价格($)		
a. 牛肉(1a 项的 2014 年价格×2a 项的每年数量)	10.00	8.00
b. 鸡蛋(1a 项的 2014 年价格×2b 项的每年数量)	5.00	6.00
c. 实际 GDP(4a+4b)	15.00	14.00
5. 以 2014 年为基年的 GDP 价格矫正指数(3c÷4c)	1.00	1.786

表 13-4 是假定某个经济在只生产牛肉和鸡蛋两种产品时，根据 2014 年和 2016 年这两年中产品的数量和价格所计算出来的名义 GDP、实际 GDP 以及 GDP 价格矫正指数，其中以 2014 年为基年。名义 GDP(3c 项)是对这两种产品分别按两年的当年现期价格计算的支出总量。实际 GDP(4c 项)则是对这两种产品的支出按 2014 年的不变价格计算的总量。GDP 价格矫正指数(第 5 项)是名义 GDP 和实际 GDP 的数量之比，2014 年(基年)的 GDP 价格矫正指数仍为 1；而 2016 年的 GDP 价格矫正指数则是 1.786，这表明 2016 年的价格平均水平比 2014 年上涨了 78.6%。

上述按假想情况所计算出来的 GDP 价格矫正指数是极为简单的，因为在现实生活中，产品的数量极多，产品的价格情况也极为复杂。统计过程中极为复杂的工作不仅需要使用计算机来代替简单的算术计算，还需要投入大量人力并作出十分困难的选择和决定。在美国，GDP 价格矫正指数只是政府公布的官方价格指数的一种。在其他的价格指数中，最重要的就是消费品价格指数。

二、消费者价格指数

美国商务部每季度都要公布名义 GDP、实际 GDP 以及 GDP 价格矫正指数等各项指标，而美国商务部并不做收集、汇总每一个产品价格的具体工作，这些工作是由美国劳工统计局去做的。美国劳工统计局公布自己的两个指标——“消费者价格指数”(consumer price index，简写为 CPI)和“生产者价格指数”(producer price index，简写为 PPI)。

消费者价格指数(CPI)每月公布一次，它是根据几千种城市居民消费的商品和服务价格计算得出的。美国劳工统计局有约 300 名专门从事此项工作的物价统计员，他们每月在全国 56 个城市里对 18 000 家商店收集大约 125 000 个商品价格数据。美国劳工统计局再把这些价格分类汇总。比如上述牛肉和鸡蛋被纳入“食品和饮料”类，得出反映平均价格水平的“分类指数”，然后再把这些分类价格指数汇总，成为“全部项目消费品价格指数”。美国劳工统计局特别关注新轿车的价格，因为它在价格指数中的权重很大。

中国的 CPI 统计是国家统计局垂直管理的调查队系统 3 000 名价格采集员，在全国 550 多个县市近 5 万个调查点，对 262 个基本分类、600 种商品和服务项目规格进行采价汇总所获的数据。CPI 的各项权重，来自对全国 13 万户城乡居民家庭的住户调查结果。

美国商务部采用上述 CPI 分类指数，然后在计算 GDP 价格矫正指数中消费品部分时依据不同的类别规则将它们汇总。由于美国商务部和美国劳工统计局采用的规则标准不同，形成了计算的结果不一致。例如，在 1979 年时，两者的差异已相当明显，当时，两个部门所公布的消费品价格指数差别很大，如表 13-5 所示。

表 13-5 美国商务部与劳工统计局公布的 CPI 的差异

年度和季度		年率中每季度变动的百分比(%)	
		GDP 价格矫正指数中消费品物价部分(商务部)	CPI(劳工统计局)
1978 年	第一季度	8.07	7.09
	第二季度	8.49	10.58
	第三季度	6.89	9.64
	第四季度	6.78	8.34

（续表）

年度和季度		年率中每季度变动的百分比（%）	
		GDP价格矫正指数中消费品物价部分	CPI
1979年	第一季度	10.82	10.72
	第二季度	9.17	14.14
	第三季度	9.76	13.73
	第四季度	9.79	12.29
1980年	第一季度	12.37	17.07
	第二季度	10.00	15.37

美国商务部和美国劳工统计局统计数字的根本区别在于：美国劳工统计局公布的CPI数字反映了较高的通货膨胀水平。造成这种差别的第一个重要原因是由于美国劳工统计局采用了1972～1973年的测算标准。自1973年以后，人们的消费结构有所变化，例如，由于石油危机的打击，造成能源价格的猛烈上涨，能源价格上涨的幅度高于其他价格上涨的幅度，因此消费者减少了能源的消费支出。美国商务部对此作了调整，采用了新的测算标准，因而使得能源价格上涨对整个消费品价格上涨影响的程度有所降低。这样，美国商务部公布的价格整体上涨指数就反映了比CPI指数较低的通货膨胀率。

造成上述统计差别的第二个原因是在对住房的统计上。美国劳工统计局在计算CPI时，对消费者每月在房屋抵押利率支付上所占的比例估算较高，而该利率增长速度较快，因而统计出的结果就反映了较高的通货膨胀率。而美国商务部则相反，在使用反映房租费用的CPI时，把房屋所有者支付抵押利息所付代价估算较低。在美国，许多经济学家认为，尽管美国商务部的统计方法存在着缺陷，但是就全年度的统计结果看，美国商务部公布的GDP价格矫正指数要比美国劳工统计局公布的CPI更为可靠。CPI指标唯一的优点被认为它是每月公布一次，而GDP价格矫正指数则是每个季度公布一次。但是，自从1979年下半年，美国商务部也开始按月公布GDP价格矫正指数，使得CPI指标的地位有所下降。

采用CPI的目的是用来衡量一国居民生活费用的变动情况，以便确定为保持原有的生活水平收入应当增长的幅度。但是，CPI并不能完全准确地反映居民实际生活费用的变化情况。其中有两个因素扭曲了通过CPI而对实际状况作出的判断。第一种因素是替代因素。CPI的选样标准是那些居民消费量较大、有重要影响的代表性产品。一旦这些样本产品被确定以后，就会固定下来，其价格变化将会被持续跟踪统计下去。可是,居民的实际支出结构可能会随着产品价格的变化而变化。当某种产品价格上涨时,人们会减少对这种产品的支出而改用价格较低的替代品。这样就使 CPI 所衡量的生活费用的增加高于居民实际所感觉到的程度。反之,当居民重复购买率较低的产品(如电冰箱、洗衣机等)价格不变甚至下降,而重复购买率较高的产品(如蔬菜、肉类等)价格上涨,特别是在其中许多产品没有被列入 CPI 统计样本时,这时居民所感觉到的物价上涨幅度将会大于 CPI 所反映的指标。第二种因素是新产品的进入。市场上每年都会出现大量的新产品,使消费者具有更多的选择权,钱变得更加值钱了。就是说,为了维持原有生活水平所需要的钱少了。而 CPI 并不能反映这种货币购买力变动的状况。当然,统计部门会酌情修改 CPI 的样本,但这样做总是滞后的。

尽管如此,CPI 仍然是一个被广泛运用的指标,特别是在签订工资合同以及制定政府转移支付项目时(包括食品券和社会保险支出),均采用 CPI 指标。西方经济学家认为,假如 CPI 过高地反映了通货膨胀水平,将会导致工资率上升过高以及更大的政府赤字,促使通货膨胀越来越严重。

三、生产者价格指数

美国劳工统计局公布的另一个指标是"生产者价格指数"(PPI)。PPI 指标统计的是大量未被消费者直接购买的商品,其中包括:原材料(如煤炭和原油等)、中间产品(如面粉、钢铁以及诸如现金收付机和拖拉机之类的企业所购买的中间产品等)。上述这些产品的价格数据是通过每月对销售这些产品的成千上万家厂商信函询问的方法获得的。正如各种 CPI 分类指数被美国商务部用于计算 GDP 价格矫正指数中消费品物价部分一样,美国商务部采用各种 PPI 分类指数计算 GDP 价格矫正指数中其他非消费品物价部分,用以表示生产者耐用设备以及存货投资方面的价格变化情况。

中国的 PPI 包括第一、二、三产业生产者价格。其调查的范围为 5 万多家企业的4 000多种工业产品,涉及 9 500 多种规格,占工业品销售额近一半。工业 39 个大类全部在调查覆盖范围内,覆盖了 191 个中类中的 188 个。其覆盖范围是具有代表性的企业和产品。作为重要的物价指标,PPI 不仅对观察经济形势非常重要,而且对观察百姓生活也非常重要,因为工业消费品占居民消费价格指数的 40%左右。

尽管美国商务部采用了美国劳工统计局所提供的 CPI 和 PPI 中的个别以及分类指数,但它仍然需要花费气力对那些不包括在劳工统计局调查项目范围以内的产品进行价格变动的测算,例如电子计算机、喷气式飞机、轮船以及各种大型建筑等。

思 考 题

1. 用两部门流程图说明经济运行的循环过程。
2. 说明流量和存量之间的区别。
3. 用四部门流程图说明经济运行的基本过程。
4. 解释国内生产总值的定义。
5. 什么是最终产品？什么是增值法？
6. 按支出法说明 GDP 的构成。
7. 按收入法说明 GDP 的构成。
8. 按增值法说明 GDP 的构成。
9. 解释 GDP 中的五个总量及其相互关系。
10. 用 GDP 作为经济活动衡量标准有什么缺点？
11. 什么是价格矫正指数？
12. 根据下表计算以 2012 年为基年的 2016 年 GDP 价格矫正指数。

项　　目	2012 年	2016 年
1. 价格		
军用品(每单位)	$10	$12
民用品(每单位)	$6	$8
2. 产品数量(单位)		
军用品	15	20
民用品	40	60

13. 什么是消费者价格指数和生产者价格指数？
14. 为什么消费者价格指数(CPI)往往不能准确反映消费者的实际生活费用支出水平？

第十四章　国民收入的决定

本章介绍凯恩斯主义关于宏观经济运行的最基本的理论，它也是现代宏观经济学中最关键的理论部分。凯恩斯强调的是商品市场，而商品市场的均衡是由商品的总需求与总供给决定的。本章就是从理论上分析均衡的国民收入是如何决定的。

第一节　消费与储蓄

一、消费函数和储蓄函数

消费函数和储蓄函数都是现代西方经济学家广泛使用的分析工具。它表示消费、储蓄和收入三者之间的相互关系。个人可支配收入不可能全部消费完，除了消费以外，剩余的则被用于储蓄。因此，消费和收入之间以及储蓄和收入之间都有一定的函数关系。在其他条件不发生变化的情况下，当收入增加时，消费和储蓄都会增加；反之，当收入减少时，消费和储蓄都会下降。

消费、储蓄和收入三者之间的关系为

$$Y_d = C + S$$

在这一公式中，Y_d 代表可支配收入；C 代表消费；S 代表储蓄。

从上述公式可得出消费函数和储蓄函数分别为：

$$C = f(Y_d)\text{；} S = f(Y_d)$$

二、平均消费倾向和平均储蓄倾向

"平均消费倾向"(average propensity of consumption,简写成 APC)就是消费支出占可支配收入的比例;"平均储蓄倾向"(average propensity of saving,简写成 APS)就是储蓄占可支配收入的比例。

$$APC = \frac{C}{Y_d}; \qquad APS = \frac{S}{Y_d}$$

$$APC + APS = \frac{C}{Y_d} + \frac{S}{Y_d} = \frac{C+S}{Y_d} = 1$$

这表明平均消费倾向和平均储蓄倾向之和等于1。

现举例说明,见表14-1。

表14-1　平均消费倾向和平均储蓄倾向　$

可支配收入 (Y_d)	消 费 (C)	储 蓄 (S)	平均消费倾向 (APC)	平均储蓄倾向 (APS)
370	375	−5	1.01	−0.01
390	390	0	1.00	0
410	405	5	0.99	0.01
430	420	10	0.98	0.02

三、边际消费倾向和边际储蓄倾向

"边际消费倾向"(marginal propensity of consumption,简写成 MPC)是指消费增量和可支配收入增量之比,表示每增加一个单位的可支配收入时消费的变动情况;"边际储蓄倾向"(marginal propensity of saving,简写成 MPS)是指储蓄增量和可支配收入增量之比,它表示每增加一个单位的可支配收入时储蓄的变动情况。

$$MPC = \frac{\Delta C}{\Delta Y_d}; \qquad MPS = \frac{\Delta S}{\Delta Y_d}$$

$$MPC + MPS = \frac{\Delta C}{\Delta Y_d} + \frac{\Delta S}{\Delta Y_d} = \frac{\Delta C + \Delta S}{\Delta Y_d} = 1$$

这表明边际消费倾向和边际储蓄倾向之和等于1。

现以表14-2举例说明。

表 14-2　边际消费倾向和边际储蓄倾向　　$

可支配收入 (Y_d)	可支配收入增量 (ΔY_d)	消费 (C)	消费增量 (ΔC)	储蓄 (S)	储蓄增量 (ΔS)	边际消费倾向 (MPC)	边际储蓄倾向 (MPS)
370		375		−5			
390	20	390	15	0	5	0.75	0.25
410	20	405	15	5	5	0.75	0.25
430	20	420	15	10	5	0.75	0.25

四、消费曲线和储蓄曲线

(一) 消费曲线

消费曲线是用来表示消费与收入之间函数关系的曲线。见图 14-1。

图中，横坐标代表可支配收入水平(Y_d)，纵坐标代表消费支出水平(C)。消费函数 $C = f(Y_d)$ 的完整的曲线形态为

$$C = a + cY_d$$

其中，a 为截距，表示当可支配收入为零时，消费为 a。这表明它与可支配收入无关，被称为“自发性消费”。c 为消费曲线 C 的斜率$\frac{\Delta C}{\Delta Y_d}$，即边际消费倾向($MPC$)。消费曲线和 45°线的交点 E 点是“收支平衡点”，表示全部收入用于消费，即 $OA = OB$。在 E 点以左，$C > Y_d$，表示有负储蓄；在 E 点以右，$C < Y_d$，表示有正储蓄。

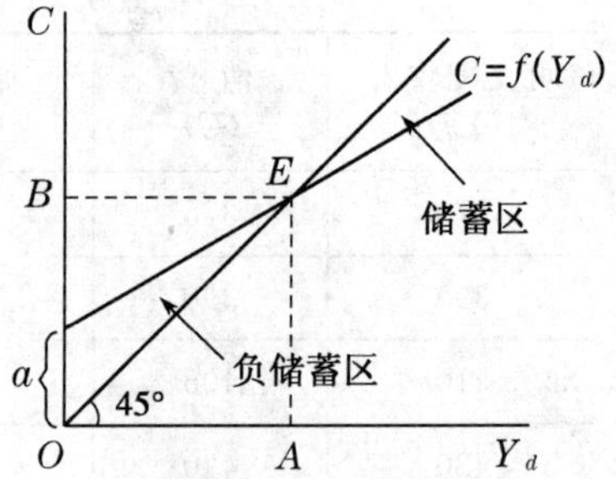

图 14-1　消费曲线

(二) 储蓄曲线

储蓄曲线是用来表示储蓄与收入之间函数关系的曲线。见图 14-2。

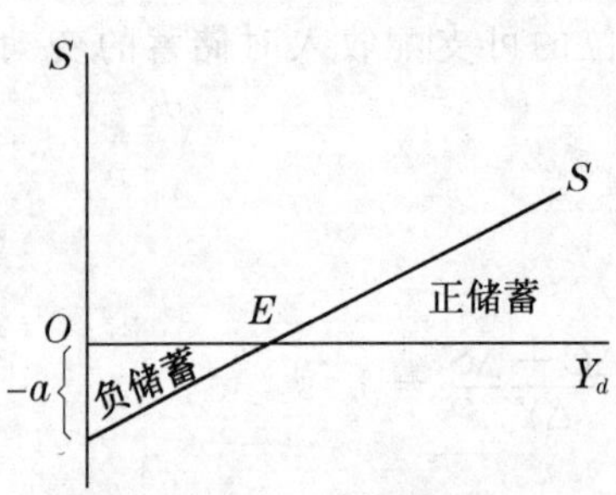

图 14-2　储蓄曲线

图中，横坐标代表可支配收入水平(Y_d)，纵坐标代表储蓄水平(S)。储蓄函数 $S = f(Y_d)$ 的完整的曲线形态为

$$S = -a + bY_d$$

其中，a 为截距，当可支配收入为零时，储蓄为负值。b 为储蓄曲线 S 的斜率$\frac{\Delta S}{\Delta Y_d}$，即边际储蓄倾向($MPS$)。储蓄曲线 S 和横坐标的交

点 E 点表示储蓄为零，即当可支配收入为 OE 时，收支平衡，因而没有储蓄。在 E 点以左都是负储蓄，E 点以右都是正储蓄。

（三）消费曲线和储蓄曲线的对应关系

储蓄曲线与消费曲线有互相对应的关系，见图14-3。图中上半部分是消费曲线图形，下半部分是储蓄曲线图形。上图中消费曲线的截距 a 等于下图中储蓄曲线的截距 a，不过在下图中它是负值。上图中收支平衡点 E 点即为下图中 E' 点，表示在该点的可支配收入全部用完，没有储蓄。上图中 E 点以右为正储蓄区，例如上图中的储蓄 h 即为下图中的储蓄 h。

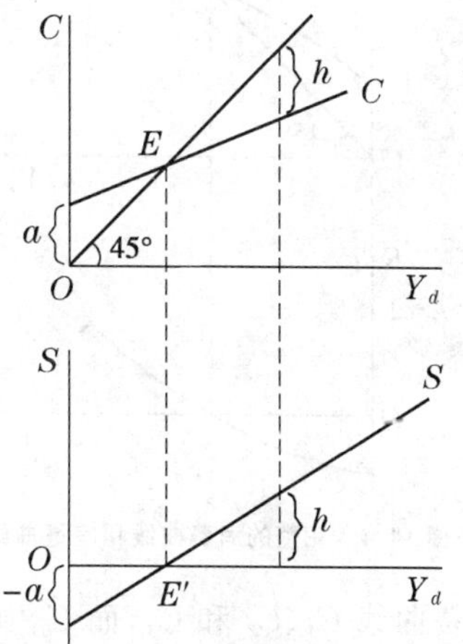

图 14-3　消费曲线和储蓄曲线的关系

储蓄曲线的函数公式也和消费曲线的函数公式有对应的关系。假如消费曲线公式为

$$C = 100 + 0.6Y_d$$

即可求出其相应的储蓄公式为

$$S = Y_d - C = Y_d - (100 + 0.6Y_d)$$
$$= -100 + 0.4Y_d$$

上述两公式中，100 为截距，MPC 为 0.6，MPS 为 0.4。

五、边际消费倾向递减

根据表 14-2 所举数字，边际消费倾向随着可支配收入的变化是不变的，反映在图 14-1 中的消费曲线形状是一条直线。但是，根据凯恩斯的观点，消费数量的增加并不是与可支配收入的增加一直保持相同的比例。当可支配收入增加时，消费虽然也增加，但增加的幅度却不断下降，即边际消费倾向递减。见表 14-3。

表 14-3　边际消费倾向和边际储蓄倾向　　$

可支配收入 (Y_d)	消费开支 (C)	边际消费倾向 (MPC)	净储蓄 (S)	边际储蓄倾向 (MPS)
A　7 000	7 110		−110	
		$> \frac{890}{1\,000} = 0.89$		$> \frac{110}{1\,000} = 0.11$
B　8 000	8 000		0	
		$> \frac{850}{1\,000} = 0.85$		$> \frac{150}{1\,000} = 0.15$
C　9 000	8 850		+150	
		$> \frac{750}{1\,000} = 0.75$		$> \frac{250}{1\,000} = 0.25$
D　10 000	9 600		+400	
		$> \frac{640}{1\,000} = 0.64$		$> \frac{360}{1\,000} = 0.36$
E　11 000	10 240		+760	

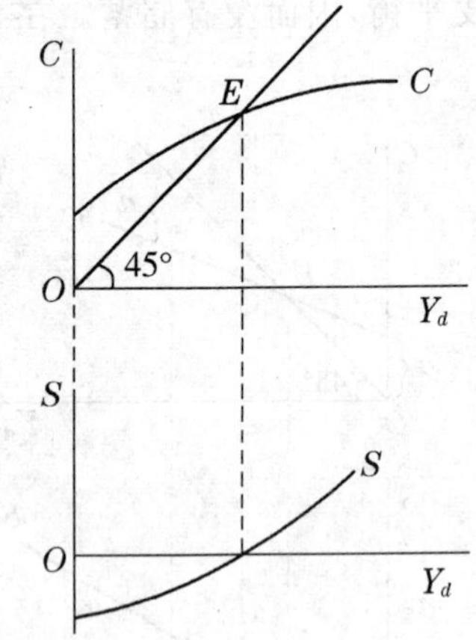

图 14-4　完整的消费曲线和储蓄曲线

表 14-3 中，边际消费倾向随着可支配收入的增加而递减，而边际储蓄倾向则随着可支配收入的增加而递增。这样，图 14-3 也应当作进一步的修正，如图 14-4 所示。

六、长期消费曲线和短期消费曲线

一些西方经济学家根据历史资料实际验证的结果，发现长期消费曲线和短期消费曲线在形状上是不同的。主要有以下两点区别：

（1）短期消费曲线是一条与纵坐标相交的曲线，而长期消费曲线则是一条从原点向右上方延伸的曲线。如图 14-5 所示。图中有三条短期消费曲线 C_1、C_2 和 C_3，而 C_L 则是长期消费曲线。短期消费曲线在前面已作过介绍，见图 14-1。长期消费曲线则表示消费与收入之间从长期看存在着固定比例关系，其函数公式为 $C_L = cY_d$（c 为边际消费倾向，Y_d 为可支配收入）。在长期内，收入为零，消费也为零。（实际资料验证的结果表明，从长期看，当 $Y_d = 0$ 时，消费函数 C 在纵坐标上仍有一段截距，但其数量和总收入相比微乎其微，故可视为通过原点。）这是因为从长期考察，没有收入就不会有消费。从图 14-5 可以看出长期消费曲线的获得。根据原短期消费曲线 C_1，当可支配收入为 Y_{d1} 时，消费为 A；当可支配收入为 Y_{d2} 时，消费本应在 B' 点，但由于收入提高，整条消费曲线也提高，所以消费为 B 点，当可支配收入为 Y_{d3} 时，消费本应在 D' 点，但同上道理，消费已变为更高水平的 D 点。把长期观察值 A、B、D 等点连接起来，便得出长期消费曲线。

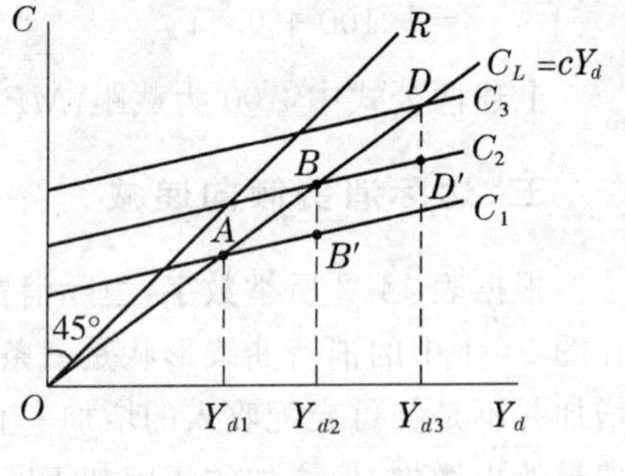

图 14-5　长期消费曲线与短期消费曲线的区别

根据上述长期消费曲线和短期消费曲线的差别，可以得出结论：短期消费曲线的平均消费倾向递减，而长期消费曲线的平均消费倾向不变。关于短期平均消费倾向递减，在前面表 14-1 中已作过说明。此外，从短期消费曲线公式中也可证明。短期消费曲线的函数公式是：

$$C = a + cY_d$$

a：截距；c：边际消费倾向；Y_d：可支配收入。

从上式中得出短期平均消费水平的函数公式：

$$\frac{C}{Y_d} = \frac{a}{Y_d} + c$$

由于 a 为一常数，显然可以看出，当 Y_d 增加时，短期平均消费倾向递减。

长期消费曲线的公式是：

$$C = cY_d$$

c：边际消费倾向；Y_d：可支配收入。

从中得出长期平均消费水平的函数公式：

$$\frac{C}{Y_d} = c$$

显然，长期中，随着 Y_d 增加，长期平均消费倾向不变。

长期消费曲线是美国经济学家西蒙·库兹涅茨(Simon Kuznets)提出来的。他根据美国 1869～1933 年的资料，按三个部分重叠的 30 年时期，计算出美国长期平均消费倾向的数据，如表 14-4 所示。

表 14-4　美国 1869～1933 年分阶段的长期平均消费倾向

时　期	1869～1898 年	1884～1913 年	1904～1933 年
平均消费倾向	0.867	0.867	0.876

从表 14-4 中可以看出，美国的长期平均消费倾向基本上相同。

(2) 长期消费曲线的斜率和短期消费曲线的斜率不同。由于长期边际消费倾向比短期边际消费倾向高，所以长期消费曲线的斜率比短期消费曲线的斜率大。

资产阶级经济学家对此有不同的解释。

美国芝加哥学派的弗里德曼(Milton Friedman)根据其"持久收入假定"提出的解释是，在短期情况下，当消费者可支配收入增加时，他们会认为这种收入的增加是暂时的，他们并不能肯定长期中仍会获得这种收入的增加，因此不会对这种增加的收入支出过多。如果消费者预料到这种收入的增加是长期性的，他们便会消费得更多。因此，短期消费曲线的边际消费倾向必低，而长期消费曲线的边际消费倾向必高。

美国哈佛大学教授杜森贝里(James Duesenberry)根据其"相对收入假定"提出了另外一种解释。他认为，消费者长期消费倾向之所以较高，是因为消费者的消费支出受他人较高消费支出的影响较大。不仅如此，由于消费习惯的影响，人们的消费水平不大可能从过去收入高时期的消费水平上降下来。故从长期看，消费者的消费倾向比短期高。

关于持久收入假定和相对收入假定，在第二节还将作进一步介绍。

第二节　消费函数理论

一、凯恩斯的绝对收入假定

上节所介绍的凯恩斯的消费函数理论通常被称为“绝对收入假定”。凯恩斯认为，消费者的实际支出与实际收入之间有稳定的函数关系，即边际消费倾向是小于1的正数，随着实际收入的增加，消费支出在绝对量上也增加，但增长的幅度却是递减的，这就是前面所介绍的边际消费倾向递减现象。

根据绝对收入的假定，在一般情况下，边际消费倾向小于平均消费倾向。这种情况可以将前面表14-1和表14-2进行比较即可说明。

二、杜森贝里的相对收入假定

美国经济学家、哈佛大学教授杜森贝里提出了“相对收入假定”。其主要论点是：

(1) 消费者的消费支出不仅受其自身收入的影响，而且受别人消费支出的影响。这被称为消费的“示范作用”。由于存在着消费的示范作用，因此随着可支配收入的增加，边际消费倾向不一定是递减的。

(2) 消费者的现期消费支出水平不仅受其现期实际收入的影响，而且还受到过去收入和消费的影响，特别是受到过去“高峰期”收入水平的影响。假如消费者的收入水平相对于过去有所下降，消费者并不会立即降低他们现在的消费水平，他们宁肯动用储蓄来维持现有消费水平，而不愿意改变消费习惯。这样，在社会的收入减少时，消费习惯有可能使消费支出不变或只有轻微的下降，从而不至于影响社会需求量。这被称作消费的“棘轮作用”。但是反之，当消费者的收入水平较过去“高峰期”有所提高时，他们便会立即提高消费支出水平。

相对收入假定的消费理论可用图14-6说明。图中，通过原点向右上方延伸的曲线是现期收入趋于不断提高情况下的消费曲线，其函数形态为$C=cY_d$。因此，当现期收入水平比过去高时，消费水平为E点。假如收入水平从OY_{d0}降至OY_{d1}时，消费支出水平会调整到E_1点。这时，消费者高峰期的收入水平仍然对其消费支出产生影响，他们仍试图维持原有消费水平。因此，在短期内，消费者会动用储蓄尽可能按原来的消费习惯消费支出。假如收入水平继而增至OY_{d2}，这表示消费者的收入达到一个新的高峰期水平，这时的消费支出立即提高到E_2点。假如这时消费者的收入又降至Y_{d0}，消费者的消费支出却不会降到原高峰期的消费水平E

点，而是调整到比 E 点高的 E_3 点，因为新高峰期的收入和消费水平都对消费者产生影响。

根据这一理论可以为长、短期消费曲线的差异提供一个解释：消费者长期消费倾向之所以较高，是因为消费者的消费支出受他人较高消费支出的影响较大。不仅如此，由于消费习惯的影响，人们的消费水平不大可能从过去收入高时期的消费水平上降下来。故从长期看，消费者的消费倾向比短期高。在图 14-6 中，$C = cY_d$ 就是长期消费曲线，EE_1 是收入较低时的短期消费曲线，E_2E_3 是收入较高时的短期消费曲线。

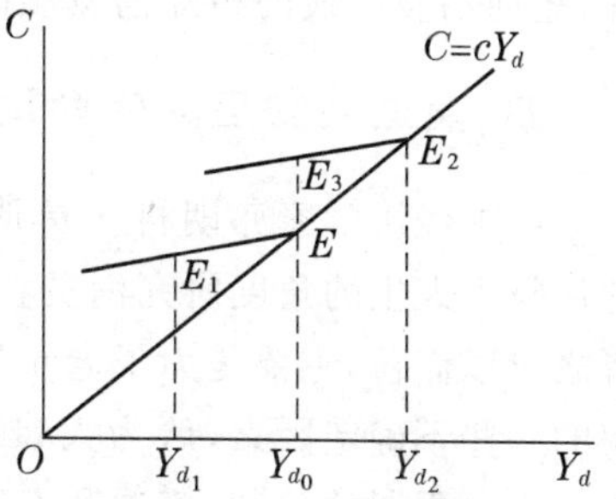

图 14-6　相对收入假定模型

三、弗里德曼的持久收入假定

美国经济学家米尔顿·弗里德曼提出了“持久收入假定”。他把消费者的收入分为“暂时收入”与“持久收入”；把消费者的消费分为“暂时消费”与“持久消费”。

暂时收入是指临时性的、偶然性的收入，比如某天的收入；持久收入是指消费者可以预料到的长期性收入。暂时消费是指非经常性的、不在计划中的消费支出；持久消费是指正常的、计划中的消费支出。

弗里德曼认为，消费者在某一时期的收入等于暂时收入加上持久收入，消费者在某一时期的消费等于暂时消费加上持久消费。它们之间的关系是：暂时收入与暂时消费之间不存在固定比率，暂时收入和持久收入之间不存在固定比率，暂时消费和持久消费之间不存在固定比率，但持久收入和持久消费之间存在着固定比率。

以 C 代表持久消费，Y_p 代表持久收入，c 代表一定的比例，则两者的关系为：

$$C = cY_p$$

由于持久收入 Y_p 被视为长期平均收入，所以上述公式是与长期消费和收入之间比例不变的现象相一致的。

暂时收入时高时低，从平均水平看可以相互抵消，从而对消费不产生多大影响。然而，对持久收入 Y_p 的测定是很复杂的，弗里德曼根据过去若干时期收入状况以及现期收入水平，分别采用不同的加权数进行测量（现期收入的加权数大于过去时期收入的加权数），从而估算出持久收入 Y_p 的数值。

根据持久收入假定的理论，也可以对长、短期消费曲线的差别作出解释。在短期情况下，当消费者可支配收入增加时，他们会认为这种收入的增加是暂时的，他们并不能肯定长期中仍会获得这种收入的增加，因此不会对这种增加的收入支出过多。如果消费者预料到这种收入的增加是长期性的，他们便会消费得更多。因此，短期消费曲线的边际消费倾向必低，而长期消费曲线的边际消费倾向必高。

四、莫迪利安尼的生命周期假定

美国经济学家弗朗科·莫迪利安尼(F. Modigliani)提出了“生命周期假定”。他从整个人生的角度研究消费者如何分配他们的消费。生命周期假定认为，消费者之所以储蓄，主要是为了老年消费的需要。这种理论提出了影响社会经济储蓄率的一些不确定因素，认为人口的年龄结构是决定消费和储蓄行为的主要因素。基于生命周期的角度，莫迪利安尼把消费函数公式作了如下修改：

$$C = a\frac{W}{P} + cY_d$$

上述公式中，$\frac{W}{P}$代表财富，a 为对财富的边际消费倾向，c 为对可支配收入的边际消费倾向，Y_d 为可支配收入。

生命周期假定理论的主要内容如下：

(1) 消费者一生中的消费水平保持平稳。

(2) 消费支出的来源等于人生中的收入加上最初财富。

(3) 以 L 代表消费者死亡年龄，T 代表消费者获得财富的年龄，则消费者每年的消费支出等于财富的 $1/(L-T)$ 加上预期平均工资收入(没有财富的 T 年以前则没有财富来源的支出)。

(4) 现期消费支出水平取决于现期财富状况和生命期收入状况。

现进行简要说明。假设某消费者生命周期为 L 年(从开始工作时算起)，其中工作有工资收入为 N 年，假设该消费者自参加工作起计划其个人终生消费，则其退休年限为 $L-N$ 年。假定不考虑储蓄利息，并且不考虑该消费者的财产情况，如果其工作年限的平均工资水平为 Z，则整个生命周期的消费等于工作期的总收入，即 $CL = ZN$，两边同除以 L，则得出每年的计划消费函数如下：

$$C = \frac{N}{L}Z$$

这表明，消费者每年消费支出函数等于其平均工资收入水平的某一个比率，该比率为工作年限与生命周期之比。

以图 14-7 加以说明，图中 $ONHZ$ 为整个生命周期的全部工资收入，$OLKC$ 为整个生命周期的消费支出，该消费者在工作年限中所积蓄的储蓄 $CJHZ$ 等于没有工资收入的退休年限消费支出 $NLKJ$。工作年限中的储蓄即为资产，图中储蓄的长方形区域则是假定消费者在其工作年限中一直获得某个不变的工资收入水平。但实际上，收入是随着工作年限的增长不断增加，作为资产的储蓄也是不断积累，在该消费者退休时资产达到最高点，即图中虚线所示，退休后资产便开始下降。

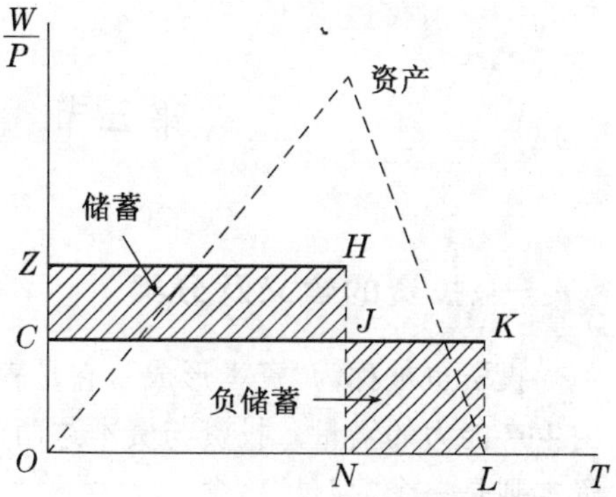

图 14-7 生命周期假定模型

现在再进一步考虑消费者有财产时的消费情况。消费者在一生中任何时候都有可能获得财产，或生下来就有继承财产，或在生命周期过程中他人给予财产。当消费者接受财产后，便会把它用于生命周期的消费计划中。假设某消费者在某年接受一笔财产，从这一年开始该消费者就会增加消费水平，其生命周期剩下的年限的消费函数为：

$$C(L-T)=\frac{W}{P}+(N-T)Z$$

上式中，C 代表消费，L 代表死亡年龄，T 代表接受财产的那一年，$\frac{W}{P}$ 代表财富总量（即过去储蓄加上所获财产），N 代表退休年龄，Z 代表工资收入。该公式表明，消费者自接受财产到死亡时的消费支出 $C(L-T)$ 等于包括以前储蓄和所获财产在内的财富加上剩下工作年限的收入总和。根据上式可得出生命周期内自获得财产起每一年的消费函数如下：

$$C=a\frac{W}{P}+cZ\left(a=\frac{1}{L-T},c=\frac{N-T}{L-T},N\geqslant T\right)$$

上式中，a 为对财富的边际消费倾向，c 为对工资收入的边际消费倾向。从式中可以得出如下结论：边际消费倾向取决于消费者的生命周期状态，消费者越接近生命周期的终点，对财富的边际消费倾向越高。而消费者对劳动收入的边际消费倾向既与消费者的还能够继续获得工资收入的年限 $(N-T)$ 有关，也与需要用这些收入支付消费的年限 $(L-T)$ 有关。从上式中还可以清楚地看出，无论增加财富还是增加工资收入，都将提高消费支出。同时，增加相对于退休期年限的劳动期年限也会提高消费支出，因为工资收入将增多。总之，整个生命周期中收入和财富是决定消费支出的根本因素。

第三节 投资理论

一、投资的含义及分类

投资也被称为“资本形成”，它是表示在一定时间内资本的增量，即在一定时间内生产能力的增量。投资与资本这两个概念并不相同，投资是一个“流量”概念，而资本则是一个“存量”概念。

经济学上的投资与平时所讲的投资在概念上是不同的，私人用自己的收入去购买各种有价证券，从而能够赚钱，从个人的角度讲，为一种投资。但是从社会的角度来看，这并不是一种投资。证券可分为已发行的和新发行的两种，对于个人购买已发行的证券，显然不是投资，它使证券从一个人的手中转移到另一个人的手中，这只不过是财产所有权的转移。即使是个人购买厂房、生产设备等实物，其性质也是财产所有权的转移。对于个人购买新发行的证券，也不能称为社会投资，因为无论是政府，还是私人厂商，他们从发行证券所获得的资金并不能确定已用于对资本的购买。在介绍 GDP 的统计中已知，厂商的购买(I)才是投资需求。因此，如果把私人对证券的购买算成投资，则会形成重复计算，所以私人对证券的购买是不被计入 GDP 的。为了加以区别，对购买证券的投资行为称为“金融投资”；而对于能够增加资本量的投资称为“实际投资”。经济学一般所讲的投资，就是指实际投资。

实际投资分为两类：第一类是固定资本的增加，其中包括厂房、机器设备的投资和建筑投资，如各种住宅与非住宅建筑等；第二类是存货投资，如各种制成品、半制成品以及原材料等。这些在介绍 GDP 的国内私人总投资时已讲过，不过这里的投资是指社会投资，既包括私人厂商的购买投资，也包括政府的购买投资。

投资又分为总投资和净投资。总投资是没有除去资本损耗（折旧）的投资，净投资则不包括资本损耗。总投资一般都是正值，净投资则可能是正值、零或负值，完全取决于总投资是大于、等于还是小于资本折旧。

投资还有直接投资与间接投资之分。所谓直接投资，是指投资者自己直接建立某种企业所进行的投资活动，例如建立工厂、开办商店等。所谓间接投资是资本输出的一种方式，其方法有两种：一种是投资者用资本购买其他国家的政府或企业发行的债券，至于其资金如何使用，投资者并不过问，而由其他国家的政府或企业使用，投资者则获取债券利息；另一种是将资本借贷给其他国家的政府或企业，投资者按借贷协议获得一定的借贷利息。在这两种方法中，投资方均对被投资方具有债权关系。

投资还有“自发性投资”和“引致投资”的不同。所谓自发性投资，是指不受国民收入或消费的影响而进行的投资，它是一种独立于国民收入因素决定的投资，例如出于新发明、新技术、人口的变动、心理因素、战争爆发、政府为了社会安全或社会福利等目的进行的投资。所谓引致投资则是由于国民收入和消费的变动而引起的投资，例如因收入增加而使投资增加。

二、决定投资的经济因素

投资者的主要动机是为了赚钱。从获取利润的角度看，决定投资的经济因素主要有两个：一是投资的预期利润率，即投资所产生的利润额与投资额的比率。例如，投资＄100 000万，预计一年后所获利润（即总收益减去总成本的剩余）为＄10 000，则该投资的预期年利润率为10%。投资者一般都希望能够获得尽可能高的利润率。二是资本市场的利率水平。投资者在决定是否应当投资或增加投资时，都要考虑资本市场的利率水平并与其投资的预期利润率相比较。如果投资的利润率高于资本市场利率，则说明投资者可以向资本市场借款来进行投资，因为投资所获除偿还资本市场的借款利息外仍有余利。否则投资者就不会借款进行投资。即使投资者自身拥有资本而不需要向资本市场借款进行投资，仍然需要比较资本市场的利率和投资的预期利润率，因为假如投资的预期利润率小于资本市场的利率时，他完全不必进行投资，而将其资本直接通过资本市场借贷出去，从而获得比投资更大的利息收入。只有当投资的预期利润率大于资本市场利率水平并有利可图时，投资者才会进行投资。

三、资本的边际效率

“资本的边际效率”（marginal efficiency of capital，简写成MEC）是凯恩斯提出来的概念，它指的是能使投资的预期净收益的现值等于投资物供给价格的一种折扣率。

以 C_R 代表投资物的供给价格，即投资物的代价，也被称为重置成本；R_1，R_2，$R_3 \cdots R_n$ 分别代表第一年、第二年、第三年……和第 n 年的预期净收益；r 代表资本的边际效率，则按上述MEC的定义可写成如下公式：

$$C_R = \frac{R_1}{1+r} + \frac{R_2}{(1+r)^2} + \frac{R_3}{(1+r)^3} + \cdots + \frac{R_n}{(1+r)^n}$$

例如，一台机器成本为＄10 000，寿命为20年，每年可得到的净收益（扣除营运费用后）为＄1 000，则：

$$\$10\,000=\frac{\$1\,000}{1+r}+\frac{\$1\,000}{(1+r)^2}+\frac{\$1\,000}{(1+r)^3}+\cdots+\frac{\$1\,000}{(1+r)^{20}}$$

根据上式可以计算出预期利润率 r 为 6%。

现说明如下：以 Q 代表资本预期值；S 代表资本现值；r 代表预期收益率。则每年所获得的预期值为：

第一年：$Q_1=S(1+r)$,

预期值现值：　$S_1=\dfrac{Q_1}{1+r}$;

第二年：$Q_2=S(1+r)(1+r)=S(1+r)^2$,

预期值现值：　$S_2=\dfrac{Q_2}{(1+r)^2}$;

第三年：$Q_3=S(1+r)^2(1+r)=S(1+r)^3$,

预期值现值：　$S_3=\dfrac{Q_3}{(1+r)^3}$;

……

第 n 年：$Q_n=S(1+r)^{n-1}(1+r)=S(1+r)^n$,

预期值现值：　$S_n=\dfrac{Q_n}{(1+r)^n}$;

n 年后的预期收益现值则为：

$$S=\sum_{i=1}^{n}S_i=\frac{Q_1}{1+r}+\frac{Q_2}{(1+r)^2}+\frac{Q_3}{(1+r)^3}+\cdots+\frac{Q_n}{(1+r)^n}$$

很显然，折扣率 r 实际上就是资本的“预期平均利润率”。从上式中可看出，在 C_R 值不变时，如果 R 值越大，r 值也越大；如果 R 值不变而 C_R 上升，则 r 值越小。

需要注意的是，在上述资本的边际效率公式中，假定每年所获的收益一样，即 $R_1=R_2=R_3=\cdots=R_n$，但实际上，第二年的预期收益往往小于第一年的预期收益，第三年的预期收益又小于第二年的预期收益，以此类推，即 $R_1>R_2>R_3>\cdots>R_n$。因此，上述计算出来的利润率 r 为平均利润率。

根据凯恩斯的观点，资本的边际效率是递减的，这是因为：① 投资越多，对资本设备的需求越多，资本设备的价格也越高，为添置资本设备付出的成本也就越大，所以投资的预期利润率将下降。② 投资越多，产品未来的供给越多，产品未来的销路越受到影响，所以投资的预期利润率将下降。

四、投资需求曲线及其变动因素

前面讲到，投资者在进行投资决策时，需要考虑两个因素：利润率和资本市场利率。当投资所产生的边际效率高于资本市场利率时，投资者一定会增加投资；反之，则会减少投资。因此，投资均衡点即在利润率等于资本市场利率时的数量。当资本市场利率下降时，表示投资所付的代价减少，在利润率不变情况下投资者的收益增加，这样会促使投资者增加投资。反之，当资本市场利率上升时，说明投资代价增大，因而投资者将会减少投资。所以，投资需求曲线是一条从左上到右下的负斜率曲线。以 I 代表投资，i 代表资本市场利率，则投资需求曲线如图 14-8 所示。图中有三条不同的投资需求曲线 I_1、I_2 和 I_0。在同样的市场利率下，I_0 的投资比 I_2 多，I_1 的投资又比 I_0 多。它们都是表示投资者根据自身的情况对资本市场作出的反应。假如其他条件发生变化，则会影响整个投资需求的变动，即可能增加，也可能减少。

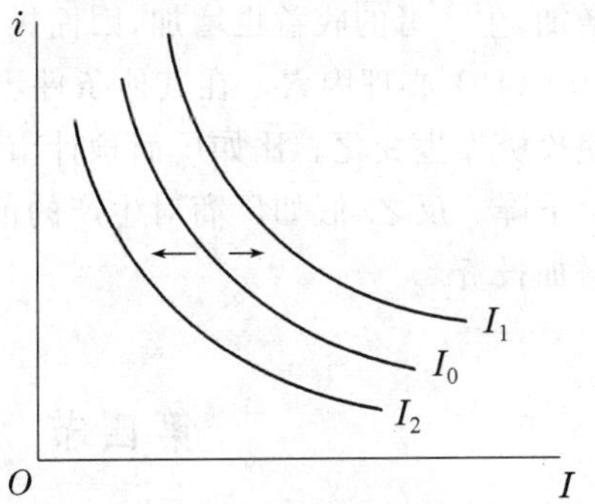

图 14-8　投资需求曲线

影响投资需求曲线发生变动的因素大体上有以下几点：

(1) 投资预期所获收益的多少。假如在投资代价不变情况下投资的预期收益增多，则表示资本的边际效率大，因而投资需求也会增加；反之则减少。

(2) 投资成本的大小。假如在其他条件不变情况下，投资成本增加，则说明资本的边际效率下降，产出的收益将会减少，因而投资需求也会减少；反之则增加。

(3) 投资物所产出的年收益额大小的分布状况。在投资物价格不变和收益年限不变情况下，假如每年的投资收益呈下降趋势，即在总收益公式 $\frac{R_1}{1+r}+\frac{R_2}{(1+r)^2}+\frac{R_3}{(1+r)^3}+\cdots+\frac{R_n}{(1+r)^n}$ 中，$R_1>R_2>R_3>\cdots>R_n$，则资本的边际效率较高；反之，在同样情况下成相反排列，即当 $R_1<R_2<R_3<\cdots<R_n$ 时，则资本的边际效率较低，因此投资也会减少。

(4) 投资设备或资产的耐用年限。假如在其他条件不变情况下，投资设备或资产的耐用年限较长，则会产生较高的投资收益，因而投资也会增多；反之则减少。

(5) 政府的政策措施。例如政府通过加速折旧的法规，可以促进企业投资；政府给予企业减免税收或津贴补助鼓励，也会促使企业增加投资。

(6) 生产技术的改进和提高。当生产技术进步时，一是使现有生产设备显得陈旧，因而促使生产者加以更换；二是使生产成本下降，从而使产品价格下跌，增加产品销售量，从而促使更多的投资。

(7) 新产品的出现。由于出现新产品，消费者会产生新的需求，因而会推动投资。

(8) 企业现有资本数量。如果企业现有资本很充裕，而且存在剩余生产能力，则对更新设备、增加投资的需求不高；反之，假如企业现有资本数量不足，不能适应生产的要求，则投资的需求会增加。

(9) 人口因素。如果人口大幅度增加，对产品的需求增加，各种产品的销售量增加，生产者的收益也增加，因而推动投资的增加。

(10) 心理因素。在其他条件不变情况下，仅仅由于生产者的心理作用，也会使投资发生变化。比如厂商预计市场前景不好，产品销售量将会下降，因而投资也会下降。反之，假如厂商对生产的前景充满信心，对市场的需求看涨，则会促使其增加投资。

第四节　国民收入的决定

一、有效需求原理

有效需求(effective demand)原理是凯恩斯的经济思想，他在 1936 年出版的《就业、利息和货币通论》一书中首次完整、系统地阐述了这一概念。有效需求是指当商品的总供给价格等于商品的总需求价格时社会对商品的总需求。

根据第十三章第一节对国民经济总流程的介绍可以得知，当经济处于均衡循环状态时，一个国家在一年里所生产出来的全部产品(即总供给价格)一定会被该社会的经济单位全部购买(即总需求价格)，要达到这一点，必须使总支出 = 总收入。

总支出包括消费者的消费支出、厂商的投资需求(包括进出口)和政府的购买需求。总收入包括工资收入、利息收入、地租收入和利润收入。根据定义，总支出就是总需求，总收入就是总供给。总支出等于总收入，即：总需求 = 总供给。

这种在总供给价格等于总需求价格时的总需求，就是有效需求。但是，有效需求不一定等于充分就业时的总供给。凯恩斯认为，有效需求往往小于充分就业时的总供给，称为“有效需求不足”。

二、国民收入的决定

根据总需求等于总供给的原理，可以分析国民收入是如何决定的。国民收入决定的分析方法有三种：第一种方法是通过总支出和总收入的关系分析国民收入的决定；第二种方法是分析储蓄和投资的关系得出国民收入如何决定的结论；第三种方法则是通过对具体数字的举例，说明国民收入决定的过程。三种方法的实质都一样，均建立在总需求等于总供给的基础上。现分别加以介绍。

（一）总支出分析法

为了使问题简化，便于分析，首先假定不存在供给的限制，并忽略 GDP 和 NDP 之间的区别，即认为 GDP = NDP = 实际总产量 = 总供给。同时再作以下几点假定：① 消费曲线向右上方倾斜；② 有一定的不变投资；③ 没有公司；④ 不考虑政府的作用；⑤ 进出口也略去。根据第十三章第二节国民生产总值的统计中五个总量之间关系的介绍，可以知道：可支配收入 Y_d = NDP − 各种税收（企业间接税、个人所得税、社会保险税、公司所得税等）− 公司储蓄（未分配利润）+ 转移支付（其中再忽略消费者所付利息和政府债券利息），因为已假定没有政府，故各种税收及转移支付两项除去，又因为也已假定没有公司，故公司储蓄一项也除去。这样，在忽视 GDP 和 NDP 区别情况下，上述公式便为：

$$Y_d = \text{总供给} = GDP$$

因而上述总需求 $Y_D = C + I + G + (X - M)$ 也简化为

$$\text{总需求}\ Y_D = C + I$$

现在利用 45°线图形，采取总支出法来分析国民收入的决定。见图 14-9。该图和图 14-1 图形相同，不过这里的横坐标代表总供给，以 Y_S 表示，由于已作了上述假定，故 Y_d = NDP = 总供给。因此，图 14-1 中的消费曲线仍可以在图 14-9 中运用。

从图 14-9 中可以看出三种情况：

（1）图中左边虚线的情况表明总供给小于总需求（$Y_S < Y_D$）。这时总供给为 OY_1，由于 45°线原因，$BY_1 = OY_1$ = 总供给；总需求为 AY_1，因为 $BY_1 < AY_1$，所以总供给小于总需求。社会经济处于总供给小于总需求状况会刺激生产量增加。即 GDP 将会上升。

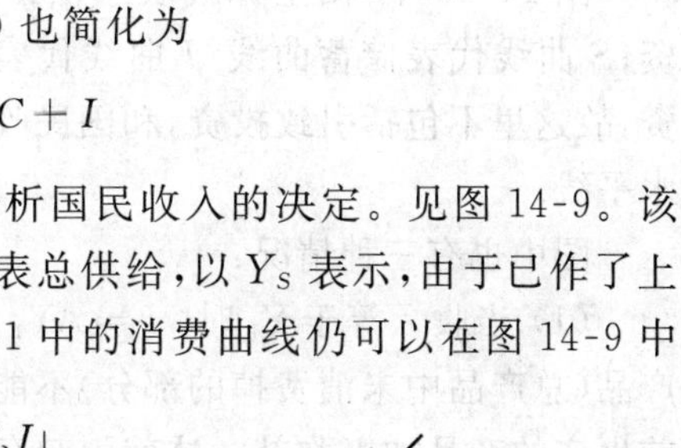

图 14-9　国民收入决定的总支出法

（2）图中右边虚线的情况表明总供

给大于总需求 ($Y_S > Y_D$)。这时,总供给为 OY_2,由于45°线原因,$DY_2 = OY_2 =$ 总供给;总需求为 FY_2,因为 $DY_2 > FY_2$,所示总供给大于总需求。社会经济处于总供给大于总需求状态会导致减少生产。即 GDP 将会下降。

(3) 图中中间虚线的情况是总供给等于总需求($Y_S = Y_D$)的均衡状态。因为 E 点是 Y_D 曲线和45°线的交点,而45°线上任何一点到横坐标的距离等于总供给。这时表示全社会的总支出等于当年生产的总产出,E 点表示的总需求为有效需求,OY_E 为国民收入的均衡水平。

(二) 储蓄与投资分析法

储蓄与投资分析法是分析储蓄与投资两者之间的关系。见图14-10。该图形和图14-2储蓄曲线的图形相同,它与消费曲线图形有对应的关系。

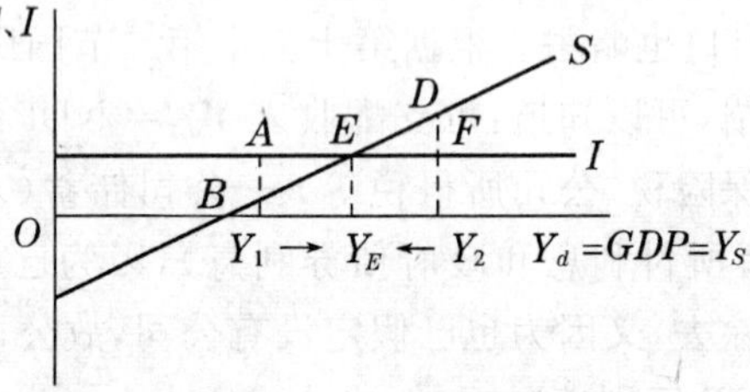

图 14-10 国民收入决定的储蓄与投资分析法

图14-10中,横坐标代表总供给,以 Y_S 表示;纵坐标 S、I 分别表示储蓄与投资;S 曲线代表储蓄曲线;I 曲线代表投资曲线,由于上面已假定有一个不变的投资,故这里不包括引致投资,和国民收入的变化没有关系,是一条和横坐标平行的水平线。

图中也有三种情况:

(1) 当收入等于 Y_1 时,$I = AY_1$,$S = BY_1$,故 $I > S$。这表明当年生产的剩余产品(总产品中未消费掉的部分)不能满足投资支出的需要。不足的部分只能由以前生产的产品加以弥补。这就引起存货意外的减少。存货意外减少这一数量信号必定刺激厂商增加生产,从而使收入水平提高。

(2) 当收入等于 Y_2 时,$I = FY_2$,$S = DY_2$,故 $I < S$。这表明投资支出不能吸收当年生产的全部剩余产品(即总产品中未消费掉的部分)。这就形成了存货意外的增加(产品积压)。存货意外增加这一数量信号必定指示厂商收缩生产,从而使收入水平降低。

(3) 当收入等于 Y_E 时,$I = S = EY_E$。这表明当年剩余产品的供给(S)恰好等于对剩余产品的需求(I)。在这种情况下,非意愿的投资等于零,厂商倾向于维持原有产量。因此,$I=S$ 决定了均衡的 GDP 水平为 Y_E。

(三) 用具体数字说明国民收入的决定

以表 14-5 举例说明如下。

表 14-5　国民收入决定的数字分析

	总供给 (Y_S = GDP)	消费 (C)	投资 (I)	总需求 ($Y_D=C+I$)	收入变动趋势	总需求、总供给的关系
A	100	100	150	250	↓	$Y_D>Y_S$
B	200	150	150	300	↓	(扩大)
C	300	200	150	350	↓	
D	400	250	150	400		均衡
E	500	300	150	450	↑	$Y_D<Y_S$
F	600	350	150	500	↑	(收缩)
G	700	400	150	550	↑	

从表 14-5 中可看出:国民收入的均衡水平为 400,因为这时总供给(Y_S)和总需求(Y_D)相等。当 $Y_D<Y_S$ 时,国民收入水平的变动趋势向上;当 $Y_D>Y_S$ 时,国民收入水平的变动趋势向下;只有当 $Y_D=Y_S$ 时,国民收入方达到均衡水平。

必须注意,以上分析有一个前提,即没有供给方面的限制。就是说,假设社会上存在闲置的生产设备和失业的工人。在这种情况下,是需求决定产出,有多大的需求就有多大的产出。也就是说,在没有供给限制的前提下,需求增加将刺激出更多的产出,而不促使价格水平上涨。因此,在这里的 45°线模型中,是不存在价格机制的。在不存在价格机制的情况下,使产出自动地趋于供求一致的均衡水平的机制是存货变动这一数量机制。上面已经说明存货变动这一数量机制是怎样起作用的。

第五节　国民收入的两个缺口

一、45°线图形分析

上节已经说明,国民收入的均衡条件是总需求等于总供给。凯恩斯认为总需求可以等于总供给,但这不一定是充分就业。例如,当产品过剩时,靠解雇工人增加失业率来减少生产也可以达到总供给和总需求的均衡。显然这种均衡并不意味着宏观经济运行状况良好。根据凯恩斯理论,只有在充分就业条件下厂商所计划生产的产品和服务刚好等于国民的总需求(包括消费需求、投资需求、政府购买需求和进出口),才算实现宏观经济目标。

当总需求不等于充分就业的总供给时,会形成两种不同的缺口。现分别加以说明。

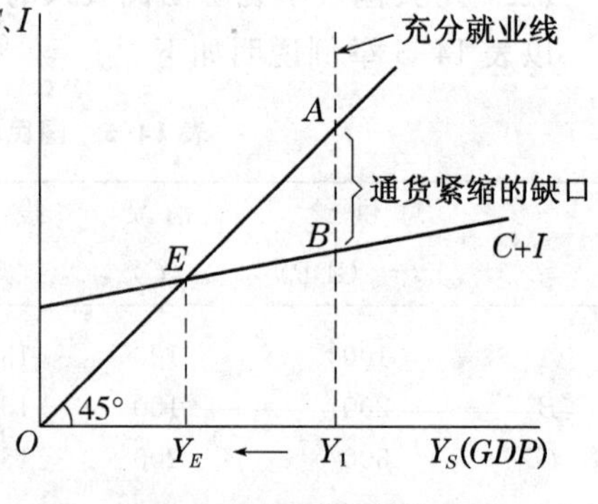

图 14-11 通货紧缩的缺口

(一) 通货紧缩的缺口

见图 14-11。图中,横坐标代表总供给水平或产量水平,纵坐标代表总需求水平。图中说明,当经济处于充分就业状态时,总供给大于总需求。总供给为 AY_1,总需求为 BY_1,$AY_1 > BY_1$,总供给超过总需求的部分 AB 被称为"通货紧缩的缺口"。即表示厂商出现了未计划(或非情愿)的存货,产品卖不出去。而这时厂商便会解雇工人,减少生产,以求均衡,因此 GDP 便下降。但是从宏观经济的角度看,政府应该阻止这种现象的产生。

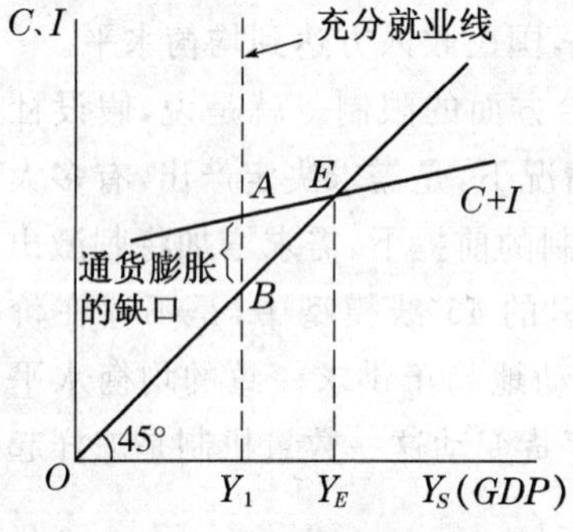

图 14-12 通货膨胀的缺口

(二) 通货膨胀的缺口

见图 14-12。图中说明,当经济处于充分就业状态时,总供给小于总需求。总供给为 BY_1,总需求为 AY_1,$BY_1 < AY_1$。当经济处于这种状态时,厂商并不能扩大生产,因为这时已经处于充分就业状态,社会总供给 OY_1 是表示该经济的最大产量水平。这时只有一种可能。即价格上涨。因此,总供给和总需求之间的差额 AB 被称为"通货膨胀的缺口"。

只有当充分就业线刚好通过均衡点 E 时,社会最大产量也刚好等于社会总需求,整个经济便处于一个完全理想的均衡状态。

二、具体数字分析

国民经济的两个缺口同样可以用数字举例分析。仍然以表 14-5 中所举的数字为便,见表 14-6。

表 14-6 国民收入缺口的数字分析

	总供给 (Y_S = GDP)	消费 (C)	投资 (I)	总需求 ($Y_D = C + I$)	缺口 情况
A	100	100	150	250	通货膨胀的缺口
B	200	150	150	300	
C	300	200	150	350	
D	400	250	150	400	均 衡
E	500	300	150	450	通货紧缩的缺口
F	600	350	150	500	
G	700	400	150	550	

表 14-6 可以清楚地表明国民收入两个缺口的情况。

假如经济处于 C 点状态时，为通货膨胀的缺口，缺口 = 350 − 300 = 50。

假如经济处于 F 点状态时，为通货紧缩的缺口，缺口 = 600 − 500 = 100。

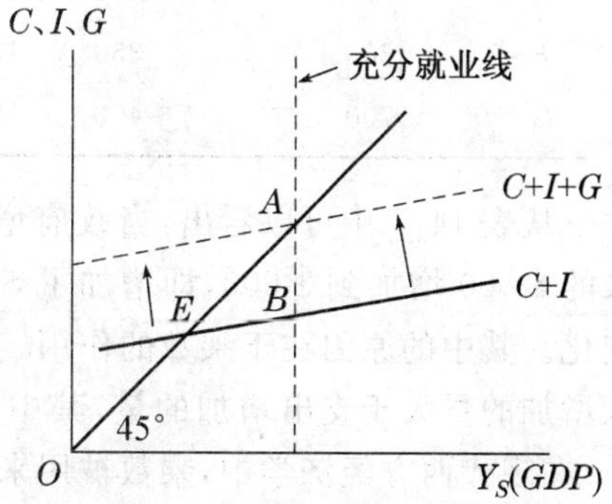

图 14-13 消除通货紧缩缺口的政策效应

为了消除通货紧缩的缺口，政府可以采取的措施有：① 减税；② 增加转移支付；③ 增加政府支出；④ 降低利率。因为上述任何措施都可以增加总需求（减税和增加转移支付可以增加个人消费；政府支出本身就是总需求中的一部分；降低利率可以提高投资水平），使总需求曲线上移，从而弥合通货紧缩的缺口。如图 14-13 所示。图中，原来存在着通货紧缩的缺口 AB，由于采取上述措施，使原来的总需求曲线 $C+I$ 上移到新的位置 $C+I+G$，则通货紧缩的缺口不复存在。

消除通货膨胀缺口的办法正好与之相反。即减少总需求，使总需求曲线下移。

第六节 乘 数 理 论

一、乘数理论

乘数(multiplier)，又译作倍数。乘数理论是现代西方经济学家的重要经济理论之一。乘数的概念最早是由英国经济学家卡恩(R. F. Kahn)于 1931 年提出来的,后来被凯恩斯加以利用,成为凯恩斯主义的一个重要分析工具。

用上一节所举的表14-6为例进一步引入乘数概念。假如,在该表中的总需求一项增加一项政府支出,数量为100(即 $G=100$),成为表14-7。

表 14-7　总需求与总供给关系的数字分析　　$

	总供给 ($Y_S=\text{GDP}$)	消费 (C)	投资 (I)	政府支出 (G)	总需求 ($Y_D=C+I+G$)
A	100	100	150	100	350
B	200	150	150	100	400
C	300	200	150	100	450
D	400	250	150	100	500
E	500	300	150	100	550
F	600	350	150	100	600
G	700	400	150	100	650

从表14-7中可以看出:当政府增加$100支出时,均衡的国民收入水平由原来的$400增加到$600,即增加了$200。它说明国民收入的变化大于总需求的变化。其中的原因在于乘数的作用。因此,当支出增加一个量,但所引起的国民收入增加的量大于支出增加的量,其中的倍数就被称为乘数。表14-7中的乘数是2。在现代西方经济学中,乘数被用来分析经济中某一变量的增减所产生的连锁反应的大小。

假如政府增加$100支出,则国民收入增加$100。国民收入的增加,又会引起下一个阶段消费支出增加,而消费支出增加是按一定的边际消费倾向进行的;当下一个阶段消费支出增加后,又会引起再下一个阶段的消费按照一定的边际消费倾向继续增加,这个连续反应过程将一直连续下去。假如社会的平均边际消费倾向为0.75,这个连锁反应过程如表14-8所示。

表 14-8　社会消费的连锁反应　　$

	(1) 收入变化	(2) 消费变化 ($MPC=0.75$)	(3) 储蓄变化 ($MPS=0.25$)
政府最初增加的支出	100	75	25
第 二 阶 段	75	56.25	18.75
第 三 阶 段	56.25	42.19	14.06

（续表）

	(1) 收入变化	(2) 消费变化 (MPC=0.75)	(3) 储蓄变化 (MPS=0.25)
第四阶段	42.16	31.64	10.55
第五阶段	31.64	23.73	7.91
所有其他阶段	94.92	71.19	23.73
总　　计	400	300	100

在表 14-8 第一次连锁反应中，政府的最初支出（$100）与收入无关，因此该增量变化被称为“自发性变化”或“外生变化”，假如该增量是增加的投资，便是“自发性投资”。而从第二阶段开始的以后所有阶段的变化，都是因为国民收入的增加引起的，与收入的变化有关，因此被称为“引致变化”。当然这些变化可能是投资，也可能是消费，如果是投资，则是“引致投资”。

乘数的一般公式为：

$$K = \frac{1}{1-MPC} = \frac{1}{MPS}$$

式中，K 代表乘数；MPC 代表边际消费倾向；MPS 代表边际储蓄倾向。

乘数公式的证明如下：根据乘数过程

$$\Delta Y = \Delta I + MPC \cdot \Delta I + (MPC)^2 \cdot \Delta I + (MPC)^3 \cdot \Delta I + \cdots + (MPC)^n \cdot \Delta I$$

$$= \Delta I[1 + MPC + (MPC)^2 + (MPC)^3 + \cdots + (MPC)^n]$$

根据乘数定义 $K = \frac{\Delta Y}{\Delta I}$，$\Delta Y = \Delta I \cdot K$，因此

$$K = 1 + MPC + (MPC)^2 + (MPC)^3 + \cdots + (MPC)^n \tag{14.1}$$

两边同乘以 MPC：

$$MPC \cdot K = MPC + (MPC)^2 + (MPC)^3 + (MPC)^4 + \cdots + (MPC)^{n+1} \tag{14.2}$$

(14.1) 式减(14.2) 式得：

$$K - MPC \cdot K = 1 - (MPC)^{n+1}$$

$$K(1 - MPC) = 1 - (MPC)^{n+1}$$

$$K=\frac{1-(MPC)^{n+1}}{1-MPC}=\frac{1}{1-MPC}$$

其中，MPC 为分数，当 $n\to\infty$ 时，$MPC^{n+1}\to 0$。

从乘数公式可以看出，乘数作用与边际消费倾向之间密切相关，边际消费倾向越大，乘数越大；边际消费倾向越小，乘数也越小。乘数既可以起正向的作用，也可以起相反方向的作用。例如投资支出减少，将会引起国民收入的倍数减少。

乘数可以用储蓄和投资图形表示，见图 14-14。

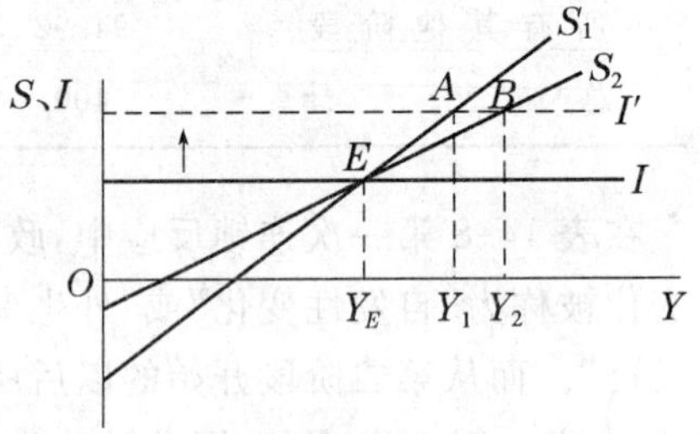

图 14-14　用储蓄和投资法显示的乘数效应

图中横坐标 Y 代表国民收入；纵坐标代表储蓄和投资；S_1、S_2 为两条储蓄曲线；I 为投资曲线。从图中可以看出，S_2 曲线的斜率比 S_1 曲线斜率小，表示 S_2 曲线的边际储蓄倾向比 S_1 曲线的边际储蓄倾向小。当投资增加时，I 曲线上升到 I' 曲线的位置。S_2 曲线增加的国民收入为 Y_EY_2，而 S_1 曲线增加的国民收入为 Y_EY_1。这说明：边际储蓄倾向越小（实际上是边际消费倾向越大），乘数越大；边际储蓄倾向越大（实际上是边际消费倾向越小），乘数越小。

反驳凯恩斯的人指出，假定边际消费倾向为 1，则乘数无穷大，即使政府增加支出一元钱，整个国民收入将会无限增长，因而断定乘数概念不能成立。其实，凯恩斯已经指出，边际消费倾向为 1 和边际消费倾向为零都是极端的情况，实际上边际消费倾向的数值在零和 1 之间，因此不能简单地用边际消费倾向为 1 作为否定乘数概念的理由。实际上，乘数作用这一现象在任何经济中都是存在的。乘数概念指出了在投资与国民收入、就业之间存在着一定的数量关系，对于研究投资、消费、储蓄与国民收入之间的关系，从而正确处理积累与消费之间的关系，扩大投资效果，有一定的借鉴意义。

不过，资产阶级经济学家运用乘数理论的目的，是为了论证增加投资对于解决就业、克服经济危机的重大作用，为国家垄断资本主义运用财政金融政策调节、干预经济活动提供理论根据。对于这一点，必须加以认识。同时，由于影响经济活动的未知因素极多，要精确计算出各种乘数在实际上是很困难的。

二、乘数的计算与区别

这里只介绍总需求中的几个经济总量及一些变量的乘数计算。见表 14-9。

先看表 14-9 中括号外的各组数字。从这些数字中可知，均衡的国民收入水平为 350,因为总供给等于总需求,即 $Y_S = Y_D = 350$。根据消费(C)一栏可知,消费是以 30 数字递增的,即 $\Delta C = 30$;根据可支配收入(Y_d)一栏可知,可支配收入是以 35 数字递增的,即 $\Delta Y_d = 35$。这样可以计算出边际消费倾向:

表 14-9　乘数的计算数据

总供给 (Y_S)	公司储蓄 (S_c)	政府税收 (T_x)	转移支付 (T_r)	可支配收入 (T_d)	消　费 (C)	投资 (I)	政府支出 (G)	总需求 ($Y_D = C + I + G$)
100	10	10	50(85)	130(165)	150(180)	5	20	175(205)
150	10	20	45(80)	165(200)	180(210)	10	20	210(240)
200	10	30	40(75)	200(235)	210(240)	15	20	245(275)
250	10	40	35(70)	235(270)	240(270)	20	20	280(310)
300	10	50	30(65)	270(305)	270(300)	25	20	315(345)
350	10	60	25(60)	305(340)	300(330)	30	20	350(380)
400	10	70	20(55)	340(375)	300(360)	35	20	385(410)
450	10	80	15(50)	375(410)	360(390)	40	20	420(450)

$$MPC = \frac{\Delta C}{\Delta Y_d} = \frac{30}{35} = \frac{6}{7}$$

现在介绍下面一些乘数的具体计算方法。

(一) 政府支出乘数、消费支出乘数和投资支出乘数

政府支出乘数是指政府的支出能使国民收入增加的倍数。以 K_G 代表政府支出乘数,则

$$K_G = \frac{\Delta Y}{\Delta G}$$

在其他条件不变情况下,

$$K_G = \frac{\Delta Y}{\Delta G} = \frac{1}{1 - MPC}$$

其原理和前面介绍乘数概念的过程完全一样。可以把政府的支出看成是最初一个增量,即一个自发性支出,该增量会在社会经济活动中产生一系列连锁反应,即产生一系列引致支出变化,其变化的最终结果如同前面所证。

但是,假如以表 14-9 为例计算政府支出乘数,情况便有所不同。该表所示国民收入的均衡水平是 350,假设充分就业时的国民收入水平是 450,而这时的总需求(Y_D)却是 420,出现了通货紧缩的缺口,缺口为 $450 - 420 = 30$。如果政府计划采取措施达到充分就业条件下国民收入的均衡,只要在原来支出 20 的基础上增加

30 的政府支出(即 $\Delta G=30$)就能够达到，即原来当政府支出 20 时，均衡的国民收入水平是 350；而现在政府的支出增加到 50 时，总需求(Y_D)栏中每一次都增加 30，正好在最后一项处与总供给相等(原来是 420，增加 30 的政府支出是 450，刚好等于总供给水平 450)。上述变化表明，当政府增加 30 的支出时，均衡的国民收入水平增加了 100(从 350 增加到 450)。根据乘数定义：

$$K_G=\frac{\Delta Y}{\Delta G}=\frac{450-350}{30}=\frac{100}{30}=3\,\frac{1}{3}$$

需要注意的是，这里不能根据乘数公式计算。如果根据乘数公式计算的结果则是：$\dfrac{1}{1-MPC}=\dfrac{1}{1-6/7}=\dfrac{1}{1/7}=7$。这是因为从表 14-9 投资($I$)一栏中可知，随着国民收入的增加，投资的数量也在变化，因而使前面介绍乘数公式时的条件前提发生了变化。

假如在原来的国民收入均衡状态下(350)，不是通过增加政府支出的办法，而是通过增加消费者支出的办法，同样可以达到充分就业的新国民收入均衡水平(450)。只要消费支出增加 30(即 $\Delta C=30$)，则总需求也增加 30。以 K_C 代表消费支出乘数，则：

$$K_C=\frac{\Delta Y}{\Delta C}=\frac{450-350}{30}=\frac{100}{30}=3\,\frac{1}{3}$$

投资乘数也可以按上述相同方法进行计算。假如政府支出和消费支出都不变，只要投资支出增加 30(即 $\Delta I=30$)，也可以达到上述假设的充分就业时的国民收入均衡水平。以 K_I 代表投资乘数，则

$$K_I=\frac{\Delta Y}{\Delta I}=\frac{450-350}{30}=\frac{100}{30}=3\,\frac{1}{3}$$

注意，国民收入均衡时的投资(I)数量是家庭储蓄、公司储蓄和政府储蓄的总和。以表 14-9 中均衡国民收入为 350 时为例，投资是 30，其中，家庭储蓄等于可支配收入减去消费，即 $Y_d-C=305-300=5$；公司储蓄是 10，即 $S_c=10$；政府储蓄等于税收减去转移支付再减去政府支出，即 $T_x-T_r-G=60-25-20=15$。三者储蓄之和刚好等于 30。

从以上可以看出：政府支出乘数、消费支出乘数和投资支出乘数的计算方法完全一样，计算的结果也完全相同，其原因在于它们都是构成总需求的要素，即总需求$=C+I+G+(X-M)$，因而无论是其中哪一种支出变化，都会使总需求发生同样的变化，因而对均衡国民收入所产生的影响也完全相同。所以，当其他条件不变时，

$$K_G = K_C = K_I = \frac{1}{1-MPC}$$

（二）转移支付乘数和税收乘数

转移支付乘数和税收乘数的计算与上述三种乘数的计算不同。因为当转移支付和税收变动一个数量时，对总需求产生的作用要受到边际消费倾向的影响，即边际消费倾向乘以转移支付和税收的数量，使得转移支付和税收的变动的数量与总需求变动的数量不一致。

先介绍转移支付乘数。当政府转移支付支出一个量时，会对消费产生影响，从而对国民收入产生影响，转移支付的量能使国民收入变动的倍数，被称为转移支付乘数。以 ΔT_r 代表转移支付的增量，K_{T_r} 代表转移支付乘数，则：

$$K_{T_r} = \frac{\Delta Y}{\Delta T_r}$$

根据消费支出乘数概念，$\frac{\Delta Y}{\Delta C} = \frac{1}{1-MPC}$，$\Delta Y = \frac{\Delta C}{1-MPC}$；根据转移支付与消费的关系，$\Delta C = MPC \cdot \Delta T_r$，$\Delta T_r = \frac{\Delta C}{MPC}$；所以，在其他条件不变情况下，

$$K_{T_r} = \frac{\Delta Y}{\Delta T_r} = \frac{\frac{\Delta C}{1-MPC}}{\frac{\Delta C}{MPC}} = \frac{\Delta C}{1-MPC} \cdot \frac{MPC}{\Delta C}$$

$$= \frac{MPC}{1-MPC}$$

同上述三个乘数的介绍一样，当其他条件发生变化时，转移支付乘数则不能使用上述公式计算。仍以表 14-9 为例。假如政府增加转移支付 35，则转移支付（T_r）一栏由原来的数字变为括号内的新数字，新数字和原来数字比增加了 35。转移支付数量的增加即表示可支配收入增加相同的量，因而可支配收入（Y_d）一栏的数字也相应增加 35，如括号内数字所示。可是，可支配收入增加 35，使消费（C）增加 30$\left(\Delta C = MPC \times \Delta Y_d = \frac{6}{7} \times 35 = 30\right)$，故消费一栏中数字也发生变动，见该栏括号内数字。从而使总需求（Y_D）增加 30。当国民收入水平处于原均衡状态的 350 时，由于转移支付增加 35，使总需求增加 30，故新的均衡国民收入水平是 450。因此，

$$K_{T_r} = \frac{\Delta Y}{\Delta T_r} = \frac{450-350}{35} = \frac{100}{35} = 2\frac{6}{7}$$

税收乘数是指政府增加或减少税收所引起的国民收入变动的倍数。税收对消费支出的作用同转移支付对消费支出的作用一样，也要受到边际消费倾向的影响。税收乘数证明方法和转移支付乘数证明方法相同。但是，与转移支付不同之处在于，税收对消费支出的影响是负值。因为当政府增加税收时，消费支出通过边际消费倾向的作用减少，即 $-\Delta C = MPC \times \Delta T_x$；反之，当政府减少税收时，消费支出通过边际消费倾向的作用增加。因此，以 K_{T_x} 代表税收乘数，则在其他条件不变情况下，

$$K_{T_x} = \frac{\Delta Y}{-\Delta T_x} = \frac{MPC}{1-MPC}$$

同样，当其他条件变化时，便不能使用上述公式。仍以表 14-9 为例，假如政府减少 35 的税收，可支配收入增加 35，消费支出增加 30($MPC \times \Delta Y = (\frac{6}{7}) \times 35 = 30$)，总需求增加 30，故新的均衡国民收入水平是 450。因此，

$$K_{T_x} = \frac{\Delta Y}{-\Delta T_x} = \frac{450-350}{-35} = \frac{100}{-35} = -2\frac{6}{7}$$

上述其他条件变化情况下转移支付乘数和税收乘数的计算，还有一个简便的方法。假如已知在其他条件变化情况下边际消费倾向数值和消费支出乘数(或投资乘数以及政府支出乘数)的数值，只要将这两个数相乘，即可得出转移支付乘数或税收乘数。例如，在表 14-9 中，已知 $MPC = \frac{6}{7}$，$K_C = K_I = K_G = 3\frac{1}{3}$，则 $K_{T_r} = K_C \times MPC = 3\frac{1}{3} \times \frac{6}{7} = \frac{20}{7} = 2\frac{6}{7}$；而 $K_{T_x} = -2\frac{6}{7}$，与上面计算的结果相同。

(三) 平衡预算乘数

假如政府支出一个量(ΔG)，与此同时又增加相同量的税收(ΔT_x)，由于增加的税收在受边际消费倾向的作用之后使消费减少的量小于政府支出的量，因此对国民收入的变动也产生影响，表示这种影响程度的乘数，被叫作“平衡预算乘数”。

在其他条件不变情况下平衡预算乘数的证明如下：

$$\Delta Y = (\Delta G - MPC \times \Delta T_x) \times \frac{1}{1-MPC}$$

$$= \frac{\Delta G - MPC \times \Delta T_x}{1-MPC}$$

因为 $$\Delta G = \Delta T_x$$

所以 $$\Delta Y = \frac{\Delta G - MPC \times \Delta T_x}{1-MPC} = \frac{\Delta G - MPC \times \Delta G}{1-MPC}$$

$$= \frac{\Delta G(1-MPC)}{1-MPC} = \Delta G$$

以 K_b 代表平衡预算乘数，则

$$K_b = \frac{\Delta Y}{\Delta G} = \frac{\Delta Y}{\Delta Y} = \frac{\Delta G}{\Delta G} = 1$$

平衡预算乘数等于 1 的经济意义是：在政府支出和税收相等时，政府支出增加多少，国民收入则增加多少。

但是，当其他条件变化时，平衡预算乘数则不等于 1，而小于 1。

将上述模型稍微修改如下：

$$Y = C + I + G \tag{14.3}$$

$$C = a + cY_d\ (c: MPC; Y_d: \text{可支配收入}) \tag{14.4}$$

$$Y_d = Y - T_x (T_x: \text{政府税收}) \tag{14.5}$$

$$T_x = T_{x0} + tY (0 < t < 1) \tag{14.6}$$

(14.3)式是均衡的国民收入模型；(14.4)式是完整的消费模型；(14.5)式是可支配收入模型，表示可支配收入等于国民收入减去税收，完整的模型还要加上转移支付，这里省去；(14.6)式是完整的税收模型，其中 T_{x0} 代表某一税收常量，t 代表某一固定比例，tY 表示税收量和国民收入成一比例关系。因为无论是累进税、累退税还是比例税，与国民收入总有一定的比例关系，国民收入高，税收也多，反之亦然。

将(14.6)式代入(14.5)式，再将(14.5)式代入(14.4)式，最后将(14.4)式代入(14.3)式，因此，

$$Y = a + c(Y - T_{x0} - tY) + I + G$$

移项，$(1 - c + ct)Y = a - cT_{x0} + I + G$；所以：

$$Y = \frac{a - cT_{x0} + I + G}{1 - c + ct}$$

上式中，分子实际上是总需求的数量；$\frac{1}{1-c+ct}$ 是乘数，与原乘数公式 $\frac{1}{1-c}$ 相比已发生变化。

根据平衡预算乘数的概念，

$$\Delta Y = \frac{\Delta G - c \times \Delta T_x}{1 - c + ct} = \frac{\Delta G - c \times \Delta G}{1 - c + ct} = \frac{\Delta G(1-c)}{1-c+ct}, (\Delta G = \Delta T_x)$$

则平衡预算乘数为：

$$K_b = \frac{\Delta Y}{\Delta G} = \frac{\Delta G(1-c)}{1-c+ct} \times \frac{1}{\Delta G} = \frac{1-c}{1-c+ct} < 1$$

(四) 对外贸易乘数

对外贸易乘数的作用是指进出口数量的变化会使国民收入水平发生倍数变化。这就是说，进出口差额给国民收入总量带来的影响大于进出口差额本身的数量。由于这种变化是对外贸易作用的结果，因此反映这种关系的倍数就被叫作对外贸易乘数。在进出口均为自发性变量的情况下，对外贸易乘数与前面所讲的消费、投资以及政府支出乘数是一样的。因为进出口之间的差额 $(X-M)$ 同 C、I、G 一样，都是总需求的组成部分。

假如一国在出口所获得的收入中，一部分用于进口商品的购买，其余则全部用于国内商品的购买，在这种条件下，对外贸易乘数的大小取决于“边际进口倾向”。所谓边际进口倾向，是指所获得的收入中用于购买进口商品数量的比例。例如一国增加出口获得＄10 000 的收入，假定在这些收入中有 25％即＄2 500 用于进口商品的购买，其余的＄7 500 全部用于国内商品的购买，这样，国内收入又增加＄7 500，而在这新增的＄7 500 收入中，又有 25％即＄1 875 用来购买进口商品。以此类推，则边际进口倾向为 25％，即$\frac{1}{4}$。这种收入倍数增加的过程与前面讲的乘数原理完全相同，只不过这种使国民收入倍数增加的过程是对外贸易乘数的作用。以 K_F 代表对外贸易乘数，m 代表边际进口倾向，则

$$K_F = \frac{1}{m}$$

显然，边际进口倾向越小，对外贸易乘数越大，因为新增收入中用于购买国内商品的数额越多，对本国国民收入总量创造则越多；反之，边际进口倾向越大，对外贸易乘数越小，因为新增收入中用于购买国外商品越多，乘数的作用则发生到其他国家中去了。

以上对外贸易乘数公式仅仅是简单条件下的情况，如果加入其他条件，则对外贸易乘数不仅仅是边际进口倾向的倒数。因为一国对进口商品的购买，还与本国的国民收入水平有极密切的关系，如果国民收入水平较高，对进口商品的购买会增加，反之则会减少。因此，完整的进口函数公式应为：

$$M = M_0 + mY$$

其中，M_0 为自发性进口支出，mY 则反映在一定的边际进口倾向下，进口支出随国民收入的增减而变化的情况。

现建立以下模型：

$$Y = C + I + G + (X - M) \tag{14.7}$$

$$C = a + cY_d \quad (0 < c < 1) \tag{14.8}$$

$$Y_d = Y - T_x \tag{14.9}$$

$$T_x = T_{x0} + tY \quad (0 < t < 1) \tag{14.10}$$

$$M = M_o + mY \quad (0 < m < 1) \tag{14.11}$$

在以上五个模型中，(14.7)式为完整的均衡国民收入模型；(14.8)式为完整的消费模型；(14.9)式为可支配收入模型，这里同平衡预算乘数中的假定一样，省略了转移支付；(14.10)式为完整的税收模型；(14.11)式为进口支出模型。此外，还假定国内私人投资支出(I)和政府支出(G)均为固定数量。将(14.10)式代入(14.9)式，再代入(14.8)式，然后连同(14.11)式一起代入(14.7)式，则

$$\begin{aligned} Y &= a + cY_d + I + G + [X - (M_0 + mY)] \\ &= a + c(Y - T_x) + I + G + X - M_0 - mY \\ &= a + c[Y - (T_{x0} + tY)] + I + G + X - M_0 - mY \\ &= a + cY - cT_{x0} - ctY + I + G + X - M_0 - mY \end{aligned}$$

移项：

$$Y - cY + ctY + mY = a - cT_{x0} + I + G + X - M_0$$

$$Y = \frac{a - cT_{x0} + I + G + X - M_0}{1 - c + ct + m} \tag{14.12}$$

(14.12)式等号右边的分子是总需求数量，$\frac{1}{1 - c + ct + m}$ 则是乘数，当净出口增加一个量时，给国民收入带来的增量是净出口增量与乘数的乘积。因此，对外贸易乘数的公式为：

$$K_F = \frac{1}{1 - c + ct + m}$$

举例：假设一国的边际消费倾向 $c = 0.8$，税收系数 $t = 0.15$，边际进口倾向 $m = 0.1$，则该国的对外贸易乘数为：

$$K_F = \frac{1}{1 - 0.8 + 0.8 \times 0.15 + 0.1} = \frac{1}{0.42} = 2.38$$

思考题

1. 什么是平均消费倾向和边际消费倾向？
2. 长期消费曲线与短期消费曲线有什么区别？
3. 比较绝对收入假定、相对收入假定和持久收入假定三种消费函数理论。
4. 什么是自发性投资？什么是引致投资？
5. 什么是资本的边际效率？
6. 什么是有效需求？
7. 用45°线图形说明国民收入的均衡过程。
8. 用45°线图形说明国民收入的两个缺口。
9. 解释乘数的定义、公式及其作用过程。
10. 政府税收乘数、转移支付乘数与消费乘数、投资乘数、政府支出乘数有什么不同？
11. 什么是平衡预算乘数？分别说明平衡预算乘数等于1和小于1的两种情况。
12. 解释边际进口倾向及其对对外贸易乘数的影响。
13. 设一国消费支出增加50，厂商增加投资20，政府减少转移支付10，假如社会平均边际消费倾向为0.75，求：国民收入水平将增加还是减少？数量为多少？

第十五章　货币的需求与供给

现代西方经济学认为，宏观经济由两大市场构成：一是商品市场；二是货币市场。两大市场均由各自的供求关系所决定。上一章介绍的是商品市场均衡的问题，而本章则介绍货币市场及货币政策的基本工具。

第一节　货币的发展与职能

一、货币的起源与发展

在人类古代社会里是没有货币的，随着商品经济和交换的发展，逐渐产生了货币。在物物交换的时代，人们采用的是“易货交易”方式，最早的货币就是商品本身。几乎所有的商品都曾被用来当作货币。例如贝壳、烟草、家畜、毛皮、酒、钻石，甚至是人——奴隶或妻子。由于物物交换的不方便，特别是作为货币的商品有些不能分割（如家禽）；有些虽能分割，但一经分割价值则不等（如一颗钻石被分割为两半，其价值总和将贬低很多，因为钻石的价值与其重量并非成等比例关系）；有些则不易保存；加上携带的不方便，因此随着社会的发展，实物货币逐渐过渡到金属货币。金属货币主要有铜、金、银、铁等。最初的金属货币只是在金属上做一记号，后来为了防止有人窃割而使金属货币分量减少，便固定形状，例如把金属货币做成方形、圆形、三角形等。但做成特定形状的金属货币仍不能避免被窃割，因为可以在四周进行少量锯边或磨边而不改变货币的形状，从而不易被人察觉。因此金属货币边上又被加上锯齿或做上特定的记号。

金属货币的发展一般认为到此结束。但也有一些学者认为,即使是带锯齿边的金属币,仍免不了被称为"榨汗"式的偷窃,就是将若干货币放在一起装入皮袋中,经摇动互相摩擦,时间久了可得金屑。金属货币继而被纸币所代替。纸币克服了商品货币的许多缺点,为人类的社会经济活动带来了很大的方便。目前,在现代西方发达国家,纸币又进一步发展为银行货币,其主要形式是支票和信用卡。

货币的产生和发展有以下几个条件。

(一) 制造货币本身的代价要比一般交易的物品便宜

如果制造货币的代价较高,那么社会不得不耗费有限的资源去生产这种交易媒介,这种媒介就不会被人们采用。

(二) 使用方便

如牛、羊等家禽不可分割,逐渐被抛弃而改用容易分割的金属货币,进而又发展为携带、使用较为方便的纸币,最后发展成为现代社会非常便利的信用卡等。

(三) 耐磨性

在这一方面,金属货币最为典型。纸币较差,但目前世界各国都采用质量较好、较硬实的纸张印刷货币,有的国家甚至使用塑料来印刷面值较高的纸形货币。此外,银行随时都可收回已磨损的旧纸币予以更换,从而可以部分弥补这一缺点。信用卡都用硬质塑料制成,耐磨程度高,因而被称为"塑料货币"。

(四) 不易被复制或伪造

金币之所以有其悠久的历史,是由于它无法被复制或伪造。纸币较差,但可以在印刷技术上尽量弥补。不过水涨船高,尽管世界各国都在纸币印刷上花费很大气力,但在世界市场上仍然存在大量伪造纸币。使用支票时需要签字,核实手迹,可靠程度相对较高。特别是用于电子计算机的信用卡,是目前可靠程度最高的货币形式。

二、货币的职能与种类

货币一般被认为有以下四种职能:

(一) 交换媒介,即作为流通手段。

这是货币最主要的职能。正由于这种职能,才避免了物物交换的种种不便,使整个国民经济的商品交换顺利进行。

(二) 价值标准,即作为计价单位或记账的单位。

有了价值标准这一职能,才使各种商品和财产能够在价值上进行比较。

(三) 价值储藏,即作为保存价值的手段。

一般地说,将部分财产以货币的形式加以储存,其安全性较大,不像股票和各种证券那样大起大落,变化莫测,容易使个人财产受到损失。

（四）延期支付，即用于以后的支付需要。

延期支付的原因主要有两点：一是工资的支付有一段时间间隔，为了应付日常的不断的支出，需要存有一定数量的货币；二是出于各种各样非预期的突然性的支出需要。在非预期性的支出需要中，最重要的就是"投机性需求"。关于对货币的需求问题，下面还将进一步说明。

在现代西方资本主义国家中，货币一般分为三种：硬币、纸币和银行货币。以美国货币——美元为例：

硬币：分为 1 分、5 分、1 角、2 角 5 分、5 角和 1 元几种。硬币为零星货币，在日常生活中是不可缺少的。除了用于购买商品时找零以外，还广泛地使用在各种自动化购物或服务设备上。例如用自动电话机打电话，在自动售货机买报、香烟等常用小商品，学校里投币式自动复印机等。上述硬币的使用，节约了大量人力，也给消费者购物带来了方便。

纸币：市场上流通使用的纸币有 1 元、2 元（较少见）、5 元、10 元、20 元、50 元和 100 元这几种。除此以外，还有 500 元、1 000元和5 000元等巨额面值的钞票，专供银行之间流通使用，市场上并不使用。

银行货币：也有人称为"信用货币"，是现代西方发达国家非常重要的货币形式，这是用于支付中的主要货币手段。现在，银行货币的使用量已占货币总使用量的 90%以上，硬币和纸币已成为次要货币。银行货币的种类很多，一般分为两类：一种是存款支票，一种是信用卡。在这两种银行货币中，又各自有不同的类别，而且各银行等金融机构又有多种不同的具体规定。存款支票的典型代表有"储蓄账户"和"支票账户"，前者存款有利息，后者存款一般没有利息，主要供个人并私人支票用，有些银行还根据开支票数量的多少每月适当收取一点银行服务费用。信用卡的种类很多，小的专供某商店的购买使用，大的可以在世界范围内使用。消费者只要持有信用卡，就可以在世界上使用该信用卡的国家内任意旅行。在使用信用卡之前，使用者需申请并经过信用调查后才能获得印有存款账号及身份字样的塑料卡片，使用者在购物时，不必支付现钞，也可以取款，只需将信用卡交给售货员开立发票记账即可，银行会自动在账户上结账。

上述三种货币（硬币、纸币、银行货币）均属于"狭义的货币"，用 M_1 表示，即：

$$M_1 = \text{现金（硬币 + 纸币）} + \text{银行货币（商业银行的活期存款）}$$

除了"狭义的货币"外，还有"广义的货币"，用 M_2、M_3 表示：

$$M_2 = M_1 + \text{商业银行的定期存款}$$

$$M_3 = M_2 + \text{各金融机构发行的大额定期再购买合同票据}$$

除了 M_1、M_2、M_3 以外，还有"近似货币"，例如政府债券等，它属于"流动资

产”,用 L 来表示流动资产,则

$L = M_3 +$ 储备银行承兑票据、商业票据、美国政府发行的储蓄公债券、短期国库券、美国居民持有的欧洲美元定期存款等

“近似货币”和货币的根本区别在于它不能直接用于开销。但由于它们较容易通过金融市场转换成货币,因此把它们列为较广泛的货币范畴。西方经济学家在 M_2、M_3 等定义上并无一致意见,比如也有人把定期存款称为“近似货币”。

第二节　货币的需求和货币数量论

一、货币的需求

所谓货币的需求就是人们愿意在手头上保存货币的要求。货币的需求又被称为“流动性偏好”(liquidity preference),它是指人们喜欢持有货币的一种心理因素。

西方经济学家认为,产生流动性偏好的动机主要有以下三种:(1) 交易动机;(2) 预防动机;(3) 投机动机。下面分别作简要介绍。

(一) 货币的交易需求

个人和企业总要保留一定水平的货币和存款以备日常交易使用,因为收入和支出在时间上总不是完全同步的。货币交易需求的大小取决于个人的收入量,是收入的函数。

如果从长期看,就必须考虑工资的实际支付制度。每周领工资的人与每月领工资的人相比,对货币的交易需求相对较少,因为收入虽然没有变化,但领取工资的次数增多了,领取工资的时间间隔缩短了。同样,在月初就把所有开支账目一次付清的人所需要的交易货币较少。此外,在每周工资开支日缴纳税收的人们不需要为付税保留货币,而每季度交纳一次税收的人却要为此而保留一定数量的货币。

到了20世纪50年代,西方经济学家关于对货币的交易需求理论又有进一步发展,认为对货币的交易需求不仅是收入水平的函数,同时还是利率的函数。因为除交易需求以外的闲置货币,可以用于购买有息资产,等到货币用完时再变卖出去,例如购买公债等。利息越高,债券市场的交易越有利可图,人们会减少对货币的持有水平。因此,对货币的交易需求是利率的递减函数。以 L 代表对货币的交易需求,Y 代表收入水平,i 代表利率,则

$$\text{货币交易需求} = L(Y, i)$$

（二）货币的预防需求

对货币的预防需求是指为了防止意外情况的发生而对持有货币的需求。例如，某个企业推销员从 A 地到 B 地进行业务出差旅行，他必须携带为旅行生活所需要的一定数量的货币。如果该推销员较为谨慎，他所携带的货币一定会比预计的旅途所需费用更多。因为如果一旦汽车中途抛锚付不起修理费，他便完成不了推销产品的业务工作。由于这次过失，可能使他失去一次晋升机会，甚至可能丢掉职业。更由于信誉受损，还可能难以找到新工作。这一连串的不幸，只是因为他未能准备一些预防意外情况的发生所需要的货币。这种现象被西方经济学家称为“风险连锁”。

同交易需求一样，货币的预防需求一般同货币收入水平密切相关。此外，如果像上面举例中汽车修理费上涨或每年出差次数增多，对货币的预防需求量也成一定比例的变化。

如同交易需求一样，货币的预防需求还要考虑利率变动因素。利率的上升可能会吸引人们去购买生息资产，而甘愿冒较大风险减少货币的预防需求数量，以增加其利息收入。因此，以 L 代表对货币的预防需求，则

$$货币的预防需求 = L(Y,i)$$

（三）货币的投机需求

所谓货币的投机需求，是指出于随时利用市场可能出现的有利情况从事交易而获利的目的而保持货币的一种动机。在高度现代化社会里，市场情况瞬息万变，尤其在证券市场上，敏感性极强。人们的心理状态、政局、少数人的操纵等，都能影响证券价格。而对市场行情变化，各人的看法也不尽相同。如果一部分人预期证券价格将下降，另一部分人预期价格将上升，则前者会抛出证券，后者会买进证券。假如后来市场行情确实上涨，则后者获利。在西方资本主义国家，将货币作为储蓄存入银行当然也能获息，风险也小，但一般商业银行的私人储蓄的利率很低，甚至可能低于通货膨胀率。购买证券风险大，盈利也大。因此还是有人甘愿冒较大的风险。为了适应这种投机所需，因而需要保持部分货币。

一般认为货币的投机需求与收入无关，只与利率有关。利率越高，货币的投机需求则越少；反之亦然。这是因为当利率水平高时，一般证券价格一定低，而利率水平已高，则未来更高的可能性较小，降低的可能性较大，也就是说未来的证券价格更低的可能性较小，上涨的可能性较大。因此，这时宁愿保持证券而不保存货币，即货币的投机需求量较小。以 L 代表货币的投机需求，则

$$货币的投机需求 = L\ (i)$$

流动性偏好就是指由上面三种动机所决定的全部货币需求量之和。以 L_1 代

表前面两种动机产生的货币需求量；L_2 代表第三种动机产生的货币需求量；M_d 代表对货币的总需求量，则

$$M_d = L_1(Y, i) + L_2(i)$$

这一货币需求公式可以简化为

$$M_d = L(Y, i)$$

流动性偏好曲线就是货币的需求曲线，其图形见图 15-1。

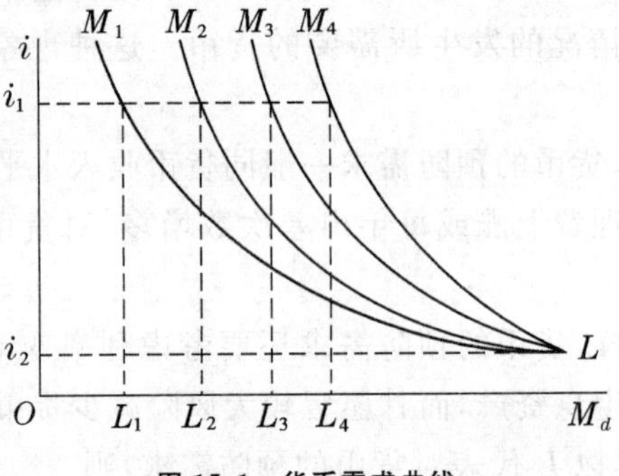

图 15-1 货币需求曲线

图 15-1 中分别有四条不同收入水平的流动性偏好曲线或货币需求曲线 M_1、M_2、M_3 和 M_4。其函数表达分别为 $M_1 = M_1(Y_1, i)$，$M_2 = M_2(Y_2, i)$，$M_3 = M_3(Y_3, i)$，$M_4 = M_4(Y_4, i)$，其中 $Y_4 > Y_3 > Y_2 > Y_1$。每一条曲线都表示它与利息水平呈相反的函数关系。但是在同一利息水平上，例如当 Oi_1 时，不同的收入水平对货币的需求量不一样，$M_1 < M_2 < M_3 < M_4$。需要注意的是，货币需求量对利率的反应不是一样的，当利率水平低到某一程度后，货币需求量对利率反应无限大，同时，因收入不同对货币需求量不同的差别也不复存在。如图，当利率为 Oi_2 时，不同收入水平对货币需求量已没有区别，凯恩斯称这种现象为“流动性陷阱”(liquidity trap)。因为利率太低，人们保持货币的代价极小，因而货币需求量无限大。

二、货币数量论

资产阶级经济学家关于货币数量的理论有不同学说，具有代表性的有以下三种：传统的货币数量论、货币主义学派的货币数量论和后凯恩斯主义货币数量论。

传统的货币数量论是美国的经济学家费雪(I. Fisher)首先提出来的，他在 1911 年出版的《货币的购买力》一书中提出了著名的“交易方程式”，又被称为“费雪方程式”。费雪提出的交易方程式是

$$MV = PY$$

其中，M 代表货币供给量；V 代表一年里货币流通速度；P 代表价格水平；Y 代表一年总产出。

传统的货币数量论认为，在上述交易方程中，货币流通速度 V 不可能变化很快，为一固定常数；同时，产量 Y 也固定，因为根据"萨伊定律"(Say's Law)，传统经济学家认为"供给能创造自身的需求"，即不论供给的价值如何，均能创造出同等价值的需求，整个社会总供给等于总需求。又由于完全是在市场机制作用下，价格和工资率均具有充分的伸缩性，故不可能出现失业。当充分就业时，产出量也总为一定的数量。这样，上述交易方程式仅表现为价格(P)和货币供给量(M)之间的正比例函数关系。当 M 增加，价格也上涨，于是产生通货膨胀。M 增长得越快，通货膨胀越严重，M 停止增长，通货膨胀也停止。因此，通货膨胀仅仅是一种货币现象，只需政府控制货币供给量，就可以控制总支出，从而控制物价水平和通货膨胀。

现代货币主义理论是美国芝加哥学派的著名代表人物米尔顿·弗里德曼提出来的，它建筑在传统的货币交易方程式上并作了一些修改，其基本原则与传统的货币主义学派相同，都认为货币数量的变动在整个经济生活中起支配作用。

不同之处在于，传统的货币数量论假定在充分就业条件下，货币流通速度和商品、劳务的总量在短期内都不会过分变动，因此物价水平必然取决于货币的数量。而现代货币数量论则认为，货币供给量的变动既影响物价总水平的变动，也影响总产量或国民收入以及就业水平的变动。如何影响？在交易方程式 $MV=PY$ 中，V 基本不变(长期考察则按某种函数关系变动)。这样，变动 M 既能影响 P 也能影响 Y，或同时影响 P 和 Y。究竟影响哪一个取决于当货币数量变动时经济所处的状态。如果经济处在严重衰退时，M 增加可以在一定的比例上提高产量；如果经济处于充分就业状态，则当 M 增加时，只能引起通货膨胀。总之，从短期看，变动 M 能影响 Y，长期则影响 P。弗里德曼还进行了具体计算，提出政府每年只需按4%～5%的幅度增加货币供给量，社会经济便能够顺利运行。后凯恩斯主义关于货币数量的理论认为，在交易方程式中，所有因素都可以变动，包括 V 在内。因此变动 M 究竟有何影响，需视 V、P、Y 的变动及它们之间的关系而定。

总之，上述关于货币数量理论的三种不同观点可以用下述公式加以概括、区别：

传统的货币主义：$M\bar{V}=P\bar{Y}$

现代货币主义：　$M\bar{V}=PY$

后凯恩斯主义：　$MV=PY$

符号上加一横线表示该变量倾向于不变。

第三节 银行的起源与现代银行体系

一、银行的起源

现代商业银行起源于古代金匠为客户保藏黄金和珍贵物品的业务。因为在以金、银等贵金属作为货币时,携带总不方便,而且在许多情况下需要鉴定金、银的成色。最初金匠店铺类似于物品寄存处或仓库,客户送来想要保藏的黄金,店铺主则给客户一张收据,以后客户便凭收据取回其保藏的黄金。就业务内容而言,这种活动和现代商业银行的储蓄业务差不多。但有一点不同,现在的商业银行需要支付存款利息,而金匠店铺不仅不交付这种利息,反需向黄金寄存者收取一定的保管费用。

人们需要货币只是为了货币所能购买的东西,并非是为了货币本身。金匠店铺为客户寄存黄金货币与寄存其他物品不同,寄存其他物品将来取回的还是同一物品,而货币却具有"匿名"性质,即黄金可以互相通用。客户取黄金时并不计较所取回的黄金是否是原先他寄存的那一块,只需数量和成色相同即可。正由于这种"匿名"性,使银行逐渐产生。金匠店铺存取业务每天有进有出,但总保存一部分货币。同时,寄存者在交易时有时直接将存金收据作为货币支付。这样,时间一久,金匠店铺主保藏的黄金货币越来越多,风险也越来越大。后来,金匠店铺主发现,他完全可以从所保藏的经常不被取出的那部分黄金中借贷一部分给市场上急需货币的人,借货币的自然需付一定的报酬。这样,金匠店铺主在不影响原先保藏业务的情况下有利可图,反而愿意多保藏黄金。为了吸引人们多存黄金,后来金匠铺店主不仅不向寄存人收取保管费用,反而向他们支付一定的利息。这就与现代商业银行的存款和贷款形式完全相同了。

金匠店铺主根据经验,不会将保藏的黄金货币全部放贷出去,必须留有一部分在金库里,留作每日客户领取的需要,否则一旦某天有客户领取不到黄金,对该店铺的信誉发生怀疑,使其他客户生怕自己的财产遭受损失,纷纷前来领取,则店铺不可能将贷出去的款项全部收回,因而造成店铺的崩溃。这也就是现代银行准备金制度的起源。

二、美国的银行体系

现代资本主义国家的银行体系并不完全一样,现以美国为例进行简要介绍。

1913 年以前,美国没有中央银行的概念,当时位于各州的银行各行其是,可以任意发行货币，造成日益严重的混乱。1913年，美国通过了"联邦储备法"，统一了美国的银行体系。

美国的银行体系是"联邦储备体系"(Federal Reserve System)，其管理机构叫作"联邦储备"(Federal Reserve，简写成 Fed)，通常称"美联储"，创立于1914年。其主要职能是：(1) 管制银行并确保银行体系正常运行；(2) 通过控制准备金从而控制整个社会的货币与信用供给量。联邦储备有一个由7人组成的"联邦储备委员会"(Federal Reserve Board)，他们都是美国工商、银行界的巨头或职业经济学家。该委员会对国会负责，但工作上与财政部密切合作。7个理事每人任期均为14年，比总统任期长。他们由总统任命并经参议院通过，一旦被任命以后，总统便无权指挥他们(当然总统可以对他们施以影响)。7名理事中，最重要的是联邦储备委员会主席，该职位对美国的货币政策起举足轻重的作用。联邦储备委员会有两个机构：一是"公开市场委员会"(Open Market Committee)；二是"联邦咨询委员会"(Federal Advisory Council)。"公开市场委员会"由12名成员组成，其中包括联邦储备委员会的7名成员，其余5名在各联邦储备银行的主席中产生。该机构的职能是通过"公开市场操作"，决定政府债券的买卖，从而控制整个社会的货币供给量。"联邦咨询委员会"是一个咨询机构，并无其他实权。

联邦储备委员会在全国共设12个"联邦储备银行"(Federal Reserve Banks)。全国共分为12个区，每个区设立一个联邦储备银行。其中纽约联邦储备银行是起领头作用的联邦储备银行。联邦储备委员会和这12个联邦储备银行一起，构成了美国的"中央银行"。联邦储备银行下面就是商业银行。美国共有1.5万多家商业银行，其中有一半以上不是联邦储备的成员银行。但就活期存款而论，它们却占全部银行的活期存款总量的绝大部分，因为不属于联邦储备体系的商业银行多半是些小银行。作为联邦储备体系成员的商业银行，必须用占该银行资本3%的资金购买联邦储备银行的股份，作为投资，它们从中获取统一规定的6%的股息。每一个联邦储备银行有9名董事，其中3名是由成员银行推选出来的银行家，有3名分别为商业、农业和工业界的代表；还有3名则由联邦储备委员会指定的他人担任。在名义上，各联邦储备银行为私人所有和经营，但实际上它们必须遵循联邦储备委员会所制定的方针。商业银行下面就是私人企业和公众，他们与商业银行有着存、取款及贷款等日常业务关系。

美国银行体系的结构如图15-2所示。

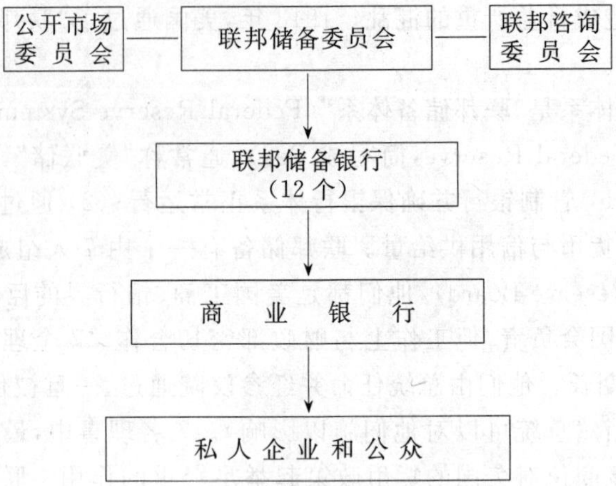

图 15-2　美国的银行体系

第四节　银行存款准备制度与银行存款的创造

一、银行的准备金制度

为了支付给前来取款的客户，银行必须保留一定比例的现金。如果银行为了获取更大的利息收入，过多地将资金借贷出去，会出现客户前来取款而银行却无力支付的情况。这种现象产生，人们立刻会怀疑该银行的信誉，可能爆发"挤兑"风潮。银行不可能立刻收回所贷出去的资金，因而可能会迫使该银行倒闭。在现代社会里，整个金融机构连成一体，一家银行倒闭（尤其是大银行），会引起金融市场混乱，进而引起整个社会的不安定。为了保障存款者的利益和整个社会金融市场的良好秩序，在法律上一般硬性规定商业银行必须保持一定比例的现金，这就是"法定准备金率"。在美国，属于联邦储备体系的成员银行必须把这些现金存放在所在地区的联邦储备银行。但是近年来，联邦储备委员会允许成员银行把它的库存现金也算作准备金的一部分。

美国在 1980 年以前，法定准备金率只用于属于联邦储备体系的成员银行。"1980 年银行法"的通过，在法规上发生了重大变化。首先，该银行法规定，所有的金融中介，不管是否属于联邦储备体系，都必须根据不同种类的储蓄持有不同数量的准备金；其次，储蓄现在被分为两类——支票类和储蓄类。不管是哪种金融机构，只要从事存款业务，都必须符合该法对每一类储蓄所作出的准备金的具体规定。

表 15-1 为 1980 年美国所通过的法定准备金的规定。

表 15-1　1980 年美国银行法对法定准备金率的规定

储蓄类别	法定准备金率(%)	联邦储蓄当局有权变动的范围(%)
支票(交易)账户		
起首的 4 000 万美元	3	不允许变动
4 000 万美元以上	12	8～14
定期存款和储蓄存款		
个人	不需要准备金	
非个人		
一年半以下的定期存款	3	0～9
一年半以上的定期存款	0	0～9

从表 15-1 中可以看出，法定准备金率的范围从大银行支票类账户的 12%到个人储蓄账户的零。这是根据不同存款类别的不同弹性而定的。因为 10%是一个近似的便于计算的数，所以在下面的举例中采用 10%这个比率。

此外，尽管法律上已对准备金作了规定，但是各银行为了保险起见，一般在准备金上都会略高于法定准备金率，以防由于某种偶然的原因，出现暂时的提款风潮，使提款量超过准备金量。准备金太多会使银行代价过高。所以银行又把准备金分为两种，除了应付日常客户提取而留存的主要存款准备金以外，还设置第二线准备金，即在银行的投资中，保持适当数量的可以随便出售、短时内容易变成现金的有价证券，如政府公债券、国库券等。如不需要，这些资金仍可获息，如万一需要，则立即将它们变卖成现金。

另外，银行家们也抱怨说，法定准备金率规定得太高，因为根据统计资料，提款从未发现很大增长。即使出现偶然的大幅度提款，也可以采用第二线准备金加以对付。过高的准备金数量大大减少了他们获利的机会。从微观经济的角度看，这种抱怨可能是正确的，但是从宏观的角度看，法定准备金率的作用不仅仅局限于使存款安全，让客户随时可以提取自己所需要的现金，更重要的是，联邦储备当局可以通过法定准备金率，对社会所需要的货币供给量进行宏观调节。这在下面将进一步谈到。

二、资产负债平衡表

“资产负债平衡表”，又称“T”型会计表。“T”型账目分左右两方，见表 15-2。

左方为借方，右方为贷方，借方项目为“资产”，贷方项目为“负债”和“净值”（或称“股本”）。资产的价值是指银行对它的全部所有权的价值；负债是指欠别人的部分，即对存款者储蓄的欠债；股本或净值是指银行自己所拥有的部分。其基本的会计关系式为：

$$资产 = 负债 + 净值(股本)$$

表 15-2 是一份表示美国联邦储备体 12 个联邦储备银行的资产负债平衡表。平衡表的左右两方永远相等。

表 15-2　12 个联邦储备银行的总合资产负债平衡表　　10 亿美元

1984 年 3 月

资产		负债	
黄金证券及其他现金	16.2	股本	3.5
政府债券	159.4	联邦准备券	153.8
贷款和承兑	0.9	银行准备金	22.2
其他资产（包括“待收项目”）	16.8	财政部存款	3.7
		外国及其他存款	0.8
		各种负债	9.3
总计	193.3	总计	193.3

下面简要地介绍联邦储备银行的资产负债项目。第一项资产主要包括黄金证券，它是财政部给联邦储备银行的仓库收据，代表官方储存的黄金数量。资产项中的政府债券是联邦储备银行所收购的政府债券，它占了资产中的最大部分。贷款和承兑是小的资产项目，是对成员银行的贷款和承兑票据。负债方的股本是成员银行认购的创业股本加上未分配利润或积累的盈余。最大的负债项目是联邦准备券。联邦准备券就是联邦储备银行发行的钞票。虽然钞票是联邦储备银行对持币者的债务，但现在持币者已不能拿钞票向联邦储备银行要求兑换黄金。纸币和黄金之间的这种联系已经切断了。但是，联邦储备银行作为国家银行，以国家的信誉保证它所发行的钞票能够正常地执行购买手段等货币职能。负债方的其余部分是一些机构在联邦储备银行的存款。其中最重要的是商业银行在联邦储备银行的存款即银行准备金。

联邦储备银行改变了它的资产，同时也就改变了它的负债。例如，联邦储备银行购进了 10 亿美元政府债券，它的资产增加了 10 亿美元；同时，政府债券出卖者的钞票增加了 10 亿美元，所以联邦储备银行的负债也增加了 10 亿美元。

按照 M_1 的定义，货币供给等于公众持有的现金和活期存款的总和。这样就引出一个问题：当联邦储备银行负债项联邦准备券和银行准备金(它们被称为基础货币或高能货币)改变时，货币供给将发生怎样的变化？

三、银行存款的创造

刚才已讲到上述法定准备金的主要作用，不仅仅只限于使存款安全，使客户随时可以提款，而且还在于能使银行体系创造出倍数于存款数量的贷款。当银行接受一笔存款时，按法定准备金率留下部分现金，剩余的被称为“超额准备金”，银行即可借贷出去，获得贷款的人通常是把所得到的款项存放于某些其他银行，或把它支付给其他人，而其他人又把这笔款项存入银行。因此，银行开始贷出的款项又作为存款存入银行体系。而银行仍然只需按法定准备金率在该款项中留取一部分作为准备金，将其余的款项再贷出去。接下来又会有同样的过程发生，这一连串的连锁反应使货币供给总额倍数扩大。现以资产负债平衡表举例说明。假如某银行起初获得＄1 000 存款，法定准备金率为 10%，则资产负债平衡表上连锁反应过程见表 15-3。

表 15-3　资产负债表的连锁反应过程

①

资产		负债	
最初准备金	＄1 000	存款	＄1 000
总　计	＄1 000	总计	＄1 000

②

资产		负债	
准备金	＄100	存款	＄1 000
贷　款	＄900		
总　计	＄1 000	总计	＄1 000

③

资产		负债	
准备金	＄90	存款	＄900
贷　款	＄810		
总　计	＄900	总计	＄900

④

资产		负债	
准备金	＄81	存款	＄810
贷　款	＄729		
总　计	＄810	总计	＄810

……　　……

表 15-4 银行存款通过银行系统的作用数倍扩大 $

银行的位置	新存款	新贷款与投资	准备金
起首的第一次银行创造	1 000.00	900.00	100.00
第二次银行创造	900.00	810.00	90.00
第三次银行创造	810.00	729.00	81.00
第四次银行创造	729.00	656.10	72.90
第五次银行创造	656.10	590.49	65.61
第六次银行创造	590.49	531.44	59.05
第七次银行创造	531.44	478.30	53.14
第八次银行创造	478.30	430.47	47.83
第九次银行创造	430.47	387.42	43.05
第十次银行创造	387.42	348.68	38.74
第十一次银行创造	348.68	313.81	34.87
第十二次银行创造	313.81	282.43	31.38
前十二次银行创造总和	7 175.71	6 458.14	717.57
以后各次银行创造总和	2 824.29	2 541.86	282.43
整个银行体系创造总和	10 000.00	9 000.00	1 000.00

上述连续反应不断持续下去，一直到最后活期存款等于零为止，银行不再能进行贷款。整个银行体系这种创造存款的过程见表 15-4。

以 ΔMs 表示银行存款的增加量，则

$$\begin{aligned}\Delta Ms &= 1\,000 + 1\,000(1-0.1) + 1\,000(1-0.1)^2 + \cdots + 1\,000(1-0.1)^n \\ &= 1\,000 \times \frac{1}{1-(1-0.1)} \\ &= 1\,000 \times 10 \\ &= 10\,000\end{aligned}$$

这表明，当准备金率为 10%时，最初 \$1 000 的存款总共创造出 \$10 000，即 10 倍于最初存款的存款。显然这里也有乘数效应起作用。以 r 表示准备金率、R 为准备金，Ms 为存款，则根据定义，

$$r = \frac{R}{Ms}$$

这一定义式可以变形为

$$Ms = \frac{1}{r}R$$

由此可以得到货币乘数

$$K_M = \frac{\Delta Ms}{\Delta R} = \frac{1}{r}$$

该式表明：当准备金改变一个量时，存款的改变是这个量的一个倍数。这个倍数在这里等于准备金率的倒数。在上例中，准备金率为10%，则货币乘数为10(倍)。

当联邦储备银行的资产改变时，它的负债项银行准备金随之改变，从而进一步引起货币供给成倍数的改变；也可能是负债项中的联邦准备券发生变化，在信用经济中，它很容易转化为存款，从而同样引起货币供给成倍数的改变。

上述银行存款的创造过程，是假定在所有银行都将其超额准备金全部贷放出去，并且向银行的借贷者或收入者又都将这笔钱存入银行的条件下进行。如果其中某些银行并未将超额准备金完全贷放出去，或借贷者以及收入者由于小额交易的需要并未使现金流回银行，货币乘数则不是法定准备金率的倒数。如果银行每次都将超额准备金全部贷放出去，并根据流散在银行以外的现金数量估算出平均的现金流失率，根据乘数的方法可以得出较小的货币乘数。

从以上银行创造存款的过程可以看出，银行存款倍数扩大是由三方面共同决定的：一是公众，因为公众把现金存入银行；二是银行，因为银行对存款仅仅保持部分准备金而贷出去大部分；三是官方与私人借款者，因为他们使得银行能够找到放贷的机会和有益的资产，以便用银行多余的现金来购买它们。除此之外，还有第四个方面，就是中央银行，在美国就是联邦储备委员会，因为中央银行的活动可以决定进入银行体系的新准备金为多少。下一节将介绍，货币供给的最后决定者是政府的中央银行。

第五节　货币政策的工具

所谓货币政策是指调节整个经济社会的货币供给量的政策。在美国，决定货币供给数量的是联邦储备委员会，它可以根据国家经济发展的形势及宏观政策指导思想，来增加或减少货币供给量，使它保持在所希望的水平上。货币政策的具体目标是：经济发展、充分就业、经济稳定以及国际收支平衡。中央银行一般通过三种主要的货币政策工具控制货币数量，以达到其货币政策的目标。

一、公开市场操作

这是货币政策的第一种重要工具。公开市场操作就是联邦储备当局通过购买或抛售政府证券的方法,用以调节市场货币供给量。在美国,公开市场上政府债券的买卖工作,大部分是由联邦储备当局的“公开市场委员会”在纽约进行的。政府的债券有若干种,例如国库券、汇票、期票或票据以及债券等,债券的时间长短不一,短则一个月到一个季度,长可达十几年。

公开市场操作过程大致如下:中央银行如果认为市场上货币供给量过多,出现通货膨胀,便在公开市场上出售政府债券。承购政府债券的既可能是联邦储备银行和商业银行,也可能是私人或企业。当商业银行购买政府债券后,超额准备金会减少,可以贷款的数量也减少,通过货币乘数的作用,整个社会的货币供给量将会倍数减少。反之,如果市场上银根紧,出现通货收缩,一般的企业资金周转困难,这时中央银行可以通过公开市场买进债券,商业银行通过政府的购买增加了准备金,私人通过这种购买也会将现金存入银行。这样,各商业银行的超额准备金即可增加,银行的贷款能力也可以扩大,再通过货币乘数的作用,整个市场的货币供给量倍数增加。当中央银行在公开市场上出售政府债券时,这时的货币政策被称为“紧缩货币政策”;当中央银行在公开市场上购进政府债券时,这时的货币政策被称为“放松货币政策”。

二、调整中央银行对商业银行的贴现率

这是货币政策的第二种主要工具。这种政策被称为中央银行的“贴现率政策”或“再贴现政策”,或“银行利率政策”。

贴现和再贴现是中央银行和商业银行的业务活动之一。一般商业银行的贴现是指客户持有没有到期的商业银行的各种合法票据,因急需使用现金,而将这些票据请求商业银行收购。商业银行则用现金买下,等到期时向票据原发行单位兑现。商业银行这种现金购买未到期票据的活动可视为一种投资,投资自然要获利。当商业银行从私人手中将未到期票据买进时,按该票据到期值的一定百分比作为利息预先扣除,这个百分比就被称为贴现率。商业银行在购进这些票据后,一般保持到票据规定的时期自然兑现。但如果由于某种原因商业银行急需现金,而这些票据尚未到期不能获得现金,则商业银行可以将这些已贴现了的票据到中央银行,请求中央银行贴现。中央银行是政府银行,被称为是银行的银行,对整个国家的金融市场负有最终保证的责任。中央银行从商业银行手中买进已贴现了的银行票据的活动被称为再贴现。中央银行在购进这些票据时同样也要预先扣除一定百分比的利息作为代价,这种利息被称为中央银行对商业银行的贴现率,或再贴现率。当

然，通常中央银行的贴现率要比商业银行的贴现率低些，这样商业银行仍可获得两种贴现率之间的差额。

中央银行通过变动贴现率可以调节社会货币供给量。如果中央银行感到市场上资金不足，企业经营资金周转困难，可以降低贴现率。这时商业银行便会向中央银行贴现，因为贴现的代价较小。这样，商业银行的超额准备金增加，商业银行便可以将这些超额准备金贷出去，通过货币乘数的作用使整个社会的货币供给量数倍增加。同时，当商业银行超额准备金增加，现金较多，故一般也会相应地降低商业银行本身的贴现率，从而引起私人公众向商业银行的贴现增加，商业银行又可增加超额准备金，再通过货币乘数的作用，使整个社会货币供给量更多。反之，如果市场上银根松弛，货币供给量过多，中央银行可以提高再贴现率，商业银行就会减少向中央银行的贴现，于是商业银行的超额准备金便会减少，可贷出去的现金也减少，通过货币乘数的作用，社会上的货币供给量将倍数减少。同时，由于中央银行的再贴现率的提高，一般商业银行也会相应地提高对公众的贴现率，以保证其有限的准备金的安全。这样，公众也会减少向商业银行贴现，因而减少公众在银行的存款，商业银行的超额准备金也会因此而更加减少。总之，中央银行提高再贴现率，社会货币量收缩，此为紧缩货币政策；中央银行降低再贴现率，社会货币量增加，此为放松货币政策。

三、改变法定准备金率

这是货币政策的第三种主要工具。从货币乘数的公式可以看出，由于货币乘数是法定准备金率的倒数，故货币乘数大小取决于法定准备金率。如果法定准备金率越小，货币乘数则越大；反之，如果法定准备金率越大，货币乘数则越小。改变法定准备金率对调节货币供给量作用的最大特点就是见效快。如果社会货币供给量不足，企业出现银根紧的情况，企业的活动受到限制，中央银行则可以宣布降低法定准备金率，刺激企业活动。这时，各银行立即可以减少存放在联邦储备银行的准备金，而将这些多余的准备金借贷出去，同时货币乘数也增大，通过整个银行体系的作用，整个社会的货币供给量很快倍数增加。

反过来情况也如此。假设整个银行体系的存额有＄100 亿，假定法定准备金率是 10%，如果这时通货膨胀很严重，市场上货币过多，中央银行可以决定将法定准备金率提高到 15%。那么，这一政策的实行最多可以收缩多少货币供给量？可以这样计算。

按原法定准备金率经扩张以后的货币总供给量是：

$$\$100\text{亿} \times \frac{1}{0.1} = \$1\ 000\text{亿}$$

按新法定准备金率经扩张后的货币总供给量是：

$$\$100\text{亿} \times \frac{1}{0.15} = \$666.67\text{亿}$$

货币政策的实际效果是：

$$\$666.67\text{亿} - \$1\,000\text{亿} = -\$333.33\text{亿}$$

社会上共计收缩\$333.33亿货币。

调整法定准备金率对调节金融市场是一种有力的措施。以美国为例，据估计法定准备金率每提高1%，就会吸收整个商业银行体系\$20亿；相反，法定准备金率每降低1%，就能增加贷款\$20亿。这一增一减之间会使通货和银行贷款发生大幅度变化，从而影响国民经济的起伏。正是由于效果猛烈，改变法定准备金率这一货币政策工具很少使用，一般约4～5年才会变动一次。

在美国，联邦储备委员会改变法定准备金率的权力是有法定限度的。在表15-1的右栏中，表明了这种权力的上限和下限，联邦储备委员会只能在上述规定的范围内进行调整，假如要超过这个范围，则必须事先经国会赋予新的权力。

以上就是中央银行货币政策的简要介绍。按这三种货币政策在实际使用方面的重要性，依次排出的顺序如下：(1) 公开市场操作，这是最常用的工具；(2) 变动贴现率，比第一种使用的频率少；(3) 改变法定准备金率，效果最猛烈，因而不常使用。

除了上述三种调节货币供给量的主要工具外，中央银行还有其他一些次要的货币政策工具，例如"道义上的劝告"，就是采取"恳谈性控制"的方法，由中央银行官员出面，对商业银行在放款和投资等业务方面所应采取的措施加以指导、暗示或告诫，希望商业银行协助配合。当然这种劝告并不具有法律上的约束力。

四、西方学者对货币政策工具的批评

现在，有些西方经济学家对上述三种主要的货币政策工具在使用上提出了一些批评。他们认为，如果同时使用各种货币政策工具，可能会带来某种危险，可能比单独使用某一种工具效果更差。就是说，假如各种货币政策工具在使用上不能协调一致，就有可能在作用上互相抵消。例如，当为了减少银行的储备而进行公开市场出售政府债券时，其效果可以被联邦储备体系由于某种目的而扩大的贷款所抵消。社会上对货币供给量产生作用的单位有许多，而它们的具体目标有时可能不同，因而在使用各种不同的货币政策工具时，很可能在宏观上出现互相抵消的结果。

另外，就上述三种货币政策工具本身，也有许多批评，被认为并非完美，存在着

许多缺陷。

先看再贴现政策。这是遭到批评最多、最激烈的一种货币政策工具。在美国，再贴现政策是20世纪20年代联邦储备体系的重要工具，以后其作用和重要性逐渐下降。尽管如此，这种政策仍然遭到许多经济学家的有力抨击。当公开市场操作这一工具普遍使用以后(其作用是在再贴现政策之后被认识到的)，他们提出：再贴现政策这一工具不仅是多余的，而且对整个经济甚至是有害的。因为联邦储备体系出售债券所产生的作用，完全可以被商业银行向中央银行要求再贴现所产生的作用相抵消。为防止这一情况的出现，联邦储备体系在公开市场出售公债的同时，必须以适当提高再贴现率的政策等相配合。因此，就产生了如何才能做到恰当地协调好各种货币政策工具之间的关系问题。这些持批评意见的经济学家们认为，在美国，中央银行一直没有很好地解决这一问题。

不仅如此，他们还认为，更糟糕的是在于，再贴现率的变动具有新闻价值，被人们看作是中央银行政策变动的标志。有些经济学家把这类变动称为"通报效应"，认为它会影响人们对中央银行政策的动向和对经济活动的趋势所作出的预期估计。他们认为，再贴现率的变化并不经常给人们提供准确的信号，反而常常是错误的信号，而正确的信号本来是可以通过简单而坦率的公告把政策的意向宣布清楚的。为什么这样说？因为再贴现政策本身具有产生不稳定的可能性。它没有考虑到与自由资金市场之间的关系问题。竞争的货币市场利率是随着商业循环周期而上下起伏，周期中经济处于繁荣阶段时，信用需求提高，产生对货币的需求也大，必然引起利率上升；反之亦然。如果再贴现率本来高于自由资金市场利率，这表示基本上是紧缩货币政策，因为人们不愿意向联邦储备体系要求贴现。可是后来当自由资金市场利率继续上升，超过再贴现率，这又表示是放松货币的政策，因为人们在自由资金市场上借款的代价超过向联邦储备体系要求贴现的代价，于是贴现增加。假如这时中央银行提高再贴现率，人们会认为中央银行要采取紧缩货币政策。但是只要再贴现率上升的幅度小于自由资金市场利率的幅度，则实际上仍然是放松货币政策，只不过与原来的再贴现率相比，放松的程度小些。这种情况可用图15-3中看出。

图15-3中，横坐标 t 代表时间；纵坐标 i 代表短期市场利率水平；r_0、r_1 和 r_2 等分别代表不同的中央银行再贴现水平。在 t_1 以前，再贴现率 r_0 大于市场利率 r，这基本上是紧缩货币政策，因为这时人们在自由资金市场上借款代价较低，因而不大向联邦储备体系请求贴现。在 $t_1 \sim t_2$ 之间，再贴现率 r_0 小于市场利率 r(因为市场利率上升)，这时 r_0 虽没有改变，但实际上却是放松货币政策，因为 $r_0 < r$，人们转向联邦储备体系要求的贴现增多。在 $t_2 \sim t_3$ 之间，再贴现率上升到 r_1，人们会认为中央银行将要采取紧缩货币政策，但实际上，r_1 仍然低于市场利率 r，实际

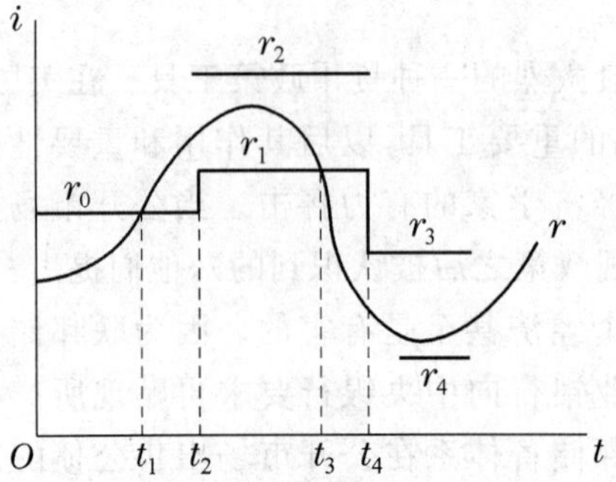

图 15-3　市场短期利率变动与再贴现率变动的状况

上仍为放松货币政策，只不过比 $t_1 \sim t_2$ 期间 r_0 水平时放松的程度要小些。只有当再贴现率提高到超过市场利率的水平，如 r_2 时，才真正是紧缩货币政策。在 $t_3 \sim t_4$ 期间，再贴现率没有变动，仍然为 r_1，可是自由资金市场利率却下降到再贴现率水平以下，人们转而向自由资金市场借款，这实际上是紧缩货币政策。在 t_4 以后，再贴现率下降，这给人们一个放松货币政策的信号，但是实际上 r_3 的再贴现水平仍然是紧缩货币政策，只不过紧缩的程度比 $t_2 \sim t_4$ 期间 r_1 水平时紧缩的程度要小些。只有当再贴现率降低到低于自由资金市场 r 以下的水平(如 r_4)，才是真正的放松货币政策。

上述情况说明，再贴现率的变动往往使人们产生错觉，因而不能根据市场的真正变动采取正确的行动。针对这种情况，有些经济学家建议，再贴现率应当不断地根据市场利率行情的变化而变动，以防止再贴现率的变化所产生的不稳定的"通报效应"。

再分析一下法定准备金率的作用。这一工具效果最大、最快、最直接。但这一方法的作用并不十分肯定。因为紧缩是可以强制进行的，而放松则只能通过鼓励的方法。这就是说，当中央银行提高法定准备金率时，各商业银行被迫增加法定准备金，从而达到收缩货币的效果。但是，反过来做，其结果并非必然。如果中央银行降低法定准备金率，商业银行并不一定非要减少准备金不可，例如法定准备金率为 10%，而商业银行实存 15%也无妨。这时，这一货币政策工具的作用就要大打折扣。

对公开市场操作，一般争议不大，它被认为是最有用的工具。但是，也还是存在另外一方面的问题。因为各种债券的偿还期不同。中央银行可以卖出短期债券，也可买进长期债券。这样做会使不同期限的各种债券的供给发生变化，从而影响利率。利率对投资会产生一种影响，但可能同时对另一问题产生其他影响。例如美国在 20 世纪 60 年代初，由于需要投资，利率较低，但低利率使国际收支问题更加恶化。

思考题

1. 货币的产生和发展有哪些条件?
2. 说明货币的主要职能和种类。
3. 解释流动性偏好及货币需求的三种主要动机。
4. 说明交易方程式。
5. 说明银行创造货币的过程。
6. 说明货币政策的三种主要工具。

第十六章 国民收入的均衡

现代西方经济学认为，经济中存在着商品市场和货币市场这两个市场。凯恩斯只研究了其中的商品市场，即考察了商品市场上储蓄和投资的变化或者消费和投资的变化如何决定收入水平的问题。但是，他没有研究货币市场和商品市场之间的关系以及对商品市场产生的影响，从而在考察经济的宏观均衡方面存在着缺陷。因此，凯恩斯以后的资产阶级经济学家们进一步发展了凯恩斯的理论，其中最著名的是英国经济学家希克斯(J. R. Hicks)和美国经济学家汉森(A. H. Hansen)，他们提出了著名的"IS－LM 分析法"，对商品市场和货币市场分别进行了考察，并对这两个市场的同时均衡问题作出分析。他们的分析被认为是对凯恩斯的国民收入均衡学说的重要补充和修正。现在，不仅是后凯恩斯主义学派，货币主义学派也同意采用 IS－LM 分析法来分析宏观总需求方面的问题。

本章先介绍商品市场的均衡（*IS* 曲线分析法），然后介绍货币市场的均衡（*LM* 曲线分析法），最后将 *IS* 曲线和 *LM* 曲线合并，分析宏观经济均衡。

第一节 商品市场的均衡

IS 曲线的定义：*IS* 曲线是能够保持商品市场的均衡，国民收入水平与利率水平各种可能组合所形成的一条曲线。

一、自发性支出与利率之间的关系

利率和国民收入水平之间并没有直接的关系，只有间接的关系。利率和支出水平之间有直接的关系，而支出水平和国民收入水平之间也有直接的关系。即，一定的利率水平决定一定的支出水平，而一定的支出水平又决定一定倍数的国民收入水平。

因为支出水平不仅受到利率水平的影响，还要受到收入水平的影响，故在分析利率通过支出的作用影响国民收入时，需将因收入变动而影响支出水平的因素除去，因此，这种支出就是“自发性支出”。这样，单独考察利率和支出水平的因果关系，进而可以准确地考察利率和国民收入之间的因果关系。

决定自发性支出的因素有以下几种：个人实际的自发性消费支出，以 a 表示；私人不受收入影响的实际总投资，以 I 表示；政府不受收入影响的购买商品和服务的支出，用 G 表示；因政府自发性税收而减少的个人消费支出，用 cT_{xo} 表示（c 为边际消费倾向，T_{xo} 为不受收入影响的税收，即自发性税收，如财产税等）。以 A_p 表示自发性支出，则可用下公式表示：

$$A_p = a + I + G - cT_{xo}$$

这一公式实际上是从完整的总需求模型中得出的。见下列各式：

$$\text{计划实际总支出} = C + I + G \tag{16.1}$$

$$\text{完整的消费模型：} C = a + c(Y - T_x) \tag{16.2}$$

$$\text{完整的税收模型：} T_x = T_{xo} + tY \tag{16.3}$$

(16.1)式为总需求模型，即计划实际支出等于消费支出加上与收入无关的投资支出以及与收入无关的政府支出。(16.2)式为完整的消费模型，其中 a 是自发性消费支出，c 是边际消费倾向，Y 代表国民收入，T_x 代表税收，$(Y - T_x)$ 实为可支配收入。(16.3)式为完整的税收模型，其中 T_{xo} 代表与收入无关的税收，t 代表一定的税收比例（$0 < t < 1$），tY 是与收入相关的税收。将(16.3)式代入(16.2)式，再代入(16.1)式，则

$$\begin{aligned}
\text{总支出} &= C + I + G \\
&= a + c(Y - T_x) + I + G \\
&= a + c[Y - (T_{xo} + tY)] + I + G \\
&= a + c(Y - T_{xo} - tY) + I + G \\
&= a + cY - cT_{xo} - ctY + I + G
\end{aligned}$$

其中，将与国民收入有关的项目 cY、ctY 两项除去，剩余的则是与国民收入无关的支出，即自发性支出，与上面的 A_p 公式完全相同。

利率与自发性支出水平之间的关系是：利率越高，自发性支出水平越低；反之，

利率越低,自发性支出水平越高。

先考察投资(I)和自发性消费(a)与利率之间的关系。在第十四章第三节关于投资理论的介绍中,已经知道厂商投资必须考虑的两个重要的因素,一是投资收益率,即利润率。如果厂商投资产生的收益率超过利率,则厂商必然愿意继续投资,因为有利可赚。按照边际收益递减规律,再增加同样的投资,其收益率将会减少。但只要投资的边际收益率大于利率,厂商仍会继续投资,只是利润越来越少。反之,当投资的边际收益率低于利率,厂商必不会投资,因为这只能给厂商带来亏损。例如某航空公司向银行借款制造客机,假如每架客机造价 4 000 万美元,第一架飞机在扣除成本(雇员工资、燃料、航空免费餐点和飞机维修费等)后可盈利 800 万美元,利润率是 20%。投资第二架飞机的利润率会低于投资第一架飞机的利润率。因为第一架飞机占据最好的航线,运载最多的旅客。而投资第三架飞机的利润率又比投资第二架飞机的利润率低,以此类推。假如投资第二架飞机的利润率为 15%,第三架为 10%,第四架为 5%,第五架为零。那么,可以做出一条航空公司的投资收益线,见图 16-1。

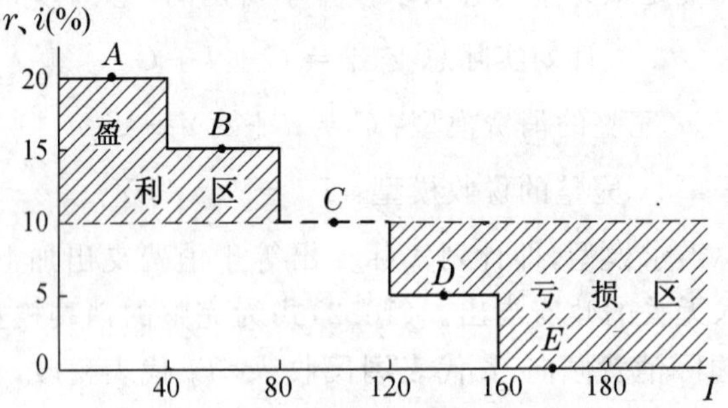

图 16-1 投资收益线

图中,横坐标 I 代表飞机的投资代价,单位为百万美元;纵坐标 r、i 分别代表利润率和利率,A、B、C、D、E 分别代表投资五架飞机的利润率。这时厂商究竟应向银行借款多少,取决于银行利率,假如银行利率为 10%,则该航空公司投资的前两架飞机均能获利,后两架飞机均亏损,第三架收支相抵,是投资的均衡点。

利率不仅影响厂商的投资水平,而且还影响家庭消费支出水平。例如家庭按每月一定的收入水平决定是否购买一台洗碗机或第二辆小汽车等,这与利率水平也有关。因为利率水平可视为消费者支出的代价,而消费者支出产生的边际效益也是递减的(例如,第二辆小汽车的效益比第一辆小)。因此,消费者支出对利率的反应也和厂商投资一样,当利率水平高时,消费支出减少;当利率水平低时,消费支出增加。

将厂商的投资支出(I)和私人的消费支出(a)合并一起,来分析与利率的关系。

假如第一个 1 亿美元的厂商投资和自发性消费支出 $(I+a)$ 能产生 2 000 万美元的总和收益，则 $(I+a)$ 的利润率为 20%。由于边际收益递减，第二个、第三个、第四个和第五个 1 亿美元的利润率分别降至 15%、10%、5% 和零。假如忽视厂商投资的不可分割性（如飞机生产的投资不能分割，只能以 4 000 万美元为一单位）。则可以作出一条 $(I+a)$ 的支出收益率曲线，见图 16-2。

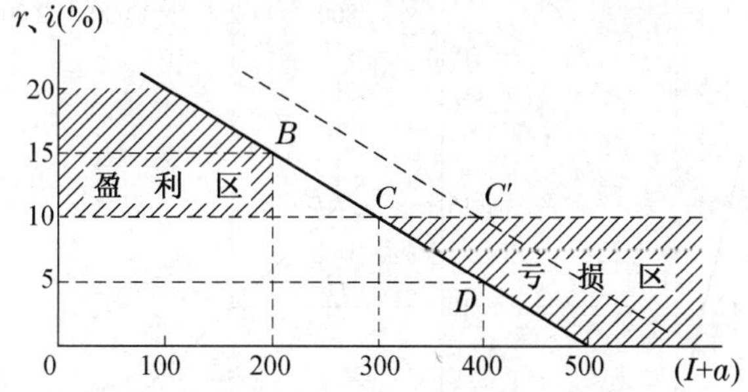

图 16-2　投资收益线的移动

图 16-2 中，BCD 曲线为 $(I+a)$ 支出的收益线（即利润线，单位为百万美元）。假如市场利润率为 10%，即可决定均衡点是 C 点，在 3 亿美元支出以内，可以盈利，超过了 3 亿美元则发生了亏损。例如市场利率上升至 15%，则均衡的 $(I+a)$ 水平将减少到 2 亿美元；反之，假如市场利率下降至 5%，则均衡的 $(I+a)$ 水平将增加到 4 亿美元。

收益率曲线还可能会发生移动。如果在同样的支出水平上收益增加，则收益率曲线将会右移。如在图 16-2 中，由于收益率增加，原收益率曲线向右移至新的虚线所示位置。新的均衡点也由原来的 C 点移至 C' 点，表示当支出 4 亿美元时收益率由 5% 提高到 10%。反之，假如同一水平的支出收益下降，收益率曲线将会左移。

虽然在上述分析中没有包括政府支出(G)和因自发性税收而减少的个人消费支出 $(-cT_{x0})$，并且 $(G-cT_{x0})$ 可能与利率并无多大关系，但仍可以认为，计划支出总和 A_p——既包括 $(I+a)$，也包括 $(G-cT_{x0})$——取决于利率水平。

二、*IS* 曲线的形成

在第十四章第六节介绍乘数理论中，已知道支出是如何通过乘数的作用使国民收入水平倍数增加的，并介绍了乘数的图形（见图 14-14）。上面又知道利率水平决定支出的过程。现在将这两者合并在一起，进一步考察利率水平是如何决定国民收入水平的。见图 16-3。

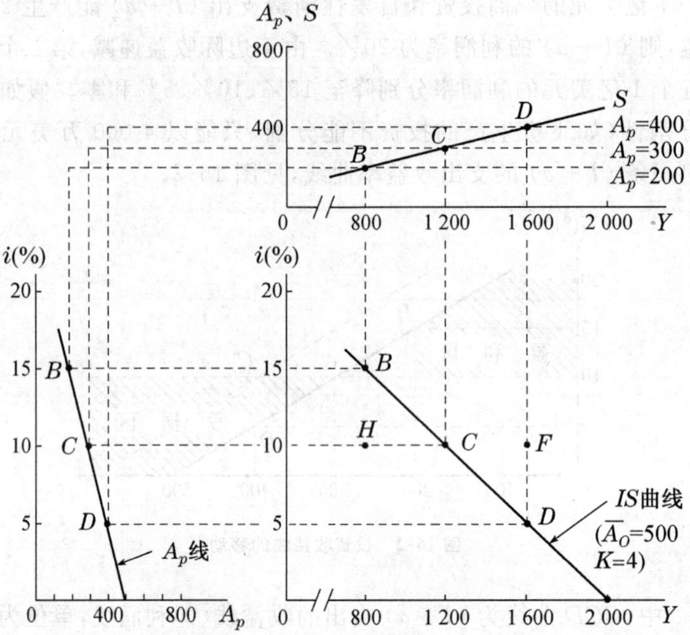

图 16-3 *IS* 曲线的推导

图 16-3 中，左图与图 16-2 相同，表示不同利率水平上自发性支出(A_p)的不同水平。右上图为乘数图形，横坐标 Y 代表实际收入水平(单位为 10 亿美元，下同)。纵坐标 A_p 即为左下图的 A_p，S 代表引致储蓄，图中假定边际储蓄倾向是 0.25，乘数则是边际储蓄倾向的倒数，即 $K=4$。该图表示不同的支出水平分别决定不同的实际收入水平。右下图的 BCD 曲线就是引申出来的 IS 曲线。图中 $\overline{A}_O$ 表示当利率为零时的自发性支出(A_p)水平。IS 曲线的引申过程如下：从左图看，当利率为 15%时，A_p 水平为 200(B 点，单位：10 亿美元，下同)，从右上图看，当 $A_p=200$ 时，均衡的实际收入水平是 800。因此，在右下图中，通过 15%的利率和 800 的实际收入做一交点 B 点。B 点则表示与 15%利率相对应的均衡实际收入水平是 800。同样，左图中的 C 点表示当利率为 10%时的 A_p 水平是 300，再通过右上图乘数的作用决定均衡的实际收入水平是1 200(C 点)，因此又引申出右下图中的 C 点，即当利率为 10%时，与其相对应的均衡的实际收入水平是1 200。再根据上述原理，从左图中的 D 点经过右上图的 D 点引申出右下图的 D 点，它表示当利率为 5%时，均衡的实际收入水平是 1 600。实际上，类似这样的对应点可以做出无数个。将右下图中的 BCD 点连起来所形成的曲线就是 IS 曲线。

为什么该曲线取名为 IS 曲线？因为投资(I)是利率(i)的函数，而储蓄(S)则是收入(Y)的函数,商品市场的均衡条件是投资等于储蓄,以函数形态表示,即$I(i)=S(Y)$。IS曲线上每一点都表示投资等于储蓄,即$I=S$,故以此定名。IS曲线是一条从左上到右下的负斜率曲线,它表示当利率水平高时,商品市场均衡的国民收入水平则低,因为利率高支出必低,产生的国民收入水平则低;反之,当利率水平低时,商品市场均衡的国民收入水平则高,因为利率低支出必高,产生的国民收入水平则高。

从图16-3中右下图中可以看出,IS曲线上的所有的点,都表示商品市场的均衡,离开了IS曲线,商品市场就不均衡。例如在IS曲线右边,如F点,则表示供给大于需求(即$I<S$)。因为F点表示的10%的利率水平决定均衡的实际收入水平是1 200,而F点却表示1 600的实际收入水平,显然供给大于需求。再从右上图看,这时支出是300,而储蓄是400,支出小于储蓄。F点表明该经济出现了非意愿性(或非预期性)存货,即供给过剩。IS曲线右边区域中任何一点的情况都与F点相同。反之,IS曲线以左的任何一点,例如H点,则表示供给小于需求(即$I>S$)。因为H点表示的实际收入水平是800,小于均衡的实际收入水平1 200,显然供给不足。再从右上图看,这时支出是300,可是储蓄却是200,显然支出大于储蓄。因此H点表示存货不足,或需求过高。

三、使 *IS* 曲线移动的因素

IS曲线的移动包括整条曲线移动和曲线斜率的变动。

从图16-3中可以看出,IS曲线图横坐标上的截距总是等于乘数(K)乘以当利率为零时的实际自发性支出($\overline{A}_o$),即$K\times\overline{A}_o$(如该图中是$4\times500=2\ 000$)。因此,任何能改变乘数(K)或实际自发性支出(A_p)的因素都能使整条IS曲线移动。这些因素主要有三个。

(一) 乘数

乘数变化表现在图16-2右上图乘数图形中的引致储蓄曲线的斜率发生变化。在乘数理论中已介绍过,乘数是边际储蓄倾向的倒数$\left(K=\dfrac{1}{MPS}\right)$,储蓄曲线的斜率越大(储蓄曲线形状越陡直),则乘数越小。因此,当边际储蓄倾向下降时,乘数增大,IS曲线右移,当边际储蓄倾向增大时,乘数变小,IS曲线左移。

(二) 厂商和消费者的信心

这是影响支出水平的心理因素。当厂商或消费者的心理状态发生变化,将会使自发性支出A_P发生变化,从而使IS曲线随之移动。假设厂商和消费者的信心增强,则自发性投资和自发性消费都会增加,从而使IS曲线向右移动。

(三) 政府采取的行动

政府的行动包括变动政府支出(G)和变动税收(T_x),由于它们都是组成 A_P 的因素,故政府所采取的措施能使曲线移动。移动的规律同(二)。

前面讲到,IS 曲线是一条负斜率曲线,当利率上升时,支出下降,均衡的国民收入也下降,反之亦然。但究竟国民收入的水平因利率的上升而下降到什么程度,这取决于使 IS 曲线的斜率变化的因素。

使 IS 曲线斜率变化的因素主要的有两个。

(一) 投资水平对利率变化的反应程度

这实际上就是 A_P 曲线的斜率,即 $\frac{\Delta A_P}{\Delta i}$。如果实际投资水平对利率的反应大,即利率稍微变动一点都会引起实际投资较大幅度的变化,则 A_P 曲线的形状较为平坦;在乘数不变条件下,IS 曲线也随之而较为平坦;反之,如果实际投资水平对利率的反应小,则 A_P 曲线的斜率大,在乘数不变条件下,IS 曲线的斜率也大。这种关系可简单表示如表 16-1 所示。

表 16-1　A_P 线的利率敏感度对 IS 曲线形状的影响

当乘数不变时,A_P 线对利率的反应程度	IS 曲线的形状
零	垂　直
小	陡　峭
大	平　坦
无限大	水　平

(二) 乘数

当乘数(K)变大时(即边际储蓄倾向下降时),IS 曲线趋于平坦;当乘数(K)变小时(即边际储蓄倾向上升时),IS 曲线趋于垂直。上面讲到乘数的变动可以使 IS 曲线移动。但是,当 IS 曲线由于乘数的变化而移动时,其斜率也同时发生变化,见图 16-4。图中 $K=4$ 时的 IS 曲线和图 16-3 相同。

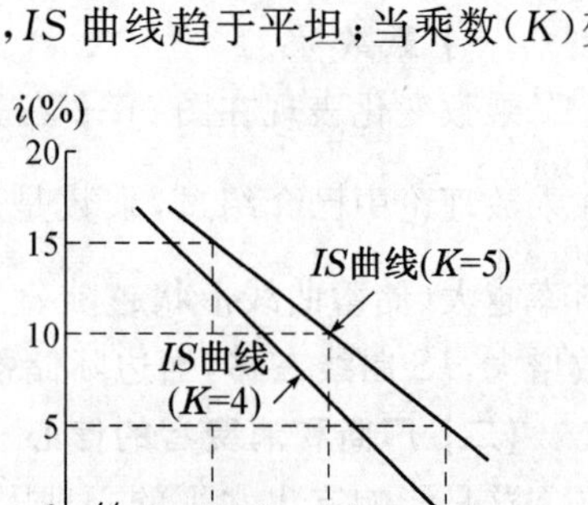

图 16-4　IS 曲线移动的特征

当 $K=5$ 时,新 IS 曲线右移,但并非平行右移,在右移的同时,新 IS 曲线的斜率也发生了变化。IS 曲线变动取决于决定乘数的储蓄曲线的变化。实际上,当储蓄曲线的斜率发生变化(储蓄曲线在纵坐标上的交点,即截距不变），新 IS 曲线和原 IS 曲线在纵坐标上始发于同一点。乘数的变化之所以使 IS 曲线移动，是由于实际收入较小的水平（如图 16-4 中 800 以下的部分）被忽略的缘故。

以上讨论实际上表明：如果掌握了社会的投资曲线和社会的储蓄曲线，就可以根据利率的变动趋势来预测国民收入的水平。因为 IS 曲线告诉我们，有一个利率，就有一个产出水平与之相对应。但是，怎么能够知道利率水平的高低呢？利率水平的形成有怎样的规律性呢？IS 曲线不能解决这些问题，而 LM 曲线将对此作出解答。

第二节　货币市场的均衡

LM 曲线的定义：LM 曲线是能够保持货币市场的均衡，国民收入水平与利率水平各种可能组合所形成的一条曲线。

一、收入和利率决定货币需求

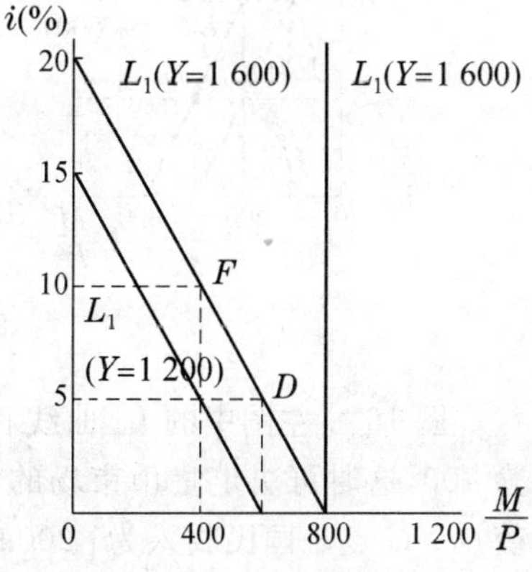

图 16-5　货币需求曲线

在第十五章第二节中已详细介绍了西方经济学关于货币需求的理论。货币需求量取决于收入水平和利率水平这两个因素。货币需求量的公式表述是：$M_d = L(Y,i)$，其中 M_d 代表货币的需求量，L 代表流动性偏好，Y 代表收入，i 代表利率。货币的需求量与收入之间的关系是：收入越高，货币的需求量越多；收入越低，货币的需求量越少。假如人们对货币的需求量与收入水平有 $0.5Y$ 的关系，公式表述为 $M_d = 0.5Y$，图形表示见图 16-5 中的 L' 曲线。它表示当国民收入水平为1 600时（单位为 10 亿美元，下同），对货币的需求量是 800（单位：10 亿美元，下同）。但 L' 曲线并未考虑到利率因素。货币的需求量与利率的关系是：利率越高，货币的需求量越少，利率越低，货币的需求量越多。如果在考虑到收入因素的同时，也考虑到利率因素，则货币的需求曲线应如同图 16-5 中的 L_0 曲线。这里所假设的需求对利率的反应程度为 -40，即利率下降 1%，货币需求量增加 40；反之亦然。L_0 曲线的公式是：

$$L_0 = 0.5Y - 40i$$

假如货币需求量对利率的反应程度不变，而收入水平变化，则 L_0 曲线会发生变动。例如，当收入水平由1 600下降到1 200时，L_0 曲线左移到 L_1 曲线的位置，这时货币需求量和收入的关系仍为 0.5Y，由于这时 Y＝1 200，故利率为零时的货币需求量是 600。

二、LM 曲线的形成

LM 曲线是反映货币市场均衡时利率和国民收入的关系。货币市场的均衡是指货币的需求等于货币的供给。货币的需求上面已经讲过，而货币的供给则是由政府决定与控制的。货币供给包括两部分：现金和活期存款。前者由政府直接控制，即决定钞票印量是多少；后者则由政府间接控制，即通过货币政策工具加以调节。

货币市场均衡及 LM 曲线的推导见图 16-6。

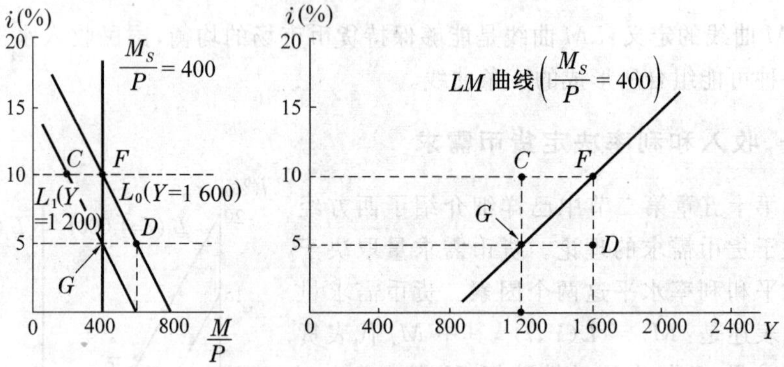

图 16-6　LM 曲线的推导

图 16-6 左图中的 L_0 曲线和 L_1 曲线与图 16-5 相同。假定政府的货币供给量为 400，这时可决定货币市场的均衡点。F 点是国民收入为1 600时货币市场的均衡点。G 点是国民收入为1 200时货币市场的均衡点。当货币市场均衡时，同时可以看出与其相应的利率水平。例如 F 点的利率水平是 10%，G 点的利率水平是 5%。从图中可看出，当利率是 10%时，货币市场均衡时的国民收入水平为1 600，因为 F 点表示货币的需求(400)等于货币的供给(400)时的国民收入水平为1 600。在右图中标出相应的 F 点，即表示 10%的利率和1 600的国民收入的组合，也表示货币市场的均衡。同样，当利率为 5%时，货币市场均衡时的国民收入水平为 1 200。因为 G 点表示货币的需求(400)等于货币的供给(400)时的国民收入是 1 200。在右图同样可找出相应的 G 点，即表示 5%的利率和1 200的国民收入的组合。右图中的 G 点和 F 点一样，也表示货币市场的均衡。实际上类似 F 点和 G 点的其他点有许多，把这些点连接起来所形成的曲线，就是 LM 曲线。

从以上对 LM 曲线的推导可知，LM 曲线表明：若给定货币供给量和货币需求曲线，则在各个可能的产出水平上，有一个与之对应的均衡的利率水平。*LM* 曲线告诉我们，利率的高低取决于货币市场的供求关系，而货币需求受到收入水平的影响，因此利率的高低也间接受到收入水平的影响。收入对利率的影响清楚地体现在 *LM* 曲线上。

LM 曲线上任何一点都表示货币市场的均衡，即 *LM* 曲线上每一点的货币流动性偏好或货币的需求都与货币供给相等。前者简称为 L，后者简称为 M，$L = M$ 各点的轨迹被称为 *LM* 曲线。这便是 *LM* 曲线名称的由来。

凡离开了 *LM* 曲线，都表示货币市场的不均衡。例如图 16-6 右图中的 C 点表示货币的供给大于货币的需求。因为 C 点是表示 10%的利率与1 200的国民收入的组合，与右图中 C 点相应的左图中的点是 C 点，而左图中的 C 点表示当利率是 10%、国民收入水平是1 200时，货币的需求量为 200，但是这时货币的供给量却是 400，显然货币的供给大于货币的需求。实际上右图中 *LM* 曲线以左的所有点的情况都和 C 点相同，都表示货币的供给大于货币的需求。在 C 点情况下，则必须降低利率以达到均衡点 G 点，因为降低利率可以增加货币需求量。位于 *LM* 曲线右侧的点的情形与上述正好相反，表示货币的需求大于货币的供给。例如 D 点。D 点是表示 5%的利率水平和1 600的国民收入水平的组合。在左图中可找出与右图中 D 点相应的 D 点。左图中 D 点表示当利率是 5%时，货币的需求量是 600，显然大于货币的供给量 400。*LM* 曲线右侧中所有点的情况都与 D 点情形相同。在这种情况下，则必然会提高利率以达到均衡点 F 点，因为提高利率可以减少货币的需求量，从而使货币的需求等于货币的供给。

LM 曲线是一条从左下到右上的正斜率曲线。因为当产出升高时，人们的货币需求量因此而增加，用更多的货币服务于产品交易。在货币供给量不变情况下，显然货币的供给量偏少。为了克服货币市场的失衡，满足产出增加对货币交易需求增加的要求，市场利率水平势必提高。因为市场利率水平的提高将促使货币投机量的下降，从而保持货币市场对货币的总需求等于固定数量的货币供给，即保持货币市场的均衡状态。当产出下降时，情况和上述相反。因此，当货币市场均衡时，高的产出水平必然会产生高的均衡利率水平(货币供给量不变)。反之，低的产出水平必然会产生低的均衡利率水平。

三、使 *LM* 曲线移动的因素

上面给出了一个具体的货币需求函数 $L_0 = 0.5Y - 40i$。为了讨论使 *LM* 曲线移动的因素，下面给出货币需求函数的一般形式：

$$L = KY - hi \quad (K > 0, h > 0)$$

其中，$K=\dfrac{\Delta L}{\Delta Y}$，$K$ 为货币需求对收入的反应程度，表示当收入增加一点时，货币需求量增加多少；$h=\dfrac{\Delta L}{\Delta i}$，$h$ 为货币需求对利率的反应程度，表示当利率下降一点时，货币需求量增加多少（注意 h 前面的负号）。

假设既定的货币供给为 M_0，则反映货币市场供求均衡的 LM 曲线的函数表达式为：

$$M_0=L=KY-hi$$

$$Y=\frac{M_0}{K}+\frac{h}{K}i$$

其中，$\dfrac{M_0}{K}$为 LM 曲线的横截距，$\dfrac{h}{K}$为 LM 曲线的斜率。若 M_0、K、h 给定，则 LM 曲线的位置就确定了；若 M_0、K、h 改变，则 LM 曲线的位置随之改变。下面根据这一基本原则讨论 LM 曲线的移动。LM 曲线的移动也包括整条曲线的移动和曲线斜率的变动。

政府可以通过货币政策直接改变货币供给量，如果价格水平不变，这将改变实际货币供给$\left(\dfrac{M_S}{P}\right)$。如果货币供给增加，货币供给曲线右移，在国民收入不变情况下，货币市场均衡的利率开始下降，LM 曲线将右移；如果货币供给减少，货币供给曲线左移，在国民收入不变情况下，货币市场均衡的利率水平将上升，LM 曲线将左移。见图 16-7 所示。

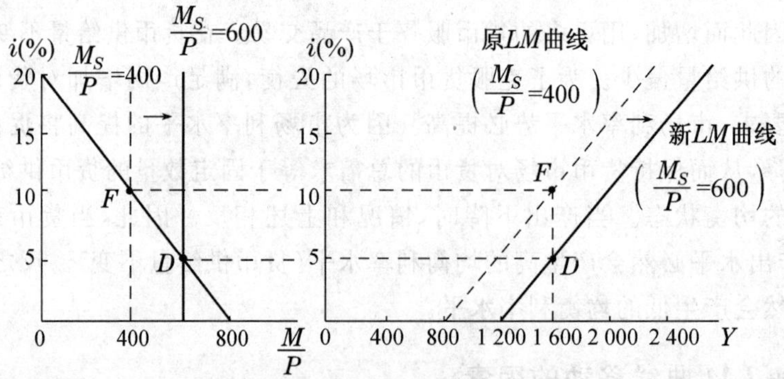

图 16-7　货币政策对 LM 曲线的影响

图 16-7 左图中，假定货币需求曲线不变，政府将实际货币供给量从 400 增加到 600，货币供给曲线右移。货币市场均衡点由原来的 F 点移到 D 点，D 点表示

利率是5%及国民收入是600时的货币市场均衡点，右图中的D点是左图中D点的对应点。其他点也可按同理逐一作出，显然，LM曲线由原来的LM曲线右移到新的LM曲线。

以上是决定LM曲线移动的主要因素。而决定LM曲线斜率的主要因素是人们的货币需求对利率的反应程度，即货币需求曲线的斜率。其中的关系可由表16-2简要表示。

表16-2　货币需求的利率敏感度对LM曲线形状的影响

货币需求对高利率的反应程度	LM曲线的形状
零	垂　直
小	陡　峭
大	平　坦
无限大	水　平

货币需求对收入的反应程度K的变化既影响LM曲线的截距，也影响LM曲线的斜率。若K变小，则LM曲线向右移动（横截距变大），同时LM曲线变得更加平坦。

从以上对LM曲线的讨论可知：LM曲线是这样揭示利率水平的形成的：如果给定了货币供给曲线和货币需求曲线，那么，有一个产出，就有一个均衡的利率与之对应。LM曲线虽然揭示了利率的决定，但是，它并不能决定产出究竟是多少。这样，LM曲线还是没有最终揭示利率的决定。而根据IS曲线，如果利率不能最终决定，就不能最终地揭示产出水平的决定。因此，为了最终揭示产出水平的决定，需要把IS曲线分析和LM曲线分析结合起来。

第三节　商品市场和货币市场的同时均衡

一、IS-LM曲线分析法

$IS-LM$曲线分析法，就是在进行宏观经济分析中，同时考察商品市场和货币市场以及它们之间的相互关系，从中分析政府的财政政策和货币政策在各种不同情况下的作用。

以上两节单独分析了商品市场和货币市场各自均衡的情况，现在进一步分析商品市场和货币市场同时均衡的情况。将图16-3中的IS曲线和图16-6中的LM曲线合并，得出图16-8。

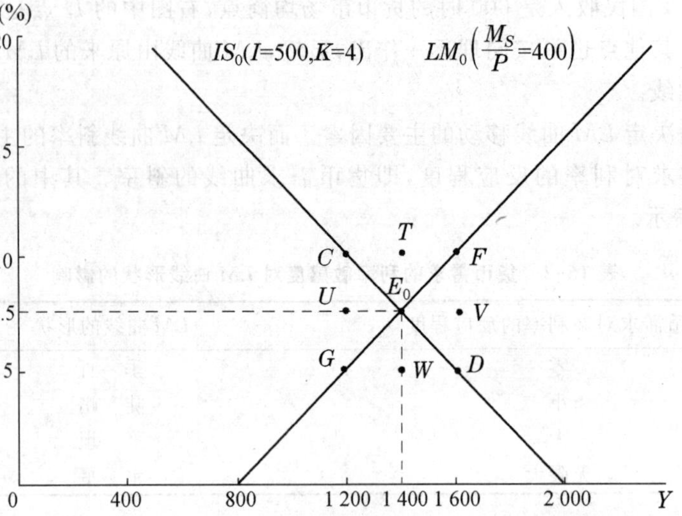

图 16-8　宏观经济总均衡

图 16-8 中，*IS* 曲线上所有的点都表示商品市场的均衡；*LM* 曲线上所有的点都表示货币市场的均衡。显然，当商品市场处于均衡状态时(如 *C* 点和 *D* 点)，货币市场不一定均衡；当货币市场处于均衡状态时(如 *F* 点和 *G* 点)，商品市场不一定均衡。同时，*IS* 曲线和 *LM* 曲线将平面图分成四个区域，以 *U*、*T*、*V*、*W* 分别代表四个区域，则不均衡的状况可以综合如下：

C 点：商品市场均衡，但货币的供给大于货币的需求；

D 点：商品市场均衡，但货币的供给小于货币的需求；

F 点：货币市场均衡，但商品的供给大于商品的需求；

G 点：货币市场均衡，但商品的供给小于商品的需求；

U 点：商品市场和货币市场都不均衡，商品的供给小于商品的需求，货币的供给大于货币的需求；

V 点：商品市场和货币市场都不均衡，商品的供给大于商品的需求，货币的供给小于货币的需求；

T 点：商品市场和货币市场都不均衡，商品的供给大于商品的需求，货币的供给大于货币的需求；

W 点：商品市场和货币市场都不均衡，商品的供给小于商品的需求，货币的供给小于货币的需求。

只有在 *IS* 曲线和 *LM* 曲线的相交点 E_0 点，商品市场和货币市场才同时均衡。这时商品的供给等于商品的需求，同时货币的供给也等于货币的需求。

二、宏观经济的均衡过程

现在采用 IS 曲线和 LM 曲线来分析宏观经济的一般均衡过程。

假设利率为 5%，这时商品市场均衡的国民收入水平为1 600，而货币市场均衡的国民收入水平只有1 200，由于均衡的货币市场的货币供给量只能保证国民收入水平为1 200时的货币需求量，因而商品市场的高国民收入将会引起货币需求的增加。在货币供给量不变情况下，人们会抛售股和债券，以获得所需货币。这样，股票和债券的价格将会下跌，而促使利率上升。利率上升使得商品市场国民收入水平下降。同时，利率上升也使货币市场的均衡国民收入水平上升。这样，IS 曲线和 LM 曲线之间均衡的国民收入水平差距逐渐缩小，一直到商品市场和货币市场的利率与均衡的国民收入水平相一致时为止，即图 16-8 中 E_0 点。这时两个市场同时均衡的利率是 7.5%，两个市场同时均衡的国民收入水平是1 400。反之，如果利率高于两个市场同时均衡的 7.5%时，商品市场均衡的国民收入水平小于货币市场的均衡国民收入水平，因此商品市场所能获得的国民收入水平必然会减少货币需求，在货币供给量不变情况下，将会迫使市场利率下降，一直到 $LM = IS$ 为止，即 7.5%的利率和1 400的国民收入水平。因此，$IS = LM$ 就是一般宏观均衡理论的均衡条件。

现代西方经济学家认为，一个经济在充分就业条件下达到 IS 和 LM 的均衡是一种理想境界，但是在现实中几乎不存在。市场机制的作用可以达到均衡，但按凯恩斯的观点，通常是小于充分就业的均衡。因此，根据这一特点，需要政府施加作用。政府可以根据不同情况调节利率水平和国民收入水平。至于政府在什么情况下调节商品市场，在什么条件下调节货币市场，取决于两个市场在不同情况下对调节政策的反应效果。

思考题

1. 说明 IS 曲线的定义及形成。
2. 分析使 IS 曲线移动以及斜率变动的因素。
3. 说明 LM 曲线的定义及形成。
4. 分析使 LM 曲线移动以及斜率变动的因素。
5. 采用 IS-LM 曲线分析法说明宏观经济的均衡过程。
6. 已知 IS 曲线的函数式为 $Y = 2\,800 - 32\,000i$；LM 曲线的函数式为 $Y = 1\,000 + 4\,000i$。求国民收入均衡的产生水平和均衡利率分别为多少？

第十七章 宏观财政政策与货币政策的作用

所谓财政政策，就是政府所采取的税收和支出政策。有关凯恩斯主义财政政策的主要内容，在第十二章第三节及第十四章第五节中均已涉及。在税收方面，已介绍了税收的种类及其作用；在介绍国民收入的两个缺口时，谈到政府为弥合缺口可以采取的对策，许多都属于财政政策。有关凯恩斯主义货币政策的主要内容，在第十五章货币的需求与供给理论中也曾介绍。第十六章还介绍了财政政策和货币政策的重要分析工具——*IS*-*LM* 曲线。本章则进一步介绍有关凯恩斯主义财政政策和货币政策的目标、一些经济活动变量之间的关系以及政府如何采用财政政策和货币政策。同时还就财政政策和货币政策混合作用的效果作一些简要介绍。此外，还简要介绍凯恩斯主义的重要对立面——供应学派的财政政策和货币政策的主张。

第一节　凯恩斯主义的财政政策与货币政策

一、凯恩斯主义宏观财政政策的目标

凯恩斯主义宏观财政政策的目标是为了实现没有通货膨胀的充分就业。这也是西方各国政府所追求的宏观经济的目标。

（一）充分就业

什么是充分就业？充分就业实际上没有一个严格的、确定的概念，各国根据不同的情况有不同的解释。充分就业的一般定义是：在一个经济中，在一定的工资率下，所有能工作而且愿

意工作的人都能找到工作。符合就业条件愿意就业而未能就业者,称为失业。充分就业或失业的概念,并不单纯指劳动力因素,也包括了对资本及其他资源的使用状态。因为劳动力的使用总是和资本及其他资源连在一起的,因此,在讲劳动力就业状态时,其含义亦包括了对其他资源的使用情况。另外,充分就业概念还包括一定程度的失业率。因为西方经济学认为,失业除了"非自愿性失业"(involuntary unemployment)外,还有"自愿性失业"(voluntary unemployment)和"摩擦性失业"(frictional unemployment)。"自愿性失业"是指工人对工资的要求过高,导致资本家不愿增雇工人或工人不愿接受现行工资或略低于现行工资的工资水平而导致的失业;"摩擦性失业"是指工人自愿放弃现有工作而去寻求更好的工作,或因季节性原因形成的工作转移(例如建筑业中因恶劣气候不得不暂时停工),或因年轻人首次求业等情况而产生的暂时性失业。"自愿性失业"和"摩擦性失业"被认为是正常的失业现象,因而,虽然被计入失业率,但并不算真正的失业。这种失业率被称为"自然失业率"。自然失业率究竟有多大,各国标准不一,即使在同一国家,也存在着不同的争论。在美国,一般认为4%~6%的失业率为自然失业率水平。当实际失业率等于自然失业率时的经济产出量,被称为"自然实际国民生产总值"。美国联邦政府劳工统计局测算并公布每月的失业率。在统计中被列入"失业者"范畴的人必须是能够工作而又是下列三种情况之一者:(1)无工作但在过去四周内已尽力寻找工作者;(2) 正在等待原雇主重新雇佣者;(3)在30天内正在等待一份新职业者。在失业统计中,非全日制工作的人不算失业者。

表 17-1 2002 年美国失业率的统计 千人

总人口	288 600
十六岁以下、现役军人及精神病人和劳教人员等	71 030
非劳动力	72 707
劳动力	144 863
就业	136 485
失业	8 378

$$失业率=\frac{失业人数}{劳动力总人数}=\frac{8\,378}{144\,863}=5.8\%$$

从表17-1可以看出,美国失业率的统计方式是将全国总人口分为三大类:第一类人口由三部分人组成:① 未满十六岁的人;② 现役军人;③ 精神病人及劳教人员等。第一类人口约占该年总人口25%。第二类人口是非劳动力,指由于某些原因而未能加入就业行业的潜在成年劳动者,主要包括以下几部分人:① 操持家务者;② 在校学习者;③ 老年退休者;④ 病残者。第二类人口也约占该年人口总数的25%。第三类人口是劳动力，由两部分人口组成：① 就业者，其中又分为工作中和非工作中两种情况，工作中系正在工作岗位上；非工作中是指在职中的请假、休假以及临时无工作的人。② 失业者，其中又分为被解雇者、自愿离职者、再次求业者和首次求业者几种情况。被解雇者是曾属于就业人口而被他人所解雇者；自愿离职者是曾属于就业人口而自动退出就业行业者，如寻找其他条件更好、收入更高的工作的人；再次求业者是指原属第一、第二类人口，曾有过工作经历而再次寻求工作的人，与自愿离职者的区别在于：自愿离职者原属于第三类人口；首次求业者是指原属第一、第二类人口而首次寻求工作的人，例如刚成年的青年等。第三类人口约占该年人口总数的50%。失业率的计算并不是失业人数和总人口的比率，而是在第三类劳动力人口中失业人数和劳动力总人数的比率，这样得出的2002年美国的失业率约为5.8%。

（二）通货膨胀

1. 通货膨胀的概念

关于通货膨胀的概念，在第十三章GDP的价格测定中已作过介绍。通货膨胀率的计算一般是根据物价指数的计算而获得的，即"消费品价格指数"（CPI）。对通货膨胀概念的理解需要掌握以下三点：

第一，通货膨胀是指一般物价水平的持续上涨，即以某一基年的物价为基础，根据消费品物价指数持续不断的变化来判断通货膨胀的状态。一般物价水平较大幅度的上涨，必然是所有物品，至少是大多数物品的价格都在不同程度上上涨而形成的。如果一部分物价上涨，而另一部分物价下跌，彼此互相抵消，难以促成一般物价水平较大幅度的上涨。一般物价水平上升，必然是货币的一般购买力下降，即货币价值降低。因此，通货膨胀通常总是同通货贬值联系在一起的。同时，通货膨胀是指物价水平不断上涨的一种非稳定状态，而不是指一般物价达到了高水平而趋于稳定的状态。

第二，通货膨胀并不一定表现为较高的价格。通货膨胀的一般表现形式虽然是消费品的物价指数上升，但是，这种情况仅仅在价格能随市场力量的作用而自由变动时才是这样。当政府人为地控制价格，例如，美国在第二次世界大战期间对价格的管制，那么通货膨胀就不能简单地采用消费品物价指数来衡量。物价上升可以被人为地控制，但通货膨胀的压力却依然存在。

第三，要区别价格上升的不同情况，这一点非常重要。虽然价格水平的上升通常是持续的通货膨胀现象，但是在有些情况下，价格水平的某些上升却是反映了从一个均衡转移到另一个均衡的情况。例如，提高销售税一般是通过物价上涨而转嫁给消费者，但不能由此断言提高销售税就会促使通货膨胀。实际情况可能正相反，由于提高销售税而带来的价格上升会使实际可支配收入减少，因而会使实际总消费支出减少，结果是缩小总需求与总供给之间的缺口。因此提高销售税的政策最初可能加大使物价水平上升的压力，但是它总的倾向却是使通货膨胀率下降。否则，如不进行上述价格上升的区别，则可能会导致如下错误的逻辑推理：既然提高销售税会产生通货膨胀，那么减少销售税就会消除通货膨胀，如果政府无限制地进行补贴，就可以使价格不断下降。这种推断显然不能成立。

通货膨胀对国民经济有着巨大的影响。首先，它对财富和收入起着重新分配的作用。它使固定收入，如工资、利息、养老金及其他补助等的实际购买力下降。通货膨胀对广大消费者不利，而对生产厂商十分有利，因为厂商通过通货膨胀先获得较高的收益，虽然通货膨胀会导致生产要素的价格上升，从而使生产成本也上升，但是产品价格上涨总是先于工资和其他生产资源价格的上涨。另外，通货膨胀对债权债务、银行存款和各种债务，也有着财富重新分配的作用，即通货膨胀对债权人不利，而对债务人有利。

其次，通货膨胀对产量、就业和经济增长也能发生影响。在未达到充分就业的经济中，温和的、爬行的通货膨胀——例如年率在1%～4%之间的通货膨胀——对产业资本家有利，因为它降低了工人的实际工资，增大了企业利润，刺激产量扩大，增加就业。凯恩斯首先提出的“半通货膨胀”理论，其目的就在于利用温和的通货膨胀来刺激经济活动。但是，爬行的通货膨胀后来终于发展成奔腾式的通货膨胀，使凯恩斯主义陷入困境。

2. 通货膨胀的类型

通货膨胀主要有以下几种类型。

(1) 需求拉动的通货膨胀(demand-pull inflation)

这是从需求方面来解释一般物价水平在一定期间持续上涨的一种类型。认为通货膨胀的原因，在于总需求超过了总供给的能力，即生产部门在已充分利用了现有资源情况下不可能扩大产量，从而导致现有固定产量的物价水平上升，形成通货膨胀的缺口。因此，需求拉动的通货膨胀又被称为“买方通货膨胀”。按凯恩斯主义观点，需求拉动的通货膨胀大体上经过三个过程。见图17-1。图中横坐标 Q 代表产量和资源利用水平；纵坐标 P 代表物价年上涨水平。首先，在第一阶段中，社会产量水平较低，资源没有被充分利用，有较多的失业人员，这时总需求的增加可以刺激生产量的增加，但不会造成物价的上涨。其次，在第二阶段中，社会资源

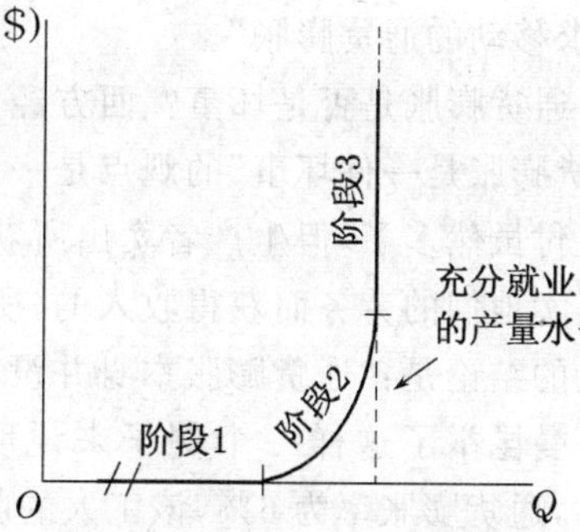

图17-1 需求拉动的通货膨胀过程

利用率较高，失业率较低，总需求的增加既促使产量继续增加，同时物价也开始上涨，不过上涨较缓慢，幅度并不太大。最后，在第三阶段，当社会处于充分就业状态时，各种资源也已被充分利用，产量达到一个最大极限，即图中虚线所示。此时，任何总需求的增加只能造成绝对的通货膨胀。

(2) 成本推进的通货膨胀(cost-push inflation)

这是从商品和服务的供给方面来解释一般物价水平在一定时期内的持续上涨。它以生产费用论为基础，把通货膨胀的原因归结为商品生产成本的增加。其中，西方经济学家特别强调由于现代社会中工会的力量很大，往往迫使工人工资的增加幅度超过劳动生产率的提高，使产品成本增加，从而导致物价上涨。而物价上涨后，工会的作用又使工人的工资增加，从而再度引起物价上涨，如此循环往复，导致通货膨胀。因此，成本推进的通货膨胀有时又被称为"支配价格的通货膨胀"或"卖方通货膨胀"。除此以外，原材料、能源等价格上涨也会产生成本推进的通货膨胀。

(3) 结构性通货膨胀(structural inflation)

有些西方经济学家从资本主义社会部门结构方面的特点来解释一般物价水平在一定时期内的持续上涨。他们认为，某些部门在需求方面或供给方面的变动，往往通过部门之间相互看齐的过程，即所谓"赶上"过程而影响其他部门，从而导致一般物价水平的上涨。例如，构成总需求因素的组成部门发生结构性剧烈变动，其中有的部门需求急剧下降，而有的部门需求急剧增加，但是总需求并没有增加。然而需求急剧下降的那些部门的工资和价格水平并不会因该部门需求的下降而下降。相反，那些需求急剧增加的部门的工资和价格水平都会上升。因此，从总体上看，虽然总需求没有增加，最终还是导致了通货膨胀。所以，结构性通货膨胀又被称为"需求移动的通货膨胀"。

通货膨胀是否是坏事？西方经济学家们存在着不同的看法。曼昆认为：主张"通货膨胀是一件坏事"的观点是一个认识上的谬误。因为，当物价上涨时，购买者的支付虽然多了，但生产者卖出所获得的收入也同时增加了。由于大多数人是通过出卖他们的劳务而获得收入的，所以收入的增长与价格的增长是同步的。因此，曼昆的结论是："通货膨胀本身并没有降低人们的实际购买力"。

曼昆举了这样一个例子来说明他的观点。假如一个工人的年收入增加了10%，通货膨胀率为6%，该工人的收入增率降低为4%，这时他会认为其收入被剥夺了。但假如美联储将通货膨胀率从6%降至零，那么工人的收入增加也会从10%降至4%。这时，该工人的收入并没有增加很多，可是他却不会感到其收入被通货膨胀剥夺了。

3. 通货膨胀产生的成本

虽然通货膨胀并不都被认为是一件坏事，但却会产生以下六种成本。

(1) 皮鞋成本

由于通货膨胀会使人们手中的货币贬值，这会使人们要比非通货膨胀情况下更加频繁地跑银行存储货币，以减少货币持有量，这样就会磨损人们的皮鞋。这就是所谓的“皮鞋成本”。皮鞋成本并不是指皮鞋磨损的成本，其内在含义是指由于频繁地去银行而牺牲了人们的时间与方便，这在高通货膨胀的情况下尤为明显。

(2) 菜单成本

一项实证研究发现，大多数美国的企业并不经常变动其产品的价格。一般来说，平均1年左右才改变一次产品的价格。因为改变价格是有成本的。就像餐馆调整价格需要印刷新的菜单，这就是菜单成本的来源。菜单成本的内在含义也不仅指印刷费用的增加，它还包括调整价格所带来的诸如广告宣传、传送新价格信息甚至处理顾客对变动价格的抱怨等一系列代价。

(3) 由相对价格变动引起的社会资源配置失误

假如某餐馆每年1月印刷一份新菜单，并在1年内保持价格不变。在没有通货膨胀的情况下，该餐馆饭菜的相对价格与社会其他产品和服务的相对价格在该年里是不变的。假如通货膨胀率每年为12%，则该餐馆饭菜的相对价格每月会自动下降1%。通货膨胀率越高，其相对价格变动则越大。由于在市场经济中，资源是依靠相对价格来加以配置的，消费者根据产品的质量和价格来决定他们的购买行为。由于通货膨胀扭曲了产品之间的相对价格，那么消费者的决策也就会被扭曲，这将会导致市场不可能有效地配置稀缺资源。

(4) 税收负担的扭曲

法律制定者在制定税法时是不考虑通货膨胀的。当通货膨胀发生时，会增加由个人储蓄所获收入的税收负担。例如，某人在1980年动用储蓄购买一家公司的股票，并在1995年以50美元的价格卖出该股票。在没有通货膨胀情况下，政府是按40美元的储蓄收益计税。假如从1980年到1995年价格上涨了1倍。则1980年的10美元相当于1995年的20美元。当股票以50美元卖出时，其储蓄的实际收益只有30美元。而政府却仍然以40美元计税，从而增加了个人储蓄者的税收负担。解决这个问题的办法是使税制指数化。但对像资本收益和利息收入等，很难做到指数化。不仅如此，如果将所有的收益都通过修改税法使其指数化，将会使原本就十分复杂的税法变得更加复杂。

(5) 改变计价单位所产生的混乱与不方便

货币是一个经济的计价工具，用于记录所有的价格和债务。假如计价单位发生了变化，会影响人们对经济变量的判断。由于通货膨胀使不同时期的货币具有不同的实际价值，这将会使企业在判断利润时产生偏差，甚至还会使投资者分不清成功企业与不成功企业，并且还会进一步影响市场中投资决策行为的准确性。

(6) 无法确定的财富再分配

以上五种成本都是在通货膨胀稳定和可预期情况下所发生的成本。如果是非预期性通货膨胀,则会产生额外的成本,这就是财富再分配。例如,某学生以7%的利率从银行贷款2万元用以上大学。在10年后偿还贷款。这笔欠债按7%的复利计算,10年后需要偿还银行4万元。如果在这10年期间发生了猛烈的通货膨胀,则对该学生十分有利,因为偿还银行的负担很轻。相反,如果该经济发生了重大的通货紧缩,工资和物价都会下降,则该学生还债的负担将会加重。

以上六种通货膨胀的成本都是较为隐蔽的。至于这些成本的总量究竟有多大,在高通货膨胀时期,西方经济学家们的意见比较一致,都认为该成本是巨大的。但在温和的通货膨胀时期(指年通胀率低于10%),就存在着很大的争议了。

二、菲利普斯曲线

既然凯恩斯主义宏观经济政策的最高目标是没有通货膨胀的充分就业,那么,通货膨胀和失业之间究竟存在着什么关系?西方经济学说在这方面的重要理论就是"菲利普斯曲线"。

菲利普斯(A. W. Phillips)是英国经济学家,他根据英国近100年的长期经济资料发现,失业率与货币工资增长率之间有明显的关系并用曲线表示。他于1958年发表了《1862—1957年英国的失业和货币工资变动率之间的关系》一文,详细说明了这一关系。这一基本关系是,当货币工资率增大时,失业率变小;当货币工资率减少时,失业率变大。这是原来意义的菲利普斯曲线。

后来西方某些经济学家,特别是后凯恩斯主义主流经济学派如萨缪尔森等人利用美国的资料进行了类似的研究,接过菲利普斯曲线,但用物价上涨率(即通货膨胀率)代替了货币工资上涨率,表示物价上涨率与失业率之间也有对应的负向关系。当物价上涨率增加时,失业率下降;当物价上涨率下降时,失业率上升。用曲线表示这种关系,便形成了现在一般所说的经过改造以后的菲利普斯曲线。

图17-2是原来的菲利普斯曲线和经过改造的菲利普斯曲线对比图。

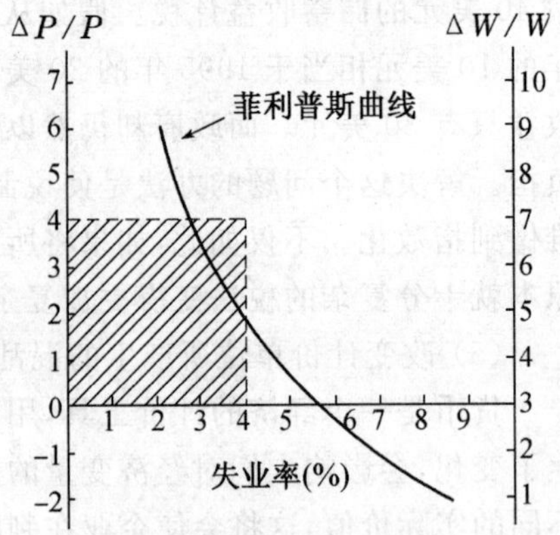

图17-2 菲利普斯曲线

图17-2中的横坐标代表失业率,右边的纵坐标代表货币工资增长率($\Delta W/W$),左边的纵坐标代表物价上涨率即通货膨胀率($\Delta P/P$)。右边纵坐标上的数字比左边纵坐标数字高3%,这个3%的差距便是假定

的劳动生产率的年增长数值。它表明:物价上涨是由于工资上涨率超过了劳动生产率的增长率而造成的。例如,劳动生产率年增长3%,假如货币工资年增长率也是3%,则不会出现通货膨胀;如果货币工资年增长率为10%,则通货膨胀为7%。

西方经济学家利用菲利普斯曲线想要说明的问题是:低失业率和低通货膨胀率两者不可兼得,要想减少失业率,必须忍受较高的通货膨胀水平的压力;反之,要想减轻通货膨胀的压力,则必须忍受高失业率的痛苦。一个社会对于通货膨胀率和失业率都有一定程度的可以接受的比率,假如4%的通货膨胀率不会对经济造成严重的威胁,同时4%的失业率为正常失业率,这两个比率都可以被社会所接受。那么,这个范围为安全区,如图17-2的阴影部分,在这个范围内政府不必采取干预措施。如果社会经济状况处于安全区以外,政府则需要根据具体情况加以权衡,或以较高的失业率来换取较低的通货膨胀率,或以较高的通货膨胀率来换取较低的失业率。按萨缪尔森的说法,最近几十年来美国的情况使菲利普斯曲线的位置要比图17-2中所示的曲线位置向右上方移动,这表明必须用较高的失业率来压低通货膨胀水平。既然不能两全其美,因此,萨缪尔森主张用收入政策去补充财政政策和货币政策,对失业率与通货膨胀率两者加以权衡,选择一条较好的菲利普斯曲线。

另一些西方经济学家对菲利普斯曲线表示反对。例如凯恩斯学派中的新剑桥派代表人物罗宾逊夫人明确指出:"经验证明,菲利普斯曲线已破产了。物价同失业一起都往上涨"。现代货币主义学派代表人物弗里德曼对菲利普斯曲线也持否定态度,他以"自然失业"为理由,认为从长期看通货膨胀与失业率之间没有替代关系。理性预期学派则认为,无论是长期还是短期,菲利普斯曲线都是一条垂直线。因为公众都有完全的预见能力,它将使政策制定者想通过通货膨胀来控制失业率的作用完全无效。

菲利普斯曲线迎合了西方各国政府用通货膨胀去换取就业增长这种政策思想的需要,因而它们便利用这条曲线的含义来指导经济政策的制定。在战后50年代和60年代的前半期,西方各国物价温和上涨,失业率保持在较低水平,用菲利普斯曲线尚能说明。但自从20世纪60年代末,特别是20世纪70年代以来,在西方各国中,特别是在美国,通货膨胀愈演愈烈,而失业率却大幅度上升,经济增长却停滞不前,出现了"滞胀"现象,这与凯恩斯主义的传统理论和菲利普斯曲线关于高通货膨胀同高失业率、经济停滞不能同时并存的理论矛盾,使其不能自圆其说。对此,一些西方经济学家便用成本推动的通货膨胀理论来解释这一现象,他们把"滞胀"的原因归于20世纪70年代初中东石油输出国组织将油价大幅度提高。他们认为,由于油价大幅度提高,一方面使厂商生产成本突然大幅度增加,使许多厂商的生产无法顺利进行,许多本来衰落的企业纷纷破产,造成大量工人失业,生产萎缩;

另一方面，广大消费者由于能源价格的突然上涨，大幅度增加了生活费用负担，因此提出了更高的工资要求，这样更加重厂商的负担，使他们难以经营，从而出现了剧烈的通货膨胀和高失业率、经济停滞并存的现象。

即便是对菲利普斯曲线本身，一些从事实证研究的经济学家们也有不同的解释。例如，有些经济学家根据美国1962～1970年的统计数字、英国和日本1973～1987年的统计数字，显示出菲利普斯曲线是一条平滑而较低的曲线。它说明，通胀率和失业率之间虽存在着负向关系，但这两个经济变量的作用却大不相同。即，通过提高通胀率来减少失业会产生较明显的效果，而靠提高失业率来降低通货膨胀，则代价大，效果小。

此外，还有一些西方经济学家提出了对菲利普斯曲线再认识的观点。他们认为菲利普斯曲线实际上是一种静态理论，它假定社会劳动力与总需求相对不变，面对20世纪70年代美国每年增长数百万之众的劳动大军，菲利普斯曲线已不适用了。但某一理论的不适用与美国经济是否出现了新的顽症，这两者并不是一回事。事实是，在20世纪70年代中虽然美国的失业率有所增加，但与此同时却创造了大量的就业机会，因此，失业率上升是一个动态的表面现象，不能简单地用菲利普斯曲线去套用。另外，对于通货膨胀，虽然美国在20世纪70年代中曾两次达到两位数，但平均看只有6%，再考虑到政府为刺激就业而保持较高的货币供给增长率和财政赤字增长率，以及油价的暴涨，那么，20世纪70年代出现的通货膨胀率并不算高，可以被接受。至于生产停滞，是因为20世纪70年代就业激增，大量素质较低的新雇员加入企业，这是影响生产率提高的一个因素。20世纪70年代美国在生产结构上有所变化，就业增加最多的是服务部门，因此，其他部门的经济虽有增加，但从总体看，经济增长率却停滞不前。

实际上，变动通货膨胀和失业所产生的作用以及影响它们的因素，都是十分复杂的。例如，20世纪80年代里根总统执政期间，美国的失业率曾从1983年到1989年连续六年稳步下降，但通货膨胀却没有上升。对于这种现象，连一些美国经济学家都不认为它就是一个好消息。因为，美国在这一时期创造的主要是低技能、低工资的就业机会，总计1 800万个，而高工资部门则很少。同时，物价被控制的重要原因是由于政府实行了高汇率政策，导致大量廉价商品的进口，从而控制住了物价。但是这种平缓的菲利普斯曲线所付出的代价却是以每年递增1 500亿美元的长期的巨额贸易逆差。这种代价终究难以维持，使得美国经济在1989年后重新走向衰退。

三、奥肯定律

奥肯定律（Okun's Law）说明的是实际国内生产总值和失业率之间的关系。

该定律是美国经济学家阿瑟·奥肯(Arthur Okun)在研究这两者之间关系时发现的一种规律。奥肯利用美国55个季度(从1947年第二季度～1960年第四季度)中失业率变化和实际国内生产总值变化的资料,通过简单的回归方程,估算出反映两者变化之间关系的一个数值。奥肯定律的内容是:失业率如果超过充分就业的界限(通常以4%的失业率为标准)时,每使失业率降低1%,实际国内生产总值则必然增加3%(也有的经济学家提出为2.5%);反之,失业率每增加1%,实际国内生产总值则会减少3%。

奥肯定律本来是用来计算"潜在GDP"(即充分就业条件下的GDP水平)的方法。以g代表超过自然失业率之上的失业率给实际GDP带来损失的百分比,以$\bar{u}$代表自然失业率,一般为4%,以u代表实际失业率,以a代表超过自然失业率之上的失业率和实际GDP之间的负向关系的系数,按奥肯的计算,该系数为3。因此,超过自然失业率之上时每增加1%的失业率而使实际GDP下降的百分比的公式是:

$$g = a(u - \bar{u})$$

利用这一公式便可以进行计算。例如,假设实际支出额1 400亿美元,而这时的失业率是9%,问:在自然失业率为4%时,潜在GDP的产出额应为多少?

根据上述公式,先求出失业率的增加而使GDP损失的百分比:

$$g = a(u - \bar{u}) = 3 \times (9\% - 4\%) = 15\%$$

因为,实际GDP是1 400亿美元,所以,潜在GDP应为:1 400 ÷ (100% − 15%) = 1 647(亿美元)。

奥肯定律中所表示的失业率同实际国内生产总值之间的对应关系,被认为对政府宏观财政政策的制定很有帮助,因为它可以显示出在某一段时间内如果想要解决一定的失业率,制定实际国内生产总值的指标应当是多少。

四、凯恩斯主义的财政政策

(一)"健全财政"的思想原则

在凯恩斯以前,西方资本主义国家传统的财政思想是"健全财政"的理财思想,它反映了自由放任经济的财政政策主张。"健全财政"的思想原则是:

1. 量入为出,收支平衡

政府的财政不以赚钱为目的,不应出现赤字,应该每年都保持预算的平衡。同时,政府尽量少预算,支出要节俭,并严格控制其用途。

2. 少征税

私人企业是国民经济的基础,赋税过重会抑制厂商和个人的积极性,对整个国民经济的发展反而不利。

3. 少发公债

一切欠债都是罪恶，公债尤其如此，它是子孙后代的一种负担。

长期以来，西方各国政府均遵循上述原则，除非遇到战争等特殊情况，政府一般不扩大支出，也不大量增加债券。按传统的经济思想，既然社会总供给能够创造总需求，失业也不会产生，因此政府对经济并无过多的干预之必要。

(二) 凯恩斯的财政政策

1. 补偿财政政策

20 世纪 30 年代爆发的资本主义世界经济危机，打破了传统经济理论的理想境界，大量产品过剩和大量失业现象，使“供给能够创造自身的需求”这一理论不能解释，于是产生了凯恩斯主义。凯恩斯在《就业、利息和货币通论》中一反传统的经济理论与政策，不在供给方面，而在需求方面大做文章，提出了“有效需求不足”的理论，认为经济危机以及产品大量过剩和严重失业等现象都是由于有效需求不足而引起的，即对消费资料的需求不足和对生产资料的需求不足。他认为，资本主义经济机能的自动调节作用，不能使生产资料得到充分利用，主张只有通过政府对经济的干预和调节作用，才能弥补有效需求不足，进而才能挽救危机，维持和保证充分就业。在政府的干预和调节措施中，凯恩斯把财政政策放在首位，针对传统的“健全财政”的思想，提出了“补偿财政”的思想。

按凯恩斯主义观点，在现代社会，健全财政不仅不可能，而且没有必要。所谓不可能，是指当经济繁荣时，就业水平和收入水平必高，即使税收不增加，政府的财政收入也会自动增加。同时，由于失业率低，政府转移支付支出也少，因此财政支出也少。这样，在财政收入增加的同时，财政支出减少，预算上必然会出现盈余，因而不可能保持平衡。反之，在经济萧条时，失业率增加，收入水平降低，如税收不变，财政收入必然减少。同时，由于大量失业，政府的转移支付等福利和其他方面的支出也必然增加。这样，在财政收入减少的同时，财政支出增加，预算上必然会出现赤字，也不可能保持平衡。所谓不必要，是指在经济繁荣预算上出现盈余时，假如想要人为地保持预算平衡，必然要减少税收，或增加政府的财政支出。而政府无论是减税还是增支，都会增加社会的有效需求。在经济繁荣时，社会有效需求本已很高，再经刺激，当经济处于充分就业状态时，便会引起通货膨胀。反之，在经济萧条，预算上出现赤字时，假如想要人为地保持预算平衡，也会要增加税收，或减少政府的财政支出，而政府无论是增税还是减支，都会降低社会的有效需求。在经济萧条时，社会有效需求本已不足，再经减少，必然更使经济趋于萧条。

补偿财政思想的主要原则是：在经济繁荣时期，为避免通货膨胀，必须增加税收，减少财政支出，以控制过度的有效需求；反之，在经济萧条时，必须增加财政支出，减少税收，以提高有效需求，刺激经济繁荣。从整个经济周期的过程看，预算上可以达到平衡，为达到这一总过程的平衡，每年的财政预算则不必保持平衡，繁荣时期的财政盈余可以弥补萧条时期的财政赤字。

2. 赤字财政政策

既然有效需求不足是造成经济萧条的根本原因，那么，财政预算赤字不仅并不可怕，而且还是发展经济的必要手段。这样，赤字财政政策便成为凯恩斯主义的理财原则。赤字财政政策的主要内容是：

(1) 政府应增加支出，包括军事支出在内，以弥补私人消费需求和私人投资需求的不足，实行赤字预算。

(2) 政府在宏观上要鼓励高消费，甚至是奢侈性、浪费性消费。同时，通过税收政策，进行收入再分配，以提高整个社会的消费倾向。增加消费可以刺激生产，提高就业水平。

(3) 财政赤字不能靠增税弥补，只能增发公债。公债既不会形成社会负担，也不会加剧国民收入分配的不平等程度。

凯恩斯主义认为，为弥补财政赤字而增发的公债，是有利无弊的。主要理由是：

(1) 公债的债权人是本国公民，债务人是政府。本国公民是纳税人，而政府则是公民的代表，所以债权人与债务人在根本利益上是一致的，这等于自己欠自己的债，并无什么危害。

(2) 只要政府不垮台，公债的增加不会给债权人带来危险。政府也不必急于把债务都还清，因为政府的债务可以一届一届传下去，公民的债权也可以一代一代地传下去。

(3) 政府的债务总额与国民收入总额总是保持一定的比例；经济繁荣时，债务总额会减少些；经济萧条时，债务总额会增大些。由于发行公债的目的在于调节经济，只要治理了萧条，公债发行也就减少或中止了，所以不必为公债的发行担心。

3. 宏观财政政策手段

就凯恩斯主义宏观财政政策的手段来看，政府可以采取的干预经济的方法可分为两种：第一种是“相机抉择法”；第二种是使用“自动稳定器”。

(1) 相机抉择法(discretionary approach)

相机抉择法是指政府在进行需求管理时，可以根据市场情况和各项调节措施的特点，机动地决定和选择当前究竟采取哪一种或哪几种措施。

政府的宏观财政政策各有特点，也各包括一系列具体措施，其中有的起作用较快，影响面较大，有的则相反。在需要调节时，究竟如何去做，并没有一成不变的格式，政府可以机动地决定和选择。

相机抉择的财政政策主要有：

① 变动公共工程等政府支出方案。例如，在萧条时期，政府往往兴建一些公

共工程，如建筑公路，兴建水利设施等，以提供就业机会，但是，由于这些项目大多是急促上马，且为解决失业问题，不能充分使用机器设备，所以往往效率很低。

② 变动政府的转移支付支出方案。例如，在经济不景气时，临时增加对退伍军人的额外津贴，在经济繁荣时期，暂时停止上述津贴。更重要的是，政府可以根据萧条的程度延长或缩短失业者能获得失业补助金的期限。

③ 变动税率。例如在确信是短暂的衰退时，暂时降低所得税率。

但是，西方经济学家普遍认为，在采用相机抉择法时，会遇到"时滞"问题。时滞有三种：

① 认识时滞，即从问题的发生到人们意识到这种问题，需要经过一段时间。

② 行动时滞，即当需要采取某种政策到政府决定采取某种政策行动，需要经过一段时间。其间包括收集资料进行研究分析，提出议案在国会讨论、通过等过程。

③ 影响时滞，即当采取某种政策措施以后到实际发生效果之间，需要经过一段时间。

(2) 自动稳定器(automatic stabilizers)

由于上述原因，有些西方经济学家反对采取相机抉择法，而主张根据现时经济制度中所有自动的稳定因素，即所谓"自动稳定器"，或称"内在稳定器"，自动进行调节，以稳定经济。

自动的或内在稳定器主要包括以下几种：

① 累进的个人和公司所得税。除了作为相机抉择手段的税率变动以外，累进的个人和公司所得税具有对收入自动调节的作用。当经济繁荣时，个人和企业的收入也会增加，而通过累进的所得税所征收的税额也自动增大，这正符合经济繁荣时政府应当增税的财政政策。反之，当经济萧条时，个人和企业的收入都会下降，但税收制度将自动减少征收的税额，这也符合经济萧条时政府应当减税的财政政策。

② 失业救济金的发放。除了作为相机抉择手段的转移支付政策变动以外，失业救济金制度对收入也能起自动调节作用。当经济繁荣时，社会失业人员减少，社会保险基金中失业救济金的发放额也会因此而减少，这正符合政府需要减少转移支付的意图。反之，当经济萧条时，失业人员增加，这要求政府增加转移支付，而失业救济金制度会自动增加失业救济金的发放额，与政府的意图也相吻合。

③ 各种福利费的支出。当经济繁荣时，这时失业人员少，社会保险以外的其他福利支出自动下降，从而起着抑制个人收入增加的作用；当经济萧条时，这时失业人员多，社会保险以外的其他福利支出则会自动上升，从而起着抵消个人收入下降的作用。

④ 农产品价格维持的实行。当经济繁荣时，需求增加，农产品价格上升，政府根据农产品价格维持方案，抛售库存的农产品，吸收货币，平抑价格；当经济萧条时，需求减少，农产品价格下跌，政府根据农产品价格维持方案，向农场主支付货币，从而增加了他们的收入。

⑤ 公司和个人的储蓄。当经济繁荣时，公司和个人的储蓄自动增加，如同储水器，将一定的财富储存起来；当经济萧条时，公司和个人的储蓄自动减少，从而起到缓和收入下降的作用。

以上均具有自动稳定的性质，如果这些自动稳定因素越多越健全，则越不需要政府采取干预措施。不过，西方经济学家一般认为，自动稳定器只能缓和经济衰退，或抑制繁荣时期通货膨胀的程度，不能扭转经济衰退，或通货膨胀的趋势，所以政府相机抉择的调节作用仍然是不可缺少的。

4. 财政政策遇到的困难

凯恩斯主义的宏观财政政策虽然被现代资产阶级认为是治理经济的灵丹妙药，但他们承认，在实际运用这些政策时，也会遇到一些困难。例如，税收政策的困难主要有：

(1) 增税不仅是经济问题，同时也是一个政治问题，会遭到大多数选民的反对，必须慎重实行。

(2) 减税虽然不会遭到大多数选民的反对，但在经济萧条时，即使减税，人们并不一定把少纳税的钱用于消费，很可能用于储蓄。因此减税不一定能达到增加消费、促进投资的效果。

(3) 由于税收的变动过程会出现时滞现象，从方案的提出直到最终的实施，往往需要较长的过程。因此，等到具体执行时，客观形势与提出方案时相比，可能已经大不相同了。

再如，政府财政支出的困难主要有：

(1) 政府要减少对商品的购买(如减少军事订货、公共工程项目订货)是困难的，这会遭到大企业的反对，实行起来不能不审慎。

(2) 政府要削减转移支付(如救济金和各种津贴等)或压缩公共服务支出，也是困难的，这会遭到多数选民的反对，也必须慎重实行。

(3) 政府增加转移支付，虽然不会遭到多数选民的反对，但萧条时期，人们并不一定把多得到的钱用于消费，很可能用于储蓄。因此政府增加转移支付也不一定能达到增加消费、促进投资的效果。

(4) 政府增加公共工程支出有时也会遇到大企业的反对，被认为是“与民争利”。即使不遭到大企业的反对，但从决策到开工兴建，使之在经济中起到调节总需求的作用，也有一个时滞过程，往往不能很快的奏效。

尽管在运用宏观财政政策时会遇到上述困难，但凯恩斯主义经济学家认为，税收和财政支出作为调节总需求的手段，不仅在理论上可以成立，而且在实际经济活动中也是必不可少的。

五、凯恩斯主义的货币政策

凯恩斯主义是以其财政政策主张为主要特征的。凯恩斯在1936年发表的《通论》中，虽然也涉及了货币和货币政策问题，论述了金融领域和货币领域是相通的，货币因素可以影响收入和就业，但是并不很重视货币政策的作用。他认为，以变动货币供给为主要内容的货币政策，不如以变动政府开支和税收为主要内容的财政政策效果更大、更快。凯恩斯这一思想一提出，便受到其他一些西方经济学家的怀疑和批评。特别是以弗里德曼为首的货币主义经济学家，更趋极端，不仅从理论上和实际统计资料上，论证了货币政策的重要性，而且强调货币政策是唯一重要的。后凯恩斯主义经济学家，虽继承了凯恩斯提出的基本原则，但也越来越重视货币政策的重要作用。例如，后凯恩斯主义主流经济学派的重要代表人物汉森，专门研究了货币市场问题。在他们的著作中，越来越多地论述财政政策和货币政策的混合作用。

凯恩斯主义货币政策的基本内容，就是利用中央银行变动货币供给量的三种手段，即变动法定准备率、调整贴现率和公开市场操作。这在第十五章讲中央银行的货币供给时均已作过介绍。凯恩斯主义者认为，货币的供给量可以由一国的货币当局决定，货币当局通过金融领域里信贷资本和信用可供量的增减来影响利率，再由利率影响商品领域中的投资，投资再通过乘数的作用倍数影响国民收入水平。由此可见，凯恩斯主义的货币政策，最终还是通过商品市场发挥作用。其中，利率是货币市场和商品市场之间的纽带。因此，凯恩斯主义货币政策的核心就是通过货币数量的增减来控制利率，进而达到促进投资、增加国民收入、提高就业水平的目标。

凯恩斯主义经济学家虽然主张运用货币政策，但他们也指出，资本主义国家中央银行在实行货币政策时，可能会遇到下面几种不利情况。

(1) 在经济萧条时期，商业银行会认为放款的风险较大，通常不愿扩大放款。因此，尽管中央银行采取措施来促使商业银行扩大放款，商业银行仍要考虑放款风险问题。

(2) 在经济萧条时期，企业的预期利润率较低，通常不愿向银行借款。因此，尽管中央银行采取措施来降低利息率，企业可能并不增加借款。

(3) 在经济繁荣和通货膨胀时期，尽管中央银行会采取措施来提高利息率，但企业感到这时借款是有利可图的，所以仍愿意增加借款，而置较高的利息率于不顾。

六、凯恩斯主义理论体系

有关凯恩斯主义理论的基本内容，在前面的章节中均已作过介绍，现在主要说明各种基本理论之间的相互关系，简要地勾画出凯恩斯主义理论体系的框架。

凯恩斯主义理论的基本结构，西方经济学家勒纳（A. Lerner）在其《就业经济学》（"Economics of Employment"）一书中有一个形象的图形表示法，整个图形类似一座房屋，比喻凯恩斯主义的理论大厦，具有象征意义，见图 17-3。

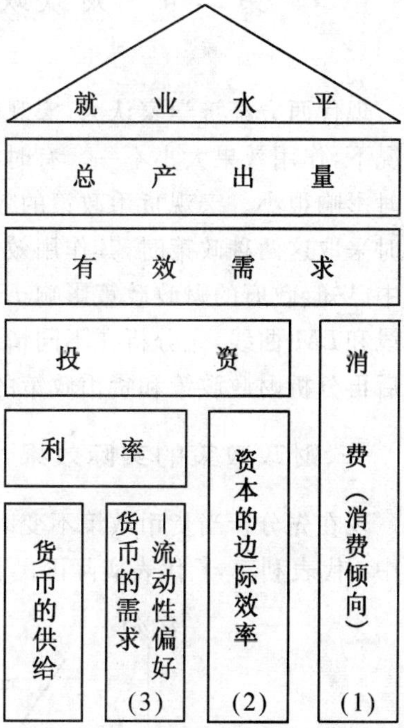

图 17-3　凯恩斯主义理论体系的结构

从图形中看，凯恩斯主义的整个理论是建立在三大基本心理因素和心理规律基础之上的，即消费倾向、资本的边际效率以及流动性偏好。至于货币的供给，凯恩斯认为是一个外在变量，可以由货币当局自行决定，因而可视为一常量。图的顶端为就业水平，表示凯恩斯主义理论最终要解决的是就业问题。从图的顶端往下看，就业水平决定于总产量水平。因为总产量多，雇用的劳动力必多，失业率则必低；反之亦然。总产量又由有效需求所决定，即有效需求通过乘数的作用决定总供给。凯恩斯认为，有效需求不足是造成经济萧条的根本原因。而有效需求是由消费需求和投资需求构成，即 $C+I$。消费决定于社会的消费倾向，它和收入有一定的函数关系。凯恩斯认为边际消费倾向递减，导致消费需求不足。投资则由资本的边际效率和利率这两个因素所决定。凯恩斯认为，从长期看，资本的边际效率递减，导致投资需求不足。正因为消费需求和投资需求都不足，造成有效需求不足，因此需要政府发挥作用，增加支出，以提高有效需求，即由 $C+I$ 变成 $C+I+G$。从短期看，资本边际效率可视为不变，因此，投资需求则是利率的函数。利率越高，投资越少；利率越低，投资越多。那么，利率水平又是如何决定的？凯恩斯认为，利率纯粹是一种货币现象，它决定于货币的需求和供给。货币的供给是由一国的货币当局所决定，为一常量。货币的需求则决定于流动性偏好这一心理因素和规律，它与市场利率也有一种函数关系。利率越高，对货币的需求量越少；利率越低，对货币的需求量越多。这种函数关系与货币当局确定的货币数量共同决定均衡的利率水平。

第二节　财政政策与货币政策的综合效果

现代西方经济学家认为,宏观财政政策和宏观货币政策各有其作用,在不同的情况下,作用效果大小不一。有时宏观财政政策对实际国民收入的增长影响很大,有时影响很小。宏观货币政策的效果也是如此,有时作用很大,有时很小。当政府同时采取这两种政策时,其作用效果取决于两种政策作用之间的关系。在第十六章中已知,政府的财政政策影响 IS 曲线,货币政策影响 LM 曲线,本节则利用 IS 曲线和 LM 曲线,先分析在不同情况下单独使用财政政策和货币政策的实际效果,然后再分析财政政策和货币政策的综合效果。

一、财政政策的实际效果

现在先分析当货币政策不变时,财政政策的实际效果。用图 17-4 加以说明。图中 i 代表利率,Y 代表实际国民收入。

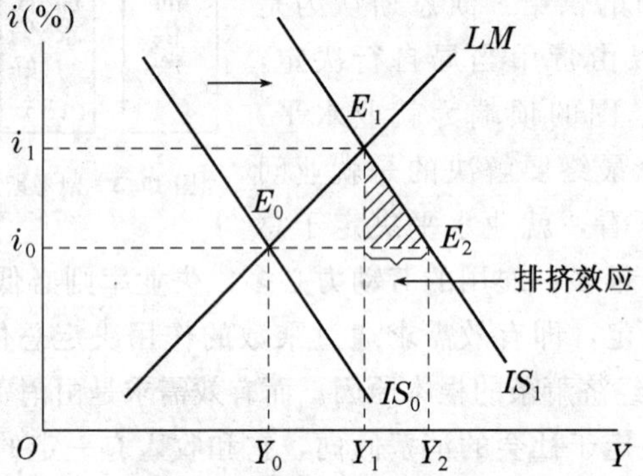

图 17-4　财政政策的排挤效应

图 17-4 中,E_0 为原 IS_0 曲线和 LM 曲线的交点。均衡的利率水平和实际国民收入水平分别为 i_0 和 Y_0。假如政府增加财政支出,使 IS_0 曲线右移至 IS_1 曲线,均衡点从 E_0 右移至 E_2,实际国民收入水平也从 Y_0 增加到 Y_2 水平。这时,对货币的需求会相应增加。在货币供给量不变条件下,导致货币需求大于货币供给。如果要想使货币需求减少,达到与货币供给平衡的水平,利率则必然上升。但是,利率上升后又会减少企业的计划的投资水平,从而减少实际国民收入。只有在 E_1 点时,商品市场和货币市场才同时均衡,均衡的利率上升到 i_1,均衡的实际国民收入水平增加到 Y_1。

在利率不变情况下，财政政策的效果本应达到加 Y_0Y_2 的实际国民收入水平，可是由于货币政策不变，迫使利率升高，又使实际支出水平下降，从而财政政策所达到的实际效果是增加了 Y_0Y_1 的实际国民收入水平。由于这种原因而损失掉的作用，被称为"排挤效应"(crowding out effect)。图 17-4 中的 E_2 点和 E_1 点之间的实际国民收入差额，即 Y_1Y_2 就是在利率升高的情况下出现的排挤效应。

还应注意，当政府增加支出，经过排挤效应，从原均衡点 E_0 移至新均衡点 E_1 时，私人的支出结构也因此发生变化。其中，由于利率上升，使投资支出减少；由于实际国民收入增加，使引致消费增加，不过私人总支出水平，即投资支出与引致消费的总和也增加。其增加的数量加上政府增加的财政支出数量就是政府财政政策所创造的全部实际的国民收入，即 Y_0Y_1。

宏观财政政策对实际国民收入产生的效果可能很大，也可能很小，这取决于乘数的刺激大小、人们的货币需求对利率的反应程度以及自发性支出水平的大小等因素。乘数的变化，一般不大，特别在短期内，可视为不变，因此当政府采取财政政策变动 IS 曲线时，其作用大小取决于货币需求对利率的反应程度，即流动性偏好这一心理因素。假如货币需求对利率的反应程度无穷大，LM 曲线呈水平状态，这时财政政策的效果最大，政府的财政支出通过乘数作用，可以最大程度地刺激实际国民收入水平的增加，如图 17-5 所示。假如货币需求对利率的反应程度为零，LM 曲线呈垂直状态，这时财政政策的效果最小，政府的财政支出对实际国民收入水平的增加，不起任何作用，如图 17-6 所示。

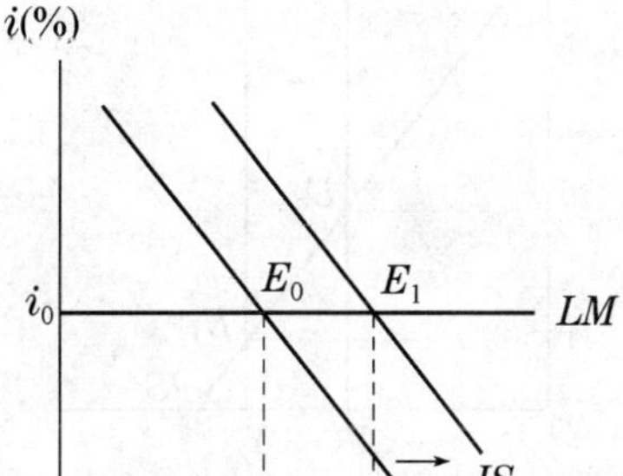

图 17-5　财政政策效应最大化

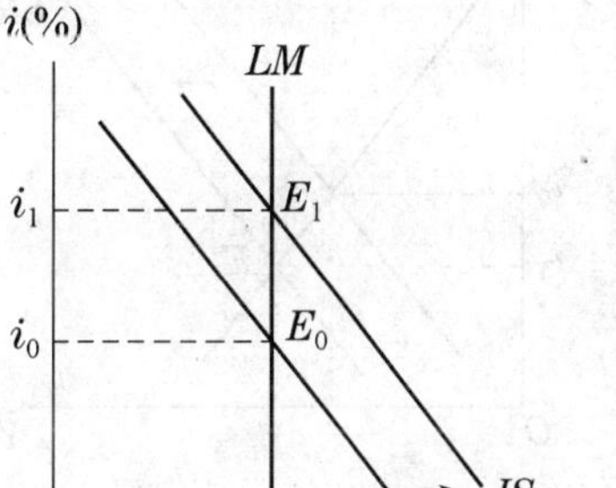

图 17-6　财政政策效应最小化

图 17-5 和图 17-6 中，i 代表利率，Y 代表国民收入。图17-5 说明，当 LM 曲线为水平状态时，财政政策的作用使 IS_0 曲线右移到 IS_1 曲线，均衡点由 E_0 平行右移到 E_1，这时实际国民收入增加最大，从 Y_0 增加到 Y_1，而利率不变。图 17-6 说明，当 LM 曲线为垂直状态时，财政政策的作用同样使 IS_0 曲线右移

到 IS_1 曲线，但是均衡点由 E_0 垂直上升到 E_1，这时实际国民收入并没有发生变化，财政政策的唯一作用是促使利率水平上升，由 i_0 升到i_1。这时的排挤效应最大，自发性支出因利率上升而减少所产生的效果完全抵消了增加财政支出所产生的效果。货币学派正是依据这一理论，说明财政政策并不重要。但是，有些西方经济学家通过实际统计资料，证明货币需求对利率的反应程度并非接近于零。

二、货币政策的实际效果

现在再分析当财政政策不变时，货币政策的实际效果。在一般情况下，当采取货币政策变动货币供给量，既影响利率，也影响实际国民收入水平。以图 17-7 加以说明。

在图 17-7 中，E_0 点是原均衡点，当货币增加时，LM_0 曲线右移至 LM_1，新均衡点是 E_1，均衡的利率由 i_0 下降至 i_1，均衡的实际国民收入水平由 Y_0 增加到 Y_1。为什么货币供给量的增加会导致利率下降和实际国民收入水平增加？当货币供给量增加时，人们发现持有的货币比他们愿意持有的货币多，于是会把多余的货币部分存入能生息的储蓄账户上，部分用于购买股票、债券以及商品上，这样，股票和债券的价格将会上升，而利率将会下降，这种作用被称为货币扩张的“流动性效应”。低利率又会刺激全社会企业的投资的增加，从而使实际国民收入水平增加，这种作用被称为货币扩张的“收入效应”。

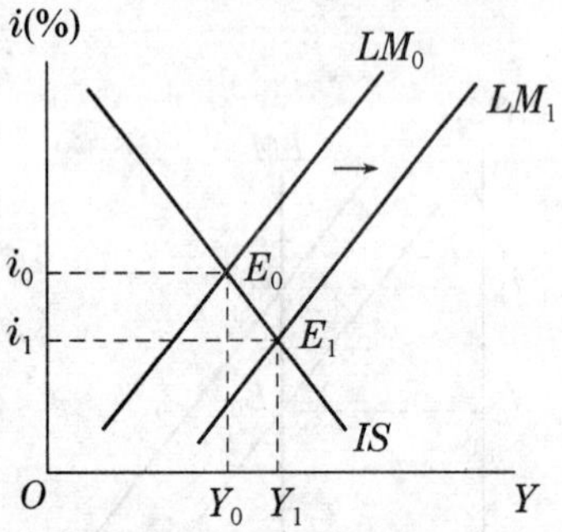

图 17-7　货币政策的效应

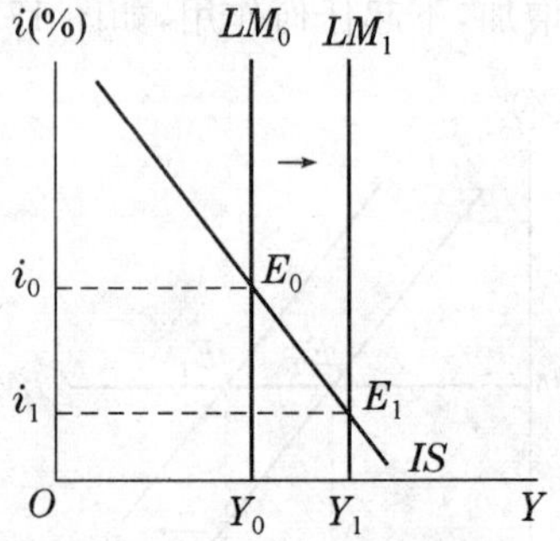

图 17-8　货币政策效应最大化

货币扩张使利率下降幅度越大，实际国民收入水平增加的幅度也越大。货币扩张对利率产生作用的幅度取决于货币需求对利率的反应程度。反应程度越大，则 LM 曲线越平坦，从而对利率下降产生的影响越小；反之，反应程度越小，则 LM 曲线越陡峭，从而对利率下降产生的影响越大。极端的状态是 LM 曲线呈垂直状，如图 17-8 所示，这时人们的货币需求与利率无关，货币扩张使利率下降的幅度最大，对实际国民收入产生的作用也最大。图17-8中货币扩张的幅度和图 17-7 中货币扩张的幅度相同，但对实际国民收入产生的作用却大不相同。

图 17-7 及图 17-8 两种情况都是假定 IS 曲线不变，即为正常的负斜率状态。在这两种情况下，尽管货币政策对实际国民收入产生的效果大小不一，但实际国民收入毕竟都是增加的。现在再分析货币政策对实际国民收入不发生作用的两种情况。

第一种情况如图 17-9 所示。当计划的投资对利率的作用不起反应时，IS 曲线呈垂直状。这时，实际国民收入水平仅取决于利率为零时的自发性支出水平和乘数的大小，不管货币供给量发生如何变动，均不会对实际国民收入水平产生任何作用。图中，由于货币扩张，使 LM_0 曲线右移至 LM_1 曲线，均衡点由 E_0 下降到 E_1，均衡的利率水平由 i_0 下降到 i_1，但由于垂直状的 IS 曲线表示利率的变化对计划的投资不发生作用，因而计划的投资并不因利率的下降而增加，故实际国民收入水平不增加，仍为 Y_0。在这种情况下，财政政策的作用则很大。

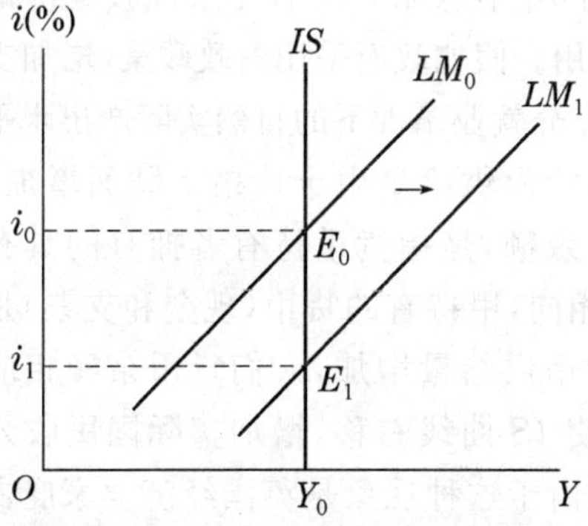

图 17-9　货币政策无效

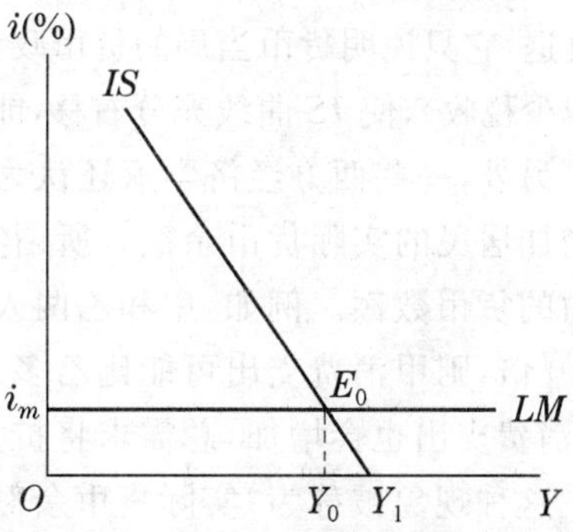

图 17-10　货币政策无效

第二种情况如图 17-10 所示。虽然 IS 曲线处于正常的负斜率状态，由于利率水平已低到某一最低限度，货币政策也可能对实际国民收入不发生作用。货币当局并不能直接控制利率，它通过变动货币供给量间接地影响利率水平。假如货币供给量增加时，人们认为股票和债券的价格已过多地高于正常价格，不大可能再继续涨上去，他们则不会购买股票和债券。这样，不管货币当局增加多少货币供给，股票和债券的价格也不会上升，利率也不会下降，因而实际国民收入水平也不会增加。上述这种坚信股票和债券价格将会下降的人，通常被称为“熊派”或“看跌派”。相反，对股票和债券行情持乐观态度的，被称为“牛派”或“看涨派”。凯恩斯指出，当所有的投资者都已加入“熊派”行列时，这时的利率水平就是最低利率水平。

在最低利率水平状态，货币政策不会产生任何作用，凯恩斯称这种现象为“流动性陷阱”。图 17-10 表示了流动性陷阱状态。图中，LM 曲线在最低利率水平 i_m 上呈水平状，这时，货币扩张不会再刺激实际国民收入水平的增加。

必须注意，货币政策能否起作用，取决于“自然利率”与最低利率之间的关系。所谓“自然利率”，是指 *IS* 曲线上表示“自然实际 GDP”（即自然失业率状态下的 GDP 水平）的利率水平。例如图 17-10 中，假如 Y_1 是自然实际 GDP 水平，则自然利率就是零；同样，假如 Y_0 是自然 GDP 水平，则自然利率就是 i_m。在 *IS* 曲线为负斜率状态下，当自然利率高于或等于最低利率时，货币政策才能发挥作用。当自然利率小于最低利率时，货币政策则不起作用，除非直接将自然利率提到高于最低利率的水平。因此，图17-10关于流动性陷阱的说明，是假定自然利率低于最低利率时所发生的情况。

还要注意，即使在没有流动性陷阱情况下，货币政策也可能不起作用。因为最低利率水平的最低限度是零，不可能是负值，当自然利率为负值时，即使最低利率是零，即没有流动性陷阱，货币扩张也不会刺激实际国民收入水平的增长。

西方经济学家认为，当自然利率为负值时，并不意味着政府无法挽救经济萧条或衰退，它只说明货币当局的货币政策不起作用。假如政府采用财政政策（增加支出或减少税收），使 *IS* 曲线充分右移，能够达到充分就业条件下的自然实际产出水平。

另外，一些西方经济学家还认为，当实际货币供给量由于价格下跌而增加时，会增加居民的实际货币余额。所谓实际货币余额，是指货币持有者拥有的具有购买力的货币数额。例如，甲和乙两人的收入相同，甲持有的货币（现金和支票）是乙的 10 倍，则甲消费支出可能比乙多。由于货币供给量增加，人们货币余额相应增加，消费支出也会增加，总需求将扩大，从而使 *IS* 曲线右移，增加实际国民收入水平。这种现象被称为“实际货币余额效应”。由于这种现象是英国经济学家庇古首先提出的，因此又被称为“庇古效应”（Pigou effect）。

三、财政政策和货币政策的综合效果

以上分别分析了单独使用财政政策或单独使用货币政策的各种情况，现在将这两种政策放在一起，分析它们的综合作用。见图 17-11。

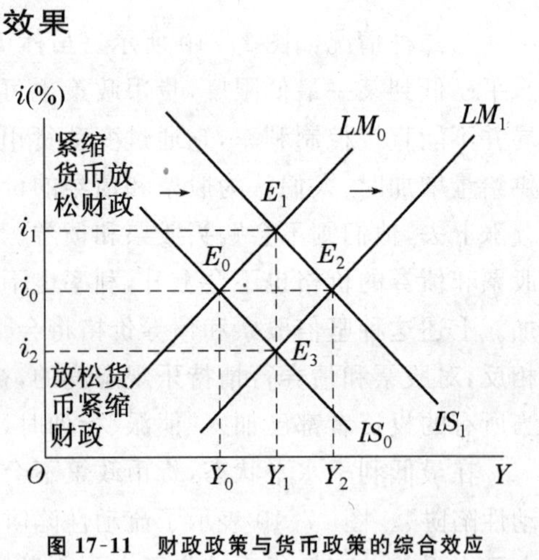

图 17-11　财政政策与货币政策的综合效应

图 17-11 中，E_0 是 IS_0 与 LM_0 曲线的均衡点，当采取财政政策、扩大支出水平时，IS_0 曲线右移至 IS_1 曲线，假如货币当局的目标并非是维持固定的货币供给量，而是保持利率不变，则货币供给量相应增加，使 LM_0 曲线右移至 LM_1 曲线，均衡的利率水平依然是 i_0，

均衡的实际国民收入水平则由 Y_0 增加到 Y_2。很显然，同时使用财政政策和货币政策，不会出现单独使用财政政策时所产生的排挤效应，其效果要比单独使用某一种政策大。

此外，图 17-11 还说明，假如 Y_1 为理想的实际国民收入水平，则单独使用财政政策或单独使用货币政策都能达到，但情况却不同。假如单独使用财政政策，IS_0 曲线右移到 IS_1 曲线，均衡点由 E_0 到 E_1，达到了 Y_1 这一理想的实际国民收入水平。支出增加而货币供给不变，为了保持商品市场和货币市场的同时均衡，利率水平必须上升到 i_1，这时为紧缩货币、放松财政的状态。反之，假如单独使用货币政策，LM_0 曲线右移到 LM_1 曲线，均衡点由 E_0 移到 E_3，也达到了 Y_1 这一理想的实际国民收入水平。货币供给增加而支出不变，为了保持商品市场和货币市场的同时均衡，利率水平下降到 i_2，这时为放松货币、紧缩财政的状态。利率上下波动的范围在 i_1 和 i_2 之间，取决于财政政策和货币政策的组合情况。

那么，一个经济究竟应当选择哪一种状态？西方经济学家认为，在 E_3 点，社会投资水平较高，因此经济的自然实际 GDP 增长率也可能较高，这不仅有利于当代人，而且更能造福子孙后代。而在 E_1 点，政府的支出水平较高，政府的购买可能用于当前政府所提供的各种服务（例如，国防、治安和防火、教育及健康保健等），或者是用于政府投资（例如，校舍和医院建筑等），对社会的当前利益较大。政府在这两种情况中作何抉择？这是一个十分棘手的问题，其答案部分取决于社会对公共物品和对私人物品的偏好状况。

即使在使用财政政策方面，西方经济学家也存在着不同的观点，有的主张政府购买应多，转移支付应少。有的却认为政府转移支付应多，政府购买应少。这一争论长久不息，至少从加尔布雷什（J. K. Galbraith）著名的《丰裕社会》（Affluent Society）一书于 1958 年出版以来一直是如此。不过，有些人认为，这一争论主要是政治性的，已超出了经济学研究的范围。

第三节　供应学派的财政政策与货币政策

20 世纪 30 年代末凯恩斯主义的产生，是西方资产阶级经济学说在 20 世纪中的第一次革命，它否定了以萨伊定律为基本内容的古典经济学，以“有效需求不足”代替了“供给能创造自身的需求”这一传统理论。凯恩斯主义在西方资本主义国家盛行了几十年，西方经济学家把战后出现的繁荣完全归功于凯恩斯主义。但是到 20 世纪 60 年代末，特别是 70 年代，西方各国普遍出现“滞胀”形势，高通货膨胀与低经济增长并存，高通货膨胀与高失业并存，凯恩斯主义对此已不能加以解释。对凯恩斯主义批评最激烈的虽然是货币学派，但货币主义从未成为西方各国政府执政的理论基础。而70年代在美国兴起的供应学派虽在理论上远不如货币学派成熟，当时的影响也远不及货币学派大，但在资产阶级企图摆脱滞胀局面的经济困境中被作为资产阶级复兴经济的主要理论依据，并自80年代以来，一直在英、法、美等国被用于治理经济，无论在理论上还是在经济实践中，都产生了重大影响，从而成为西方资产阶级经济学理论的第二次革命。

供应学派一反凯恩斯主义需求管理的思想，主张从供给方面刺激经济。他们虽然打出了"回到萨伊那里去"的旗号，但并非意味着萨伊定理的简单再现，而是表示与凯恩斯主义针锋相对的决心。

供应学派的基本理论，表现在四个方面：① 财政政策主张；② 货币政策主张；③ 减少政府对经济的干预；④ 削减机构，分散权力。

在这四个方面中，前两个方面是最基本的，其中财政政策主张又最能充分体现供应学派的"理论革命"。

一、供应学派的财政政策

供应学派认为，导致经济停滞和高失业、高通货膨胀局面的根本原因，并非像凯恩斯所讲的那样，是因为需求方面的原因引起的，恰恰是由于对需求刺激过多而形成的恶果。他们提出只有刺激生产，增加供给，才能挽救危机，振兴经济。因此，供应学派的财政政策是以其"供给管理"而与凯恩斯主义"需求管理"的财政政策成鲜明对照的。

供应学派提出刺激供给的最主要的财政政策主张就是减税。他们认为减税可以增加个人收入和企业利润，刺激储蓄和投资，调动私人和企业的积极性，从而可以增强经济活力。通过减税，政府收入不但不会减少，反而会增加。其理论根据就是"拉弗曲线"(Laffer curve)。

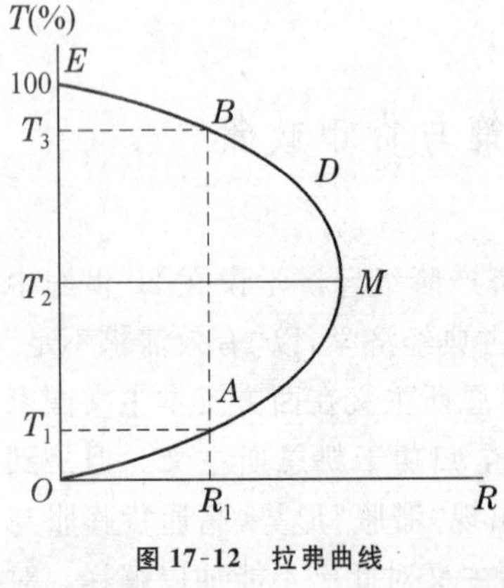

图 17-12 拉弗曲线

拉弗(Arthur B. Laffer)是美国的经济学教授，供应学派的重要代表人物之一。拉弗曲线分析了税率和收入之间的关系，见图17-12。

图中，R代表政府收入，T代表税率。

拉弗认为，政府收入的多少取决于税率和税基这两个经济变量，两者相乘为税收，其基本式为：税收＝税率×税基。拉弗并没有详细地解释税基的确切含义，其一般概念是指经济的活动能力。从微观上看，它泛指厂商和私人的经济活动收益。例如，政府通过公司所得税所获得的收入等于公司利润税税率乘以公司所获利润，公司利润就是纳税的税基。再如，销售税税收额等于销售税税率乘以销售额，销售额就是税基。拉弗认为，当税率变化以后，税收会有两种变化的可能：一是假如税基不变，政府的收入会随着税率的上升而增加。反之亦然。因此，政府收入与税率之间是正比例关系，这是一种会计效应。二是假如税基变动，政府收入也变动。政府收入与税基之间也是正比例关系，即当税率不变时，税基越大，政府收入越大，反之亦然。这是一种经济效应。但是，税率和税基之间的关系是负向关系。当税率上升时，私人和厂商的积极性受到压抑，经济活动下降，税基也下降；反之，当税率下降时，私人和厂商的积极性受到刺激，经济活动上升，税基也上升。因此，当政府变动税率时，会同时有两种相反的效应发生作用，而政府收入的增减则要看是哪一种效应占主导地位。假如税率为零，政府收入当然也是零，虽然这时税基可能最大，因为经济活动单位没有任何税收负担。当税率由零开始增加时，政府也开始有收入。从会计效应看，税率越高，政府收入也越高，但从经济效应的角度考虑，经济活动能力将随着税率的不断上升而越来越小，政府收入也会被抵消。只要会计效应大于经济效应，政府的总收入就会增加。在图 17-12 中，拉弗曲线的 OM 线段表示会计效应大于经济效应，即因税率上升而增加的收入大于因经济活动能力下降而减少的税收，因此在这一区域，政府的收入将随着税率的上升而增加。当税率上升到 T_2 时，这时政府收入最大，达到顶点。T_2 的税率并不一定是 50%，可为任意数，这个数要视人们对纳税的态度和反应而定。例如在战争时期，T_2 点可能会接近 100%。当税率超过 T_2 时，经济效应则大于会计效应，从而再继续提高税率，政府收入将会减少，图中的 ME 线段就是这种情况。如果税率上升到 100%，这时的情况和税率为零时一样，政府也不再有任何收入，因为这时虽然税率最高，但税基为零，私人和企业的全部收入均被纳税，人们也就不会从事任何生产活动了。

拉弗根据该曲线指出，任何数量的政府收入都可以由两种税率所获得，即既可以通过 T_2 点以上的高税率所获得，也可以通过 T_2 点以下的低税率所获得。从图 17-12 中可以看出，当税率为高税率的 T_3，低税率的 T_1 时，政府收入都是 R_1。拉弗还把 T_2 和 100%税率之间的区域（T_2M 线以上部分）称为"禁区"。他指出，在"禁区"里，当政府提高税率时，私人和企业的生产活动都会下降，政府的收入也会下降。拉弗在提出"拉弗曲线"时认为，当时美国是处在禁区中（例如 D 点），拉弗及供应学派正是据此而提出他们减税主张的。他们认为，增税只会起到相反的作用。假如采取减税政策，将会鼓励人们从事生产，促进投资和储蓄，从而导致国家的经济增长，政府的实际收入反而会增加。

供应学派也承认，减税后的确会出现政府收入减少的现象，政府的支出会大于税收，但这种情况仅仅是短期现象。从长期看，减税一定会产生增加经济活动能力的效果，促进经济增长，从而最终使政府收入增加。

"拉弗曲线"产生后，遭到了凯恩斯主义者和其他一些经济学家的纷纷批评，主要批评观点如下：

(1) 很多经济学家怀疑"拉弗曲线"的形状。经济效应和会计效应的确切内容究竟有哪些？它们之间究竟如何互相影响，拉弗并未详细论证。有的经济学家根据美国历年统计资料考察税率和政府收入之间的关系，以曲线形态表示，却与"拉弗曲线"根本相悖，是一种无规则状态。因此，"拉弗曲线"的形状，实际上并不确切。

(2) 减税主张是建筑在"美国处于禁区内"这一前提之上的，但供应学派和拉弗本人都没有证明这一点。即使根据"拉弗曲线"，假如美国不是处于禁区内，就会得出相反的结论。

(3) 减税并不能刺激工作，当税率降低时，人们的收入的确会提高，可是收入提高，人们可能不想增加工作，因为很多人认为只要有相当的收入就可以了。其原因在于人的时间、精力均有限，不断增加工作，会使工作的机会代价很高，从而失去休息、娱乐、接受文化、教育等机会。只有少数人例外，如刚参加工作的人或收入较低的人等，因为要养家糊口，对减税比较敏感。有些经济学家根据历史统计资料，证明税收的变动在总体上并不影响工作量。

(4) 减税也不会刺激储蓄。人们的储蓄往往有预定目标，例如供子女上大学，或用于自己退休以后，补贴生活所用等。因此与税率的变动并无多大关系。

(5) 拉弗把整个宏观经济问题仅用一条曲线表示，把问题看得太简单了。实际上，税收制度和经济活动是非常广泛、非常复杂的，其中存在着许多因素，例如经济所处的周期状态，财政赤字情况，负债情况，就业问题，利率和货币政策如何等。而供应学派却只从供给方面片面地考虑减税的结果，这是把问题简单化了。

许多西方经济学家，特别是凯恩斯主义者，认为减税的唯一结果是增加消费需求，因为税率降低，个人收入增加，支出和投资也将增加，继而国民收入水平也随之增加。这对个人来说如此，对一个企业来说也是如此。因此，当里根政府上台后，曾取得经济上重大进展时，在减税究竟是因为刺激了供给而推动了经济，还是因为刺激了需求而推动了经济，供应学派和凯恩斯主义对此争论不休。

二、供应学派的货币政策

供应学派的货币政策与货币学派理论大体相同。认为货币供给过多是导致通货膨胀的根本原因。为了遏制通货膨胀，必须实行紧缩货币的政策。关于如何具体实施紧缩货币政策，供应学派内部存在着两种不同的意见：

一种意见认为，解决美国通货膨胀和美元信用危机的根本办法，是使美元重新与黄金挂钩，实行某种新形式的金本位制，这样可以消除对美元贬值的担心。美元的币值稳定了，社会货币供给总量就会得到限制，进而可以实现平稳物价，降低利率和平衡预算。这种观点不同意货币学派只着眼于控制货币供给量，通过通货紧缩，减少信贷的方法来控制通货膨胀的办法，认为，只有致力于稳定美元币值，才是解决问题的根本方法。这种观点提出，单纯的紧缩通货还可能提高已经很高的利息率，对增加投资率产生严重的阻碍作用。恢复金本位制，无论对稳定币值还是降低利率，都会起到积极的作用。而这又是减税政策发挥刺激储蓄和投资、促进经济增长的必要条件。此外，恢复金本位制，还可以使美元成为稳定的世界储备货币，巩固美元在国际金融中的特权地位。

另一种意见认为，必须严格控制货币供给量，货币供应的增长率必须降下来。但是与货币学派不同之处在于，它并不强调货币供给量的增长率一定保持在货币学派所认定的4%～5%的固定年增长比率上。这种意见既不同意过多地增加货币供给量，也反对过分紧缩货币，而主张货币政策与减税政策相配合并为之服务。它认为，当减税改善了工作和投资的赢利状况后，经济将会因为商品和劳务的迅速增长而要求更快的提供货币，这时如不及时增加货币供给，很可能会引起通货膨胀。通货膨胀并非一概都是由货币增加引起的，而货币增加也并非一定都会引起通货膨胀。能否引起通货膨胀，取决于货币供给增长的目的。如果货币供应量的增长是因为政府把货币供给当作还债的手段，那么就会产生通货膨胀；如果货币的增长是因为实际产量的增长对货币需求十分强烈，则会降低利率，阻止正在形成的资金短缺，从而可以避免通货膨胀。如果货币供给量紧缩过快，将会导致高利率，引起衰退和较大的预算赤字，从而损害经济发展。在这一种意见中，也有少数意见则完全同意货币学派的主张，认为只要把货币供给量的年增长率控制在4%～5%的范围内，就可以满足经济增长对货币的需求量，就可以遏制通货膨胀，从而增强美元的地位。这种意见并不赞成恢复金本位制，认为这不是一种切实可行的方法。

从以上供应学派的财政政策主张和货币政策主张中，可以清楚地看出，供应学派在基本理论上并不十分成熟、完善，它仍属于一个正在发展中的理论学派，但是，目前世界上主要资本主义国家都采用了供应学派的政策主张，利用它作为在凯恩斯主义失灵情况下，寻找新出路的新药方，这表明，供应学派的崛起已成为西方经济理论发展上的重大转折点。

思考题

1. 什么是充分就业？
2. 解释非自愿性失业、自愿性失业和摩擦性失业。
3. 美国的失业率是如何统计的？
4. 说明通货膨胀的概念。
5. 什么是需求拉动的通货膨胀、成本推进的通货膨胀和结构性通货膨胀？
6. 设总供给 $Y_S=380$，总需求 $Y_D=500-40P$。求：(1)当价格为 2 时的供求状况；(2)价格水平为多少才能达到国民收入均衡？(3)通货膨胀率是多少？
7. 说明菲利普斯曲线及其含义。
8. 说明奥肯定律及其含义。
9. 比较“健全财政”和“补偿财政”两种财政理论。
10. 什么是相机抉择法？其主要手段有哪些？
11. 什么是自动的或内在的稳定器？它主要包括哪几种？
12. 概述凯恩斯主义理论体系。
13. 在什么情况下财政政策的作用最大，什么情况下最小？
14. 在什么情况下货币政策的作用最大，什么情况下最小？
15. 解释同时使用财政政策和货币政策的综合效果。
16. 概述供应学派理论的历史地位及其财政政策主张。

第十八章 总供给与总需求——AS－AD模型

有关总需求和总供给的基本概念及相关图形在第十四章已有涉及。但是该章主要阐述均衡的国民收入(总供给)水平是如何决定的。而本章简要介绍的"AS－AD模型"的目的则是分析国内生产总值和失业等主要经济变量的决定因素、经济波动的原因以及宏观经济短期均衡与长期均衡的区别。

从图形和基本概念上看,AS－AD模型与第二章讲的市场供求模型很类似。不同之处在于,AS－AD模型是将微观的供、求理论运用到宏观经济的分析之中。

第一节 总供给曲线

一、总供给曲线的含义和基本特征

总供给(aggregate supply)曲线表示的是实际GDP的供给量与价格之间的关系。其概念是:在其他条件不变情况下,物价水平越高,实际GDP的供给量越大;物价水平越低,实际GDP的供给量越小。见图18-1。图中,P表示社会物价总水平,Y代表实际GDP的数量。

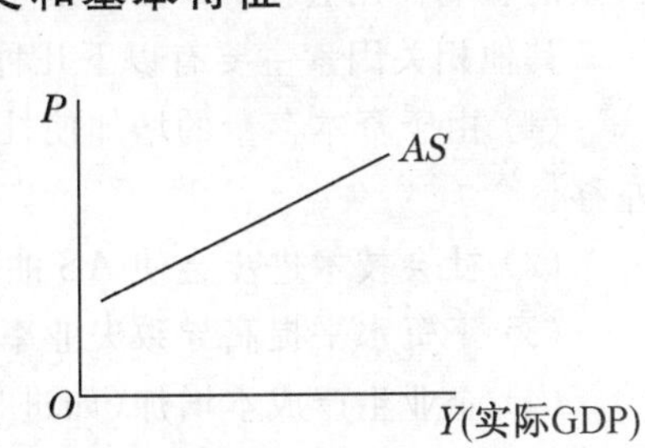

图18-1 总供给曲线

AS曲线表示价格与实际GDP之间的正相关性,其原因有三种解释。

第一种解释是以米尔顿·弗里德曼和罗伯特·卢卡斯理论为基础的新古典学派的“错觉理论”。该理论认为,短期内物价总水平的变动会使供给者对他们出售商品的市场变动产生一种错觉。也就是说,当产品的价格低于供给者所预期的价格时,企业会认为报酬减少,因而会解雇工人,减少生产。同时,工人也会预期其工资水平的下降而减少劳动的供给。这两种情况都会导致实际GDP水平的下降。

第二种解释是以凯恩斯理论为基础的“刚性工资理论”。该理论认为,工人短期内的名义工资水平具有“刚性”特征。造成刚性工资的重要原因或是出于劳资之间所签订的工资合同,或是出于某种特定时期的社会规范。因此,当物价水平下降而名义工资不变时,工人的实际工资(W/P)上升。由于工资是企业生产成本的主要部分,因而实际工资的提高意味着企业生产成本的上升。在这种情况下,企业将会解雇工人,减少生产,从而导致GDP水平的下降。

第三种解释是以新凯恩斯主义理论为基础的“刚性价格理论”。该理论不仅赞同凯恩斯的刚性工资理论,而且还认为商品和服务的价格在一定时期内也是刚性的。其原因主要是出于调整价格的“菜单成本”。这在第十七章第一节中已作过说明。也就是说,菜单成本导致了企业产品的价格刚性。当社会物价总水平下降时,则企业刚性价格的水平就显得相对较高,造成产品销售量减少,进而导致企业削减生产,就业下降。这样,总供给曲线就呈现为物价水平和GDP水平的负相关性。

二、短期总供给曲线移动的原因

按前所述,*AS*曲线反映的是价格与商品和服务供给量之间的关系。实际上,商品和服务供给量并非仅仅与价格相关,还有其他许多影响因素。但是,其他相关因素的影响作用会使*AS*曲线发生移动。

其他相关因素主要有以下几种:

(1) 由于资本存量的增加使社会劳动生产率提高,会使*AS*曲线右移;反之则左移。

(2) 社会技术进步会使*AS*曲线右移。

(3) 工资水平提高导致失业率上升会使*AS*曲线左移;反之则右移。

(4) 企业生产成本增加(如进口的石油价格上涨等)会使*AS*曲线左移;反之则右移。

(5) 对物价水平预期的心理因素也会导致*AS*曲线移动。在前面解释正斜率*AS*曲线的三点原因中,无论是“错觉”、“刚性工资”,还是“刚性物价”,都是基于对某一种物价水平的预期。当预期发生变化时,则*AS*曲线也会发生移动。例如,当人们预期物价水平将会上升时,就会偏向于工资的增加。工资的增加使企业生产成本增加,从而导致企业所提供的商品和服务量的下降。这样,在某一既定的物价水平上,会使整条 AS 曲线左移;反之亦然。

三、长期总供给曲线

需要注意的是,上述三种对 AS 曲线的解释都是短期解释。长期 AS 曲线是一条垂直状曲线,见图 18-2。其原因在于,从长期看,人们会调整对价格的预期,工资和价格也会发生变动。因此,决定短期 AS 曲线移动的因素从长期看不复存在。也就是说,从长期看,社会物价水平并不影响决定 GDP 水平的各种因素,因而它们之间也不再呈正相关性。

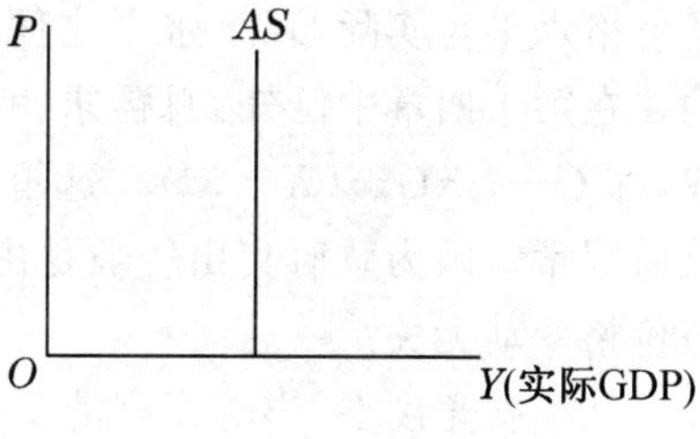

图 18-2　长期总供给曲线

至于长期总供给曲线所表示的 GDP 水平,则取决于社会资本与劳动要素的供给量以及将这些资本和劳动转变为商品和服务的生产技术水平。无论社会物价水平如何,GDP 水平都是相同的。这样,长期 AS 曲线便呈垂直状。

需要说明的是,长期总供给曲线是一条垂直线,那为什么某种具体的商品和服务的供给曲线却是正斜率曲线呢?原因在于,某种具体商品和服务的供给量取决于相对价格,即这些商品和服务与其他商品和服务的相对价格。举一个例子就明白了。假如冰箱的价格上涨,在其他条件不变情况下,则资金、钢材、劳动等生产要素就会从其他产品的生产中脱离出来而用于冰箱的生产。这样,冰箱的生产数量就会增加。但是从社会总体看,全社会的生产量由于受资本、劳动和技术的约束,社会总供给量不会发生变化。按上例,当冰箱数量增加时,其他商品的数量却下降了,因此社会总供给量不变。

长期 AS 曲线也会发生移动。例如劳动生产率或生产技术的提高会使长期 AS 曲线右移。另外,社会失业率变化也会使长期 AS 曲线移动,这与短期 AS 曲线移动的原因相同。

第二节　总需求曲线

一、总需求曲线的含义和基本特征

总需求(aggregate demand)曲线表示的是实际 GDP 需求量与价格之间的关系。其概念是:在其他条件不变情况下,物价水平越高,实际 GDP 的需求量越小;

物价水平越低，实际 GDP 的需求量越大，见图 18-3。

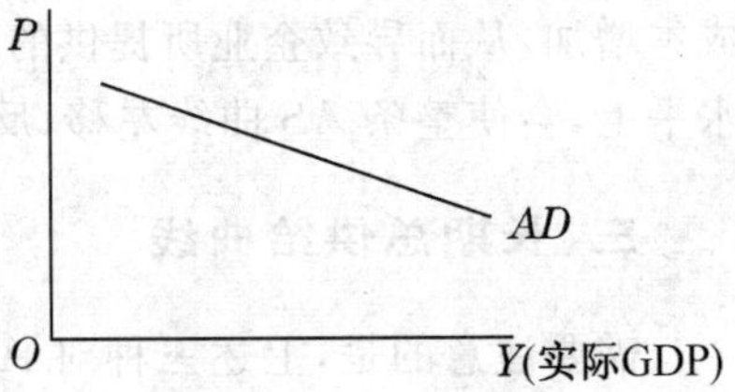

图 18-3　总需求曲线

AD 曲线表示价格与实际 GDP 之间的负相关性。其原因在于，构成总需求的因素反映了价格水平与实际 GDP 水平之间都是负相关的。在第十四章中已知，总需求由四种因素构成，即 $C+I+G+(X-M)$。这里假定不考虑政府因素。因为政府支出一般是由政府决策者根据某种特定情况而自行决定的，与价格变动无关。

从消费角度看，影响家庭消费的最重要的原因是当前的收入水平。当收入增加时，消费者的消费支出也会随之增加；收入下降，消费支出便会减少。消费水平还会受家庭财富存量的影响。假如两个家庭的当前收入水平相同，如果第一个家庭的财富存量大于第二个家庭的财富存量，则从消费占收入的比例看，第一个家庭会大于第二个家庭，即在收入相同的情况下，前者会比后者花更多的钱。如果价格下降，则意味着家庭的实际财富存量增加，因此消费也会增加，从而导致实际 GDP 水平上升。反之，当价格上升时，实际财富存量减少，消费也会减少，从而导致实际 GDP 下降。这种原因被称为"庇古的财富效应"。这是基于庇古(1877～1955)的理论。

从投资角度看，当价格上升时，企业(包括家庭的投资行为)在经营活动中需要更多的货币。他们会通过从银行取款、借贷或者变卖金融资产(如股票、证券等)来增加货币持有量。在货币发行量不变条件下，这些行为必然导致利率上升。利率上升又会导致企业和家庭借款成本增加。这样，企业会减少投资，家庭也会减少投资性支出(如购买房屋等)。这将会导致实际 GDP 水平下降。反之，当价格下降时，将会带来相反的结果。这种原因被称为"凯恩斯的利率效应"。这是基于凯恩斯(1883～1946)的理论。

从净出口角度看，当本国产品相对于其他国家产品的价格上升时，则表明一国的出口产品变贵，进口产品更便宜了。这样，本国居民就会更多地购买外国产品，从而导致进口增加。而外国居民则转为更多地购买其所在国的产品，从而导致出口下降。这些最终会导致实际 GDP 水平的下降。反之，如果本国产品的价格下降，则导致出口增加而进口减少，实际 GDP 水平就会上升。这种原因被称为"芒德尔-弗莱明汇率效应"。这是基于芒德尔和弗莱明的理论。

需要注意的是，总需求曲线与单个产品需求曲线虽然形状相同，都是一条负斜率曲线，但两者的原因并不相同。单个产品的需求曲线之所以呈负斜率状，其中一个重要的原因是"替代效应"。例如，肥皂价格上涨会使消费者增加购买洗衣粉来代替肥皂,因而肥皂的需求量减少。但是总需求曲线表示的价格水平是社会总体物价水平,当社会总体物价水平上涨时,是无法找到替代品的。因此,在解释总需求曲线时,不存在“替代效应”的作用。

二、短期总需求曲线移动的原因

如同单个产品的需求曲线一样,总需求曲线也会发生移动。除了物价水平以外任何能够影响消费者、企业和进出口部门购买行为的因素都会使整条总需求曲线移动。这些因素可以概括为以下三类:

(1) 家庭和企业预期或心理的变化。如果家庭对未来收入有乐观的预期,则在物价水平不变情况下会增加消费;反之则会减少消费。如果消费者因担心退休后的生活不能受到很好的保障,则会减少现期的消费而增加储蓄,从而使总需求曲线左移。如果企业对其产品的未来销售有乐观的预期,则在物价水平不变情况下增加投资。反之,如果企业对未来产品的市场行情看跌,则会在相同的情况下减少投资。如果某种新技术的引进增加了企业的利润,则总需求曲线也会因企业投资的增加而右移。

(2) 国际贸易因素的变化。如果外国的家庭和公司由于非价格因素而减少对一国产品的购买,或一国的家庭和公司也因非价格因素增加对外国产品的购买,则该国的总需求曲线左移。例如,如果一个实际 GDP 的增速快于另一国,则其进口的增长会快于出口的增长,从而导致净出口下降。再如,如果一国货币与另一国货币的汇率上升,使该国产品在另一国市场上变贵,也会导致该国净出口下降。

(3) 政府政策的变化。政府无论使用财政政策还是货币政策,都会使整条总需求曲线移动。财政政策包括政府购买支出的变动和税收政策的变动等。例如,政府采取增加转移支付或减税政策,都会使总需求曲线右移。货币政策主要包括利率的变动等。例如,政府降低利率会使总需求曲线右移。

第三节　AS-AD模型的运用

一、短期宏观经济均衡

总供给和总需求决定价格和实际 GDP 水平。将总供给(AS)曲线与总需求(AD)曲线放在一起,便可决定宏观经济均衡。需要指出的是,本节所说的宏观经济均衡与第十六章阐述的宏观经济均衡的概念不同。该章是指商品市场与货币市场同时均衡,本节则不考虑货币市场的均衡问题。

图 18-4 显示了宏观经济均衡的状况。图中表示，AS 曲线与 AD 曲线的交点是宏观经济均衡点。均衡的社会物价水平为 P_E，实际 GDP 水平为 Y_E。如果社会物价水平高于均衡物价水平，会造成全社会的存货积压。这时，企业将会减少生产，降低价格，直到剩余产品全部售出。反之，社会商品供不应求，企业会增加生产，提高价格，直到供求相等为止。这里的基本原理与微观经济学中个别商品市场均衡的原理是一样的。

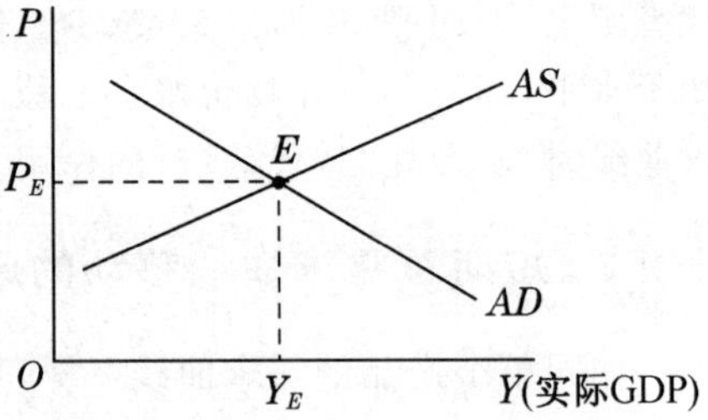

图 18-4 宏观经济均衡状态

在宏观经济均衡状态下，社会就业水平会有三种情况，即充分就业、高于充分就业或低于充分就业。见图 18-5。图中有三条不同的 AD 曲线，垂直线表示潜在的 GDP 水平，即充分就业条件下的 GDP 水平。其中 AS 曲线与 AD_0 曲线的交点 E_0 为充分就业均衡，这时均衡的实际 GDP 水平与潜在的 GDP 水平相等。如果总需求上升至 AD_1，则企业将增加生产，提高价格，均衡点移至 E_1，这时的均衡被称为“就业过度均衡”。反之，如果总需求下降至 AD_2，均衡点移至 E_2，则会导致“就业不足均衡”。

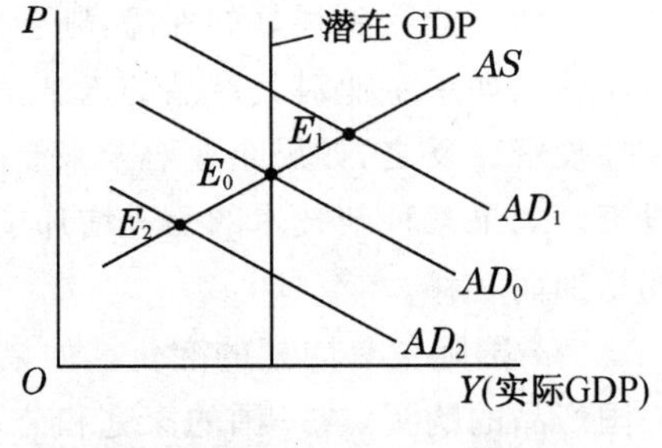

图 18-5 宏观经济均衡状态下的就业水平

二、长期宏观经济均衡

长期宏观经济均衡如图 18-6 所示。图中 SAS 和 LAS 分别表示短期和长期供给曲线。长期均衡点是由 LAS 曲线和 AD 曲线确定的，即 E 点。长期总供给水平就是潜在 GDP 水平。这时，企业在正常水平上运作，社会处于充分就业状态，除了结构性失业和摩擦性失业外，没有非自愿性失业。在长期均衡状态下，短期总供给曲线也会通过 E 点，因为企业会将价格、工资和心理状态等调整到与 AD、LAS 曲线相交的水平上。

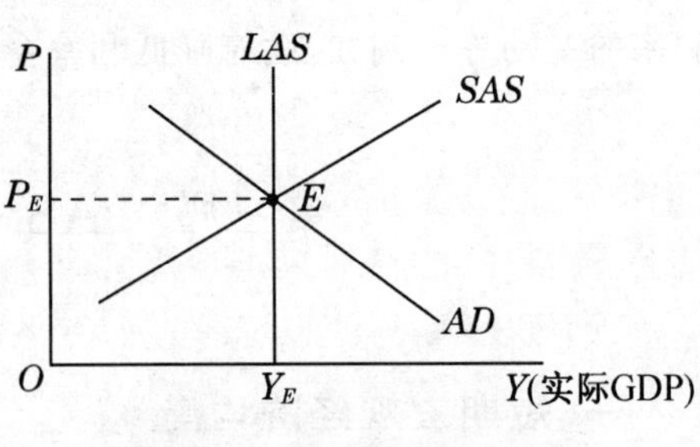

图 18-6 长期宏观经济均衡状态

在图 18-6 基础上，可以分析经济衰退的原因。假如在经济长期均衡状态下，国内股市狂跌，消费者对未来经济走势信心不足，消费支出减少；或者世界上某国家或某地区爆发了战争，导致企业对外投资减少。这些原因都会使 AD 曲线左移，见图 18-7。经济由原来的 E_0 点移至新的短期均衡点 E_1。这时，物价水平从 P_0 下降到 P_1，产量由 Y_0 下降至 Y_1，实际 GDP 低于潜在 GDP 水平，企业收益下降，同时失业增加，经济处于衰退状态。

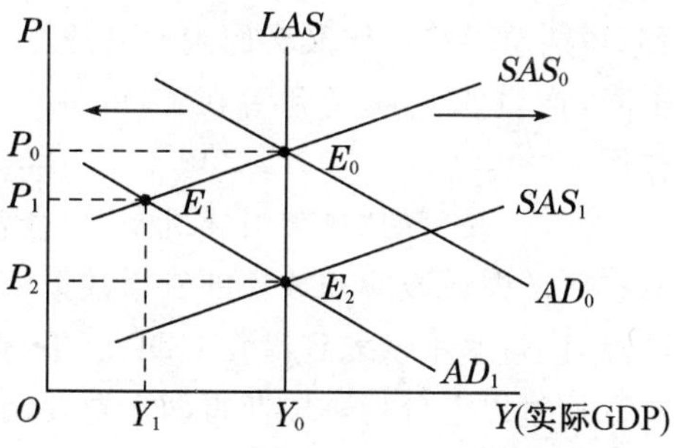

图 18-7　由总需求下降导致的经济衰退

从长期看，随着时间的推移，经济衰退最终会停止，重新恢复到潜在 GDP 水平。因为在经济衰退状态下，企业和工人都会调整对各种经济变量的预期。比如，社会需求的下降使企业会接受较低的产品价格，衰退造成的失业率上升也会使工人接受较低的工资水平。这些原因都会使企业成本减少，因而会使 SAS 曲线右移，最终与左移的需求曲线相交于长期供给曲线上，即图 18-7 中的 E_2 点。

从图 18-7 中可以获得如下重要结论：总需求的下降在短期内会导致经济衰退，但是从长期看只会导致物价水平的下降。

上述经济运行机制是“自动调节机制”，因为它不需要任何政府的干预，市场机制依靠自身的动力来调节经济。除了市场机制外，还有一个机制是“政府引导机制”，即政府通过财政政策和货币政策（见第十七章第一节）刺激消费者的消费需求和企业的投资需求，使 AD 曲线右移，最终消除衰退。

以上是引起衰退的第一个原因，即总需求下降所导致的衰退。此外，经济衰退还可能会由第二个原因引起，即总供给下降所导致的衰退。

假定某一经济处于长期均衡状态，这时由于某些突发事件使企业生产成本上升，如自然灾害使农产品生产成本上升，国外油价上涨使企业生产成本上升等。这时，短期总供给曲线左移，经济出现“滞胀”，即产量下降而物价上升。如图 18-8 所示，SAS_0 曲线左移至 SAS_1，均衡点由 E_0 移至 E_1，这时物价上升，产量下降。

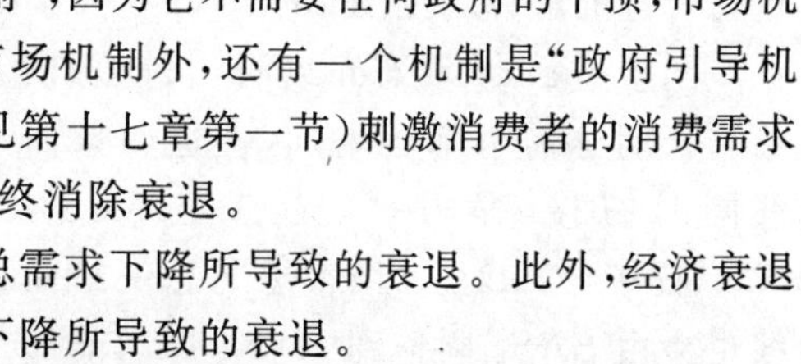

图 18-8　由总供给下降导致的经济衰退

面对滞胀，经济也会逐渐恢复。因为企业和工人会调整对相关经济变量的预期。例如，低产量和高失业迫使工资下降，低工资会促使供给增加。随着时间的推移，短期总供给曲线又会回到原来的位置，即由 SAS_1 回到 SAS_0。这时，物价水平下降，产量水平恢复到潜在 GDP 水平。这就是上面所说的"自动调节机制"的作用。

同样，政府的"政策引导机制"也会消除衰退。仍以图 18-8 为例，如果政府采取扩张的财政政策和放松的货币政策使总需求曲线由 AD_0 右移至 AD_1，这时衰退消除，产量水平恢复到潜在 GDP 水平，但这时的物价水平却继续升至 P_2。

通过以上分析可以获得两点重要结论：第一，总供给的下降将导致经济发生滞胀；第二，政府的决策不能同时解决"停滞"和"膨胀"两大难题。

三、动态总需求与总供给模型

前面模型的分析是假定在长期总供给曲线保持不变的情况下所发生的可能结果。如果从动态角度看，长期总供给曲线也会右移。其原因是，随着时间的推移，一个经济的劳动力和资本存量将会增加，科学技术也将会不断进步。长期总供给曲线的右移意味着社会潜在实际 GDP 的增长。与此同时，短期总供给曲线也会右移。因为影响长期总供给曲线右移的各种因素也会影响短期总供给曲线的变化。

利用这种动态模型，加上总需求变化的因素，可以对通货膨胀的成因提供更为合理的解释。见图 18-9。

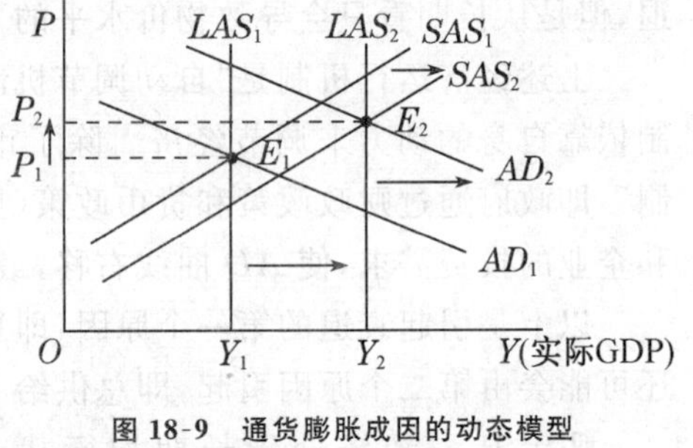

图 18-9　通货膨胀成因的动态模型

图中显示，从动态角度看，长期总供给与长期总需求都会增加，使这两条曲线同时右移，即 LAS_1 右移至 LAS_2，AD_1 右移至 AD_2。当然，短期总供给曲线也会由 SAS_1 调整到 SAS_2，原因前面已述。这表明，如果总需求增加的幅度大于总供给增加的幅度，则新的均衡价格将会上升，从而导致通货膨胀。

当然，图中也显示，如果某种因素使短期总供给曲线左移，也会导致通货膨胀。但是这种情况前面已作过说明。

从图中还可以看出，如果总需求、长期和短期总供给的增加幅度相同，则价格水平不变，不会产生通货膨胀。在这种情况下，该经济会出现没有通货膨胀的经济增长。

美国一些经济学家们利用上述动态模型，分析了美国在 21 世纪遭受第一次经济危机打击以及此后的经济恢复状况。

美国在 20 世纪 90 年代克林顿总统执政时期经历了美国历史上最辉煌的"新经济"时代。从"海湾战争"结束后的 1991 年 4 月到 2001 年 3 月爆发新一轮经济危机止，美国经济连续增长120个月。导致美国新千年首次经济危机的原因是总需求的下降。造成总需求下降的原因有四个：

(1) 在"新经济"时期，企业利润大幅度上升，投资者信心很足，股票价格飞涨。但随着股市"泡沫"的结束，企业和家庭对股市的投资下降，从而使通过发行新股票来融资的企业遭遇到资金困难。

(2) 在"新经济"时期，很多企业高估了对信息技术投资的收益率，加上投资机会的减少，导致2001年投资的大幅度下降。

(3) 2001年的"9.11事件"，使企业和居民产生了对未来经济不确定变化的恐惧感，从而导致支出下降。

(4) 诸如世界通信公司(WorldCom)、泰科公司(Tyco)、安然公司(Enron)等著名大公司经理隐瞒真实财务报表、虚报公司利润的丑闻相继被揭露，导致公众对这些公司财务状况的不信任，从而诱发股票价格下跌，增加了经济的不确定性，从而严重影响了企业和消费者的支出行为。

2001年美国的经济危机持续了8个月(3月～11月)。图18-10解释了美国经济在2001～2002年缓慢恢复的状况。

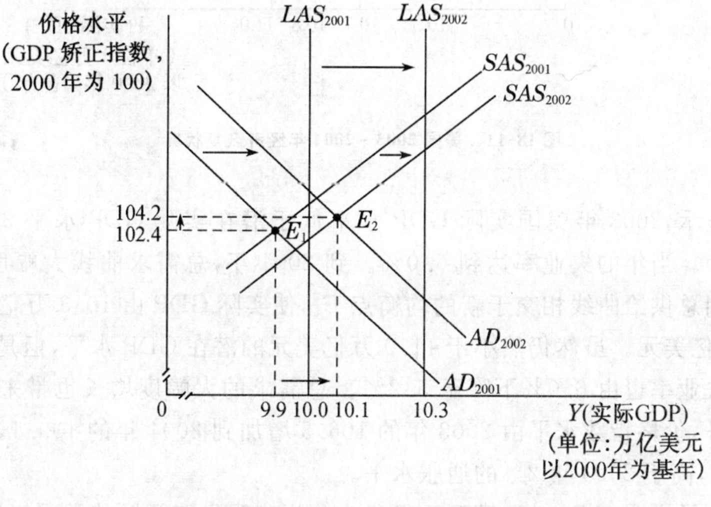

图18-10　美国2001～2002年经济恢复状况

图中 E_1 点为美国经济2001年宏观均衡点，实际GDP为9.9万亿美元(以2000年为基年)，价格指数水平为102.4(也以2000年为基年)。危机时期，美国GDP水平低于潜在GDP水平，社会存在失业现象。E_2 点为美国2002年宏观经济均衡点，它表明总需求增长缓慢，低于总供给增长的幅度。结果是价格指数上升到 104.2,通货膨胀率仅为 1.8%。实际 GDP 增加到 10.1 万亿美元,低于 10.3 万亿美元的潜在 GDP 水平。2002 年美国的失业率由 2001 年的 4.7%上升到 5.8%。

2003～2004 年,由于美国政府实行了低利率和减税政策,刺激了居民对新住宅等消费的支出,并且促使了企业投资的增长。此外,美元对许多货币的贬值也促使了投资的增长。总需求的快速增长带来了经济的加快复苏。

图 18-11 显示了美国经济在 2003～2004 年快速恢复的情况。

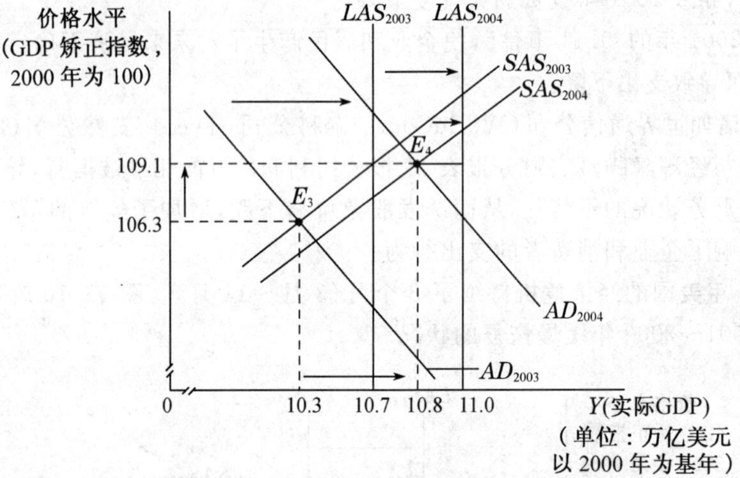

图 18-11　美国 2003～2004 年经济恢复状况

图中显示,2003 年美国实际 GDP 水平低于潜在实际 GDP 水平 3.7%(1－10.3/10.7)。当年的失业率达到 6.0%。到 2004 年,总需求曲线大幅度右移,与右移的短期总供给曲线相交于新的均衡点 E_4,使实际 GDP 由 10.3 万亿美元增加到 10.8 万亿美元。虽然仍然小于 11.0 万亿美元的潜在 GDP 水平,但是差距已大大缩小。失业率也由 6.0%下降至 5.2%。总需求的大幅度增长也带来了通货膨胀率的上升,价格指数水平由 2003 年的 106.3 增加到 2004 年的 109.1,通货膨胀率为 2.6%,高于 2003 年 2%的通胀水平。

以上例子说明,AS－AD 模型已经成为分析宏观经济问题的常用工具。

思考题

1. 说明 AS 曲线的含义及对其内涵的经济学解释。
2. 长期总供给曲线与短期总供给曲线有何不同?
3. 说明 AD 曲线的含义及对其内涵的经济学解释。
4. 用 $AS-AD$ 曲线分析短期宏观经济均衡。
5. 用 $AS-AD$ 曲线分析长期宏观经济均衡。

第十九章 经济周期理论

从对凯恩斯关于国民收入决定理论的介绍中，已经知道国民收入是如何决定的。但是，当均衡的国民收入水平决定以后，会不会一直保持在同样的水平上？在凯恩斯以前，一些西方经济学家就从长期的角度，考察了国民收入变化的趋势和规律。后来，特别是凯恩斯主义者，从经济的动态发展方面，进一步发展了凯恩斯的理论。西方经济学家把经济长期的动态变动大致分为两种类型，一种是经济从长期看有增长的趋势，即随着时间的推移，国民收入、生产和就业水平都会以一定的比例增加。另一种则是在长期增长的趋势中存在着一种周期变动的规律，即在经济增长过程中，各种经济变量呈现出时高时低的波动状态。对前一种类型的研究，就是经济增长理论，将在下一章介绍。对后一种类型的研究，就是经济周期理论，也被称为商业周期或商业循环理论。

第一节 加速原理

一、加速原理的概念

加速原理(acceleration principle)是凯恩斯的继承者们对凯恩斯投资理论的重要补充和发展。他们认为，投资是影响经济周期波动的主要因素，但凯恩斯只考虑到投资对于收入和就业所产生的影响，而没有进一步考虑到收入和就业增加以后，反过来对投资又会产生什么影响。后凯恩斯主义主流经济学派的重要代表人物汉森认为，投资增长通过乘数的作用会引起总收入或总供给的增加，而总收入或总供给增加以后，将引起消费的增加，消费品数量的增加又会引起投资的再增加。这种由于收入变动而引起的投资就是在乘数原理中介绍过的“引致投资”。汉森指出，不仅如此，而且这种投资增长的速度要比总收入或总供给增长的速度快，这就是所谓“加速原理”的含义。

二、资本-产量比率和加速数

为了说明收入变动与投资变动之间的关系，必须先了解资本-产量比率和加速数这两个概念。

资本-产量比率就是资本与产量之比。以 R 代表资本-产量比率，K 代表资本，Y 代表产量，则

$$R=\frac{K}{Y}$$

例如生产1 000万元的产品，需要4 000万元的资本设备，则资本-产量比率 $R=\frac{4\,000\text{ 万元}}{1\,000\text{ 万元}}=4$。也就是说，每生产 1 元的产品，需要 4 元资本设备。

加速数也被称为加速系数，就是资本增量与产量增量之比。资本增量实际上就是投资，因而加速数又是投资和产量增量之比。以 a 代表加速数，ΔK 代表资本增量，ΔY 代表产量增量，I 代表投资，则

$$a=\frac{\Delta K}{\Delta Y}=\frac{I}{\Delta Y}$$

例如，增加投资 400 万元，可以使产量或收入增加 100 万元，则加速数 $a=\frac{400\text{ 万元}}{100\text{ 万元}}=4$。也就是说，每增加 1 元的产品或收入，需要增加 4 元投资。

三、加速原理举例

现以表 19-1 为例说明加速原理（假定加速数 $a=5$）。

表 19-1　加速原理的作用过程　　百万美元

(1) 年	(2) 年销售量	(3) 销售变化量	(4) 所需资本存量	(5) 重置投资	(6) 净投资	(7) 总投资
1	10	0	50	5	0	5
2	10	0	50	5	0	5
3	11	1	55	5	5	10

(续表)

(1) 年	(2) 年销售量	(3) 销售变化量	(4) 所需资本存量	(5) 重置投资	(6) 净投资	(7) 总投资
4	13	2	65	5	10	15
5	16	3	80	5	15	20
6	19	3	95	5	15	20
7	22	3	110	5	15	20
8	24	2	120	5	10	15
9	25	1	125	5	5	10
10	25	0	125	5	0	5
11	24	－1	120	5	－5	0

在表 19-1 中,第(1)项为各连续的年度;第(2)项为各年度的年销售量,即总产量;第(3)项为各年度的销售变化量,即每年销售量与上一年销售量之间的差额;第(4)项为所需资本存量,即生产一定数量的产品年需资本量,这里假定资本-产量比率是 5,所以此项各年数值都等于该年销售量的 5 倍,即(2)×5;第(5)项为重置投资,就是用以补偿生产过程中已消耗的资本设备,即折旧费,折旧费应当与资本存量成一定比例,因此其数值应当随资本存量的增加而等比例增加,但这里的重置投资却假定不变,每年都是 500 万美元,这是为了更好地说明加速原理;第(6)项为净投资,即新增加的资本存量,其数量为第(4)项当年的数量减去上一年的数量;第(7)项为总投资,即重置投资(折旧)加上净投资。总投资可以是正数或零,但不可能是负数,因为一个企业投资最少时就是该年不购买任何资本设备,而由于企业在生产过程中总会有资本设备的磨损消耗,故重置投资一般应为正值。从该意义上说,净投资不仅可能是正数,也可能为零甚至是负值,因为净投资等于总投资减去重置投资。

从表 19-1 中可以看出:

第 1 年和第 2 年,每年的销售量都是1 000万美元。资本存量都是5 000万美元。由于年销售量没有变化,故不需要净投资。但是每年需要重置投资 500 万美元,以补偿损耗掉的机器设备。这样,每年的总投资等于重置投资,也是 500 万美元。

第 3 年的销售量是1 100万美元,增加了 100 万美元,因而需要增加投资 500 万美元。加上重置投资 500 万美元,故总投资为1 000万美元。由此看出:销售量只增加了 10%,净投资增加了 100%。

第 4 年的销售量是1 300万美元，增加了 200 万美元，需要再增加净投资1 000万美元，连同重置投资，总投资则为1 500万美元。销售量增加了约 18%，但总投资增加了 50%，净投资增加了 100%。

第 5 年的销售量达到1 600万美元，又增加了 300 万美元，需要增加净投资1 500万美元，包括重置投资在内的总投资为2 000万美元。销售量增加约 23%，总投资增加 33%，净投资增加 50%。

第 3 年到第 5 年的销售量是以递增幅度增加的，净投资和总投资增加的比率都大于年销售量增长的比率。

第 6 年和第 7 年的绝对销售量虽然继续增加，但净增加量没有变，也就是说增加的幅度没变，都和第 5 年一样，为 300 万美元。净投资和总投资也和第五年相同，分别为1 500万美元和2 000万美元，都没有增加。

第 8 年的销售量由第 7 年的2 200万美元增加到2 400万美元，但是增加的幅度却下降了，为 200 万美元。净投资也下降为1 000万美元，总投资为1 500万美元。

第 9 年的情况和第 8 年相同，也是年绝对销售量增加但增加的幅度继续下降，为 100 万美元。净投资也随之下降为 500 万美元，总投资下降为1 000万美元。

第 10 年的销售量不变，仍保持在上一年2 500万美元的水平上，资本总量也没有变动，仍为12 500万美元，因此不需要净投资，净投资为零，但仍需要补充机器设备损耗的 500 万美元，故总投资也是 500 万美元。这里可以看出：销售量一旦停止增长，总投资便下降 50%，净投资下降 100%。

第 11 年的绝对销售量也比上一年下降，为2 400万美元，净投资为负 500 万美元，总投资则降至零。

利用加速数公式，可以概括上述情况。前述加速数公式可改写为

$$I = a\Delta Y$$

据此可进行如下的讨论：

若 $\Delta Y > 0$，则 $I > 0$。这表示年销售量大于前一年就会引起投资。

若 $\Delta Y < 0$，则 $I < 0$。这表示年销售量小于前一年就会引起负投资。

若 ΔY 不变，则 I 不变。这表示若年销售量的增量不变，则投资不变。

若 ΔY 增加，则 I 增加。这表示若年销售量的增量在增加，则投资增加。

若 ΔY 减少，则 I 减少。这表示若年销售量增加而增量下降，则投资下降。

从上述变化过程可以得出如下主要结论：

(1) 投资的变动取决于年销售量(产量)增量的变动，而不取决于年销售量(或产量)的绝对变动量。只要年销售量(产量)增量的增长下降，即使其绝对数量还增加，也会导致投资水平下降。

(2) 由于资本-产量比率大于1,因此净投资的变动量倍数于销售量(或产量)的变动量,这就是加速原理的作用。加速原理既可以正方向起作用,也可以朝相反的方向起作用。

(3) 要想使投资保持不变,消费必须持续增长,消费量只有以递增的幅度增长,才能保持加速作用对经济繁荣所产生的刺激。如果消费不持续上升,投资将会下降。仅仅由于消费量的停止增长,也会导致经济衰退。

四、对加速理论的批评

加速原理提出以后,也遭到了一些西方经济学家的反对,其理由主要有以下几点:

(1) 资本设备即投资的增加一般不能在一年半载内完成,从国民收入(或总产量)的变动到增加投资需要一段很长的时间。

(2) 企业的净投资取决于长期预计利润率的变化,而并非仅依每年国民收入(或总产量)水平的变动而定。

(3) 一般厂商都有闲置资本、设备,如果销售量的增加是短期的,厂商则会利用这些闲置资本,或通过加班加点的方法充分利用现有设备。因此,销售量的变化对净投资的影响并不大。

(4) 技术进步会提高生产力,因此增加生产并不一定需要增加投资。

第二节 乘数和加速数的交织作用

一、乘数和加速数的交织作用

从加速原理中可以看出,引致投资取决于消费的变动。如果消费以递增幅度增长,则由于加速原理的作用,刺激引致投资倍数增加,经济会高涨繁荣。一旦消费停止增长,引致投资立即变为零。如果消费减少,加速作用导致引致投资猛烈下降,引起经济衰退。现代西方经济学家根据这种分析,认为加速原理是引起国民收入周期性波动的重要因素。在投资的过程中,乘数也在发生作用。汉森和萨缪尔森认为,凯恩斯只考察了乘数的作用,但是没有考虑到加速原理的作用。在经济周期性波动过程中,同时存在着乘数和加速数两种交织的作用。

现以表19-2为例说明乘数和加速数的交织作用。表中假定:边际消费倾向$c=0.5$,即乘数为2,加速数$a=1$,并假定第一年以前的政府支出为零。

表 19-2　乘数与加速数的交织作用　亿美元

(1) 年 t	(2) 政府支出 G_t	(3) 上期国民收入引致的现期消费 $C_t=cY_{t-1}$	(4) 引致的现期投资 $I_t=a(C_t-C_{t-1})$	(5) 现期国民收入 $Y_t=G_t+C_t+I_t$	
1	1.00	0.00	0.00	1.00	
2	1.00	0.50	0.50	2.00	
3	1.00	1.00	0.50	2.50	高涨阶段
4	1.00	1.25	0.25	2.50	
5	1.00	1.25	0.00	2.25	
6	1.00	1.125	−0.125	2.00	
7	1.00	1.00	−0.125	1.875	低潮阶段
8	1.00	0.9375	−0.0625	1.875	
9	1.00	0.9375	0.00	1.9375	
10	1.00	0.96875	0.03125	2.00	
11	1.00	1.00	0.03125	2.03125	高涨阶段
12	1.00	1.015625	0.015625	2.03125	
13	1.00	1.015625	0.00	2.015625	
14	1.00	1.0078125	−0.0078125	2.00	

表 19-2，第(1)项为年度，以 t 代表；第(2)项为政府支出，以 G_t 代表，这里假定每年政府支出固定不变，都是 1 亿美元；第(3)项为上期国民收入(Y_{t-1})引致的现期消费，以 C_t 代表，其数值等于上期国民收入水平乘以边际消费倾向，即 $C_t = cY_{t-1}$；第(4)项为引致的现期投资，以 I_t 代表，其数值等于现期消费减去上期消费(即消费变化量)再乘以加速数，即 $I_t = a(C_t - C_{t-1})$；第(5)项为现期国民收入，以 Y_t 代表，其数值等于现期政府支出、现期消费以及现期投资的总和，即 $Y_t = G_t + C_t + I_t$。从中可以看出乘数和加速数的联合作用对国民收入产生的影响。

从表 19-2 中可以看出：第 1 年中，由于已假定第 1 年以前的政府支出为零，所以上期国民收入引致的现期消费也是零，见第(3)项，引致的现期投资同样是零，见第(4)项。现期国民收入则等于政府的现期支出量，即 1 亿美元，见第(5)项。

第 2 年政府仍然支出 1 亿美元，由于上期国民收入增加了 1 亿美元，因而按边际消费倾向 $c = 0.5$，可以计算出第 2 年增加的消费为 0.5 亿美元，见第(3)项。由于同上期相比，消费增加了 0.5 亿美元，同时又因为加速数 $a = 1$，所以引致的现期投资为 0.5 亿美元，见第(4)项。而第 2 年所增加的国民收入则为 2 亿美元，见第(5)项。

第 3 年政府还是支出 1 亿美元，上期国民收入增加 2 亿美元，引致第 3 年的消费量为 1 亿美元，比上期消费增加 0.5 亿美元，故第 3 年的引致投资也是 0.5 亿美元。第 3 年的国民收入总量为 2.5 亿美元。

以后各项的数值计算与此相同，乘数和加速数的交织作用，可以通过第(5)项每年国民收入的变动情况反映出来。从第 2 年到第 4 年，由于每年消费都比上一年增加，因此引致投资也增加，使每年的国民收入水平都提高。其中第 4 年的国民收入水平保持在上一年的水平上，是由于消费增量有所下降而致。第 5 年的消费保持在上一年的水平上，都是 1.25 亿美元，引致投资即为零，国民收入水平也开始下降。从第 5 年开始，消费和国民收入水平呈下降趋势。但下降到最低点(第 8 年)后，国民收入水平又开始回升。这样，从国民收入水平的变动趋势看，呈现出上下波动的状态。其中，第 3 年和第 4 年为高涨阶段，第 7 年和第 8 年为低潮阶段，到第 11 年和第 12 年又转入下一个高涨阶段。

乘数和加速数交织作用，可以用公式加以概括表示，形成一个反映经济周期波动的经济模型。具体表达如下：

$$Y_t = C_t + I_t + G_t \tag{19.1}$$

$$C_t = C_0 + cY_{t-1} \tag{19.2}$$

$$\begin{aligned} I_t &= I_0 + a(C_t - C_{t-1}) = I_0 + a(cY_{t-1} - cY_{t-2}) \\ &= I_0 + acY_{t-1} - acY_{t-2} \end{aligned} \tag{19.3}$$

将(19.2)和(19.3)代入(19.1)中：

$$\begin{aligned} Y_t &= C_0 + cY_{t-1} + I_0 + acY_{t-1} - acY_{t-2} + G_t \\ &= G_t + c(1+a)Y_{t-1} - acY_{t-2} + C_0 + I_0 \end{aligned} \tag{19.4}$$

以上各式中，(19.2)式为完整的消费模型，C_0 是自发性消费。(19.3)式为完整的投资模型，I_0 是自发性投资。(19.4)式则是反映乘数和加速数交织作用的经济周期模型。由于这一模型是美国经济学家汉森和萨缪尔森提出来的，因此该模型被称为“汉森-萨缪尔森模型”。在表 19-2 中，假定 C_0 和 I_0 均等于零，该表每年的国民收入数值都可以用这一模型公式进行计算。

汉森-萨缪尔森模型表明，在只有乘数作用，没有加速数作用的情况下，政府的支出只会导致国民收入按一定的倍数增加，而不会产生波动情况。只有在乘数和加速数的交织作用下，才会使经济产生波动。该模型还表明，国民收入波动的幅度，取决于边际消费倾向和加速数的数值。如果边际消费倾向和加速数的数值较小，经济波动幅度也较小，并逐渐趋向于一个稳定水平，这种情况被称为"削弱波"。如表19-2中第(5)项国民收入的变化情况所示，第二个高涨阶段的国民收入水平要比第一个高涨阶段的国民收入水平低。反之，如果边际消费倾向和加速数的数值较大，经济的波动也较大，且波动的幅度越来越大，这种情况被称为"爆炸波"。仍以表19-2为例，假定边际消费倾向提高到0.6，加速数提高到2，则每年国民收入水平的变化如下：

$Y_1 = 1 + 0.6 \times (1 + 2) \times 0 - 2 \times 0.6 \times 0 = 1$

$Y_2 = 1 + 0.6 \times (1 + 2) \times 1 - 2 \times 0.6 \times 0 = 2.8$

$Y_3 = 1 + 0.6 \times (1 + 2) \times 2.8 - 2 \times 0.6 \times 1 = 4.48$

$Y_4 = 1 + 0.6 \times (1 + 2) \times 4.48 - 2 \times 0.6 \times 2.8 = 6.352$

$Y_5 = 1 + 0.6 \times (1 + 2) \times 6.352 - 2 \times 0.6 \times 4.84 = 6.6256$

$Y_6 = 1 + 0.6 \times (1 + 2) \times 6.6256 - 2 \times 0.6 \times 6.352 = 5.30368$

$Y_7 = 1 + 0.6 \times (1 + 2) \times 5.30368 - 2 \times 0.6 \times 6.6252 = 2.595904$

$Y_8 = 1 + 0.6 \times (1 + 2) \times 2.595904 \quad 2 \times 0.6 \times 5.30368 = -0.6917888$

$Y_9 = 1 + 0.6 \times (1 + 2) \times (-0.6917888) - 2 \times 0.6 \times 2.595904$
$= -3.3603046$

$Y_{10} = 1 + 0.6 \times (1 + 2) \times (-0.3603046) - 2 \times 0.6 \times (-0.6917888)$
$= -4.2184017$

$Y_{11} = 1 + 0.6 \times (1 + 2) \times (-4.2184017) - 2 \times 0.6 \times (-3.3603046)$
$= -2.5607575$

$Y_{12} = 1 + 0.6 \times (1 + 2) \times (-2.5607575) - 2 \times 0.6 \times (-4.218017)$
$= 1.4522569$

$Y_{13} = 1 + 0.6 \times (1 + 2) \times 1.4522569 - 2 \times 0.6 \times (-2.5607575)$
$= 6.6869714$

$Y_{14} = 1 + 0.6 \times (1 + 2) \times 6.6869714 - 2 \times 0.6 \times 1.4522569 = 11.29384$

显然，以上高涨阶段(Y_5)和低潮阶段(Y_{10})上下波动幅度比表19-2中要大得多，并且从下一个高涨水平看，波动幅度有增大的趋势。假如边际消费倾向再增长到0.8，加速数再增长到4，则国民收入会呈现高速积累的增长形式。

现代西方经济学家就是用这种乘数和加速数的交织作用来解释经济周期现

象。当然，这只是对经济周期进行的多种解释中的一种。

二、乘数和加速数的交织作用所说明的问题

乘数和加速数的交织作用说明经济中消费、投资与收入是相互影响，相互调整的。假定政府支出或自发性投资支出为一固定的量，靠经济本身调整，它就会自发地形成经济的周期波动。经济周期中的高潮阶段和低潮阶段正是由乘数与加速数的交织作用所决定的，它使经济自动在高峰和谷底之间摆动。

西方经济学家认为，根据上述情况，政府有必要对经济进行调节，以维持长期的经济稳定。他们指出，在政府调节经济时，可以掌握以下三个环节。

(1) 可以调节投资。上述波动情况是在政府支出或自发性投资支出固定不变的情况下发生的，如果政府及时变更支出数量，或采取影响私人投资的政策，可以使经济的变动比较接近政府的意图。

(2) 可以影响加速数。假定不考虑收益递减问题，加速数与资本—产量比率的数值是相同的。所以，政府采取措施影响加速数就是影响资本—产量比率，这就是说，政府应通过适当的政策来提高劳动生产率，提高投资的经济效果。

(3) 可以影响边际消费倾向，即通过适当的政策，影响人们的消费在收入增量中的比例，从而影响下一期的收入。

西方经济学家还认为，从动态的角度看，单纯的加速原理或乘数原理只有理论意义，而没有实际意义，汉森和萨缪尔森把两者结合起来，以乘数与加速原理的结合作为政府按照收入变动趋势来调节经济生活的依据，这被看成是在动态经济学领域内凯恩斯主义的一个重要发展。

第三节 经济周期的种类和阶段

一、经济周期的种类

经济周期是指经济从高涨到低潮上下反复波动的循环过程。这一过程并非千篇一律，在循环时间长短，上下波动幅度等方面各有不同。西方经济学家对经济周期种类的划分不尽相同，大体上有以下几种：

(1)“长周期”或“长波”。其长度平均约50年左右，由苏联经济学家尼古拉·D·康德拉耶夫(Nikolai D. Kondratieff)于1926年提出，故又被称为“康德拉耶夫周期”。这一划分后来被奥地利经济学家熊彼特沿袭使用，并以其“创新理论”为基础，以各个时期的主要技术发明、新资源的利用等作为主要标志，进一步把100多

年以来资本主义经济发展过程分为三个“长波”：①18 世纪 80 年代到 1842 年，这一周期为“产业革命时期”；②1842 年到 1897 年，这一周期为“蒸汽和钢铁时期”；③1897年到 20 世纪 20 年代末提出“长波”理论时，当时这次长波尚未结束，这一周期为“电气、化学和汽车时期”。

(2) “建筑周期”。其长度平均约 15 年到 20 年左右，由美国经济学家库兹涅茨(S. Kuznets)最早提出，故又被称为“库兹涅茨周期”。该周期主要是以建筑业的兴旺和衰落这一周期性波动现象为标志加以划分的。

(3) 中周期或中波。其长度平均约 8 年到 10 年，由法国经济学家朱格拉(C. Juglar)于 1860 年提出，故又被称为“朱格拉周期”。该周期是以国民收入、失业率和大多数经济部门的生产、利润和价格的波动为标志加以划分的。

(4) 短周期或短波。其长度平均约 40 个月(近三年半)，由美国经济学家基钦(J. Kitchin)于 1923 年提出，故又被称为“基钦周期”。短周期的长度约为中周期的一半，一个中周期通常包括两个短周期。

除了上述经济周期的主要种类以外，还有两种经济的波动形式：一种是季节性的波动，这是指受季节自然因素或习惯的影响而发生的经济活动的波动状态。例如一些农产品的波动就是如此。在收获旺季，产量多，价格低，而在非收获季节，则产量少，价格高。部分工业产品也有类似现象，如夏季，电冰箱、电风扇、冷风机等销售较多，而取暖器、电热毯、毛衣等在冬天旺销。在季节性波动中，通常还伴以风俗习惯的影响，例如西方国家相当比重的生意都是在感恩节至圣诞节这一段时期做成的。因此，在这一段期间，商业销售竞争十分激烈。另一种经济波动是不规则的波动，这种波动出现的时间，表现出的幅度等几乎没有规律可循，其原因也极其复杂，难以断定。正是由于这种随机性波动夹在其他经济周期波动之间，使经济周期现象更为复杂，增加了每次循环出现的差异性。

大多数西方经济学家所研究的经济周期是平均每 8 年到 10 年发生一次的中周期，即朱格拉周期，因为它反映了资本主义经济活动过程中的主要特征。西方经济学中关于经济周期的理论，通常都是指研究这一种经济周期的理论。

二、经济周期的阶段

经济活动由高涨到低潮的循环波动，并非是围绕着某一个固定的经济水平进行的。实际上从长期看，经济活动有增长的趋势，因而经济周期是围绕着一种向上的趋势而上下波动的，如图 19-1 所示。

图 19-1 中，t 代表时间，Y 代表经济活动水平(包括国民收入、就业、价格等经济活动的主要指标)。图中带箭头的直线表示经济的长期增长的趋势，而经济周期则是围绕这种增长曲线上下波动。如果把经济趋势略去，单独考察一个经济周期

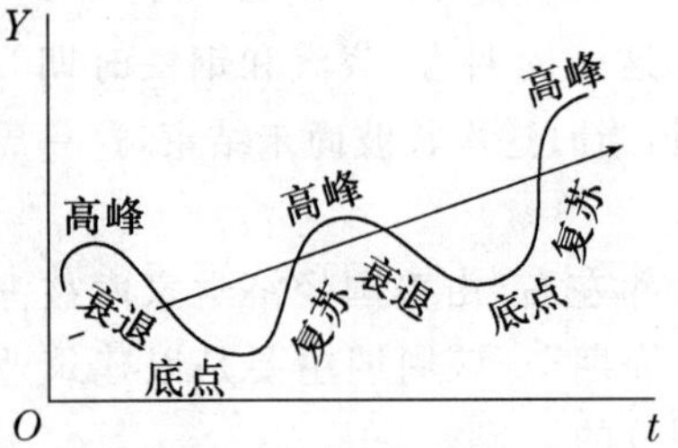

图 19-1　经济周期的四阶段

的形态，则可把图中带箭头的增长线视为一条水平线。

从图 19-1 中可看出，经济周期波动线高于增长线的部分，表示这一段时期的经济活动水平高于经济的长期平均增长值；反之，经济周期波动线低于增长线的部分，表示这一段时期的经济活动水平低于经济的长期平均增长值。随着时间的推移，整个经济从高涨到低潮，再从低潮到高涨，构成周而复始的循环。在经济周期中，究竟哪一点为起点，哪一点为终点，并不能固定。从道理上讲，任何一点都可以作为起点，正如一个圆一样。

在一个经济周期过程中，又可以分为不同的阶段。西方经济学家在分段上也没有一个完全统一的标准。有的经济学家比较重视经济从高涨到低潮，再由低潮向高涨变动的转折，因而把高涨，即经济发展的高峰作为起始点，直到下一个转折，即经济跌落的最低点止为一阶段，然后再从最低点到另一高峰的转折点为另一阶段。

不过，西方大多数经济学家则比较强调经济从低于均衡向高于均衡，或从高于均衡向低于均衡的变化，即以图 19-1 中经济周期波动线与长期经济增长趋势线的交点作为划分阶段的标准，因此，经济周期一般可以分为以下四个阶段：

(1) 繁荣阶段。这是指经济活动经过上一个循环的复苏而继续增长的时期。在这一时期，社会有效需求继续不断地增加，产品畅销，一般的批发商和零售商的存货减少，纷纷向生产厂家订货。生产者利润大大提高，刺激其投资活动。随着投资的增长，就业率不断增加，失业现象减少，劳动和其他社会资源得到充分的利用。在经济扩张过程中，一般商品的物价水平也由于有效需求的提高而不断上涨。同时，由于对劳动和其他生产要素的需求的增加，工资和利率也逐渐上涨。但是，生产要素价格的上涨并不会减少生产者的利润，因为作为生产成本的生产要素价格的上涨，通常都在物价上涨以后。也就是说，通货膨胀一般都是先从产品开始，当生产要素价格上升时，厂商会将其计入产品成本，从而转嫁出去。在繁荣期阶段，生产者通常都能达到自己预期的目的，因而社会充满着乐观气氛。但是，这种繁荣景象并不能长久保持下去，当经济繁荣达到高峰后，便开始出现下降的趋势。

(2) 衰退阶段。这是指经济活动从扩张的高峰向下跌落的阶段。由于消费增长的停止以及社会现有生产设备及能力的限制，使经济扩张到达顶点后开始下跌，一旦经济收缩，由于乘数和加速数的作用，就会产生连续反应。在衰退阶段，投资减少，生产下降，失业率上升，社会收入水平和有效需求也都下降，因而导致需求进一步更大幅度地下降。同时，由于销售量下降，大量产品积压，导致一般商品物价下跌。这时,人们对前景充满悲观情绪,预期物价将会继续下跌,因而物价下跌并不会刺激消费的增加,整个社会形成普遍的生产过剩,企业利润急剧下降,同时一些厂家开始倒闭。批发商、零售商在繁荣阶段订的货,这时卖不出去,造成存货增加,于是减少对生产厂商的订货,从而加剧了生产的收缩。对厂商来说,连对已磨损的机器设备的必要补充也逐渐停止,因为剩余资本设备越来越多。社会经济在经历了一段衰退时期以后,便进入萧条阶段。

(3) 萧条阶段。这是衰退阶段的继续发展。萧条和衰退虽然都是指经济活动的下降,但在概念上有所区别。衰退阶段经济活动呈下降趋势,但从经济活动的水平看,仍在长期平均增长水平以上,或者与其相差不多。而萧条时的经济活动水平却远低于长期经济活动的平均水平。在萧条阶段,整个社会的投资继续下降,甚至处于停顿状态。社会生产活动继续萎缩,物价继续下跌。萧条阶段最突出的特点就是社会劳动者大量失业以及社会消费需求与其生产能力相差极大。企业利润极为低下,甚至亏损,更多的厂家倒闭。人们对前途缺乏信心,因而厂商不愿意冒险投资。同时,银行和其他金融机构出现大量资金过剩,没有人肯愿意冒风险而进行借贷。当萧条达到最低点,经济处于"底点"状态。在萧条时期,整个经济动荡不稳,社会也不安定,可能会爆发政治或其他社会事件。萧条期也不可能无限延长,随着资本设备的不断损耗,存货的不断下降,总有一天需要补充,一旦投资需求开始增长时,经济便转入复苏阶段。

(4) 复苏阶段。这是指经济从底点开始向上回升的时期。复苏阶段的征象是被磨损的机器设备开始更换;就业率、收入以及消费开始上升;由于投资的增加,促进生产和销售的增加,使企业利润有所提高,从而使人们开始对前景寄予希望,由悲观转为乐观。原先不肯进行的风险投资现象这时也已出现。随着需求的增加,生产不断扩张。乘数和加速数开始对经济繁荣产生积极的刺激作用。但是,由于萧条阶段的影响,社会经济在各方面都处于调整阶段,因而经济恢复的速度不会太快。随着经济恢复的不断完善,经济上升的速度也不断加快,到一定程度,便进入下一个高涨时期。到此,整个经济就完成了一个周期的循环,下一个周期又将开始。

第四节　经济周期理论概述

经济周期自资本主义经济起飞之前就伴随着资本主义经济的发展而不断重复,经济周期的四个阶段也为一般人所熟知。那么,经济周期为何会产生？长期以来西方经济学家对此进行了大量的研究,提出了种种不同的解释,除了以汉森一萨缪尔森模型所代表的现代资产阶级周期理论外,主要还有以下几种。

一、消费不足论

这种理论认为，经济危机和萧条的产生，是由“消费不足”或“储蓄过度”引起的。由于储蓄过多，而社会的经济制度又能促使储蓄变为投资，因而投资增加，产品供给增加。可是消费下降，不能充分吸收生产出来的产品，导致市场出现生产过剩现象，引起价格下跌，失业率上升，造成生产的收缩。马尔萨斯和凯恩斯就持有这种观点。

二、货币性投资过度论

美国经济学家弗里德曼和英国经济学家霍特里（R. G. Hawtrey）等人把经济周期的形成说成是由于货币信用过度扩张造成的。这种观点认为，现代的信用制度是建立在准备金制度之上的（例如一国的货币当局规定一定的法定准备率），由于货币乘数的作用，很容易造成信用的过度扩张。当然，在货币信用的扩张过程中，由于需求的刺激（即每一贷款者的购买活动），容易引起经济繁荣，可是一旦因信用扩张过度，银行和金融机构为了避免风险而紧缩货币信用时，市场便出现危机，经济衰退、萧条现象则不可避免。这是因为货币信用过度扩张，实际上形成了虚假的购买力。一旦货币信用收缩，货币乘数的作用可以产生倍数效果，而这时产品已被刺激出来，从而形成过剩。这种理论是把经济周期的原因完全归于现代的货币信用制度，因而认为只有改革货币信用制度，经济周期才能消除。

三、创新论

熊彼特用其创新理论解释经济周期产生的原因。在第十一章生产要素市场的价格理论中介绍利润理论时，对熊彼特的创新理论已作过简介。按熊彼特的观点，“创新”现象并不是一个连续的现象，而集中在一个短时间内出现。同时，他所提出的五种“创新”活动也并非每一个人都能从事，而只有社会上少数企业家才能从事，但是一旦“创新”出现时，必然会有大量的人进行模仿、效法，因此就会引起投资活动的大量增加，而这种投资活动一般都是通过银行信用的扩张而进行的。银行信用不断扩张，投资活动不断增加，由于投资的刺激，经济必然趋向繁荣。但是，等到投资逐渐完成，产品出现在市场上以后，企业家必然要逐步偿还银行的贷款。这时如果没有另一项“创新”活动发生，则银行信用必然自动收缩。银行信用的收缩，又会引起投资下降，经济必然由繁荣转向萧条。熊彼特认为，“创新”活动不可能一直持续不断，总是间断进行的。这样一来，整个社会经济就会出现一段时期扩张繁荣，一段时期收缩萧条的现象，也就是经济周期现象。熊彼特还认为，在一个动态的社会里，经济周期现象是无法避免的。

四、心理自生周期论

庇古和巴奇霍特(Bagehot)等人用心理因素说明经济危机的原因。他们认为,人在心理上都有一种“自生的周期”,使人的情绪在乐观和悲观之间反复交替出现,这种周而复始的情绪变动是难以控制的,它会对人们的消费行为和投资行为产生影响。当人们的情绪乐观时,消费者会增加消费,生产者会增加投资,从而引起经济繁荣;反之,当人们处于悲观情绪状态时,消费和投资都会减少,从而导致经济萧条。人的情绪周期性变化,从而使经济也相应地发生周期性变化。

五、太阳黑子论

美国经济学家杰文斯(H. S. Jevons)以及穆尔(H. L. Moore)等人认为,经济周期是由于太阳黑子变化这一自然因素引起的。太阳黑子的出现是有规律的,大概每10年左右出现一次,它影响地球气候,影响农业生产,从而使经济周期也差不多每10年左右爆发一次。

六、政治因素论

波兰经济学家卡莱斯基(M. Kalecki)认为,经济衰退是由于政府周期地制止爬行的通货膨胀造成的。当政府的政策取得或接近充分就业时,会导致成本推进的通货膨胀,而政府制止这种通货膨胀的唯一方法是人为地制造一次停滞和衰退。但由于人民的反抗,政府重新实行充分就业政策,从而再导致通货膨胀,因而也就不可避免地出现另一个人为的衰退。

西方经济学说中关于经济周期的理论名目繁多,以上仅是其中主要的几种,每一种理论都强调某些方面因素的重要作用。萨缪尔森把这些理论按因素分为两大类:一类是“外部因素论”或“外生论”;另一类是“内部因素论”或“内生论”。所谓外部因素论,是把经济周期的根源归于经济制度之外的某些事物的变动,如太阳黑子、星象、战争、革命、政治事件、金矿的发现、人口和移民的增长、新疆域或新资源的发现、科学发明和技术改良等。所谓内部因素论,是从经济制度本身寻找产生经济周期的原因,如消费、投资、政府支出、货币供给、消费者和生产者的心理因素等。

现代西方经济学家通常认为,经济周期是一种极其复杂的现象,是由多种因素决定的,不能简单地用外部因素或内部因素来加以说明。正如萨缪尔森所指出的那样:当你从外部因素寻找原因时,“你就开始涉及到经济制度的内部性质了”。同时,经济制度也会反过来影响外部因素。总之,“外部的和内部的因素没有一个明确的界限”。

思考题

1. 举例说明加速原理的作用。
2. 举例说明乘数和加速数的交织作用。
3. 乘数和加速数的交织作用说明了什么问题?
4. 经济周期有哪些主要种类?
5. 解释经济周期的四个阶段。
6. 简述经济周期的理论。
7. 设加速数为4,根据加速原理,求:产出增加多少可使投资达到1 000美元?

第二十章　经济增长理论

本章是从长期动态的第二个角度即经济增长来考察宏观经济的运行趋势。经济增长涉及到生产力发展的一系列问题，是内涵极其丰富并且极其复杂的问题。本章主要介绍在经济增长问题上具有代表性的几个主要观点及其对经济增长决定要素的基本分析。

第一节　经济增长理论产生的历史背景

一、经济增长的概念

经济增长理论是西方经济学家研究一个国家长期经济发展的理论。经济增长的概念是指一国经济活动能力的扩大，其衡量标准就是一国商品和劳务总量，即国民生产总值的增长状况，或人均国民生产总值的增长状况。经济增长不同于经济发展，经济发展是指一国由不发达状态转入发达状态。经济发展不仅包括了经济增长，而且还包括社会制度、经济结构等的变化。

由于国民生产总值通常都是按当年的市场物价加以计算，因而在衡量经济增长时，必须排除价格变动的因素，以某一基年为基础，按不变价格进行计算，得出实际国民生产总值，或实际人均国民生产总值。

基年和期终年份的选择对衡量经济增长的程度十分重要，如果以萧条年份为基年，以高涨年份为终年，则计算出来的经济增长率必然偏高。反之，如果以高涨年份为基年，以萧条年份为终年，则计算出来的经济增长率必然偏低。因此，在选择基年和终年时，应当使两者处于经济周期中的同一阶段。

二、经济增长理论的产生及历史背景

西方经济学家对经济增长理论的研究源于亚当·斯密。早在1776年出版的《国民财富的性质和原因的研究》一书中，斯密就详细论述了分工可以提高劳动生产率，以及资本积累可以促进就业，从而可以增加国家的财富和收入。此后，李嘉图在1817年出版的《政治经济学及赋税原理》一书中，在劳动价值论基础上，论述了资本主义社会发展过程中，国民收入在工资、利润、地租三者之间分配的发展变化规律。指出，实际工资从长期看将维持在基本生存所必需的水平上，由于人口不断增加而耕地有限，农产品价格必然上涨，实物地租和货币地租则相应增加，资本家的利润将下降，因此必然影响生产的发展。19世纪下半期，庸俗经济学的剑桥学派创始人马歇尔提出，资本家延缓其当前消费进行资本积累，以及企业家对企业的组织管理，会导致劳动生产率的提高和社会财富的增长。现代资产阶级经济学家熊彼特在1912年出版的《经济发展理论》一书中提出"创新"理论，认为资本主义经济发展的根本动力产生于对社会贡献最大的少数企业家的"创新"活动。

尽管西方经济理论在其早期的发展过程中，都涉及了经济增长的问题，但是，由于他们所处的时代是资本主义自由竞争时代，受萨伊定律的影响，认为资本主义竞争机制可以保证总供给和总需求的平衡，"看不见的手"会自动发挥调节作用，保持社会物价的平稳和充分就业。因此，他们主要是把资源的合理配置问题作为经济学的研究对象，而没有专门系统地研究经济增长问题。

把经济增长作为一个专门的研究领域，是从凯恩斯主义产生以后的20世纪40年代开始的。1936年出版的《通论》为政府干预经济，刺激有效需求提供了理论根据。在提高有效需求的政策主张中，增加投资又是关键，投资的增加会扩大生产，增加国民收入，其中必然就要涉及到经济增长问题。经济增长不仅产生于投资的增长，而且还和生产技术的进步和发展有着密切的联系，其中包括劳动素质的提高。二次大战以后，资本主义国家经济普遍迅速发展，社会组织结构和生产力水平也有很大的提高，资产阶级经济学家也越来越重视研究经济增长的条件和规律，以及能否保持经济的稳定增长，巩固资本主义制度，为不断增加的劳动力提供充分就业的机会。

从经济增长理论的发展过程来看，主要可以分为三个时期。第一个时期是从20世纪40年代末到60年代初，主要是建立各种经济增长模型。这一时期，西方各国经济发展较快，反映在经济增长理论上，主要是研究资本主义经济的"稳定状态"增长的条件，例如哈罗德-多马经济增长模型。第二个时期是20世纪60年代，这一时期，随着资本主义经济的发展，资本主义的基本矛盾也进一步发展，反映在经济增长理论上，主要研究资本主义经济，尤其是美国经济能否迅速增长的问题，着重从数量上分析导致经济增长的各种因素的作用，故被称为“经济增长因素分析”，例如丹尼森对增长因素的分析和估算。第三个时期从 20 世纪 70 年代开始，这一时期，资本主义国家普遍陷入滞胀困境，反映在经济增长理论上，出现了“经济增长极限论”，或称“零增长论”。这种理论对世界经济的增长持悲观态度，认为在资源的限制下，经济增长将会达到极限，为了维持人类生态平衡，必须停止经济增长。

第二节　哈罗德-多马经济增长模型

在西方经济学家中，首先系统提出经济增长理论的是英国经济学家哈罗德(R. F. Harrod)。他在 1939 年发表了《论动态理论》一文，提出了经济增长理论的初步构想。在 1948 年出版了《动态经济学导论》，系统地提出了其增长模型。在同一时期，美国经济学家多马(E. D. Domar)于 1946 年和 1947 年先后发表了《资本扩大，增长率和就业》和《扩张和就业》两篇论文，提出了与哈罗德增长模型类似的多马模型。由于两个模型的内容基本相同，故一般称为“哈罗德-多马经济增长模型”。哈罗德-多马模型主要说明社会经济实现稳定的增长所需具备的条件，即为了使经济能够保持一个稳定的增长率，收入和投资或资本存量应按什么速度增长。

一、哈罗德经济增长模型

哈罗德经济增长模型是建立在凯恩斯的国民收入均衡理论基础之上的。根据前面对凯恩斯基本理论的介绍可以知道，凯恩斯在分析国民收入均衡理论时采用的方法是一种短期比较静态分析法。哈罗德则采用长期动态分析法对国民收入决定加以探讨。哈罗德模型实际上是凯恩斯投资理论的进一步发展。

按照凯恩斯理论，总产出(或总收入或总供给)就是指一个社会在一定时期(如一年)内生产出来的产品总量；另一方面，总需求是指消费需求与投资需求之和。公式表示如下：

$$AS = C + S \qquad \text{(总供给)}$$

$$AD = C + I \qquad \text{(总需求)}$$

当社会的总供给等于社会的总需求时，储蓄必然和投资相等，即 $I = S$。这就是说，当社会经济处于均衡状态时，厂商所进行的投资，必须刚好等于人们所进行的储蓄。

但是，在投资如何趋向于与储蓄相等的分析中，哈罗德在分析方法和理论上都比凯恩斯的比较静态分析的理论有较大的补充和发展，他从经济的长期动态发展方面，不仅考虑了投资对扩大需求和增加收入的作用，而且进一步考察了收入增加后会引起投资更迅速的增长，即“加速作用”。哈罗德指出了凯恩斯关于国民收入均衡理论的局限性，认为要使经济长期均衡地增长，必须使资本需求即投资也要保持一定的增长率。

为了分析社会经济实现稳定的均衡增长所需具备的条件，哈罗德在建立其经济增长模型时作了以下几点假定：

(1) 社会经济只生产一种产品，这种产品用于满足消费之后的剩余，作为追加生产的投资来源。

(2) 储蓄倾向不变，即边际储蓄倾向等于平均储蓄倾向，因而国民收入水平决定储蓄水平。

(3) 生产中只有资本和劳动两种生产投入要素，且投入的比例固定。

(4) 加速数等于资本—产出比率，即随着生产规模的扩大，单位产品所耗劳动和资本不变，这表示生产技术不变。

(5) 资本和劳动的边际生产率递减。

在上述假定前提下，哈罗德建立其经济增长模型：

$$G=\frac{s}{a}$$

上式中，G 代表经济增长率；s 代表储蓄率，即储蓄(S)和收入(Y)之比$\frac{S}{Y}$；a 代表加速数，即资本增量和产出增量之比，因为资本增量实际上就是投资(I)，故加速数又为投资和产出增量(ΔY)之比$\frac{I}{\Delta Y}$。

哈罗德经济增长模型的含义是：经济增长率取决于社会储蓄率。在模型公式中，已假定生产技术不变，即加速数 a 为一固定比率，显然，如果要获得一定的经济增长率 G，则必须保证一定的储蓄率 s。反之，在加速数不变情况下，要使一定储蓄率下的社会储蓄量为投资所全部吸收，则必须保证一定的经济增长率。因此，哈罗德经济增长模型表示的是经济增长率、储蓄率和用加速数所表示的社会生产技术水平这三个经济变量之间的关系。

哈罗德又进一步把经济增长率分为三种。

第一种是“实际增长率”，以 G_t 来表示，即实际上实现的增长率。实际增长率取决于有效需求的大小。

第二种是“有保证的增长率”，也译为适度的或满意的增长率，以 G_w 来表示。

有保证的增长率是指人们想进行的储蓄为投资所全部吸收时所必须保证的增长率。这就是说，当$\frac{s}{a}$比例为某一既定数值时，要保证社会经济能够均衡发展，经济增长率必须等于$\frac{s}{a}$比例，因此，有保证的增长率又被称为均衡增长率。

现举例说明。

假设消费倾向 $\frac{C}{Y}=0.8$；资本产出比率 $a=4$（假定生产技术不变，资本产出比率即为加速数）；第一年产量为 100。可以列出表 20-1。

表 20-1　经济稳定增长的数字分析

年份	有保证的增长率 (G_w)	产量或收入 (Y)	消费 (C)	投资或储蓄 ($I=S$)	产量或收入增量 (ΔY)	消费增量 (ΔC)	投资增量或储蓄增量 ($\Delta I=\Delta S$)
1	—	100	80	20	0	0	0
2	5%	105	84	21	5	4	1
3	5%	110.25	88.20	22.05	5.25	4.20	1.05
4	5%	115.76	92.61	23.15	5.51	4.41	1.10

在表 20-1 中，第一年的储蓄率 $s=\frac{20}{100}=20\%$，由于已假定 $a=4$，因此可得出有保证的增长率 $G_w=\frac{s}{a}=\frac{20\%}{4}=5\%$。如果第二年的实际增长率刚好等于 G_w，达到 5%时，国民收入则增为 105。又因为哈罗德经济增长模型中已假定储蓄倾向不变，则第二年的消费和储蓄各增加 5%，分别为 84 和 21。其中，储蓄的绝对量虽然增加，但相对比例仍为 20%$\left(\text{即 } s=\frac{21}{105}=20\%\right)$。储蓄又全部转化为投资，因而决定了第三年的有保证的增长率仍为 5%$\left(\text{即 } G_w=\frac{s}{a}=\frac{20\%}{4}=5\%\right)$。当第三年的实际增长率正好等于 5%的有保证的增长率时，国民收入又增加，于是又重复了上述过程。这表明，在 $s=20\%$，$a=4$ 的不变条件下，经济增长一直保持在 5%的水平，从而实现稳定状态的增长。

第三种是"自然增长率"，以 G_n 来表示，即由诸如劳动力和生产技术变化等自然因素所决定的增长率。从长期看，每年的人口会增加，劳动力也会增加，技术的进步使劳动生产率也会获得提高，这两个因素增加的总和所决定的增长率就是自然增长率。例如劳动力年增长率为 2%，劳动生产率年增长 3%，则自然增长率

$G_n = 2\% + 3\% = 5\%$。显然，自然增长率是指一国在考虑到长期自然因素增长情况下所能达到的最大可能性增长率。

哈罗德考察了上述三种增长率之间的关系：

如果 $G_t > G_w$，说明社会的总需求将超过扩大了的生产能力，出现资本不足。这时，厂商必将提高投资增加率，但这又会在乘数的作用下促使实际增长率更高，从而更显得资本不足。因此，其结果必将是需求过大，导致通货膨胀。反之，如果 $G_t < G_w$，则说明出现资本的过剩，扩大了的生产能力得不到充分利用，厂商必将减少投资，由于乘数的作用，实际增长率将更低，越显得资本过剩，从而导致收入下降和失业。只有在 $G_t = G_w$ 情况下，才能实现既无失业，又无通货膨胀的稳定均衡增长。

如果 $G_w > G_n$，表明社会的储蓄或投资的增长率超过了人口增长和技术进步所能允许的程度。由于增长受到劳动力不足和技术条件的限制，将会出现储蓄或投资过多，引起经济长期停滞的趋势。反之，如果 $G_w < G_n$，表明社会的储蓄或投资尚未达到人口增长和技术进步所要求的水平。这时，会因劳动力过多而造成工资低廉，因而可能形成“长期兴奋”状态。只有在 $G_w = G_n$ 情况下，才是合乎理想的长期增长状态，它表明在既定的技术水平下，社会的劳动力等全部自然资源都得到充分利用。而如果这时的实际增长率也与之相等，则社会就会在自然资源充分发挥作用的条件下实现没有通货膨胀的充分就业，这是一种最理想的长期稳定均衡增长的状态。

根据以上分析，哈罗德提出，保证经济长期持续稳定增长的条件是使实际增长率、有保证的增长率和自然增长率三者相等，即：

$$G_t = G_w = G_n = \frac{s}{a}$$

但是哈罗德认为，实际上上述三种增长率往往并不相等，满足三者相等条件的情况是极其偶然的。因为决定三种增长率的因素各不相同。G_t 取决于有效需求；G_w 取决于$\frac{s}{a}$；而 G_n 则取决于人口增长率和劳动生产率的增长等自然因素。这说明，在一般情况下，达到充分就业的稳定增长是不可能的。

尽管如此，哈罗德认为，可以通过国家干预的办法，根据不同的情况采取适当的政策，使三种增长率相等。

当 $G_t \neq G_w$ 时，在 K 不变条件下，则均衡取决于 s。如果 $G_t < G_w$，表明储蓄需求较多，而投资不足，则政府可进行投资；如果 $G_t > G_w$，表明储蓄需求较少，而投资过多，则政府可进行储蓄，减少投资。总之，政府可以通过调节作用，促使 $G_t = G_w$。

当 $G_w \neq G_n$ 时，政府也可以通过财政政策促使 $G_w = G_n$。如果 $G_w < G_n$，说明这可能由于私人储蓄不足以支持经济按其自然率增长，则政府可以通过预算节余的办法加以补足；如果 $G_w > G_n$，说明由于总需求不足而产生储蓄过度，从而可能导致经济停滞和周期性衰退，这时政府则可以采用预算赤字的办法提高总需求。

当 $G_t \neq G_n$ 时，政府也可用货币政策使其均衡。如果 $G_t > G_n$，就会发生过度的需求扩张，导致需求拉动的通货膨胀。这时货币当局应采取紧缩货币政策，以控制需求；如果 $G_t < G_n$，则会发生需求不足，这时货币当局采取放松货币政策，以刺激需求的增长。

二、多马经济增长模型

多马模型的内容实质与哈罗德模型相同，只是表达方法有所不同。

多马经济增长模型的基本公式是：

$$\frac{\Delta I}{I} = s\sigma$$

其中 I 和 ΔI 分别代表投资和投资的增量；s 代表储蓄率，与哈罗德模型中的 s 相同；σ 代表资本生产率，指每一单位的投资所能增加的产量，即$\frac{\Delta Y}{I}$，实际上是加速数即哈罗德模型中 K 的倒数。

在多马模型中，$\frac{\Delta I}{I}$为投资增长率，而投资增长率等于经济增长率$\frac{\Delta Y}{Y}$。因此，多马模型可写成

$$\frac{\Delta Y}{Y} = s\sigma$$

哈罗德-多马模型都说明了，要想保持充分就业，投资水平必须不断增长，假如投资水平保持不变，即前后相连时期的总支出水平一直不变，则实际收入水平和充分就业水平之间的差距越来越大。但是，投资的实际增长率往往并不能和经济均衡增长率保持一致，意指两者一致的可能性极小，因此，哈罗德-多马模型又被称为“剃刀锋口”(Razor-edge)模型。

第三节　新古典经济增长模型

新古典经济增长模型最早是美国经济学家索洛(R. M. Solow)于 1956 年初发表的《经济增长的一个理论》一文中提出的。同年 11 月，美国经济学家斯旺

(T. Swan)在《经济增长与资本积累》一文中提出了类似的模型,故一般称为"索洛-斯旺模型"。后来英国经济学家米德(J. E. Meade)于 1961 年在《经济增长的一个新古典理论》一文中,也系统地提出了基本相同的模型,由于他们的模型和古典经济学家相同,把充分就业视为必然的趋势,因而被称为新古典增长模型。

一、新古典经济增长模型的假定

新古典经济增长模型有以下几点假定:① 社会经济只生产一种产品,这种产品在满足消费以后的剩余,即作为投资。② 生产中只有资本和劳动两种生产投入要素。③ 资本和劳动的边际生产率递减。以上这三点假定均和哈罗德-多马模型的假定相同。④ 和哈罗德-多马模型的假定唯一重要的不同之处在于,它假定资本和劳动的组合比例是可以变动的。既然资本和劳动可以按照不同的比例进行组合,一定量的资本可以吸收不同数量的劳动,那么资本-产量比率也是可变的。因而资本系数也是可变的。⑤ 由第④点进一步推出,资本和劳动都可以得到充分利用,社会可以保持充分就业状态。

新古典经济增长模型根据不同于哈罗德-多马模型的假定,得出与之不同的结论。哈罗德-多马模型假定资本和劳动的比例固定不变,因而实际增长率与自然增长率可能出现不一致。而新古典经济增长模型则假定资本和劳动可以任意组合,因而上述不一致不复存在,就是说,在新古典经济增长模型中。实际增长率就是自然增长率。

二、新古典经济增长模型的基本公式

索洛-斯旺模型的依据是柯布-道格拉斯生产函数:

$$Y = AK^{\alpha}L^{\beta}$$

其中,Y 代表收入或产量;K 代表资本;L 代表劳动;A 为一常数,表示规模收益不变;α、β 分别代表资本和劳动投入的产出弹性,$\alpha+\beta=1$,也都是常数,可在实际经济活动中加以测定。柯布-道格拉斯生产函数表明,收入或产量的增长是由各个投入要素的边际生产力及其增加量所决定的,规模收益是不变的。因此,可以根据资本和劳动边际生产力的大小来调整资本和劳动的组合比例。

假定不存在技术进步,国民收入的增长取决于资本和劳动的增长以及资本与劳动的边际生产力,公式表示如下:

$$\Delta Y = MP_K \cdot \Delta K + MP_L \cdot \Delta L$$

其中,ΔY、ΔK 和 ΔL 分别代表国民收入、资本和劳动的增量;MP_K、MP_L 分别代表资本和劳动的边际产量。

根据上述公式可计算国民收入增长率：

$$\frac{\Delta Y}{Y}=\frac{MP_K\cdot\Delta K}{Y}+\frac{MP_L\cdot\Delta L}{Y}$$

$$=\frac{MP_K\cdot K}{Y}\cdot\frac{\Delta K}{K}+\frac{MP_L\cdot L}{Y}\cdot\frac{\Delta L}{L}$$

α 是资本的产出弹性，即

$$\alpha=\frac{\Delta Y}{Y}/\frac{\Delta K}{K}=\frac{\Delta Y}{\Delta K}\cdot\frac{K}{Y}=MP_K\cdot\frac{K}{Y}$$

同理可得

$$\beta-MP_L\cdot\frac{L}{Y}$$

所以，

$$\frac{\Delta Y}{Y}=\alpha\frac{\Delta K}{K}+\beta\frac{\Delta L}{L}$$

这就是没有技术进步条件下新古典增长模型。该式表明经济增长率等于各要素的增长率与其产出弹性之积的和。

索洛-斯旺增长模型说明了以下三点：

(1) 一国可以在完全竞争条件下，通过市场的调节作用来改变资本和劳动的组合比例，从而实现经济的稳定增长。

(2) 当资本增长率等于劳动增长率时，则平均每个工人收入的增长率也等于零，因为这时的经济增长率刚好等于劳动增长率。因此，为了使平均每个工人的收入有所增长，则资本增长率必须大于劳动增长率。

(3) 由于资本和劳动组合比例可以变动，而在投资量的增加中，资本所占比重不断相对增加，导致资本边际生产力不断减少，从而利润率下降；相反，劳动所占比重不断相对减少，导致劳动边际生产力不断增加，从而工资率上升。因此，经济增长不利于资本家而有利于工人。

后来，米德进一步发展了索洛-斯旺模型中的生产函数，加进了技术进步因素。米德的生产函数是：$Y=f(K, L, R, t)$。式中，R 代表土地，t 代表时间(表示技术不断进步的趋势)。

如果 R 固定不变，K、L 增加，t 在前进，从而技术在不断改进，则

$$\frac{\Delta Y}{Y}=\alpha\left(\frac{\Delta K}{K}\right)+\beta\left(\frac{\Delta L}{L}\right)+\frac{\Delta t}{t}$$

式中，$\frac{\Delta t}{t}$为技术进步率。

米德模型比索洛-斯旺模型增加了技术进步的因素，它说明技术进步有利于经济增长。同时，因为有了技术进步因素的作用，经济增长则不仅仅只取决于资本和劳动的增长率及其对经济增长所产生的相对作用的权重。此外，在技术进步条件下，即使资本增长率等于甚至低于劳动增长率，平均每个工人的收入增长率也可能是正数。

三、新古典经济增长模型与哈罗德-多马模型的比较

在哈罗德-多马模型中，长期稳定增长的条件是实际增长率等于有保证的增长率且等于自然增长率。在没有技术进步的情况下，自然增长率即为劳动增长率。而有保证的增长率可以理解为均衡条件下的资本存量增长率$\left(因为 s=\frac{S}{Y}, a=\frac{K}{Y}，而均衡时 S=I=\Delta K，所以\frac{s}{a}=\frac{S}{Y}\Big/\frac{K}{Y}=S/K=\frac{\Delta K}{K}\right)$。因此，在哈罗德-多马模型中，长期稳定增长的条件实际上是指资本存量（即机器设备）的增长率必须始终适应劳动增长率。但由于该模型认为资本和劳动的投入比例是固定的，因此一旦二者的增长不一致，就缺乏使二者重新协调的内在机制。

新古典增长模型就不同了。该模型的重要假定是资本和劳动的投入比例是可变的。该模型还认为价格机制在经济增长中起着重要的作用。这样，当资本存量的增长和劳动的增长不一致时，这种不一致就会反映到价格上来。价格的改变又会引导生产者改变资本和劳动的投入比例，从而使资本存量的增长自动地与劳动增长趋于一致。

现举例说明。假定：$G_n=5\%, K=3, s=20\%$；能否实现均衡增长呢？按照哈罗德模型来分析，由于$G_w=\frac{20\%}{3}=6\frac{2}{3}\%$，而$G_n$只有5%，$G_w>G_n$。这时，储蓄必然超过投资需求，将出现由于储蓄过度引起的长期停滞状态。结果，生产将发生积累性的收缩。但按照新古典增长模型来分析，只要投资量能增大到吸收全部储蓄量，就仍然能实现充分就业的均衡增长。为了达到这一目标，可以改变生产方法，提高每个劳动的资本装备程度，从而提高资本产出比率。如果由于生产方法的改变，使资本系数K提高为4，$G_w=\frac{20\%}{4}=5\%$，正好与G_n相等。提高资本的装备程度既然可使资本的边际生产力下降，从而使利润率下降，资本家为什么会提高资本的装备程度呢？因为当储蓄超过资本的需求时，利息率将会下降，因而促进资本家采用资本集约化程度更高的生产方法，提高资本与劳动之比，从而提高资本与

产出之比，使充分就业的均衡得以实现。

由此可见，在新古典经济增长模型中，哈罗德-多马模型的“剃刀锋口”问题完全可以避免。提出这一模型的资产阶级经济学家认为，无论什么原因使 G_w 背离 G_n，通过市场机制的作用，资本主义经济增长率有趋向于自然增长率的必然趋势。从而从长期来看，资本主义可以达到充分就业的稳定的均衡增长。

第四节　新剑桥经济增长模型

新剑桥经济增长模型是英国新剑桥学派的琼·罗宾逊(J. Robinson)夫人、英国经济学家卡尔多(N. Kaldor)和意大利经济学家帕西内蒂(L. Pasinetti)等于 20 世纪 50—60 年代提出来的。其特点是把收入分配理论融合在经济增长理论中，通过改变国民收入在资本家和劳动者之间的分配比例来改变社会的储蓄率，从而实现充分就业的经济增长。

一、新剑桥经济增长模型

新剑桥增长模型与哈罗德-多马模型以及新古典增长模型一样，也是以 $G=\frac{s}{K}$ 作为实现稳定的均衡增长的条件。为了说明通过调整储蓄率可以实现稳定增长，新剑桥增长模型作了以下假定，它把社会成员分为工资收入者和利润收入者两大阶级，两阶级的储蓄都占各自收入的一个固定比例，而利润收入者的储蓄率大于工资收入者的储蓄率。这样，当国民收入分配发生变动时，全社会的储蓄率就会随之发生变动，当利润收入者的收入在国民收入中所占的比例增大时，社会储蓄率就增大；反之，社会储蓄率则减小。

现通过新剑桥增长模型加以说明。假设以 S_P 代表利润收入者的储蓄率；以 S_W 代表工资收入者的储蓄率；以$\frac{P}{Y}$代表利润占国民收入的份额；$\frac{W}{Y}$代表工资占国民收入的份额。那么，社会的总储蓄率就是利润收入者在总储蓄率中所占份额与工资收入者在总储蓄率中所占份额之和，即：

$$s=\frac{P}{Y}\cdot S_P+\frac{W}{Y}\cdot S_W$$

以上公式表明：在利润收入者和工资收入者的储蓄率(S_P 和 S_W)不变时，只要变动利润和工资在国民收入中所占的份额，即$\frac{P}{Y}$和$\frac{W}{Y}$，就可以调节社会储蓄率 s，从而使增长率达到均衡的理想增长率。上面说过，按新剑桥增长模型的假定，$S_P > S_W$，因此，当有保证的增长率，即 $G_w > G_n$ 时，可以减少利润占国民收入的份额，降低储蓄率，从而使 $G_w = G_n$；反之，当 $G_w < G_n$ 时，可以增加利润占国民收入的份额，提高储蓄率，从而使 $G_w = G_n$。

现举例说明新剑桥经济增长模型的这一特点。

假设利润收入占国民收入的比例 $\frac{P}{Y} = 40\%$，则工资收入占国民收入的比例 $\frac{W}{Y} = 60\%$；又设利润收入者的储蓄率 $S_P = 30\%$，工资收入者的储蓄率 $S_W = 5\%$；再设资本产出比率 $K = 3$，自然增长率 $G_n = 5.5\%$。

根据上述条件，可以计算出社会总储蓄率

$$s = 40\% \times 30\% + 60\% \times 5\% = 15\%$$

其中，利润收入者的储蓄量占国民收入总额的 12%（$40\% \times 30\%$），工资收入者的储蓄量占国民收入总额的 3%（$60\% \times 5\%$）。

由于 $K = 3$，故可计算出有保证的增长率 $G_w = \frac{s}{K} = \frac{15\%}{3} = 5\%$。因为已假定 $G_n = 5.5\%$，显然，$G_w < G_n$，这时，社会的储蓄不能维持经济在充分就业条件下的稳定增长。为使 $G_w = G_n$，应当提高社会储蓄率 s，按 $G_n = 5.5\%$ 的要求，s 应等于 16.5%（$5.5\% \times 3$）。这说明，必须把社会储蓄率从 15%提高到 16.5%。如何才能达到这一点？在利润收入者和工资收入者各自储蓄率不变条件下，可以通过提高利润收入者的收入占国民收入的比例$\frac{P}{Y}$的办法来实现，计算如下：

$$16.5\% = \frac{P}{Y} \cdot 30\% + \left(1 - \frac{P}{Y}\right) \cdot 5\%$$

$$\frac{P}{Y} = 46\%$$

这就是说，只要把利润收入占国民收入的比例从原来的 40%提高到 46%，则可实现 $G_w = G_n$，从而达到经济稳定均衡增长。

假如出现 $G_w > G_n$ 的情况，则可以通过降低利润收入者的收入占国民收入的比例的办法，从而降低社会储蓄率，实现 $G_w = G_n$ 这一条件。具体计算方法和上面相同。

二、新剑桥模型与哈罗德-多马模型和新古典增长模型的比较

新剑桥模型和新古典增长模型都是基于哈罗德-多马模型 $G = \frac{s}{K}$，但是，三种

模型对这一公式中三个经济变量的着眼点不同。在追求经济均衡的稳定的增长条件时，哈罗德-多马模型是假定 s 和 K 都固定不变，因而得出结论——实现充分就业的经济增长是很难的。假如要达到经济的稳定增长，则需要国家加以干预，变动投资需求。新古典增长模型则假定 s 不变，K 可以变动，通过变动资本和劳动的组合比例，使之与任何给定的 s 相结合，从而实现经济的均衡稳定增长。而新剑桥模型则假定 K 不变，但 s 可以变动，主张通过改变利润收入者和工资收入者的收入在国民收入中所占比例的办法变动社会储蓄率。由于新剑桥学派认为资本主义经济的症结产生于国民收入分配比例失调，社会财富过多地集中在少数利润收入者的富人手中，主张国家采取措施改进国民收入的分配，所以，这个学派又被称为“凯恩斯主义左派”。

第五节　经济增长因素分析

一、经济增长因素分析的方法

20 世纪 60 年代初，美国经济学家丹尼森(E. F. Denison)受美国经济发展委员会的委托，根据美国历史统计资料，对美国 1909～1929 年和 1929～1957 年经济增长的因素作了对比分析和估算，后来又分析和估算了 1929～1969 年美国经济增长因素，并对某些发达资本主义国家经济增长因素进行了估算和比较分析。

丹尼森把经济增长的因素归纳为两大类，第一类是生产要素投入总量的增加；第二类是每单位生产要素投放量的产量的增加。而每一类因素又可进一步加以细分。丹尼森所作的分析，就是采用定量的方法，把国民收入总增长率按照每一种投入因素所作出的贡献逐一分解，以考察每一种投入因素在经济总增长中所起的相对作用。其具体做法是，按生产三要素原则划分投入要素。由于土地面积固定不变，因而不会有投入量的增加。丹尼森把土地开发和矿藏开采划为资本投入量增加的结果，土地自身的质量很难有什么变化，即使质量有变化，影响也微乎其微。因此，在投入要素中不考虑土地的作用。这样，生产要素就分为劳动和资本两种。然后选择某一年作为基年，考察该年中每一单位投入要素对产量所作出的相对贡献以及各投入要素的数量，并得出基年的总产量。随着时间的推移，生产要素的投入量和总产出量都将增长。但是，如果在生产要素投入量增加的同时，生产效率也有所提高，则总产量的增长率一定大于投入要素的增长率。因此，丹尼森把总产量增长率中扣除投入要素增长率的剩余部分，都视为是由于劳动效率的提高而使单位投入要素的产出增加。例如，在某一年里，国民收入增长了 3%，如果该年的投入要素实际增长了1%,则可断定每单位投入要素的产出必定增加了2%。

二、丹尼森的具体分析

丹尼森把经济活动中的各种因素划分很细,现以1929～1957年的统计分析结果为例,说明平均每年中每一种因素对经济增长率所作出的贡献。见表20-2。

表20-2 1929～1957年美国年均实际国民收入增长率的要素贡献率 %

实际国民收入增长率	2.93
生产要素总投入的增加	2.00
劳动(含素质的提高)	1.57
就业和工时	0.80
教　育	0.67
其　他	0.10
资本	0.43
单位投入要素的产量增加	0.93
知识进步	0.58
规模节约	0.34
其　他	0.01

从表20-2中可以看出,1929～1957年美国国民收入的年平均增长率为2.93%,其中,由于生产要素投入量增加所导致的国民收入增长率为2.00%,由于单位投入要素的产量增加所导致的国民收入增长率为0.93%。

(一)生产要素总投入的增加

1. 劳动的增加

这部分的增加使国民收入增长1.57%。劳动投入量的增加分为数量和质量两个方面。数量的增加就是指就业人数的增加;质量的增加主要包括就业和工时、教育程度等方面的有利变动。

(1)就业和工时。就业是指被雇用人数的变动情况;工时是指由于正常劳动时间的缩短而引起的劳动的质的变化。工时缩短会引起产量的损失,但同时又会使单位工作时间的产量增加。如果前者的损失超过后者的增加,则会引起国民收入的减少;反之,则会引起国民收入的增加。从表中可知,1929～1957年期间,由就业和工时因素使年均国民收入增加0.80%。

(2)教育。教育是指成年男工由于正常教育年限的增加而引起的平均劳动质量的变化。这里仅仅指教育年限的增加,不包括教育质量的变化。由于教育年限增加,劳动者对生产作出较大的贡献,从而个人收入也会提高。丹尼森根据不同教育程度的劳动者收入情况的统计资料,假定收入差别中纯粹由于教育年限不同而引起的占一定比例,并按某一教育年限的劳动者的收入为基准,计算出各等教育年限的收入指数,然后根据计算期就业人员中受教育的情况,计算出由于平均教育年限的变化而引起国民收入的变化量。美国 1929～1957 年由此而引起的年均国民收入增长率为 0.67%。

(3) 由于其他因素的作用,劳动使国民收入的增长率为 0.10%。

以上三项之和就是劳动的增加对国民收入增长率所起的作用,即 1.57%。

2. 资本的增加

资本的增加是指能够再生产的资本投入量的增加,是把统计期间各年资本的存量按基年不变价格折算,然后按全部要素生产率的概念,计算出资本投入量的增加对于国民收入增长率的影响。1929～1957 年该数值为 0.43%。

资本增加和劳动增加对国民收入增长率的作用之和,就是生产要素总投入的增加对国民收入增长率的作用,即 2.00% = 1.57% + 0.43%。

(二) 单位投入要素的产量增加

1. 知识进步

丹尼森认为,增长因素中,知识进步是非常重要的因素。知识进步包括技术知识和管理知识的进步,以及运用知识的迅速性。他认为,技术进步对经济增长的作用是明显的,但管理知识进步的作用更大。所谓管理知识是指管理技术和管理企业组织的知识。美国 1929～1957 年由知识进步带来的国民收入增长率为 0.58%。知识进步的贡献无法直接计算,丹尼森是把从经济增长率中减去其他增长因素的作用后的剩余作为知识进步的作用的。

2. 规模节约

当经济活动的规模扩大时,各种生产要素按一定的比例增加,使经济效率提高,这就是规模节约。丹尼森用市场范围的扩大来表示规模节约,因为,市场的扩大可以提高专业化程度,扩大销售范围,增加产量和销售量,并且由此获得的好处足以抵消由于规模扩大带来的一些不经济的作用而有剩余,此即经济效率的提高。丹尼森所指的市场包括国内市场和世界市场两个方面。

3. 其他

由于其他因素的作用,单位投入要素使国民收入的增长率为 0.01%。

上述三项的作用之和,就是单位投入要素的产量增加导致的国民收入增长率,即 0.93% = 0.58% + 0.34% + 0.01%。

以上就是丹尼森关于经济增长因素分析的方法。除了对上述各因素的作用加以具体考察以外,丹尼森还考察了政府各项政策对经济增长率的影响,但结论是:与其他因素的作用相比,政府政策的作用相对很小。他曾列举了 31 个政策项目,其中具有最大值的第 13 项也只不过为每年 0.1%。因此他认为，很难通过政策的作用去影响增长率。宏观经济政策在促进经济快速增长方面所能作出的最重要的贡献，在于保证国民经济不再发生每次衰退时总要出现的增长率停滞现象。

丹尼森根据他的分析，把提高经济增长率的措施分为两大类：一类是可使增长率在短时期内见效，例如促使资源更合理、更畅通地流动，提高国民收入中储蓄和投资的比重等；另一类则可促使保持长期增长率，例如加快提高教育质量，使劳动力的素质尽快得到提高。

总之，丹尼森在进行经济增长因素分析之后得出的结论是：要使经济增长，就要更勤奋地工作，节制消费，增加投资，改善流通环节，发展教育，开发智力，推进科学技术和管理技术的研究并尽快推广其成果，使之变为生产力，最有效地配置生产资源等。

第六节　经济增长极限理论

“经济增长极限理论”又称“零经济增长论”，产生于 20 世纪 60 年代末和 70 年代初。1968 年，意大利垄断资本家帕塞伊邀请西方一些著名的经济学家、科学家和教育家等云集罗马，讨论经济增长所带来的一些问题，特别是人类对资源的运用限度和生态平衡等问题，这就是“罗马俱乐部”的由来。1971 年，福雷斯特(J. Forrester)发表了《世界动态学》。1972 年，美国麻省理工学院的梅多斯(D. Meadows)等人发表了《增长的极限》一书，以系统动态学为基础，通过电子计算机的计算，得出了一个所谓“世界模式”。

一、经济增长极限理论

梅多斯等人建立的“世界模式”，研究以下五个方面的经济发展的重要趋势以及它们之间的相互关系：① 加速的工业化；② 快速的人口增长；③ 广泛的营养不良；④ 有限资源的耗竭；⑤ 日益恶化的环境。

梅多斯等人认为，诸如人口、资本等经济增长的因素是按指数增长的，即以几何级数形式增长。指数增长的结果可以用“倍增时间”来表现。倍增时间是指经济增长因素在一定的增长率下增加一倍所需的时间，其数值大约等于 70 除以增长率，如表 20-3 所示。

表 20-3　经济增长率与经济倍增时间之间的关系

年增长率(%)	倍增时间(年)	年增长率(%)	倍增时间(年)
0.1	700	4.0	18
0.5	140	5.0	14
1.0	70	7.0	10
2.0	35	10.0	7

表 20-3 说明，经济因素增长率越高，倍增时间越短。例如，在 1650 年时，世界人口大约 5 亿，年增长率约 0.3%，倍增时间约为 230 年。1970 年，世界人口达到 36 亿，年增长率为 2.1%，倍增时间为 33 年。从世界人口发展趋势可以看出，由于生活水平的提高，医疗卫生保健等条件的改善，使人口增长的趋势越来越大，形成人口的急剧增长，倍增时间变短。不仅人口因素如此，其他经济因素也如此。

在经济增长因素按几何级数增长的同时，而资源(尤其是不能再生的资源)却不会增加，因为这些资源的储量总是有限，将会很快被消耗殆尽。梅多斯等人对此进行了具体计算。他们估算了铜、铁、煤、石油等近 20 种自然资源的现存蕴藏量、消耗的平均增长率和按几何级数计算的耗用年数，计算出煤可维持 111 年，铜 21 年，铁 93 年，天然气 20 年，石油 20 年。他们把世界人口增长率、工业化程度、人均工业产量、人均食物量、不能再生产的资源的消费，以及环境污染等指标加以综合考虑，从而得出如下结论：世界将在 2100 年来到之前，将因不能再生资源的耗竭和严重污染而崩溃，整个经济将会停止增长。显然，梅多斯等人的"世界模式"是"世界末日模式"。

梅多斯等人认为，要避免世界经济的崩溃，就要采取措施，建立一个持续的生态平衡环境，控制经济发展，实行"零经济增长"。他们提出了若干具体措施：人口到 1975 年不再增长；工业资本到 1980 年不再增长，为使工业资本保持不变，应使投资率等于折旧率，工业产品的单位物质消耗降为 1970 年水平的 1/4；将经济重点转移到不消耗资源的服务业上去；污染降低到 1970 年数值的 1/4；增加农业投资，以提高人均食物量；由于工业资本转移到服务业和农业上去之后，工业资本会相对减少，为了抵消这种相对减少所产生的影响，就要改善设计，延长工业设备的寿命。采取这些措施之后，"稳定"的世界模型就可以建立了。

二、对经济增长极限理论的批评

经济增长极限理论提出以后，遭到了许多西方资产阶级经济学家和科学家的反对，指出该模型中所依据的五种经济增长因素的变动情况未必准确、可靠，认为模型中所选择的基本经济关系和估计的参数都不够恰当。也有人把梅多斯等人称为“带着计算机的马尔萨斯”。一些科学家还通过具体的计算和实际科学统计资料的论证，否定梅多斯等人的“世界模型”。例如美国爱迪生电气研究所的《未来的经济增长》一书，全面否定了经济增长极限论，提出了与梅多斯等针锋相对的论据：

(1) 人口增长率不会急剧上升。该书引用联合国《人口研究》资料说明，发达国家的出生率由1900～1910年的3.4%降低到1960～1970的1.9%，周期死亡率则从2.1%下降到0.9%，人口净增长率在1.3%至0.3%之间波动。同一时期中，欠发达国家人口净增长率从0.7%增长到2.4%，这是因为欠发达国家正在经历着经济的一定程度的发展，使死亡率下降而出生率没有同时下降。但随着经济的进一步发展，人口增长率将会降低。

(2) 粮食的供给问题可以解决。该书认为，农业科技将会有更重要的发展，没有理由可以证明粮食一定将不能满足人口增长的需要。

(3) 不能再生产的资源逐渐减少并不可怕。不能再生资源随着时间的推移和经济的增长的确会逐渐减少。但是，地球上可利用的资源将随着科技的发展而增长。例如，离地表越深，矿藏越多。另外，海水和海底的资源也极为丰富，例如海水中的铝、铁、锌各有160亿吨，仅太平洋海床的锰矿就可达10^{12}吨，此外还有可供上百万年使用的铀、钼、钴等多种元素。总之，自然界矿产的储量可供人类千万年之用。

(4) 环境污染问题可以治理。随着经济的增长，一般来说污染程度会增加，但技术发展可以把大多数污染的危害减少到几乎等于零，不过降到零的成本太高，降到合理水平的成本不会太高。

美国社会学家、经济学家甘哈曼在20世纪80年代初撰写了《第四次浪潮》一书，对能源、资源、人口、生态等传统考察方法提出质疑，并描绘出一幅充满光明的未来景象。他预测，200年后，整个世界将进入“后工业化社会”，总人口将达150亿人，人均总产值将达2万美元，资源也很充足，生活较为富裕。西方评论界认为这是一种代替“增长极限论”的新观点、新学说。

梅多斯等人根据其“世界模型”所提出的“零经济增长理论”，也受到一些西方经济学家的批评，认为这种理论既无根据，事实上也做不到。他们的主要观点有：

(1) 零经济增长并不能达到生态平衡的目的，只不过使人类稍许推迟了所谓“世界末日”的到来，因为即使经济增长率为零，污染并不会减少，资源的消耗也不会减少，而会按目前的速度继续污染下去。要消灭污染或减低资源损耗，必须对现有企业进行技术改造，而在零经济增长率之下，是不可能新建或扩大有利于改善环境的部门。所以，他们认为，零增长率并非是解决问题的良策，要解决污染和资源问题，必须发展新的技术，这就需要经济继续增长，用经济增长来克服污染和资源枯竭问题。

(2) 零经济增长将大大加剧社会的不平等性。这是因为:社会为了保持零经济增长,必须使现有工作岗位的总数不变,如果现有工作岗位总数增加了,经济就会增长。但是,现在各种工作岗位的竞争要比经济增长条件下激烈得多。在零增长条件下,低收入的人无论个人如何努力,都没有被提升的机会。加班加点和发明创造等均不允许,因为这些都不符合零经济增长的要求。既然一切都要保持现状,因而零经济增长的社会将成为一个僵化的社会,现代西方社会中的不平等将永远保持下去,甚至还会进一步扩大。

(3) 在零经济增长条件下,社会效率将会大大降低。这是因为:零经济增长要求零技术进步,不允许技术创新。个人钻研技术的积极性因此将消失,于是必然使社会上许多人存在混日子的思想,社会思想将混乱不堪。这样,在"自然末日"尚未到来之前,"社会末日"却已经到来。

(4) 零经济增长不可能在全世界范围内实现。发展中国家认为自己如果是零经济增长,就会永远处于落后地位。发达国家也不愿意保持零经济增长,因为它们会认为,单靠本国零经济增长,而其他各国的经济仍然像过去一样增长,那么,大气、海洋同样会被污染,自己仍然遭受损害。既然任何国家都不愿意实行零经济增长,所以零经济增长只是一种空想。

(5) 要实现零经济增长,必须采取严格的行政措施。政府要监督企业的投资率、生产规模、产量、雇员人数、工作时数等,否则,不能保证零经济增长的实现。这样,在还没有实现零经济增长之前,庞大的官僚机构已经建立,财政负担必将大大加重,这也将是对社会的灾祸。并且私人企业能用各种办法逃避检查,使政府的监督难以奏效。

总之,这些西方经济学家认为,零经济增长是不可能实现的,也是不应该实现的。

思考题

1. 说明经济增长理论产生的历史背景及发展阶段。
2. 解释哈罗德-多马经济增长模型。
3. 什么是实际增长率、有保证的增长率和自然增长率？三者之间有什么关系？
4. 说明新古典增长模型及其与哈罗德-多马增长模型的比较。
5. 设经济增长率和资本增长率各为3.5%，劳动增长率为1.5%，资本产出弹性为0.25，劳动产出弹性为0.75，根据新古典增长模型，求：① 技术进步率；② 资本、劳动、技术进步这几种投入在经济增长中所占的相对比例。
6. 说明新剑桥增长模型及其与哈罗德-多马增长模型的比较。
7. 说明经济增长因素的分析方法及其意义。
8. 解释经济增长极限论。

主要参考文献

[1] Paul A. Samuelson. Economics(14th Edition). McGraw-Hill Book Company, 1992.

[2] R. G. Lipsey, P. O. Steiner. Economics(6th Edition). Harper & Row Publishers, Inc., 1981.

[3] C. R. McConnell. Economics(9th Edition). McGraw-Hill Book Company, 1984.

[4] R. J. Gordon. Macroeconomics(7th Edition). Addison-Wesley Inc., 1998.

[5] Rudiger Dornbusch Stanley Fischer. Macroeconomics(5th Edition). McGraw-Hill Book Company, 1990.

[6] E. Mansfield. Microeconomics(7th Edition). W. W. Norton and Company, 1990.

[7] Microeconomic Theory. Schaum's Outline Series. McGraw-Hill Book Company, 1983.

[8] Economic Report of the President. 1987～2016.

[9] [美]曼昆著.经济学原理.梁小民译.北京大学出版社,1999.

[10] [美]斯蒂格利茨著.经济学.姚开建等译.中国人民大学出版社,1997.

[11] [美]平狄克、鲁宾费尔德著.微观经济学.张军等译.中国人民大学出版社,1997.

[12] [美]巴德,帕金著.宏观经济学原理.张弘等译.中国人民大学出版社,2004.

[13] [美]哈伯德,奥布赖恩著.经济学(微观)王永钦等译.机械工业出版社,2007.

[14] 厉以宁,秦宛顺编著.现代西方经济学概论.北京大学出版社,1985.

[15] 刘涤源,谭崇台主编.当代西方经济学说.武汉大学出版社,1983.

[16] [美]托马斯·F·德尔别尔格,邓肯·M·麦克多噶尔著.宏观经济学.南钟万等译.中国社会科学出版社,1982.

[17] 陆民仁著.经济学.台北三民书局,1980.

后 记

本书的第一版出版于1988年。当时，我赴美国纽约州立大学奥巴尼分校经济学系进修两年后于1982年回国，又在南京大学经济系教了几年书。在此基础上，参阅了国际国内的优秀著作而写成此书。时光荏苒，岁月匆匆。近三十年来，感谢广大读者的厚爱，使这本书成为比较畅销的书籍。2006年还获得了第七届全国高校出版社优秀畅销书奖。第六版是在原来的基础上进一步修订而成。

在新版发行之际，我仍然要特别提到当初对这本拙作曾给予大力支持和帮助的我国老一辈著名西方经济学理论专家、武汉大学的刘涤源教授。刘老不仅对本书提出了具体的指导意见，还热情地为本书作序。现在，故人已去，时过境迁。与改革开放初期相比，中国无论是在经济上还是思想理论上都发生了巨大的变化。重读当年的序文，既是为了珍重这段历史，也是为了在如何正确对待西方经济学这个重大问题上重温当年刘老的真知灼见。因此，新版仍附上刘老的序文，也作为对他的深深的怀念。

当然，这里再次重申，限于本人的水平，本书一定存在着许多不足之处，敬请广大专家、学者和读者们继续给予批评指正。

刘厚俊
于南京大学经济学院
2016年5月

《商学院文库》已出版书目

书　　名	作　　者	开本	定价
现代西方经济学原理(第六版)	刘厚俊　编著	小16开	48.00
西方经济学说史(第二版)	葛　扬　李晓蓉　编著	16开	46.00
现代产业经济分析(第三版)	刘志彪　安同良　编著	小16开	42.00
公共财政学(第四版)	洪银兴　尚长风　编著	16开	55.00
国际金融学(第四版)	裴　平等　编著	16开	39.80
国际贸易学(第五版)	张二震　马野青　著	16开	39.00
货币银行学(第四版)	范从来　姜　宁 王宇伟　主编	16开	49.80
宏观经济学教程(第三版)	沈坤荣　耿　强 韩　剑　主编	小16开	50.00
宏观经济学教程习题解析(第二版)	耿　强　沈坤荣　主编	小16开	29.00
新制度经济学(第二版)	杨德才　编著	16开	50.00
宏观经济学学习指导(第二版)	梁东黎　编著	大32开	17.00
微观经济学(第三版)	刘　东　梁东黎　编著	小16开	28.00
微观经济学学习指导(第二版)	刘　东等　编著	大32开	16.00
投资银行学(第二版)	王长江 编著	16开	39.80
国际企业:人力资源管理(第五版)	赵曙明　著	小16开	55.00
现代房地产金融学	高波　编著	16开	30.00

续表

书名	作者	开本	定价
供应链物流管理	郑称德 编著	16开	46.00
财务管理学导论	陈志斌 编著	小16开	38.60
财务管理学导论精要、案例与测试	陈志斌 编著	大32开	25.00
投资项目评估(第二版)	李晓蓉 编著	小16开	29.00
期货投资和期权(第二版)	赵曙东 著	16开	42.00
管理学原理(第二版)	周三多 陈传明 等 编著	小16开	29.00
管理心理学	吕 柳 编著	16开	37.00
统计学原理(修订本)	吴可杰 原著 邢西治 修订	大32开	16.00
统计学原理学习指导与习题解析	邢西治 编	大32开	14.00
市场营销	吴作民 编著	小16开	48.00
经济法律概论(第三版)	吴建斌 编著	小16开	46.00
国际商法新论(第四版)	吴建斌 著	小16开	39.80
国际商法学习指导(第二版)	吴建斌 吴兰德 编著	大32开	20.00
会计学概论(第二版修订)	杨雄胜 主编	小16开	38.50
高级财务会计	王跃堂 编著	16开	36.00
高级管理会计(第二版)	冯巧根 著	16开	48.00
财务会计(第二版)	陈丽花 主编	16开	50.00